高等学校计算机专业"十一五"规划教材

# 信息系统分析与设计

主编　杨君岐　邢战雷
主审　温浩宇

西安电子科技大学出版社

2009

# 内 容 简 介

　　本书主要介绍信息系统及其管理等有关基本概念；信息系统战略规划、开发策略；信息系统需求分析和可行性分析；信息系统的逻辑设计、总体设计、详细设计、数据库设计、系统物理配置以及信息系统的程序实现、系统测试、系统切换和运行；信息系统的运行和维护方法。

　　本书可以作为计算机信息专业、工商管理专业、管理工程专业等相关专业的本科生和研究生教材，还可以作为系统工程专业研究生的参考教材。

**图书在版编目（CIP）数据**

信息系统分析与设计 / 杨君岐，邢战雷主编.

—西安：西安电子科技大学出版社，2009.8

高等学校计算机专业"十一五"规划教材

ISBN 978-7-5606-2310-8

Ⅰ. 信…　Ⅱ. ① 杨…　② 邢…　Ⅲ. ① 信息系统—系统分析—高等学校—教材

② 信息系统—系统设计—高等学校—教材　Ⅳ. G202

**中国版本图书馆 CIP 数据核字（2009）第 117919 号**


策　　划　杨　璠
责任编辑　马晓娟　杨　璠
出版发行　西安电子科技大学出版社（西安市太白南路 2 号）
电　　话　(029)88242885　88201467　邮　编　710071
网　　址　www.xduph.com　　电子邮箱　xdupfxb001@163.com
经　　销　新华书店
印刷单位　陕西天意印务有限责任公司
版　　次　2009 年 8 月第 1 版　　2009 年 8 月第 1 次印刷
开　　本　787 毫米×1092 毫米　1/16　印张 17.375
字　　数　402 千字
印　　数　1～4000 册
定　　价　25.00 元

**ISBN 978 - 7 - 5606 - 2310 - 8 / G·0032**

**XDUP 2602001-1**

＊＊＊ 如有印装问题可调换 ＊＊＊

本社图书封面为激光防伪覆膜，谨防盗版。

# 高等学校计算机专业"十一五"规划教材

## 编审专家委员会

# 前　言

随着互联网的日益普及和计算机应用的深入，电子商务对人们生活、生产、工作的影响无处不在，尤其是对企事业单位的传统管理形成了巨大的冲击，从而使伴随整个管理过程的信息的地位显得空前重要。一个企业、单位或者经济体能否充分利用和发挥信息的巨大作用，是关系到企业、经济体能否迅速发展壮大和生死存亡的大是大非问题，而这个问题的核心又是能否利用计算机网络和软、硬件资源开发出适合本单位管理需要的、切实可行的信息系统。要做到以上这些的前提是必须有大量的既懂管理又熟悉计算机信息系统开发的人才，为此对管理类和计算机信息类学生来讲，熟练掌握信息系统分析与设计知识显得更加重要。

本书以简明扼要、易学、易懂、易掌握为原则，通过大量实例由浅入深、循序渐进地全面介绍开发一个信息系统所需要的方方面面的知识。书中首先分析了现代企业所面临的管理变革与信息系统的战略性应用，讲述了信息系统的基本概念及其开发过程，讨论了现代系统分析员的基本职责、综合素质以及信息系统开发过程中的项目管理问题。然后，对以信息系统为基础的企业战略、组织与过程做了分析，并给出了信息系统规划的主要方法与基本内容，强调了技术、组织和管理的密切结合与战略性应对。在系统分析与设计的主体内容部分，以信息系统的生命周期和过程模型为基础，系统讲述了信息系统分析与设计的方法、步骤及相关的模型与技术，介绍了信息系统分析与设计的各个阶段与基本任务。书中还对与系统分析与设计有关的应用问题进行了探讨，对各种开发方法的比较与选择做了分析，阐述了 Internet 的分布式信息系统、可重构信息系统的分析与设计要点，并分析了现代信息系统的行业特点。最后，讲述了有关信息系统的实施与维护知识。

考虑到数据库，尤其是关系型数据库是信息系统开发的关键技术和目前流行的非常成熟的技术，本书在第 9 章中专门介绍了关系型数据库的有关知识和 SQL 标准语言的用法，以方便读者查阅(本部分内容可以不作为正式教学内容)。为了使大家对信息系统开发有一个感性的认识，最后一章较完整地介绍了房地产管理的一个案例。

本书的目的是，在学生已经掌握管理科学与现代信息技术的基本知识与技能的基础上，系统地讲授对社会、经济、管理、工程领域中的信息系统进行分析与设计的方法，从而使学生具备承担企事业单位信息系统规划、信息系统分析与设计、信息系统实施、信息系统管理等工作的能力。

本书的作者是长期进行信息系统开发教学和研究的教师，具有丰富的教学和科研经验。本书凝聚了编者多年来的教学和科研成果，内容注重实用性和可操作性，相信无论是信息系统的初学者还是信息系统开发的高手，都能从本书中找到自己想要的东西。

本书由杨君岐、邢战雷主持编写，此外参加编写的还有西北大学公共管理学院的张盈华。全书共分 11 章。其中，第 1 章、第 5 章 5.3 节和 5.4 节、第 6 章、第 7 章和第 9 章由杨君岐编写；第 3 章、第 4 章、第 8 章、第 10 章和第 11 章由邢战雷编写；第 2 章、第 5

章 5.1 节和 5.2 节由张盈华编写。全书由杨君岐统稿。本书编写过程中参考了大量有关专业书籍，并得到了许多同行的帮助；杨君岐的研究生乐甲、陈东、孙少乾、臧晓晖等对本书的文字编辑处理进行了大量协助工作，在此一并表示感谢。

尽管在本书编写过程中，我们尽了最大的努力，但是，限于水平，书中难免存在疏漏和不妥之处，希望专家和读者不吝指教，以便做进一步修改和完善。

编　者
2009 年 6 月

# 目　　录

# 第 10 章 信息系统分析与建设的新发展

# 第 1 章　绪　　论

## 1.1　信息时代的企业竞争与管理变革

### 1.1.1　信息化与企业发展

我国的企业信息化建设从 20 世纪 70 年代开始起步，80 年代进行铺垫，90 年代中后期进入了快速发展阶段。企业信息化即企业利用网络、计算机、通信等现代信息技术，对信息资源进行深度开发和广泛利用，以不断提高生产、经营、管理、决策的效率和水平，从而提高企业经济效益和企业核心竞争力。通俗地说，企业信息化即企业利用信息技术，使企业在生产、管理等方面实现信息化。

**1．企业信息化的含义与特点**

1) 企业信息化的含义

企业信息化是指企业利用现代信息技术，通过对信息资源的深化开发和广泛利用，不断提高生产、经营、管理、决策的效率和水平，进而提高企业经济效益和企业竞争力的过程。从内容上看，企业信息化包括产品设计的信息化、生产过程的信息化、产品/服务销售的信息化、经营管理信息化、决策信息化以及信息化人才队伍的培养等多个方面，其本质是加强企业的"核心竞争力"。

(1) 目标：企业进行信息化建设的目的是"增强企业的核心竞争力"。

(2) 手段：计算机网络技术。

(3) 涉及的部门：企业的各个部门，包括企业的生产、经营、设计、制造、管理等职能部门。

(4) 支持层：高级经理层(决策层)、中间管理层(战略层)和基础业务层(战术层)。

(5) 功能：进行信息的收集、传输、加工、存储、更新和维护。

(6) 组成：企业信息化是一个人机合一的系统，包括人、计算机网络硬件、系统平台、数据库平台、通用软件、应用软件、终端设备(如数控机床等)等。

2) 企业信息化的特点

◆ 企业信息化建设是一个系统工程

企业信息化建设是一个系统工程，是一个人机合一的、有层次的系统工程，而不是单元技术的改造，所涉及到的是整个企业、整个行业的经营管理系统，甚至会涉及整个"企业生态系统"，包括企业领导和员工理念的信息化；企业决策、组织管理信息化；企业经营手段信息化；设计、加工应用信息化。因此，局部模块的信息化并不能代表整个企业的信息化，企业的信息化建设，也不是企业自己能想清楚、看清楚、解决好的，它需要借助社会的多方力量，尤其是专业的信息化咨询公司的力量来共同构建其信息化的建设思路。当然不可否认，世间没有救世主，最终的实施主体还必须是企业自己。

◆ 企业信息化建设是对企业的经营、管理进行合理的整合

企业信息化建设与其说是一场技术变革，还不如说是对企业的经营进行改良，即借用先进的工具(信息化)对企业的经营、管理进行合理的整合，以提升其核心竞争力。如同"工业革命"对传统手工作坊的冲击一样，企业信息化是一个扬弃的过程、发展的过程，是不以企业自己意志所转移的过程，而"工具"本身仅仅是一个助动器，实现以往"工具"所不能完成的工作，真正起作用的是经营、管理的变革，因此一定要将企业的信息化建设提升到企业的经营战略高度，与时俱进，很好地将之同企业的发展目标相结合。

◆ 企业信息化的建设思路是不断发展、不断变化的

企业信息化建设的概念是发展的，它随着管理理念、实现手段等因素的发展而发展。企业信息化的建设是随着管理理念和相关技术(尤其是信息技术)的发展而不断发展变化的，是一个螺旋上升的过程。企业要做好打"持久战"的准备。企业在规划信息化建设的时候，要用发展的眼光、系统的思路来进行，同时还要作好充分的思想准备，因为变革就意味着风险。

既然企业信息化是一个扬弃的过程、发展的过程，那么就可以很好地应用变革管理的思路来进行企业信息化的建设。变革管理的三个密不可分的实施阶段是：解冻、变革和冻结。其中，解冻是企业实施变革的前奏，是确定变革目标的阶段；变革是实施变革的主体，是实现变革目标的具体行动；冻结是变革目标实现后的保证，同时是新的变革的起点。

**2．企业信息化的意义**

从宏观角度上看，企业信息化建设的意义如下：

(1) 增强国家经济的可持续性快速发展，增强国家的综合实力。

(2) 有利于适应国际化竞争战略。我国成功加入 WTO 以后，企业更直接地面对国际竞争的挑战。在全球知识经济和信息化高速发展的今天，信息化是决定企业成败的关键因素，也是企业实现跨地区、跨行业、跨所有制，特别是跨国经营的重要前提。

(3) 有利于实现国有企业改革与脱困目标。在综合运用好国家已经出台的各项政策的同时，利用现代信息技术，有效地开发和利用信息资源，有助于改善企业管理，提高竞争力和经济效益。

(4) 有利于抓住新世纪的良好发展机遇。我们正处在知识经济迅速崛起，全球信息化迅速发展的时代。对信息的采集、共享、利用和传播，不仅成为决定企业竞争力的关键因素，也成为决定国家生产力水平和经济增长的关键因素。

(5) 现代信息技术的迅速发展，为我们开发和利用信息提供了有力的技术支持。只有实现信息化，企业才有可能抓住机遇，实现健康发展。

(6) 企业信息化实现企业全部生产经营活动的运营自动化、管理网络化、决策智能化。其中，运营自动化是基础，决策智能化是顶峰。

(7) 增加企业间的技术流通合作，总体提升整个行业的技术水平。

从微观上看，企业信息化的意义如下：

(1) 降低技术人才的劳动强度，用计算机实现繁杂、重复的简单体力劳动，从而提升技术人才的脑力价值。

(2) 可以改善职工的工作环境。

### 3．企业信息化在企业发展中的作用

1) 企业开展信息化是实现企业快速发展的前提条件

企业开展信息化可以实现企业自身的快速发展。企业存在的目标就是在顾及企业社会效益的同时，追求企业经济利益的最大化。企业可以充分利用信息化得到行业信息、竞争对手信息、产品信息、技术信息以及销售信息等，通过及时对这些信息进行分析，作出积极的市场反应，达到企业迅速发展的目标。

2) 企业开展信息化有助于实现传统经营方式的转变

传统的加工业离不开生产和销售，传统的零售业也离不开供、销、存。信息化发展的今天，这些关键环节都可以借助信息化得到帮助，同时企业开展信息化可以派生其他新型的销售手段和方式。越来越多的企业在借助信息化逐步地开展网上经营，在传统经营的基础上开辟出了新的营销模式。

3) 信息化能够给企业带来实实在在的利益

企业开展信息化可节约营运中的各项业务成本，并大大提高工作效率。

4) 企业开展信息化可以使内部管理结构更加扁平化

企业信息化的开展使信息资源在企业内部得到共享，并且使原始信息在本企业决策的过程中，反馈时间大大缩短，决策层与基层、各部门之间的沟通更加快捷，管理更加直接。信息化在管理中发挥的作用拉近了管理层与各基层之间的距离。

### 4．妨碍企业信息化的因素

企业信息化建设是一个系统工程，其发展不仅受到来自企业内部信息化需求的制约，而且受到企业信息资源与信息技术的供给等外部因素的制约。综合起来，妨碍企业信息化的因素主要有以下几个方面。

1) 企业决策者对企业信息化的认知程度较低

企业的信息化需求是推进企业信息化发展的内部动力。当前，我国企业信息化建设中存在的一个非常普遍的问题是企业决策者对企业信息化认知程度低。一方面表现为对信息化建设不够重视。首先，很多企业没有进行信息成本核算，进行信息成本核算的企业只占极少部分；其次，大部分企业没有建立专门的管理机构；再者，大多数企业没有一个完整的企业信息化建设规划。另一方面表现为企业对信息化建设认识模糊，将企业信息化简单理解为自动化或电子商务，对信息化建设的理解比较肤浅。如大多数的企业认为开展电子商务仅有助于宣传产品和提高企业知名度，只有少数的企业认为开展电子商务还可降低生产、销售和运营成本。认识上的不到位直接导致了资金投入的不足和人才问题。

2) 企业信息化建设资金投入不足

信息化建设的投入是对企业持续发展核心能力的投资。企业信息化的投资是一个长期持续的过程，但目前很多企业在投资上仍旧遵循工业时代的模式，希望在短期内就能降低成本、获得效益。据对重点企业的调查，企业信息化累计投入占总资产的比重非常低，与

国外大企业一般 8%～10%的比重相差甚远，而具体到省市一般企业，则所占比例更小。另外，企业对信息化的投入结构不合理，存在重硬件轻软件、重技术轻管理、重网络轻资源等问题，不能保证企业信息系统建设、维护更新与信息资源开发利用之间的协调。

3）企业信息化人员素质低

企业信息化建设中，人才是根本。人才短缺是大多数企业普遍存在的问题，这种状况严重地影响了企业信息化的进程。企业自己培养出的人才，其优势在于既了解本企业的经营运作之道，又精通现代信息技术，这将大幅提高企业信息化建设的成功率。但根据国家调查统计的结果来看，企业信息化人才，特别是复合型骨干人才十分匮乏，且流失严重。企业信息技术人员只占企业员工总数的 0.72%，其中既懂信息技术又懂业务流程和企业管理的复合型骨干人才更加稀缺，在很大程度上制约着企业信息化建设的质量和速度。

4）社会信息化水平的制约

依据系统论原理，企业信息化不是一个独立的过程，它是社会信息化的一个子系统，同系统内其他子系统相互制约、相互促进，需要企业与外部信息资源的整合和互动。就目前我国情况而言，信息产业基础薄弱，国内 IT 产业产品结构不合理、技术水平低，除 PC机、财务应用软件之外，高端技术和产品仍然受控于国外企业。信息服务业发展滞后，不能满足企业信息化建设的需求，在一定程度上制约了企业信息化的发展。

5．企业信息化的风险

"信息化带动工业化，发挥后发优势，实现国民经济的跳跃式发展"是我国当前企业信息化建设的重点，企业的信息化建设经过"八五"、"九五"、"十五"的推广、普及取得了很好的成效，企业的信息化运用有了一定的深度和广度。但同时我们也发现，由于没有建立健全的实施保障措施，很多企业的信息化投入没有看到成效，或收效甚微。根据国家经贸委 2001 年底调查统计的数据显示，对本企业信息化效果满意的企业仅占总数的 6%，较满意的企业占 52%，不满意的企业占 26%(如图 1-1 所示)。可以说，接近 1/3 的企业信息化建设效果不理想，是不成功的。

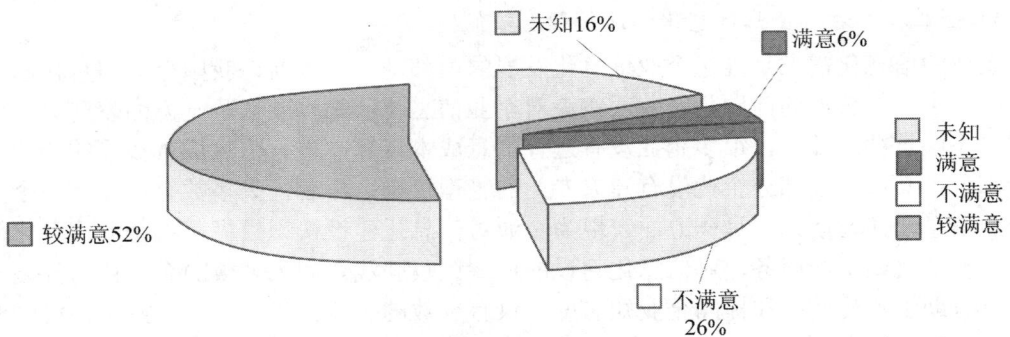

图 1-1　企业信息化建设的满意度分析

此外，由于企业信息化建设的项目资金投入越来越大，系统结构设计越来越复杂，因此建设过程中的风险越来越大，主要表现在以下方面。

1) 动机风险

所谓动机，即企业引入信息化的动机，也是企业进行信息系统建设的目的，是企业进行信息化建设的风向标。正确的动机不一定能带来正确的结果，但是错误的动机肯定不能带来正确的结果。

目前，很多企业实施"信息化"的目的并不是为了用信息化提升管理水平、促进战略目标的实现，而是：

(1) 为了所谓的"领导工程/面子工程"，迫于行政或舆论压力。

(2) 为了炒作，以期在资本市场获利。

(3) 为了向老总或者高层提供"信息简报"。

很显然，这些实施信息化的动机本身就是对"信息化"的曲解，必然不能达到从根本上提升管理水平、促进战略目标实现的理想结果。根据这样的动机来实施信息化的风险性是非常大的，因此企业在实施信息化之前一定要摆正企业实施信息化的动机，并且在实施的过程中不断地审视是否偏离了原始的初衷。

2) 管理变革风险

企业信息化首先是一个管理问题，其次才是技术问题。

信息技术和管理技术的不断发展推动了整个企业信息化的变革，从而使企业的经营管理理念发生了本质的变化，它的变革如同"工业革命"一样，是历史发展的必然。然而许多企业应用信息化的手段不是从理顺自身的管理本身入手，而是寄希望于信息化代替以往的手工操作，而且在实施的过程中往往讲"我们以前就是这样干的，很好啊！没有不方便啊！"。如果用这样的思路去引导信息化的实施，其结果仅仅是手工操作的计算机实现，并不能给企业带来本质的变革，而且企业在实施信息化的过程中由于不能面面俱到，因此实施的结果是局部的效率提高了，但是整体的效率没有较大提升，甚至没有任何改变。

因此，信息化建设要从企业的管理变革开始，而管理变革必然伤及企业的核心，其风险性是必然的，但是有哪一场变革不具有风险性呢！

3) 组织风险

企业信息化建设过程是一个非常复杂的过程，主要表现在以下三方面：

(1) 涉及范围广。

(2) 知识综合性强。

(3) 涉及的部门广，是一个全员参与的项目。

企业信息化建设项目除了涵盖企业的各个职能部门外，甚至将企业的供应商、客户、运输商、分销中心纳入到系统中，是一个内、外互动的系统。另外，组织实施企业信息化系统，需综合运用计算机知识、项目管理知识、系统工程论、管理理论、相关软件知识(CAD/CAPP/CAM/CAE/PDM、NC、ERP、CRM、SCM 等)、行业经验和实施方法论。同时，成功的信息化项目还表现在全员的参与方面，包括现场的操作工人、职能部门的专业人员、部门经理直至高级经理，因此其项目组织的难度之大，细节之多是一般项目很难比拟的。所以，企业信息化项目有组织风险是显然的。

4) 技术风险

企业信息化建设中的技术风险在相关的研究中反映得非常多，本书中不再过多地展开，这里需要强调的一点是：所有信息的安全性、唯一性、集成性和共享性是所有关键技术中的最难点，它涉及设计数据、生产控制数据、营销数据、财务数据、管理数据等，如何去整合这些数据是企业在信息化建设中需要投入巨大精力去关心的。

5) 服务商选择的风险

企业建设信息化的技术方案确定后，即将面临的风险就是服务提供商的选择。目前从事信息化服务的提供商(咨询商、软件提供商和系统集成商)为数很多，但技术水平良莠不齐，因此总体的实施效果很难保障，企业在选择信息化服务商时一定要慎之又慎，如果服务商选择不当，给整个信息化建设带来的打击将是毁灭性的。

6) 合同风险

企业在选定信息化服务提供商并签订相关合同时，往往只注意价格等因素，而忽视了其他的，如服务等细节问题，如果不注意这些问题很有可能为今后的实施带来不必要的纠纷，将会直接影响整个信息化建设的实施效果。企业在签订信息化合同时应注意以下几个方面：

(1) 要分别签订软件、实施、培训及服务合同。

(2) 合同细则越细越好，尤其是双方在实施过程中的责任和义务。

(3) 付款最好按照阶段性验收结果来实现。

(4) 项目最终验收标准应说明。

7) 实施风险

(1) 实施过程中，服务方缺乏相应的实施规范，忽视或者不深入进行项目的可行性研究、需求分析、系统分析等前期工作，将导致企业信息化系统的功能、实用程度等不够理想。

(2) 实施过程中的监控力度不够，将使信息化实施项目不能按计划完成。

(3) 实施结束，没有相应的验收标准，或是验收的标准出现分歧(因此在签订合同时必须确定)，将使企业的信息化项目成为"烂尾工程"。

8) 时间风险

信息化的实施过程是一个长期不断的过程，往往要连续一年以上，随着时间的推移，对企业的相关人员，尤其是领导的积极性是一个很大的考验。有些企业因为看不到暂时的成果，对信息化的实施产生了疑问，更有的领导急于求成，擅自修改实施进度规划或终止信息化项目的建设。

9) 人员使用和维护风险

信息化建设归根到底是要人来完成的，建设信息化项目需要企业建立自己的信息化建设梯队，而信息化人才应是既懂业务，又懂管理，还要懂计算机的复合型人才，这就需要我们的企业培养人才，而且更要留住人才。

我们经常碰到这样的情况，一些企业花了大量的投入进行"信息化改造"，但是没有多少人会用，更没有多少人喜欢用、愿意用，最终成了闲置的摆设。

企业信息化是实实在在的事情，需要务实而不是务虚，更需要企业里的每一个员工和实际操作者切实掌握新的业务流程，养成使用习惯，而要做到这一点就需要企业家有非常的魄力，制定相应的制度，强制推行。例如，联想在进行自身的信息化实施过程中，有一批骨干，甚至是高层先后离开了联想。

10) 发展中的风险

企业信息化的建设思路是不断发展、不断变化的，它随着管理理念和相关的技术(尤其是信息技术)的发展而不断发展变化，是一个螺旋上升的过程。企业信息化的建设是一个不断发展变化的过程，因此也为企业的信息化建设带来了一个不可避免的问题——发展中的风险问题。

虽然信息化建设风险很大，但是历史的潮流又让企业不得不面对残酷的现实。知难而上，规避风险的办法只有一个，即对现有管理的突破：

(1) 用变革管理和风险管理的思想来指导整个信息化的建设。

(2) 用发展的眼光来看待信息化所带来的巨大变革。

(3) 按照项目管理的思路来进行整个信息化项目的管理。

(4) 借助专业的咨询公司来进行整个企业信息化的规划工作。

(5) 提出的项目指标应该具有较强的操作性，最好有一个对内和对外的双重指标体系。

(6) 对信息化服务商的选择应尽量合理。

(7) 在人力、财力和物力等方面确保信息化的实施。

(8) 引入独立的第三方监理机制。

(9) 项目实施完成后用制度的方式固定下来，强制实行。

## 1.1.2 我国企业信息化建设现状

现代信息技术的迅猛发展和飞速普及，使企业生存和竞争环境发生了根本变化，信息化建设成为企业获取竞争优势的最终选择。我国企业信息化建设已有近 40 年的历史，并取得了一定成效。在发展过程中，既有成功经验，也有失败教训，但总的来看，与西方主要发达国家相比，我国企业信息化建设在规模、层次和总体水平方面都存在很大差距。认识不足与操作乏力是阻碍我国企业信息化建设顺利发展的两大桎梏。

### 1. 认识有所提高，操作反差极大

以计算机技术在企业的推广应用为标志，我国的企业信息化建设从 20 世纪 70 年代开始起步，80 年代掀起高潮，90 年代进入了快速发展阶段。

1) 基本认识普遍提高，重视程度相差较大

对企业信息化的认识表现在两个方面：一是对信息的重要性的认识；二是对信息化的重要性的认识。随着体制转轨，企业领导深切体会到了信息的重要性，对信息化可以促进企业发展也基本达成共识。总体上看，认识在不断提高，但在实际操作上，各个企业的重视程度却相差很大。除客观原因外，认识上的不足乃关键所在。

2) 基础应用的普及面较宽，重大信息工程建设相对滞后

调查表明，目前我国各种规模的企业绝大部分都用上了微机，利用计算机技术进行信息处理和辅助管理。许多大、中型企业拥有相当多的信息技术设备，也培养和储备了一些自己的信息化人才队伍。但重大信息工程建设，如 MIS、MRPⅡ、ERP、CIMS 等普及率低，水平也相对落后，有些企业应用效果不好。

3) 新成长企业信息化建设起点高，老企业信息化基础相对薄弱

改革开放后新成长起来的企业由于技术装备智能化水平高、市场观念和现代管理意识强，其信息化建设基础较好，很多企业在创建时就把信息化建设考虑在内。这些企业无论在信息化水平还是在信息化应用效果方面都比传统老企业具有明显优势。

4) 企业信息化需求层次差别较大

效益好的企业、外向型企业及具有国际市场开拓能力的大、中型企业信息化需求较为强烈，而效益不好的企业、竞争领域相对狭窄的企业以及小型企业的信息化需求相对不旺。

企业竞争环境越复杂，竞争压力越大，越要求企业信息化达到较高水平，但企业经济效益的好坏往往决定了企业在信息化建设方面的投入保证程度及其实施效果。

5) 信息化水平和普及程度因行业、地区经济发展水平而存在差异

总的来看，技术含量高的行业和经济发展水平及市场化程度高的地区、企业管理水平高的企业，其信息化水平和普及程度相对较高；技术含量低的行业和经济发展水平及市场化程度低的地区、企业管理落后的企业，其信息化水平和普及程度相对较低。

6) 重大信息工程建设的模式各异

目前，我国大、中型企业的大型信息化工程建设中，MIS、MRPⅡ、CIMS、Intranet/Extranet 等在我国不同类型企业中均有表现。从开发利用手段看，自主开发、联合开发、委托开发、全套引进等多种形式并存。

7) 信息化成效反差较大

由于存在认识水平、重视程度、管理基础、经济效益等方面的差别，因此各个企业信息化建设，尤其是大型信息化工程建设的成效存在很大区别，既有成功经验，也有失败教训。

8) 信息化发展势头良好

企业竞争环境的变化促使企业向信息化寻求出路，信息技术的成熟及成本下降也使企业提高信息化水平的积极性进一步提高。调查表明，许多大、中型企业在制定中、长期发展规划中都把信息化建设作为今后几年要抓好的重点任务。与此同时，网络化发展为中、小企业利用信息迅速崛起创造了极为有利的条件，其信息化建设的热情与大、中型企业相比并不逊色。

**2. 重大信息工程建设方兴未艾**

1) CAD/CAM 推广应用情况

计算机辅助设计/计算机辅助制造(CAD/CAM)技术起始于 20 世纪 60 年代中期的美国。我国 CAD/CAM 技术的应用开始于 20 世纪 70 年代末期，80 年代逐步应用于机械制造、建筑、管道、电子、建材、纺织等众多领域。进入 90 年代以后，随着技术的成熟、工程成本的大幅度下降以及国产软件技术的迅速跟进，CAD/CAM 的大规模推广及应用条件基本具备。"八五"计划初期，全国 CAD 应用工程协调指导小组成立后，本着"抓应用、促发展、见效益"的原则，对推动我国 CAD/CAM 的应用起到了积极作用。目前，我国大、中型建筑规划设计院已基本普及了 CAD 技术，在建材、冶金、化工、机械等行业的工业窑炉大都

实现了计算机控制，玻璃行业 70%的企业应用计算机配料，全国已有一万多家单位甩掉了图版，取得了良好的社会效益和经济效益。

2) MIS 应用情况

基于计算机技术的管理信息系统(MIS)几乎伴随着企业应用计算机技术的全过程。MIS是一个总的概念，它包括统计系统、数据更新系统、状态报告系统、数据处理系统、决策支持系统等不同应用层次。我国企业 MIS 的应用可以追溯到 20 世纪 70 年代中期，主要是以单机操作为主进行单项业务的数据处理及辅助管理为主。70 年代末到 80 年代中期，许多企业都建立了诸如人事、工资、库存、生产调度、计划等管理子系统。80 年代中后期，尤其是进入 90 年代以后，随着系统集成和网络技术的发展，国内一些大、中型企业纷纷把过去独立存在的子系统集成起来，形成统一的管理信息系统，较好地解决了信息"孤岛"问题。

3) MRP/MRPⅡ/ERP 推广应用情况

物料需求计划(MRP)是 20 世纪 60 年代中期美国企业提出的制定企业内部原材料零部件采购加工计划的方法，目的是保证企业能够在规定的时间、规定的地点，按照规定的数量得到真正需要的物料。MRP 思想提出以后，很快就实现了计算机化，很多企业都迅速引入了这样的计划模式。最初应用 MRP 的主要是电子、机械等生产装配型产业的企业，后来，医药、化工、卷烟、食品及化妆品等流程型企业也开始采用，现已成为世界普遍采用的计算机辅助管理和辅助计划模式。20 世纪 70 年代中期以后，MRP 的功能不断发展完善，企业的成本发生、经营规划、销售与生产规划也纳入到系统中来，这便产生了被称为是现代西方企业管理思想精华的制造资源计划(MRPⅡ)。当前，国外又在 MRPⅡ 的基础上，考虑离散型生产和流程型生产的不同特点，把质量、设施维护、过程控制、数据采集和电子通信等结合起来，实现更广泛的管理信息集成，即企业资源计划(ERP)。据了解，世界 500 强中企业的大多数都采用了 ERP 系统。

我国企业引入 MRPⅡ 开始于 20 世纪 80 年代中期，目前约有上千家企业建立了自己的MRPⅡ 系统。近年来，国内一些行业领头企业也开始了建设 ERP 的尝试。

4) CIMS 推广应用情况

20 世纪 80 年代世界性的"石油危机"震惊了西方世界，以美国为首的西方国家深刻地认识到："制造业面临日益剧烈的全球竞争，强大的制造业是增强国家综合实力与国际竞争能力的根本，一个国家只有生产得好，才能生活得好，为此，必须大力加强信息时代先进制造技术的研究、应用与发展"。20 年来，各国纷纷推出了国家级的先进制造技术发展计划，如美国的先进制造计划、TEAM 计划、NGM 计划、CALS 计划，欧共体的 ESPRIT 计划，德国的 2000 计划，日本的智能制造系统计划以及韩国的高级先进技术国家计划，等等。随之，将传统的制造技术与信息技术、现代管理技术相结合的先进制造技术得到了重视和发展，计算机集成制造系统(CIMS)正是其重要组成部分。

CIMS 于 1974 年在美国提出，其基本思路是，致力于全部工厂业务的计算机化，从产品设计、工艺设计到制造，以及通过计算机生产计划制定系统完成生产与市场、库存、财务、质量、设备管理等方面的统筹与协调，使整个工厂，甚至全部企业的管理都能得到计算机的支持。在其后的十年左右时间里，CIMS 对企业各单元技术和各种 MIS 的集成发挥了重要作用。20世纪80年代中期以后，各工业发达国家和地区先后对CIMS的发展给予了很大关注，如美国、欧共体、德国、日本等纷纷制订长期发展规划，采取切实有力的措施推进其在企业中的应用。

面临日益剧烈的全球竞争，1986年，党中央高瞻远瞩地提出了863/CIMS主题计划。

近20年来，针对CIMS主题，近10000名专家、技术人员和管理人员经过不懈的努力，从国外的"计算机集成制造系统(Computer Integrated Manufacturing System)"的概念开始，结合国情，立足创新，经历了三个工作阶段，迈上了三个台阶，进而发展形成了现代集成制造系统(Contemporary Integrated Manufacturing System)的理论、方法、技术、工具和具有中国特色的CIMS研究、开发、应用、推广体系，并在应用示范工程、重大关键技术攻关、目标产品开发和应用基础研究等方面取得重大进展，圆满完成了既定的战略目标，成功地探索并实践了一条"用信息化带动制造业现代化，用高新技术改造制造业，以实现制造业跨越发展"的道路。

5) Intranet/Extranet

近几年来，Internet技术的飞速发展和迅速普及，使企业Intranet和Extranet的建设得到迅猛发展。有关调查显示，美国大多数企业已经或准备近期建立自己的Intranet/Extranet。我国企业的Intranet/Extranet应用在近两年也表现出了良好的发展势头，不仅一些大型企业正在对原有信息系统进行基于Internet技术的改造或组织建设自己的Intranet/Extranet，许多中、小企业在这方面的表现也很让人欣慰。

6) E-commerce

电子商务(E-commerce)始于20世纪90年代，是指利用电子网络进行的商务活动。目前关于E-commerce市场前景的预测每过3个月就要更新一次，前景光明。我国电子商务的发展在金融、外贸、民航等系统已经取得了很大成效，近年来各类企业利用Internet开展电子商务活动的积极性也日益高涨。

**3. 成功经验与失败教训交织**

1) 成功经验

我国企业在进行信息化建设过程中积累了许多成功经验，主要包括以下几个方面：

(1) 确立先进的管理思想和管理体制。企业信息化建设不仅是技术变革，更是思想创新、管理创新、制度创新。在重大信息化工程建设之前或在建设中对现有组织机构、管理制度、运行模式进行适时、适当调整，将使信息化建设事半功倍。

(2) 总体规划，分步实施。信息化建设是一项系统工程，做好总体规划可以保证各分系统的集成与协调发展；在总体规划下，从分系统实施入手，逐步扩大系统集成，边建设边见效，使工程实施形成良性循环。

(3) 效益驱动，重点突破。企业信息化的目的是提高企业经济效益和企业竞争力，因此一定要注重实效。选择企业急需解决又能较快见效的环节做突破口易于成功。

(4) 从企业实际出发。企业情况千差万别，信息化内容和模式也多种多样。企业要根据实际情况，从承受能力和实际需要出发，确定要干什么，先干什么。不是技术越先进越好，也不是投资越多越好，关键看它是否解决了企业的实际问题。

(5) 利用成熟技术。信息技术发展很快，不盲目求新、求高。现有成熟技术能解决的问题，尽量使用成熟技术，既可以减少风险，又能做到实施快见效快，维护更新有保障。许多技术国产化水平已很高，适合国情，价格又相对便宜，效果更好。

(6) 一把手挂帅，上下齐动员。几乎所有的企业都认为企业主要领导的主持和参与是信息化建设取得成功的首要条件。企业第一把手的决心，在工程关键点上的决策与亲自领导、组织、协调是重大信息化工程顺利实施并取得成效的先决条件。多年来，各典型企业的实践从正、反两方面都证实了这一点。

(7) 加强信息化队伍建设。首先，要有一支过硬的计算机专业技术人才队伍，才能对企业信息化建设不断进行完善、改进和运行维护，保证信息资源的充分开发和合理利用；其次，要加强对所有员工尤其是各级管理者的信息化技术应用培训，培养一支过硬的信息技术应用和现代化管理队伍。

(8) 企业为主，多方支持。对于大多数企业，尤其是中、小型企业来说，专业化信息技术人才的缺乏是现实问题。在信息化建设过程中，不可能也没有必要完全依靠自身力量进行设计、开发、实施，对信息资源尤其是外部信息资源的开发利用更不可能完全依赖自己。寻求外部支持不仅必要，而且往往可以节约成本，提高效率。

(9) 加强基础工作。首先要做好调研，弄清楚企业的真正需求，寻求到制约企业发展的瓶颈所在，制定好整体规划；其次，要研究制定企业信息规范，做好标准化工作，以科学的态度保证数据的完整性和准确性，为信息正常交流共享打下良好基础。

(10) 注重企业内、外部信息的交流与共享。企业信息化的核心是信息资源的开发利用，要组织力量，采取多种手段深入开发，广泛利用企业自身和客户、市场变化等各方面信息资源，实现生产、经营、管理各环节的资源共享，为企业决策提供信息支持。这既是企业信息化的出发点，也是企业信息化的归宿。

2) 存在问题

目前，在企业的信息化建设中，能真正进行整体规划，按计划分步实施与推进企业信息化建设，利用信息化手段帮助企业做大做强，并产生实际效果的成功企业不多，大多数企业在推进企业信息化建设的过程中面临相当大的困难，存在着很多问题。

◆ 企业信息化建设缺乏整体规划

企业信息化建设整体规划包括两层含义：一是从企业角度来看整体规划，规划应与企业中、长期发展战略相结合；二是从企业外部看整体规划，企业信息化规划应与整个城市信息化发展规划相一致。在企业外部应构建一个通过公用信息资源，提高企业间有效沟通与资源共享，提高企业经营运作效率和提升企业核心竞争能力的公共信息网络平台，以企业信息化作为纽带，把政务信息化和社会服务信息化连接起来。由于政府在构建信息化社会方面的工作也刚刚起步，缺乏构建公共信息网络平台方面的规划，因此在一定局面上也阻碍了企业信息化建设的进程。

◆ 未能充分认清企业信息化建设与企业自身业务运作之间的关系

从企业信息化建设的发展历程看不难发现，在以往企业信息化建设过程中，不少企业没有充分认识到信息技术只是手段，企业需求才是根本，在企业信息化建设过程中盲目迷信洋货，系统功能求大求全，所建造的企业信息化系统与自身业务流程、管理流程大相径庭，以至于实施后成效甚微。

◆ 有些企业信息化起步早、投入大、失败多

由于经济发展快，企业经营管理者思想活跃，因此，用信息化手段管理企业很早就成为一部分企业经营者的追求。在这种理念的驱动下，部分企业很早就进行了企业信息化建设的尝试。但在当时的环境下，一方面信息化建设是从零开始，没有成熟的硬件设备，硬件价格高；另一方面，企业在创建信息化系统时，没有清醒地认识到企业实施信息化，实质上是以信息技术、网络技术为手段，提高企业经营和管理能力。企业信息化的根本问题在于通过高效技术手段辅助企业有效实施现代企业管理方法，企业信息化不等于计算机化、网络化。由于认识上的不足，盲目投入，导致投入大、收效小。

◆ 企业信息化建设缺乏针对性

在推进企业信息化建设的进程中，缺乏大量熟悉企业特点、业务流程、管理特色的软件公司来协助企业推进信息化建设进程。因此，以往有些企业采用拿来主义，照搬套用，方案论证过程中缺乏系统的需求分析，实施过程中又缺乏量身定制的二次开发能力，使得所建造的信息化系统缺乏针对性和实用性，实施效果不理想。

◆ 没有明确企业信息化建设必须与企业基础信息资源建设同步

在推进企业信息化建设的过程中，重要的是有效整合和充分利用企业各种信息资源为企业服务。在建立计算机网络和开发应用系统的同时，企业信息资源的规划、收集、整理和建设必须同步进行，甚至基础信息资源的规划和建设还要先行一步。

◆ 缺乏对工业化、信息化、信息化建设和信息产业的正确认识

企业信息化需要信息产业的支持。CCID(中国信息产业研究院)一项研究表明，对于那些已完成工业化进入信息化时代的发达国家来说，信息产业逐步在国民经济中占有越来越高的比重，直至最后单独列出。这一产业结构变化也显示出信息产业随着科技的进步，在经过萌芽、成长、成熟等几个阶段后，逐步取代工业成为主导产业，信息产业将最终成为一个经济时代的标志。

◆ 认识不足，重视不够

主要表现在三个方面：一是对信息和信息技术对推动企业发展的重要性和作用认识不足；二是对重大信息化工程建设的难度估计不足；三是对企业信息化建设过程、模式、手段的认识存在偏差。其结果可能是或不予重视，或期望过高，或虎头蛇尾，或误入歧途。出现此类问题，一是信息化管理机构层次低，无力进行部门间的协调与组织；二是实施过程中决心不大，措施不得力，遇有阻力便半途而废；三是不重视信息化人才队伍的培养与稳定，管理层、操作层、实施层对进行信息化建设的积极性不高；四是缺乏必要的后续资金保障，使信息化建设善始不能善终。

◆ 企业改制跟不上，管理基础薄弱

重大信息化工程 MRP II 和 CIMS 等实质上都是现代企业管理思想与现代信息技术相结合的产物，所代表的不仅是管理手段的升级，更重要的是管理思想的创新。如果企业原来的管理一团糟，也没有改变的愿望，硬是用行政命令强制推行 MRP II 和 CIMS，则再好的软件和硬件也发挥不了作用，用工业化办法来搞信息化注定要失败。

◆ 忽视基础性工作，前期工作没做好

一是数据的规范化工作欠缺，大量历史和现实数据的搜集整理工作没人去做，各部门数据标准规范不统一，信息不能顺畅流通、交换；二是需求不明确，企业对信息化工程到

底要解决哪些问题不清楚，也提不出具体要求，抓不住要害，盲目上马后才发现根本解决不了企业的问题；三是总体规划没做好，形成一个个信息孤岛，或造成大量的重复修改，或被迫从头再来。

◆ 服务跟不上

一些为企业服务的公司、机构水平低，不能根据企业实际需要很好地完成本土化工作，对企业真正的内在需求研究不够，短期行为严重，后续服务跟不上，等等，这些不仅直接导致了企业信息化效果的不理想，也挫伤了企业的积极性。

总结经验，汲取教训，提高认识，加大力度，将是我国企业信息化建设不断取得进步的重要保证。

### 4．我国企业信息化建设的发展对策

1）对企业信息化进行总体规划

企业信息化是城市信息化的重要组成部分，是电子政务和社会信息化的纽带。做好企业信息化总体规划很重要，要有明确的部门负责，集思广益，做出既具有战略眼光又有可操作性的、符合当地实际的总体规划。企业信息化总体规划在战略层面上应与城市发展战略相吻合，应与城市的产业结构相适应。在战术层面，应考虑整个城市企业运作的结构特点，考虑如何建立高效、低耗的企业信息交换平台，考虑企业信息化在城市信息化中的纽带作用。在实施层面，要考虑科学合理地构建为企业服务的公用基础信息资源库。

2）分类分级，以典型带动企业信息化建设的全面发展

不同行业、不同规模的企业信息化具有很多不同的特点，同时，信息化水平发展也不平衡。在推进企业信息化的过程中，有必要分类树立信息化示范企业，以典型带动全局发展。

3）对企业进行正确的定位

在规划和建设信息化之前，企业高层决策机构首先应当借助外部的第三方信息化咨询机构，从经营战略、体制、技术、管理、企业文化、人力资源、行业环境、竞争地位等方面，对企业进行全面的自我诊断和准确定位甚至重新定位。在此基础上，确定本企业信息化建设的关键需求、方针、范围、阶段、力度和深度，才能既不脱离企业自身特点、基础和条件，又能很好地服从服务于企业未来经营发展和增强核心竞争力的需要。

4）选择恰当的建设时机

什么时候启动本企业的信息化建设，从战略上讲当然是时不我待，但从战术上看，并非所有的企业都适合"现在"就上马信息化项目。企业在体制、管理、观念、人员素质、资金预算等方面缺乏准备或准备不充分，都会成为信息化的阻力。

5）建立企业信息化培训体系

企业信息化过程就是企业提高自身管理水平的过程。没有一支素养良好的劳动大军，企业信息化建设是难以顺利实现的，因此有必要建立企业信息化培训体系。

6）建立良好的法制、政策环境，促进企业信息化发展

企业信息化意味着信息资源的整合与充分利用，在这些前所未有的变革中，需要配套出台一些法制和政策作为保证。例如，研究制定《资源共享、开发和利用信息资源管理办

法》，建立《企业信息化咨询与监理管理条例》，制定《企业信息化建设指导、管理、优惠办法》，制定《企业信息管理办法》等。

7) 以资源库建设促进企业信息化建设

发展信息资源建设是企业信息化建设是否成功的关键，也是企业信息化建设可持续发展的保证。在企业信息化建设中必须重视资源建设，在资源建设的基础上才能保证企业信息化建设的健康发展。政府应积极鼓励和引导针对企业资源规划方法和信息资源建设标准化问题的研究。

8) 以企业信息化建设带动软件业发展

企业信息化与信息产业的发展，特别是软件业的发展密切相关。信息社会是继工业化之后，人类社会发展的一个新阶段，也是社会发展的必然趋势。在企业信息化建设过程中，一方面，用信息化带动工业化进程；另一方面，企业信息化的需求也将促进信息产业的发展。同时，在软件业得到发展的情况下，企业信息化建设可以方便地得到可靠坚实的技术支持。处理好这个关系，有利于企业信息化建设的顺利发展。

9) 开展企业信息化咨询和监理服务

企业有信息化的需求，软件业期待良好的软件市场，供需双方需要桥梁。要推进企业信息化建设健康有序发展，有必要管理和规范企业与软件供应商之间的行为，使企业在开展信息化建设之初，得到良好的信息化咨询服务。这项工作先期可由政府组织人力免费向企业提供，一旦咨询服务走上轨道，就应交由市场机制进行运作。企业进行信息化建设时要有良好的监理服务，以确保实施信息化系统建设的企业和软件开发企业间的良好合作，确保实施过程的顺利进行，达到企业和软件业共赢的目的。

## 1.1.3　信息技术对企业管理的影响

信息时代的到来，正在引发一场深刻的商业革命。回顾历史，商业前几次变革，每一次都会出现一个新的业态，而这一新业态都会对整个商业进行一场扫荡，来一场物竞天择式的淘汰，适者生存。但由于网络技术带来的新变革给商业带来的变化同前几次相比有许多不同，它对商业产生的变化不再是向某一种主流业态靠拢，而是将它变革的力量均衡地施向整个商业。在整个变革过程中，商业业态不再像以往那样被划分为朝阳业态和夕阳业态，而是每一种业态都会受到现代信息技术的挑战和冲击。在这场冲击中，不会有任何一种传统业态消亡，只会有企业消亡。消亡的企业都是受不了信息时代冲击而淘汰的企业。

因此，国内商业企业必须认清这场革命的本质和影响，抓住商机，迎接挑战，重塑自己的核心能力和竞争优势。

### 1. 企业信息技术发展概述

信息技术是指人们进行信息收集、识别、提取、变换、存储、传递、处理、检索、检测、分析和利用的技术。信息技术具有其他任何技术所无可比拟的优点，概括地说，信息技术具有更广泛的适用性和更强的渗透能力；具有更高的知识密集性，经济和社会效益明显；发展速度更快，更新周期更短，具有极强的时效性。正因为如此，信息技术所具有的效益潜能是无法想象的。

互联网技术的发展及其运用给企业创造了经济发展更广阔的空间，互联网的应用拉近了生产者与消费者之间的距离，从而大大降低了生产与交换成本，使企业减少了冗长的分销程序和大量库存，节省了劳动力和经营成本。信息技术在企业管理中的运用大致经历了四个阶段：第一阶段，信息技术独立于企业战略之外；第二阶段，信息技术为企业战略服务；第三阶段，信息技术决定企业战略或者说它为企业战略创造了机会；第四阶段，信息技术战略借助互联网并已与其融为一体，不可分割。企业为增强竞争能力，提高经营效益，不断在生产和经营的各个环节推广应用信息技术，对企业传统的信息流程施以现代化的改造。由于信息技术的引入，企业在开发、采集、传递控制处理信息方面的效率大大提高，从而缩减了企业各部门之间和企业与外界的距离，提高了企业对市场的快速反应能力，最终促进企业经济效益的增长。

随着信息技术的迅速发展，"虚拟企业"、"网上营销"、"网上银行"的纷纷产生，必将引起企业生产经营运作方式的变化，企业不再受地域、空间、时间等限制，从而导致企业管理模式发生变化，引起全新的企业经营革命。以 Internet 为代表的网络技术的成功运用，使企业结构和管理模式从工业时代顺利地转向信息时代。相对工业时代的宝塔型管理结构而言，信息时代企业组织新模式的主要特征是管理结构的扁平化，扁平化的目的是实现"快速反应"。另一个值得注意的环节是，电子商务发展使产品从生产到顾客的中间环节大大减少，顾客更多地通过电子商务网站获取有价值的产品信息，建立与厂家之间的直接联系，销售费用降低了，成本下降。未来企业的管理将更多转向对企业网站的管理，不断加强对信息技术的有效利用，直接面对顾客的需求，这无论是对企业管理体制还是对人们生产生活方式的影响都将是革命性的变化。

**2. 信息技术背景下企业管理变革**

**1) 管理决策的变革**

信息技术对管理决策的影响是围绕着提高决策的有效性和决策效率展开的。管理决策支持系统是近年来计算机技术与人工智能技术和管理科学相结合的一种新的管理信息技术，它可以面对半结构化和非结构化的决策问题，帮助中、高层决策者进行决策活动，为决策者提供决策所需的数据、信息和资料，帮助决策者明确决策目标和对问题的认识，建立和修改决策模型，提供各种备选方案并进行优化、分析、比较和判断，提高管理决策的科学性和合理性。

**2) 管理组织的变革**

传统的管理组织形式是金字塔式的，自上而下，形成科层制(官僚制)组织结构。其严格的等级体系、明确的责权统一和完备的规章制度保证了用人工方法采集、加工和传输信息的有效性和效率，庞大的中间管理层起"上通下达"信息的作用。信息技术为科层组织的革新提供了强有力的支持，对现有组织结构的再造和创建新型的网络组织结构是管理组织创新的重要途径，而信息技术的发展对此起着十分重要的作用：一是削弱以致取消中间管理层，加强操作执行层与高层决策的沟通，提高信息传递的速度，避免信息的严重失真；二是管理幅度增宽，管理者和其下属可以随时了解对方的态度和意图，从而减少时间和精力的浪费；三是组织规模减少且呈扁平状；四是有利于创建全新网络结构组织。

3) 管理方法的变革

信息技术的发展引起管理方法的创新，其表现为：一是改善现有管理方法的信息基础和信息手段，如计划评审技术、全面质量管理等都可以用先进的信息技术予以支持，从而使管理系统发挥更大的功效；二是改变管理对象的特征，如信息技术的发展，使维持均衡生产的庞大的库存占用被无库存或少库存方式替代，相应地建立了基于准时制供货的管理方法；三是创立全新的管理方法和管理措施，如信息技术的发展使远距离控制、动态网络计划、虚拟企业等成为可能；四是企业管理更注重于职工的培训和学习，以协调职工的整体行动。

4) 企业文化的变革

企业管理信息化重构企业新的价值要素，拓宽、深化企业主体与客体的价值关系，通过其中存储的、反映不同企业普遍适用的对价值要素与关系的认识、经验进行活化和实用化，进而达到企业观念的深化，进一步提高管理水平。规章制度是根据企业传统文化、传统价值观和价值取向形成的，企业管理信息化通过不断渗透、逐步完善的方式驱动和引导现有规章制度的变革，并逐步改造或取代传统的、不合时代要求的制度，为企业的发展注入生机。

## 1.1.4　信息时代的企业组织结构变革

随着以计算机技术、网络技术、通信技术为代表的信息技术的飞速发展，人类在经历了农业社会、工业社会后，步入信息化社会。信息技术使企业投入生产过程的生产要素发生了变化，带来了组织生存环境的巨大改变。为了生存和发展，企业组织不得不进行相应的变革以适应这种变化，而其中企业的组织结构变革尤为重要。

### 1.　企业组织结构及其变迁

回溯历史，企业组织形式不是一成不变的，其在工业化时代已经发生了若干次变革。在 20 世纪初，企业的经营权与所有权发生分离，使管理工作成为一个相对独立的体系，这一时期比较经典的企业组织形式是直线职能制。直线职能制结构既能保证直线统一指挥，又能充分发挥专业职能机构的作用，从企业组织的管理形态来看，直线职能是 U 型组织最为理想的管理架构，因此被广泛采用。到了 20 世纪 20 年代，伴随着艾尔弗雷德·斯隆重建了美国通用汽车公司，奠定了"命令和控制型结构"的以层级制为基本特征的 M 型企业组织形式，也称为事业部制。时至今日，U 型组织和 M 型组织仍然具有生命力，不少企业组织仍然延续着这样的组织模式。

按照马克斯·韦伯的行政组织理论，科层制组织作为社会群体中一种有效组织形式，在人类社会的发展历史中早已存在，而在形式上得以完善和充分利用却是在工业革命时期。在亚当·斯密以工业企业为基础的分工理论基础上，马克斯·韦伯提出了官僚行政的概念，认为以职能分工为基础的官僚制组织层次分明、制度严格、责权明确，是有效利用资源、顺利实现组织目标的组织模式。完善的科层制组织是工业革命时代的创造性产物，在企业中，科层制组织得到了广泛的利用，并在形式上体现出了以下基本特征：有明确的命令链；有系统的程序和规定以应对工作中出现的意外情况；专业化分工；按技术能力提升和选拔人员。在工业经济时代，企业的科层组织模式和当时企业所处的市场竞争环境、科学技术条件等是相适应的。

## 2. 企业组织变革的诱因

### 1) 传统层级组织在信息时代所表现出的弊端阻碍了企业发展

工业社会强调规模经济，大规模生产和销售需要精确和可量化管理。科层组织以强有力的控制能力，完美并高效率地适应了工业化社会的要求，促进了这一时期企业的发展。到了信息时代，企业对市场的反映速度，适应市场变化的能力成为决定企业生存和发展最重要的因素，层级组织的弊端则逐渐显现，特别表现为：

(1) 组织规模越来越大，组织成本则越来越高。

(2) 由于组织机构臃肿导致组织效率低下，组织内部摩擦越来越大。

(3) 官僚化阻碍创新，僵化的程序化管理降低了工作效率。

在网络经济环境下，企业的生产方式、经营内容、效率标准和成员结构都发生了变化，而层级制所产生的组织刚性则不能适应这种变化。层级制已成为新经济时代企业发展的障碍，因而必须突破传统的层级组织模式。斯蒂芬(1999)在关于美国企业的案例研究中发现，许多企业的高层经理都认为传统的层级组织已严重阻碍了企业的发展，并准备或已开始在企业中进行组织变革，这一研究也支持了前面的观点。

### 2) 企业外部竞争环境变化促使企业组织变革

企业的经营理念、内部组织模式必须适应不断变化的外部竞争环境。在信息时代，企业外部环境变化主要体现在三个方面：一是信息技术的迅猛发展；其次是经济全球化导致市场竞争的加剧；再次是消费者差异化、个性化的需求和不同的消费选择方式。

信息技术的出现被誉为当今世界的第三次科技革命，其在企业中的大量应用使得以机械化和装配线生产过程制造标准化产品的"大量生产"方式日益显得僵化而逐渐被淘汰，取而代之的是与现代大企业生产运作相联系的弹性生产方式(或者称为柔性生产方式)，有学者称这一变化为从"福特主义"到"后福特主义"的转变。Townsend(2001)认为信息技术改变了经济的进程，使企业面临新的机遇与挑战，而建立灵活性和适应性的新型企业组织模式是应对这一挑战的关键。Avolio(2000)也认为，信息技术使企业以崭新的方式进行运作，给企业增加了有形和无形的价值，企业组织变革可以更好地发挥信息技术的优势。

20 世纪 90 年代以来，世界经济发展呈现出两大趋势，即世界经济全球化和区域经济一体化，全球范围内贸易、投资和金融的国际化、自由化程度不断提高。Douglas(1999)在对美国企业的一项研究中发现，随着经济全球化趋势，20 世纪 60 年代美国只有 10%的企业面临国际竞争，而到了 20 世纪末则有超过 70%的企业不得不同国外同业进行激烈竞争。众多竞争对手的出现使企业必须将精力放在努力提高企业核心能力上，这就要求对企业原有的组织结构和经营模式进行重新梳理和设计，以适应激烈的全球化竞争。

伴随社会经济发展和知识经济的兴起，企业的外部市场环境，特别是消费者的需求发生了巨大的变化。科技的进步和管理水平的提高所带来的生产效率提高使得商品供应极大丰富，消费者对商品的选择余地越来越大，从而使大部分产品从卖方市场走向买方市场。作为商品提供者的企业，必须根据市场变化和消费者的需求制订自己的经营战略和生产计划，为消费者提供满足不同个性化需求的产品，大规模批量生产方式以及传统的组织结构难以适应这种变化和要求。同时，由于资源的稀缺性和竞争的激烈性，任何企业，尤其是中、小企业难以在全部业务环节占有优势，即本身难以拥有完整且高效的价值链，于是，企业开始寻找新的经营战略和方式，通过与其他厂商的合作和竞争，企业提供自己最有优势的资源与其他企业共同组成高效率的价值链，并分享价值链中相应环节的利润。企业间采用这种合作方式，因为由若干企业形成的价值链灵活而高效，就可迅速地推出适应市场需求的新产品。因此，企业以市场为导向，采取灵活性和适应性强的新型组织形式就成为一种必然的选择。

3) 信息技术的发展为企业组织变革奠定了技术基础

企业的组织结构和运作方式要适应市场竞争环境，并和同时期的科学技术条件相适应。组织变革是和科技发展相关联的，而信息技术的发展和普及应用为企业的生产方式和企业组织模式变革奠定了技术基础。

以计算机技术和通信技术为代表的现代信息技术的飞速发展和广泛应用，极大地降低了人们对信息的获取、解析和反应的限制，使信息的快速处理、实时传输与共享成为可能。信息技术的发展在使我们的工作和生活方式发生巨大改变的同时，也对企业管理变革产生了深远的影响。信息技术的发展对企业管理的影响可以归纳为六个方面：

(1) 信息化给企业生产、管理活动的方式带来了根本性的变化。

(2) 信息技术将企业组织内、外的各种经营管理职能、机制有机地结合起来。

(3) 信息化将在许多方面改变产业竞争格局和态势。

(4) 信息化给企业带来了新的战略性的机遇，促使企业对其使命和活动进行反思。

(5) 为了成功地运用信息技术，必须进行组织结构和管理方法的变革。

(6) 促使企业思考如何有效地运用信息技术，适应信息社会的要求，在全球竞争中立于不败之地。

在现代信息技术的支撑下，企业组织的管理层次逐步减少，并且决策权下移。在企业组织决策过程中，使用信息技术手段可以使得高层能越过中层直接获得所需的信息，同样，组织高层也可将信息直接传递给基层。对稳定的外部环境条件下的企业组织而言，由于企业组织之间竞争重点在于生产成本，组织内部的知识主要表现为有关生产的知识，因此，企业组织主要采取集权化的决策。但在急剧变化的环境下，由于专门知识的作用日趋显著，分权的净收益相对较高，因此，组织将决策的权力逐步向基层下放。

现代信息技术的利用使得各个企业组织间能够及时传递产品价值链上各企业的业务数据，提高企业的工作效率。通过信息系统的成功运用，降低了运作成本，大大提高了企业营运速度。信息化使得企业各组织间粘合在一起，形成网络化的经营系统，并快速响应不断变化的市场需求。由此，企业组织的边界模糊化，企业通过竞争与合作，发挥出了核心企业的主导作用，整合了产品价值链上各个企业并协同运行，利用企业组织各自的优势资源，在产品成本、品质、市场相应速度等方面发挥出整体优势，从而提升企业组织整体的市场竞争力。

3. 信息时代组织变革趋势

信息时代的市场竞争环境下，企业的规模已经不再作为决定企业经营成败的决定力量，相反，企业是否能够快速适应不断变化的市场需要，成为决定企业成败的关键要素。

1) 管理层次扁平化

Karake(1992)认为，管理层次的减少是现代企业组织变革最显著的特征，管理层次的减少使企业的组织效率得到大幅提高。Hong(1999)在关于美国 500 强企业组织变革的调查中发现，所有企业都减少了层级，其中绝大部分企业的利润比以往上升了。信息技术手段的广泛应用，使得组织成员的独立工作能力大大提高，并且获得了充分授权，承担了较大的责任，上下级关系由传统的接受任务和发布命令的关系转变为一种团队成员的关系，使管理层次减少。以前，企业之所以采用金字塔式的层级结构，是因为受到了管理幅度的限制。采用信息技术之后，上级交给下级的工作和任务趋于标准化和程式化，下级对工作的完成情况也能通过信息网络系统及时并准确地反馈给上级，增强了上级对下级的有效控制力度，拓宽了上级的管理幅度，使原来需要更多层级才能完成的管理任务现在只需较少管理层级就可完成，减少了企业的层级。

层级扁平化的重点对象是中间管理层。中间管理层的存在一方面是在信息处理能力有限的情况下负责信息的收集与传递，另一方面则是因为管理幅度有限，负责对操作层的监督与控制；而信息技术的应用使中间管理人员失去了存在的基础，企业将成为中间层逐渐减少的扁平化组织。

哈默(Hammer)的业务流程再造(BPR)范式也表达了同样的观点。哈默认为组织应该以业务流程为核心，从根本上重新分析、设计组织的跨职能部门甚至跨组织的业务流程，再造后的组织应以再造后的业务流程作为新的组织单元的基础，组织单元应由传统的职能部门转变为面向流程的团队，使组织结构层次减少。传统的科层制企业组织结构主要以职能为中心，哈默提出的流程再造理论，以满足消费需求为宗旨，以任务为导向。同时，信息技术的发展为业务流程再造提供了实现的条件。

2) 组织内部关系网络化

企业组织内部部门之间、员工之间的网络化关系适合于信息的有效传递和对日常问题的处理。不同部门、员工之间通过网络通信技术进行信息沟通和及时有效的交流，增进企业员工之间的了解，提高学习能力，并增强部门之间的协同能力，有利于企业处理复杂的项目，形成竞争优势。Johnes(2001)发现，信息技术在企业中的广泛应用促进了企业成员之间的有效沟通。信息技术的应用使组织成员进行“一对一”的交流，减少了信息传递的失真，在很大程度上取代了层级制的决策功能；企业员工不仅能处理更多的问题，还能做出更准确的决策。

网络式的组织关系降低了企业在新产品研发过程中的复杂性，提高了研发的成功率。从柔性运作的角度对网络化关系的重要性进行研究发现：企业采用柔性技术后，各部门之间的工作联系变得更加紧密，部门之间的协调十分重要；各部门的任务都会与其他部门相互影响，通过相互调整、协作以完成工作，减轻由于部门分割导致的交流障碍。在企业内部，部门之间、员工之间及时有效的沟通是组织运行的关键，而组织内部关系网络化则可达到这样的效果。Spoll(1986)认为，要形成网络化的关系必须要进行有效分权，使员工和部门的地位及角色不影响沟通的有效性。

3) 企业经营虚拟化

科斯通过交易成本揭示了企业的本质，划定了企业和市场的边界，分析了企业的规模，从而奠定了现代企业理论的基础。科斯提出企业与市场的替代，二者能否实现替代取决于交易费用的节约。在一系列交易行为中，当企业内部完成的交易费用比外部市场交易费用低时，这种交易行为将被内部化到企业中去，即企业替代市场。科斯提出，企业之所以出现，是因为权威关系能大量减少需分散定价的交易数目，即按合约对投入物行使有限使用权的企业家或代理人可以不顾每项具体活动的价格而指挥生产。按照科斯的观点，即企业始终拥有成本优势。另一方面，与通过市场组织活动相比，在某些方面，企业却有成本劣势，科斯将其归于随着数量的增加，管理活动的边际成本递增。最终，市场交易的边际成本和企业内交易边际成本正好相等的点，就是企业的最优边界。

在信息时代，企业的边界则是由无形资产特别是隐性知识所确定的能力边界。企业所能开展的活动以及可以达到的规模是由其拥有的核心能力决定的。无论是交易费用理论对纵向边界的分析还是新古典经济学理论对横向边界的分析，都有一个共同的前提假设，那就是企业开展的活动有没有超越其能力范围。如果这些活动超出了企业的能力边界，那么企业就只能选择外部购买的方式，因此，从本质上说，企业的核心能力决定了企业的生产可能边界，从而决定了企业的最优规模边界。

按照交易成本理论，当影响交易成本的因素发生改变时，交易可能会由市场向企业转化，也可以由企业向市场转化，而虚拟企业就是在这一转换机制下形成的。企业在发展过程中，可以横向一体化，也可以纵向一体化，也可以反其道而行之。基于核心能力的观点，一种新的组织形式——虚拟企业组织模式就应运而生。虚拟经营，既是对传统企业构架模式的组织创新，同时也是营销观念的革命。虚拟企业组织是现代社会网络环境下产生的一种新的企业组织形式，其组织形式包括生产完全外包模式、供应链管理模式、战略联盟模式、特许经营模式、技术联盟模式等。从市场竞争的角度看，虚拟经营是在市场竞争环境中，在竞争白热化条件下，企业为快速响应不断变化的市场需求的产物。通过构建虚拟经营模式，扬长避短，发挥了各自企业的核心竞争力。

不同组织形式的选择都是与企业自身的特性紧密地联系在一起的，是企业发展和市场需求共同选择的结果。虚拟企业组织是分工整合模式下的一种有效的组织方式，各个企业充分利用外部最优秀的专业化资源，从而达到降低成本、降低风险、提高效率、增强竞争力的目的。虚拟企业组织模式通过集中资源重点构造自身的核心竞争能力。企业快速发展必须依靠和整合外部资源，虚拟企业组织模式是实现企业快速发展战略的重要选择。

4) 企业组织集群化

迈克尔·波特认为，集群是一组在地域上靠近的相互联系的公司和专业化供货商、服务供应商和相关产业的企业，以及政府和其他相关机构的聚集体，它们同处于一个特定的产业领域，由于具有共性和互补性而联系在一起。集群包括一批对竞争起重要作用的、相互联系的产业和其他实体。

在信息时代，随着经济全球化和市场竞争激化，企业集群逐步成为企业组织的一种新模式。企业集群使处于集群中的组织通过规模经济、范围经济等途径在信息、资源、市场、技术等方面获得或保持竞争优势。企业集群是企业按照多种多样的分工和协作组成的庞大网络，具有社会网络的特性。在决策中，集群参与者不但要考虑自身的需求和利益，同时还要考虑其他成员企业的需求和利益，集群内存在自组织机制，因而从本质上看，集群是一个复杂的开放的系统。集群通过灵活的资源配置形式，具有企业和市场的双重性，同时运用两种手段配置资源。集群内组织是具有独立法人资格的实体，有加入或退出集群的自由，集群网络中的每个节点都处于不断地运动或流动状态，是活性节点。企业集群根据不同的市场机遇和不同的项目要求，随着各节点企业核心能力的变化而不断地变化，以有效地响应快速多变的市场需求。集群内企业获得了社会资本，这种资本可以使企业获益的可能性大大增加。由于信息技术的发展，集群不仅仅是地域集群，也是一种理念上的集群，是社会网络基础上的企业组合；社会网络扩展到哪里，集群的边界就延伸到哪里。同一集群内的同类企业从集群网络获取资源和信息的能力是不对称的，处于网络中心位置的企业比处于网络边缘的企业获取资源的能力强。

传统意义上的企业组织之间更多地体现为一种竞争关系，而企业集群组织更强调合作，一种竞争中的合作关系，企业组织之间形成一种有利于企业生存和发展的企业生态系统。集群内自组织作用在企业之间建立起了资源交流的渠道，可以使企业的资源互通有无，并可以使冗余资源相互流动，从而保持较好的核心产品生产能力。在地缘关系和亲缘关系等因素基础上形成的集群产生的信任机制，可以使集群内企业能够共享价值活动或进入有着共享机会的新的经营领域，从而降低其相对成本。构建集群还可以以少量的协调成本换取纵向整合所带来的效益。集群是企业组织模式的一种新的表现形式。

## 1.2　我国信息技术与企业管理存在的问题与对策

我国企业应用信息技术的状况不容乐观。根据国家商务部对国内 300 家国家重点企业所做的问卷调查，70%的调查对象认为企业对信息化投资不足，300 家企业用于信息技术和设备投资累计仅占总投资的 0.3%，这与发达国家大企业在信息化上的投资占总资产 8%～10%的水平相距甚远。信息技术投入不足，必将制约我国企业走向世界的步伐，削弱企业的竞争力；信息技术应用不足，也将会使我国企业管理水平跟不上时代发展的步伐，这是一个必须引起高度重视的问题。

企业的发展关键在于管理，我国企业在管理上存在的问题，主要是执行不严，没有硬的约束；虽有制度，但随意性非常大，出现这类问题的主要原因有：

(1) 企业的观念没有解决，严格而科学的管理往往只停留在形式上。

(2) 有些制度本身不切实际，难以操作。

解决这一问题的关键，是加强制度创新和管理创新，最大限度地消除制度执行中的人为因素；而运用信息技术手段，设定硬的软件程序，把管理和企业规程变成大家共同遵守又无法改变的计算机程序，通过计算机硬授权，用程序来规范所有人的行为，以保证制度的贯彻执行，则是一种有效的手段。现在，国外的大企业和跨国公司对遍布全球的子公司、分公司进行管理，使用的都是统一的软件、规范的程序和先进的网络技术。企业管理的核心在财务，财务的重点在资金。使用统一软件，加强对企业财务资金的集中统一管理，有利于提高企业财务信息的真实性和企业资金运作的透明度，有利于提高企业资金使用的效益以及整个企业的管理水平，加快与国际经济接轨。为了更好地利用信息技术提高企业管理水平，我国企业应当在以下几个方面作出努力。

### 1. 企业信息技术建设应树立四个新的观念

#### 1) 整体观

要全面考虑企业信息技术的范畴。企业信息技术并不等于 MIS，也不等于 CIMS。企业信息技术应该是广泛全面地使整个企业在各方面实现规范化、自动化、系统化和智能化。应使用 CIMS 等先进哲理来考虑信息共享问题和过程的合理运作。从长远看，要想最大限度地发挥各项系统的效益，就需要有整体化的观念。

#### 2) 市场观

企业必须随时掌握外部环境的变化，以便将此作为正确经营决策的重要依据。尤其是在当前市场竞争日益激烈的条件下，若能充分把握信息技术这一生产要素，不仅会为企业全面了解市场、开拓业务等提供更多的选择余地及应变招数，而且会使得企业左右逢源，为企业的生存发展提供广阔的空间。

#### 3) 效益观

信息技术可使得企业管理者做到取得市场信息快、决策快、产品开发快、生产快、结算快、上市快、反馈快，其原因是信息技术可以最大限度地减少各环节时间上的浪费，把能够合并的环节合并，从而最大限度地降低个性化设计和生产的成本。

#### 4) 人才观

通过教育和培训，提高全体劳动者的信息技术技能，增强企业领导层的信息意识，建立一支稳定的企业信息技术队伍，是企业信息化的根本保证。当然，信息化技术虽能为企业的战略和决策提供快速、大量的信息会晤数据，但它永远不能代替企业家。然而，现代企业管理则要求企业家必须具备与信息时代相适应的知识体系和决策能力。

### 2. 加强企业信息技术的基础工作

#### 1) 加强对信息资源管理的标准化、规范化研究

一是重视对企业信息资源的开发，从用户、概念数据库、数据编码和统计数据库作起，建立一套标准、规范化的企业信息资源库。二是要从企业实际出发，从不同层面规范信息资源的开发应用研究。一般企业可大致划分四个层面：第一是运作层；第二是对运作的管理；第三属于技术管理；第四是战略管理。信息技术工作应切实解决好运作和快速采集信息、运用信息等问题。

#### 2) 建立企业自己的信息档案系统

一是经济信息档案系统，完整地记录国家各项经济政策、经济计划资料、宏观管理及调控过程中产生的法规、政策等管理信息。二是行业发展信息档案系统，行业发展的动态分析、统计、预测信息以及生产过程中产生的新情况，企业改革报道等引导性信息。三是产品信息档案系统，搜集与本企业同类产品有关的资料，如品质、规格、质量、价格、性能、产销量，在各地市场的市场占有率、出口情况、用户的问题、发展趋势等，并定期对资料进行归纳分析，以把握市场动态。四是技术、合作、协作信息档案系统，企业应瞄准市场动态和社会需求，根据自身发展目标，搜集与本企业有关的科技资料、合作项目。如在新技术、新工艺、新材料、新设备、新产品及新专利发明上取得突破，提高企业的生存与发展能力。

### 3．企业信息技术建设的内容和方式应适应改革的发展趋势

当前，市场经济在不断深入发展，市场的个性化和竞争关系的复杂化使企业资源化配置和战略决策难度加大。当企业考虑资源问题时，不能仅从自己所控制的资源出发，同时还要考虑整个市场的资源分配情况。所谓资源优化，不仅仅要考虑企业内部，而且要考虑整个市场及企业在市场中的位置。在市场形势瞬息万变的情况下，企业信息技术工作的发展必须以市场为中心。在工作内容上，要从单一的信息向综合性方面拓宽；在工作方式上，要从原始的手段转变为应用新技术、多层次、多渠道来捕捉与企业有关的各类信息；在管理企业的基本建设上，要加强设备的信息化建设和人与组织的知识化建设，二者缺一不可；在信息的质量上，要从简单的传递、收发，转为经过加工、分析后增值的信息服务，充分利用现代化手段，加快对信息的处理与反应能力；在信息的采集渠道上，除常规的资料查询、数据库查询和实地考察、参观、咨询等途径外，建立或加入经济信息网络，加快传递速度，发挥信息效能，促进企业发展；在信息工作的开发上，必须把专题的调研、论证、综合性的市场预测、可行性方案的研究等结合起来，调整好企业内各部门的信息源，使企业信息技术工作成为"全方位"服务的有机整体，适应瞬息万变形势的需要。

# 思 考 与 练 习 题

1．什么是企业信息化？如何从宏观和微观的角度理解企业信息化在企业发展中的作用？

2．妨碍企业信息化发展的因素有哪些？

3．企业信息化的风险包括哪些？

4．如何理解和正确认识我国企业信息化发展的现状？

# 第2章　信息系统与管理

## 2.1　信息系统的基本概念与开发过程

### 2.1.1　信息系统

#### 1．系统的概念与特征

系统是由处于一定的环境中，相互联系和相互作用的若干组成部分结合而成，并为达到整体目的而存在的集合。系统按其组成可分为自然系统、人造系统和复合系统三大类。血液循环系统、天体系统、生态系统等属于自然系统，这些系统是自然形成的。所谓人造系统，是指人类为了达到某种目的而对一系列的要素作出有规律的安排，使之成为一个相关联的整体的系统，例如计算机系统、生产系统和运输系统等。实际上，大多数系统属于自然系统和人造系统相结合的复合系统，而且许多系统有人参加，为人—机系统。例如信息系统看起来是一个人造系统，但是它的建立、运行和发展往往不以设计者的意志为转移，而有其内在规律，特别是与开发和使用信息系统的人的行为有紧密的联系。了解自然系统的运行规律及人与自然系统的关系是建立和发展信息系统的关键。

系统包括集合性、目的性、相关性、环境适应性等特征，下面对这些特征逐一讨论。

(1) 整体性。一个系统至少要由两个或更多的可以相互区别的要素(或称子系统)所组成，它是这些要素(或子系统)的集合。作为集合的整体系统的功能要比所有子系统的功能的总和还多。

(2) 目的性。人造系统都具有明确的目的性。所谓目的，就是系统运行要达到的预期目标，它表现为系统所要实现的各项功能。系统的目的或功能决定着系统各要素的组成和结构。

(3) 相关性。系统内的各要素既相互作用，又相互联系。这里所说的联系包括结构联系、功能联系、因果联系等。这些联系决定了整个系统的运行机制，分析这些联系是构筑一个系统的基础。

(4) 环境适应性。系统在环境中运转。环境是一种更高层次的系统。系统与其环境相互交流，相互影响，进行物质的、能量的或信息的交换。不能适应环境变化的系统是没有生命力的。

#### 2．信息系统的概念

信息系统是一个人造系统，它由人、硬件、软件和数据资源组成，目的是及时、正确地收集、加工、存储、传递和提供信息，实现组织中各项活动的管理、调节和控制。组织中各项活动表现为物流、资金流、事务流和信息流的流动。

"物流"是实物的流动过程。物资的运输,产品从原材料采购、加工直至销售都是物流的表现形式。

"资金流"指的是伴随物流而发生的资金的流动过程。

"事务流"是各项管理活动的工作流程,例如原材料进厂时的验收、登记、开票、付款等流程;厂长作出决策时进行的调查研究、协商、讨论等流程。

"信息流"伴随以上各种流的流动而流动,它既是其他各种流的表现和描述,又是用于掌握、指挥和控制其他流运行的软资源。"在一个组织的全部活动中存在着各式各样的信息流,而且不同的信息流用于控制不同的活动。若几个信息流联系组织在一起,服务于同类的控制和管理目的,就形成信息流的网,称之为信息系统。""一个组织的信息系统可以是企业的产、供、销、库存、计划、管理、预测、控制的综合系统,也可以是机关的事务处理、战略规划、管理决策、信息服务等的综合系统。"

信息系统包括信息处理系统和信息传输系统两个方面。信息处理系统对数据进行处理,使它获得新的结构与形态,或者产生新的数据。比如计算机系统就是一种信息处理系统,通过它对输入数据的处理可获得不同形态的新的数据。信息传输系统不改变信息本身的内容,作用是把信息从一处传到另一处。由于信息的作用只有在广泛交流中才能充分发挥出来,因此,通信技术的进步极大地促进了信息系统的发展。广义的信息系统概念已经延伸到与通信系统相等同。这里的"通信"不仅指通信,而且意味着人际交流和人际沟通,其中包括思想的沟通、价值观的沟通和文化的沟通。"广义的资讯(沟通)系统强调'人'本身不但是一个重要的沟通工具,还是资讯意义的阐释者:所有的沟通媒介均需使资讯最终可为人类五官察觉(sense)与阐释(interpret),方算是资讯沟通媒介。"这里的资讯就是信息。

**3. 信息系统的发展**

计算机在管理中应用的发展与计算机技术、通信技术和管理科学的发展紧密相关。虽然,信息系统和信息处理在人类文明开始时就已存在,但直到电子计算机问世、信息技术的飞跃发展以及现代社会对信息需求的增长,才迅速发展起来。第一台电子计算机创始于1946 年,60 多年来,信息系统经历了由单机到网络,由低级到高级,由电子数据处理到管理信息系统,再到决策支持系统,由数据处理到智能处理的过程。这个发展过程大致经历了以下几个阶段。

1) 电子数据处理系统(Electronic Data Processing Systems,EDPS)

电子数据处理系统的特点是数据处理的计算机化,目的是提高数据处理的效率。从发展阶段来看,它可分为单项数据处理和综合数据处理两个阶段:

(1) 单项数据处理阶段(20 世纪 50 年代中期到 60 年代中期)。这一阶段是电子数据处理的初级阶段,主要是用计算机部分地代替手工劳动,进行一些简单的单项数据处理工作,如工资计算、统计产量等。

(2) 综合数据处理阶段(20 世纪 60 年代中期到 70 年代初期)。这一时期的计算机技术有了很大发展,出现了大容量直接存取的外存储器。此外,一台计算机能够带动若干终端,可以对多个过程的有关业务数据进行综合处理。这时各类信息报告系统应运而生。

信息报告系统是管理信息系统的雏形,其特点是按事先规定和要求提供各类状态报告:

(1) 生产状态报告：如 IBM 公司生产计算机时，由状态报告系统监视每一个元件生产的进度，它大大加快了计划调度的速度，减少了库存。

(2) 服务状态报告：如能反映库存数量的库存状态报告。

(3) 研究状态报告：如美国的国家技术信息服务系统(NTIS)能提供技术问题简介、有关研究人员和著作出版等情况。

2) 管理信息系统(Management Information Systems，MIS)

20 世纪 70 年代初，随着数据库技术、网络技术和科学管理方法的发展，计算机在管理上的应用日益广泛，管理信息系统逐渐成熟起来。

管理信息系统最大的特点是高度集中，能将组织中的数据和信息集中起来，进行快速处理，统一使用。有一个中心数据库和计算机网络系统是 MIS 的重要标志。MIS 的处理方式是在数据库和网络基础上的分布式处理。随着计算机网络和通信技术的发展，不仅能把组织内部的各级管理联接起来，而且能够克服地理界限，把分散在不同地区的计算机网互联，形成跨地区的各种业务信息系统和管理信息系统。

管理信息系统的另一特点是利用定量化的科学管理方法，通过预测、计划优化、管理、调节和控制等手段来支持决策。

3) 决策支持系统(Decision Support Systems，DSS)

20 世纪 70 年代，国际上展开了 MIS 为什么失败的讨论。人们认为，早期 MIS 的失败并非由于系统不能提供信息。实际上，MIS 能够提供大量报告，但经理很少去看，大部分被丢进废纸堆，原因是这些信息并非经理决策所需。当时，美国的 Michael S. Scott Marton 在《管理决策系统》一书中首次提出了"决策支持系统"的概念。决策支持系统不同于传统的管理信息系统。早期的 MIS 主要为管理者提供预定的报告，而 DSS 则是在人和计算机交互的过程中帮助决策者探索可能的方案，为管理者提供决策所需的信息。

由于支持决策是 MIS 的一项重要内容，DSS 无疑是 MIS 的重要组成部分。同时，DSS 以 MIS 管理的信息为基础，是 MIS 功能上的延伸。从这个意义上，可以认为 DSS 是 MIS 发展的新阶段，而 DSS 是把数据库处理与经济管理数学模型的优化计算结合起来，具有管理、辅助决策和预测功能的管理信息系统。

综上所述，EDPS、MIS 和 DSS 各自代表了信息系统发展过程中的某一阶段，但至今它们仍各自不断地发展着，而且是相互交叉的关系。EDPS 是面向业务的信息系统，MIS 是面向管理的信息系统，DSS 则是面向决策的信息系统。DSS 在组织中可能是一个独立的系统，也可能作为 MIS 的一个高层子系统而存在。

管理信息系统是一个不断发展的概念。20 世纪 90 年代以来，DSS 与人工智能、计算机网络技术等结合形成了智能决策支持系统(Intelligent Decision Support Systems，IDSS)和群体决策支持系统(Group Decision Support Systems，GDSS)。又如，EDPS、MIS 和 OA 技术在商贸中的应用已发展成为电子商贸系统(Electronic Business Processing System，EBPS)。这种系统以通信网络上的电子数据交换(Electronic Data Interchange，EDI)标准为基础，实现了集订货、发货、运输、报关、保险、商检和银行结算为一体的商贸业务，大大方便了商贸业务和进出口贸易。此外，还出现了不少新的概念，诸如总裁信息系统、战略信息系统、计算机集成制造系统和其他基于知识的信息系统。

## 2.1.2　信息时代的企业发展环境

20 世纪 80 年代以来，信息越来越被人们重视，成为企业的重要财富和战略性资源。这与当代管理环境的重大变化紧密相关。企业信息化建设被不可逆转的历史推向了市场大潮的浪尖——企业的信息化建设不再是企业的效益工程，而是企业的生存工程，如果企业在信息化建设过程中失去了有利地位，势必被社会无情地淘汰。

### 1．经济全球化的出现

"信息使空间变小，距离对经济活动的约束日益弱化。经济活动的国内和国外的界限变得模糊起来。知识无国界，作为主要经济资源的知识，必然导致经济活动突破国界而成为全球活动。"实际情况是，现在世界上一些经济发达国家的经济已在很大程度上依赖于国际贸易，例如美国对外贸易的进出口份额已占其商品和服务产品的 25%以上。日本和德国的这个数字更大。今天，成功的企业都依赖于其全球运作的能力。世界性销售网点的建立，需要依靠信息系统来跟踪订货、货运和结算，进行世界范围内的协调和管理，实现各子公司、销售网点与总公司以至供应商之间全日 24 小时的通信联系。由于出现了全球性的商业系统，顾客可以查到世界市场上商品的价格信息和质量信息，因此企业间的竞争进一步加剧。这种管理环境的变化使那些得不到信息系统支持的企业愈来愈难以生存。

### 2．知识经济时代的来临

世界经济正面临新的经济改革，不少国家的经济从工业经济转向基于知识和信息的服务经济(Knowledge and Information-based Service Economy)，即一个以知识为基础的经济时代已经来临。知识经济直接依赖于知识和信息的生产、扩散和应用。明显的例子是，现在以软件为产品的微软公司的产值已超过美国三大汽车公司产值的总和。软件的发展、网络的产生、虚拟技术的应用，正在使企业资产中无形资产的比例不断增加。知识经济的来临将对人们的生产方式、生活方式、思维方式、管理决策产生重大影响，企业管理将从生产向创新转变，其经济效益将越来越依赖于知识和创新。一个企业要生存和发展，就必须依靠信息系统的支持，用动态的观点来研究面临的新问题。这就是为什么在经济发达国家的许多服务行业(如金融、保险和房地产等)中，将 70%甚至以上的投资都用于发展信息技术。

### 3．国际背景

众所周知，二战前后美国一直是制造业大国，在全球的制造业中具有不可动摇的地位，但是 20 世纪 50 年代以后，出于军备竞争的需要，美国对产业进行了调整，偏重于高新技术和军用技术的发展，而放松了对一般制造业的重视和促进；另外，在进入 20 世纪 70 年代中后期，由于信息产业的风起云涌，美国制造业的发展受到了前所未有的冷遇，甚至大学里不再开设关于制造技术和制造科学方面的课程。其带来的直接后果是，20 世纪 80 年代中后期，美国经济的缓慢发展同日本、欧洲各国的迅猛发展形成了强烈的对比，美国制造业和美国经济在国际竞争格局中发生了地位上的改变，充当制造业"晴雨表"的汽车行业在美国本土遭受了严重的打击，直至 20 世纪 90 年代初，美国仍有 1/4 以上的国内汽车市场被日本汽车所占领；1986 年，美国一半以上的机床需要进口；同时第二、第三产业的比例出现了严重的失调。制造业霸主的地位易主导致国际贸易逆差剧增，经济空前滑坡。20 世纪 80 年代末期，美国在反省因产业政策的失误而付出惨痛代价的同时，先后推出了促进制造业发展的两项计划，即"先进制造技术计划"和"制造技术中心计划"。经过战略调整，美国在逐渐收复失地的同时巩固了其霸主的地位，出现了超常期的稳定发展期。

"以史为鉴可以明理"，但是制造业的重塑并不是对以前的系统进行简单的维系，而是必须对传统制造业进行彻底的改造，使其适应于形势的要求。目前，世界各国均加大投入，进行了新的战略部署和规划，从根本上发展和改造制造业。

日本在二战后因制造业的迅速崛起而确定了其经济的霸主地位，在新一轮的竞争中，日本在提出了"智能制造技术计划"的同时，战略性地将此计划拓展到国际共同研究课题，先后得到了美国、欧共体、加拿大、澳大利亚及欧洲自由贸易联盟等国家和组织的响应。

欧共体推出了先进制造技术研究开发的"ESPRIT 计划"和"BRITE-EURAM 计划"，前者主要资助微电子、软件工程和信息处理系统及计算机集成制造技术等方面的内容，后者主要资助材料、加工、设计和复杂工厂系统等方面的项目。

韩国也于 1991 年年底提出了"高级先进技术国家计划"(简称 G-7 计划)，旨在进入 21 世纪时，使韩国的技术实力提高到世界第一流的工业发达国家的水平。

现今，制造业正朝着广义的"大制造业"的方向发展，其所涉及的概念和领域正逐渐发生着巨大的转变和整合，主要表现为以下三个趋势。

1) 信息化趋势

制造业构成的三大基本要素是"物质、能量和信息"，前两个因素为传统制造业早期的发展起到了不可磨灭的作用，并得到了充分的开发和利用。随着信息革命的到来，信息在制造业中的作用也日渐突出，信息同其他要素的良好集成成为制造业企业新的核心竞争力。

2) 服务化趋势

随着信息在制造中所起的作用日渐突出，制造业的运营规模也打破了传统的"大而全"的计划生产模式，转变为要求企业在第一时间内(快速)，将(优质)产品投入到准确的市场，并通过(高效的)信息反馈，进行新一轮的设计投入的市场生产模式，即实现由"以产品为中心"向"客户为中心"的转变。

3) 高精尖趋势

传统制造业在转变的过程中，积极地从其他学科，如信息技术、自动控制技术、管理科学、系统科学、生命科学、经济学、物理学及数学等学科中吸取营养，并与其他新兴产业相结合，正在发展成为一门技术含量高、附加值大的产业。同时，现代先进技术，尤其是其中的超、精、密加工技术和数控技术，已经成为其他产业的高新技术或尖端技术，因此制造业在装备好"朝阳技术"的同时，也协同其他产业一道共同促进人类社会的发展。

由此我们必须对传统制造业进行彻底的改造，使其适应于新形势的要求。制造业的变革并不是自身体系内部变革所能完成的，而信息产业的发展也不可能仅仅依靠自身的力量来实现腾飞。"信息化是工业化的工具，工业化是信息化的载体"，二者间必须实现深层的整合，以信息化为契机而改变传统企业的运营模式。

2000 年，.Com 公司大喜之后的大悲，让狂热的人们有了冷静思考的空间，重新审视新经济的真谛，而年底的以传统产业为主的信息产业的良好发展势头就是一个非常好的佐证。制造业要实现新的发展，就必须抓住时机，这就要求我们的企业挖掘先进的管理理念，应用先进的计算机网络技术去整合企业现有的生产、经营、设计、制造、管理，及时地为企业的"三层(战术层、战略层、决策层)决策"系统提供准确而有效的数据信息，以便对需求做出迅速的反应，其本质是加强企业的"核心竞争力"，最终构架企业间的动态联盟，为适应网络经济做相应的铺垫。

**4．国内背景**

制造业是国民经济的发动机，是对外贸易的支柱和国家安全的保障。制造业是实现工业化的源泉，是实现现代化的原动力。对于没有完全实现工业化的国度而言，我们将面临前所未有的挑战。

**1) 国内、外制造业信息化的巨大反差**

国外发达国家制造业在信息技术支持下，能快速地组织设计与生产，最经济地选择生产经营方式、合作伙伴，提供最满意的客户服务。一些大公司已经形成了全球性的研究、开发、设计、制造和销售网络。

**2) 市场化的要求**

市场要求企业在第一时间内(快速)，将(优质)产品投入到准确的市场，并通过(高效的)信息反馈，进行新一轮的设计投入——即实现以"产品为中心"逐步转向以"客户为中心"，而这些方面的实现就需要在技术方面有突破，企业的信息化建设被推向运用的前沿。

**3) 国际竞争带来的挑战**

随着我国加入 WTO，在国际化的竞争面前"贸易壁垒"逐渐被"技术壁垒"所替代，劳动密集型企业在知识密集型企业的面前显得更加的乏力，"了解用户的需求、把握市场的技术前沿、不断自主创新开发新产品"已成为企业生存、壮大的命脉。经济全球化步伐的加快，以及投资、贸易自由化，给中国企业扩大了资源配置空间。盘活和共享社会资源成为广大企业，特别是中、小企业信息化的迫切需要，信息技术促进了跨国生产、跨国经营的形成，从而引发了企业结构和产业结构的变革。

**4) 管理变革带来的差异**

企业的管理问题一直是中国企业发展壮大的绊脚石。新经济带来先进技术的同时，也带来了先进的管理理念，这就要求我们的企业抓住关系到企业管理的重点，即"人"(企业的稀缺资源)进行管理，同时必须结合新知识的摄取和企业内部的传播，达到知识创新的过程，而这一切的保证就是要有一套健全的"体系"来高效运作。

随着新经济的发展，我国同国际发达国家站在了一个起跑线上，这使我们看到了曙光。信息技术和制造业的融合成为现代制造业的主要特征。信息技术对传统产业的注入，改变了传统产业结构、企业结构、社会经济结构及其运行模式，促进了全球经济的快速增长和全球经济一体化的形成。

我国政府对制造业的发展给予了足够的重视和支持。国家"863"计划、火炬计划以及国家自然科学基金等对我国的先进制造技术方面项目的研究给予了大力的支持；国家的"十五规划"及"十一五规划"都将"以信息化带动工业化，发挥后发优势，实现社会生产的跨越发展"作为我国工业发展的战略，为我国制造业创造了机遇。

中国制造业只有把握有利的时机，用先进的管理理念、先进的技术实现手段(计算机技术)武装自己，面对国际市场，走科技之路、技术之路、市场之路，才能在激烈的国际竞争中站住脚跟，实现我国的工业化进程，并在新世纪的竞争中处于不败之地。

## 2.1.3　信息系统和管理的关系

管理的任务在于通过有效地管理好人、财、物等资源来实现企业的目标，而要管理这些资源，需要通过反映这些资源的信息来进行。每个管理系统都首先要收集反映各种资源的有效数据，然后，再将这些数据加工成各种统计报表、图形或曲线，以便管理人员能有效地利用企业的各种资源来完成企业的使命。所以，信息是管理上的一项极为重要的资源。信息对于管理之重要在于"管理就是决策"。管理工作的成败，取决于能否作出有效的决策，而决策的正确程度则取决于信息的质和量。

一定的管理方法和管理手段是一定社会生产力发展水平的产物。现代社会的特点是分工越来越细，对各种问题的影响因素越来越错综复杂，对情况的反映和作出决定越来越要求迅速及时，管理效能和生产、经营效能越来越取决于信息系统的完善程度，因此对信息的需要不仅在数量上大幅度增加，而且在质量方面也要求其正确性、精确性和时效性等不断提高。传统的手工系统越来越无法应付现代管理对信息的需要。生产社会化的发展，必然会在越来越大的生产、经营活动范围中，把碰运气、照旧传统办事及靠猜测等现象从决策过程中排除出去。基于计算机的信息系统，能把生产和流通过程中的巨大数据流收集、组织和控制起来，经过处理，转换为对各部门来说都不可缺少的数据，经过分析，使它变成对各级管理人员作决定具有重要意义的有用信息。特别是运筹学和现代控制论的发展，使许多先进的管理理论和方法应运而生，而这些理论和方法又都因为计算工作量太大，所以用手工方式根本不可能及时完成，只有现代电子计算机的高速准确的计算能力和海量存储能力，才为这些理论从定性到定量方面指导决策活动开辟了新局面。

任何组织都需要管理。所谓组织，指的是人们为了实现共同目标而组成的群体和关系，例如企业、部门、公司等，它们都具有一定的形式和结构，并完成其特定的功能。一个组织的管理职能主要包括计划、组织、领导和控制四大方面，其中任何一方面都离不开信息系统的支持。下面分别讨论信息系统对计划职能、组织职能、领导职能和控制职能的支持。

### 1．信息系统对计划职能的支持

计划是对未来作出安排和部署。任何组织的活动实际上都有计划，区别在于这种计划是否正式。非正式计划容易造成不协调和不完整，正式计划不仅可以作为行动的纲领，而且也是对执行结果评价的依据。管理的计划职能是为组织及其下属机构确定目标，拟定为达到目标而采取行动方案，并制定各种计划，使各项工作和活动都能围绕预定目标去进行，从而达到预期的效果。高层的计划管理还包括制定总的战略和总的政策。计划还应该为组织提供适应环境变化的手段与措施，因为急剧变化着的政治、经济、技术和其他因素，要求及时修订计划和策略。

信息系统对计划的支持包括如下几个方面。

1）支持计划编制中的反复试算

信息是制定计划和实施计划的基本依据。为了使计划切合实际，必须收集历史的和当前的数据，通过分析，研究变化的趋势和预测未来，还要围绕计划目标进行大量、反复的计算，拟定多种方案。在此过程中，多方案的比较及每个方案中个别数据的变动都可能引起其他许多相关数据的变动。虽然计算方法不一定那么复杂，大都是一些简单的表达式，但表达式之间的关系却都错综复杂，所以计算工作量特别大，通常需要事先设计一些计划模型，然后用不同的输入变量的值去反复试算。这是一项十分繁琐的计算工作，如果没有计算机的支持，不仅工作量大，而且还会影响计划编制人员的工作积极性。

2) 支持对计划数据的快速、准确存取

为了实现计划管理职能，必须建立与计划有关的各种数据库，其中主要有：

(1) 各类定额数据库，如劳动定额数据库、设备利用定额数据库、物资消耗定额数据库、资金利用定额数据库、管理费用定额数据库和生产能力定额数据库。

(2) 各类计划指标数据库。

(3) 各种计划表格数据库。

完善和充分利用上述各种数据库系统，可以实现对企业计划数据的快速、准确存取，从而使企业的生产经营指挥系统得到大大的加强。

3) 支持计划的基础——预测

预测是未来状况作出估计的专门技术，而计划则是对未来作出安排和部署，以达到预期的目的，所以计划与预测虽是两个不同的概念，但计划必须在预测的基础上进行。预测支持决策者作出正确的决策，制定可靠的计划。随着我国经济体制改革的发展，预测作为计划的基础已日显重要。

预测的范围很广，预测的方法也很多，诸如主观概率法、调查预测法、类推法、德尔菲法、因果关系分析法等。这些预测方法的计算量大，常常要用计算机来求解。

4) 支持计划的优化

在企业编制计划时，经常会遇到对有限资源的最佳分配问题。例如，某印染厂从技术上看，有可能生产几种产品，每种产品的单位利润差别很大。一般来讲，各产品的加工路线不同，即生产中分别经过不同的加工设备。现在有 M 种设备，每种加工设备每年可提供的设备生产能力是一个有限的值。编计划时，就可能提出，生产哪几种产品(即如何搭配产品)可以在设备生产能力允许的约束条件下，获得最大的利润？对于这样一个问题，可以列出数学模型，然后在计算机上通过人机交互方式进行求解。

**2. 信息系统对组织职能和领导职能的支持**

组织职能包括人的组织和工作的组织，具体包括确定管理层次、建立各级组织机构、配备人员、规定职责和权限，并明确组织机构中各部门之间的相互关系、协调原则和方法。

信息技术是现阶段对企业组织进行改革的有效的技术基础。信息技术的发展促使企业组织重新设计、企业工作重新分工和企业职权重新划分，从而进一步提高企业的管理水平。

传统企业组织结构采用"金字塔"式的纵向的、多层次的集中管理，其运作过程按照一种基本不变的标准模式进行。由于其各项职能(生产、销售、财务、市场调研等)分工严格，加之信息传递和反馈手段落后，导致应变能力差，管理效率低且成本高昂。随着信息技术的飞跃发展，上述这种传统的企业组织结构正在向扁平式结构的非集中管理转变，其特点是：

(1) 通信系统的完善使上下级指令传输系统上的中间管理层显得不再那么重要，甚至没有必要再设立那么多的管理层。

(2) 部门分工出现非专业化分工的趋向，企业业务部门的功能互相融合、交叉，如制造部门可能兼有销售、财务等功能。

(3) 计算机的广泛应用使得企业上下级之间、各部门之间及其与外界环境之间的信息交流变得十分便捷，从而有利于上下级和成员之间的沟通，可以随时根据环境的变化作出统一的、迅速的整体行动和应变策略。"扁平化"管理的实质是"信息技术进步大大降低了组织内部信息交流的成本，从而纵向(金字塔)的官僚体制开始崩溃"，"决策层与执行层之间距离的缩小和最终向合一回复"。

另一方面，全球网络(Global Networks)的出现，使企业、公司的经营和生产不再受地理位置的限制，可以在全世界范围内运作，事务处理成本和协作成本都可明显降低；企业网络的建设，多媒体计算机和移动计算机的广泛应用使信息传送从文字向多媒体发展，使领导和管理人员接受更多的信息和知识，使企业对工作过程重新设计成为可能，使个人和工作组之间的协调得以进一步加强，从而形成一种新的、管理层次少的组织形式，它依靠近乎实时的信息进行柔性的运作，管理工作更加依赖于管理人员之间的协作、配合以及对信息技术应用的把握。

领导职能的作用在于指引、影响个人和组织按照计划去实现目标。这是一种行为过程。领导者在人际关系方面的职责是领导、组织和协调；在决策方面的职责是对组织的战略、计划、预算、选拔人才等重大问题作出决定；在信息方面的职责是作为信息汇合点和神经中枢，对内对外建立并维持一个信息网络，以沟通信息，及时处理矛盾和解决问题。由此可见，信息系统在支持领导职能方面起着重要作用。

### 3. 信息系统对控制职能的支持

一切管理内容都有控制问题。控制职能是对管理业务进行计量和纠正，确保计划得以实现。计划是为了控制，是控制的开始。执行过程中需要不断检测、控制，通常是把实际的执行结果和计划的阶段目标相比较，发现实施过程中偏离计划的缺点和错误。所以，为了实现管理的控制职能，就应随时掌握反映管理运行动态的系统监测信息和调控所必要的反馈信息。在企业管理方面，最主要的控制内容包括行为控制、人员素质控制、质量控制、库存控制、生产进度控制、成本控制、财务预算控制及产量、成本和利润的综合控制、资金运用控制和收支平衡控制等。这些控制中大多数都由信息系统支持和辅助。

行为控制，是指对人的管理。为了真正调动人的积极性和创造性，不能简单用行政命令、强制手段来管理，除加强思想工作，还要借助于行为科学，要通过收集、加工、传递、利用人的行为信息来对人的行为进行协调和控制。人员素质控制的重点是关键岗位上人员素质的控制。质量控制的重点是重要产品的关键工序的质量控制和成品的质量控制。

随着科学技术的发展，自动化、智能化的控制将是一种更高级的形式。拿对生产过程的控制来说，信息系统将有能力自动监控并调整生产的物理过程。例如，炼油厂和自动厂装配线可利用敏感元件收集数据，经过计算机处理后对生产过程加以控制。

还有一种趋势，是一些企业的生产过程控制正由过去的集中控制、集中管理式系统向分散控制、集中操作、监视、集中处理信息、集中管理的集散式系统方向发展。在这种控制系统中引入了管理机，与 MIS 相沟通，并分别与 MIS 的各个子系统交换信息，从而可能形成一种更为综合的信息系统。

综上可见，信息系统对管理具有重要的辅助和支持作用，现代管理要依靠信息系统来实现其管理职能、管理思想和管理方法。

## 2.2 企业信息化与发展战略分析

在知识经济时代，全球经济一体化快速发展。无论大型企业还是中、小企业，作为一个经济活跃因子，在其诸多管理因素中，环境管理的重要作用日益彰显。传统的或者说一般意义的企业环境管理都指的是与企业相关的自然环境的管理。如何利用丰富的信息资源进行企业管理和决策是本节探讨的主要问题。

### 2.2.1 企业经营战略分析

---

#### 引例：宝洁公司的经营运作系统

宝洁公司从创办开始，就不断引进具有世界先进水平的技术和设备，并逐年加大科技投入，提高产品的技术含量，使每一个产品都能达到国际标准。宝洁在生产高质量产品的基础上，更看重市场，看重消费者的接受程度。公司拥有专门研究洗发水的专家，负责每个季度对市场信息的反馈和分析，并适时不断提出新的方案。据说，仅"海飞丝"就做过多次配方调整。一个质量好的产品，需要为市场所接受，否则就不能算是好产品。宝洁公司进入中国市场的第一个品牌"海飞丝"，就是在对市场进行了一番充分的调查研究后打响的第一炮，其后每一个品牌的进入，都是围绕市场、围绕消费者这个中心来运作的。

宝洁公司对经营系统中的每个环节都表现出极其认真的态度，不仅重视内部产品的研发，而且也十分关注外部科技等环境的变化，并将人、财、物等经营要素进行合理调配。正因如此，宝洁公司能将"围绕消费者"的理念自始至终贯穿于整个经营运作过程，形成了一种特有的、成熟而稳定的企业文化。

这一案例表明：企业是一个有目标的系统，同时又是整个社会经济技术系统的一个子系统。企业的经营管理就是通过企业"投入—产出"的系统运动，实现企业经营目标、经营要素和环境因素之间的动态平衡。

---

#### 1. 企业经营战略的理论演变

企业战略管理理论于 20 世纪 50 年代起源于西方，它基于这样一种认识，即企业应连续不断地注视内部及外部的事件与趋势，以便必要时及时做出调整，因此它是研究企业如何动态地适应内、外环境变化的理论。企业战略管理理论的发展大致经历了三个阶段。

1) 经典战略管理理论阶段

以安德鲁斯和安索夫为代表人物提出的经典战略管理理论是建立在对企业内部条件和外部环境系统分析的基础上的。它分析了企业组织的优势、劣势和环境给企业所提供的机会、威胁(即 SWOT 分析法)，并在此基础上确定企业如何制定战略。经典战略管理理论为企业战略的制定提供了一整套基本的思路和程序，特别是 SWOT 分析法的运用充分体现了组织内、外部关系对战略形成的重要性。

此理论在 20 世纪六七十年代掀起了多元化发展的高潮，但经典的战略管理理论也有很大的局限性。首先，其重点是分析和推理，隐含的前提是企业高层管理者对未来环境进行可靠的预测，制定合理的战略并加以贯彻执行，这一前提与经营环境相对稳定的特点相适应。但随着经济的日益发展，经营环境的不确定性越来越强，只运用该理论已很难随环境变化及时地做出战略决策。其次，经典的战略管理理论只是方向性和框架性的，SWOT 法也没有给出分析优势、劣势、机会、威胁的具体方法，因此显得有些空洞、抽象，可操作性不强。

2) 以定位为基础的战略管理理论阶段

在整个 20 世纪 80 年代，波特的著作《竞争战略》、《竞争优势》对战略管理的理论和实践产生了深远的影响，形成了以定位为基础的战略管理理论。在《竞争战略》一书中，波特运用了产业组织理论中的产业分析方法，提出了五种竞争力量模型。他认为，特定产业的竞争性质由五种力量决定：现有的竞争者、潜在的竞争者、替代产品的威胁、供应商的议价力量和购买者的议价力量。这五种力量的综合作用随产业的不同而不同，随产业的变化而变化，结果就使不同产业或同一产业的不同发展时期具有不同的利润水平。因此，如何通过五种竞争力量的分析确定合适的定位就成了企业取得优良业绩的关键。在此基础上，波特提出了企业在特定产业中的竞争通用战略，即总成本领先战略、差异化战略和目标集聚战略，这是企业所获得的竞争优势的三个基点。

波特的战略管理理论也有其局限性。首先，在产业分析中，波特忽略了企业内部条件的差异，认为竞争战略在很大程度上依赖于对高利润产业的正确选择，因此往往诱导企业进入自身并不熟悉的领域或采取无关多元化战略。而事实上，同一产业内企业间的利润差异并不比产业间的利润差异小。其次，波特的价值链分析虽然提供了寻找竞争优势的有效方法，但并没有指出如何根据重要性原则确定企业的核心竞争优势。

3) 20 世纪 90 年代以后的战略管理理论

20 世纪 90 年代以后，不少通过多元化经营形成的大企业开始出现问题，多元化的热潮也开始消退。其原因主要是随着全球经济一体化进程的加速，企业经营环境的不确定性日益增大，产业边界日益模糊，产业结构的稳定性日益下降，以恰当定位获得竞争优势变得越来越难以持续。在这种严重的挑战面前，企业战略管理的理论研究出现了新趋势：一是竞争优势的理论重点开始由以定位为基础转向以资源为基础的竞争优势观，并出现了核心能力理论；二是强调战略形成中的学习观，认为惟一可持续的竞争优势就是比对手更快的学习能力，其形成的方法是建立学习型组织；三是采用全新的视角。20 世纪 90 年代以前的战略理论都比较偏重讨论竞争和竞争优势，但进入 20 世纪 90 年代以后，随着环境的日益动态化，创新和创造未来日益成为企业战略管理研究的重点，在此背景下，超越竞争成为战略管理理论发展的一个新热点。

◆ 核心能力理论

1990 年，普扣哈拉德和哈默在《哈佛商业评论》上发表《公司的核心能力》一文，1994

年两人又合著《竞争大未来》，正式提出了核心能力理论，构成了 20 世纪 90 年代西方最热门的企业战略理论。他们认为，一个公司可以获得超出市场平均水平的利润，原因在于它能够比竞争者更好地掌握和利用某些核心能力。因此，企业要获得竞争优势，就必须寻找最有价值的核心能力，而核心能力是企业长期积累而形成的一种独特能力，难以模仿复制或超越，并具有持久性，是企业长期利润的源泉。在核心能力理论的指引下，战略联盟、供应链管理等战略方法被普遍认同和采用。这些方法是在运用波特价值链分析并确定企业竞争优势的基础上，进一步找到核心竞争优势即核心能力，在经营管理的过程中充分利用核心能力以保证企业的长期生存和持久发展。

◆　学习型组织理论

彼得·圣吉 1990 年的著作《第五项修炼》从组织的角度对战略管理理论进行了阐释。作者认为，战略管理的最终目的是动态适应环境的变化，而组织学习就是适应环境变化的有效方法，对于企业的成败兴衰具有举足轻重的影响，尤其是在已经到来的信息社会和知识经济时代，组织学习变得特别重要。作者也具体提出了成为学习型组织所必须具备的五项修炼：自我超越、改善心智模式、建立共同愿望、团队学习和系统思考。其中，系统思考贯穿于其他四项修炼的全过程，它整合其他四项修炼而成一体。对组织来讲，单独进行某项修炼并不难，但这并没有多少意义，必须把这五项修炼结合在一起进行，才有可能建成一个学习型的组织。

◆　有关超越竞争的战略管理理论

有关超越竞争的战略管理理论较多，以莫尔 1996 年提出的企业生态系统合作演化理论为例。该理论认为，在当今产业界限日益融合的情况下，企业不应把自己看做是单个的企业，而应把自己当做一个企业生态系统的成员，这个经济系统的成员包括供应商、生产者、竞争者和其他利益相关者。在企业生态系统中，企业战略的制定与传统战略有很大不同。战略制定的基本单位不再是企业或产业，而是合作演化的生态系统；企业业绩不仅是企业内部管理好坏和行业平均利润的函数，而且还是企业在生态系统中联盟和网络关系管理好坏的函数；个别企业的成长不再是考虑的重点，整个经济网络的发展和公司在其中的地位成为考虑的重点；合作不再局限于直接的供应商和顾客，而是扩展到所有可以被纳入整个生态系统范围内的企业；竞争不再被看做主要在公司与公司之间进行，而是主要在企业生态系统之间以及在系统内取得领导和中心地位上进行竞争。该理论的一个贡献是超越了 20世纪 90 年代以前的战略管理理论偏重竞争而忽视合作的缺陷，给出了在产业融合环境下，理解企业经营的整体生态系统的基本框架以及企业如何在其中发展并取得领导地位的战略管理方法。

## 2．企业经营战略的含义

在竞争环境中，企业为求得长期生存和发展，实现企业长期经营目标，在对外部环境和内部条件进行估量和分析的基础上，选择企业达到这个目标的途径，并依据它对企业重要资源进行优化组合，以对目前和将来的经营活动进行总体的谋划，并制定相应对策和活动的纲领。它涉及企业发展中带有全局性、长远性和根本性的问题，是企业经营思想、经营方针的集中表现，是确定战略规划的基础。

**3. 企业经营战略的构成内容**

**1) 战略指导思想**

战略指导思想是指企业战略制定与实施的基本思想和观念，是整个企业战略的灵魂。战略指导思想大体包括：满足市场需要的思想、整体性和全局性的思想、发展的思想、竞争的思想、依靠群众的思想等内容。

**2) 战略目标**

战略目标是企业经过战略时期的努力和战略时期的风险，预期达到的总体经营成果指标，是战略方向的具体化。

(1) 制定战略目标的要求：目标要建立在可靠的基础上；目标要有激励作用；目标层次要清楚；目标的指标要定性与定量相结合；目标要经过综合平衡。

(2) 战略目标的内容：战略目标的主要内容包括贡献目标、竞争目标、发展目标、福利目标、企业文化建设目标等。

**3) 战略方针**

战略方针是针对企业某一战略时期而确定的经营领域和差别优势的基本原则，即长远的战略方向。

(1) 经营领域。经营领域是指企业生产什么产品，提供什么劳务，市场方位在哪里，市场规模多大。

(2) 差别优势。差别优势是指企业优于竞争对手的别具一格的相对优势。

**4) 战略对策**

战略对策是根据战略目标制定的，用来指导企业在战略期内合理分配资源，有效达到目标的一整套手段的总称。战略对策一般涉及以下三方面内容：

(1) 战略重点。战略重点是指那些事关战略目标能否实现的重大而又薄弱的项目或部门。

(2) 战略阶段。战略阶段是为实现战略目标，在整个战略实施期间根据特定的战略任务所明确的时间段落。

(3) 战略措施。战略措施是为实现战略目标，创造优势和竞争的主动地位而采取的具体制胜方式和方法，其中包括战略实施期间各种重要事件的短期决策。

## 2.2.2　信息化与企业经营战略演变

信息化对企业外部环境以及内部管理模式都将产生重大影响，当这些因素真正与企业经营环境发生作用时，原有战略可能已经无法适应新的形势，结果必然引起企业经营战略的演变。企业经营战略的基本特征是：全局性、未来性、系统性、竞争性和相对稳定性。战略一经形成，在一段时期内将有一定的稳定性，有时又会表现为战略的滞后性。但是，信息技术的发展日新月异，发展方向也具有一定的不确定性，保持企业战略的未来性和相对稳定性的和谐统一有时会有一定的困难。那么，企业的经营战略应该如何面对数字化城市的发展进程呢？

必须根据每个企业的经营战略需求做好信息化的长远规划，并以解决最迫切和急需的问题作为企业信息化的切入点。

企业信息化的内容很多，在技术方面有 CAD、CAPP、CAM、CAE、GT 等；在管理方面有 ERP、OA、EAM、TPM、WMS 等；在自动控制和数据采集方面有 DCS；在质量管理方面有 SPC 等(见图 2-1)。这说明企业信息化选型是一件涉及面很广，需要全面规划的系统工程。

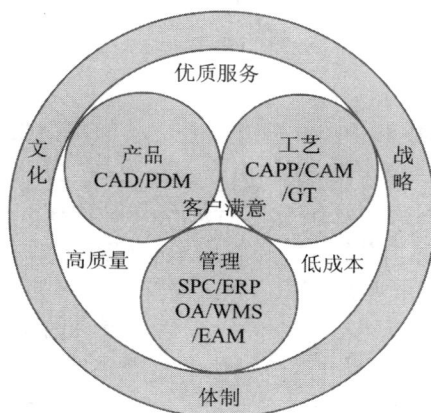

图 2-1  ERP 在制造业信息化中的位置

企业的信息化战略是为企业经营战略服务的。信息化的内容非常广泛，不可能一下子全部实现，这就决定了企业信息化建设是一种长期性的投资，而不是一次性的消费。不同行业、不同企业对信息化的需求是不同的，因此，必须根据每个企业的经营战略需求做好信息化的长远规划，并以解决最迫切和急需的问题作为企业信息化的切入点。

那么，如何将企业的经营战略转换为信息化战略，我们不妨举一个简化的分析方法加以说明。通过"高标准定位(benchmarking)"分析，一个企业发现它的销售利润率与同行业中的排头兵或竞争对手相比，相距甚远，影响到企业的可持续发展，因此必须在短期内改变这种状态。首先要先做企业管理诊断，分析造成销售利润率低的原因，通常可以采用"鱼刺法"，逐层剖析，找出最深层次的根源(见图 2-2)。

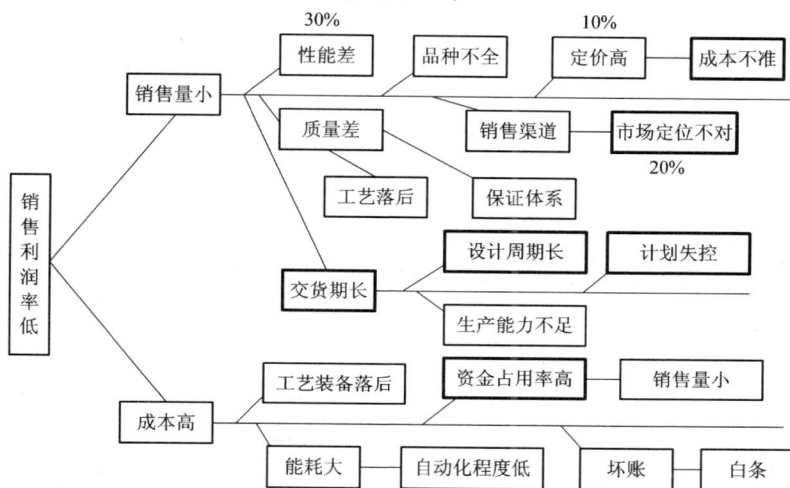

图 2-2  造成销售利润率低的鱼刺法分析

销售利润率低的原因可以归纳为"销售量小"和"成本高"两大类，每一类又可以进一步分解为各种原因，其中有技术问题，也有管理问题。粗线条的方框是可以通过实施 ERP 系统解决的因素，但不是全部。这说明 ERP 虽然是不可少的，但不是万能的。应对各种制约因素影响力的大小估计百分比，予以量化，分清轻重缓急。

下一步要建立企业的战略目标。如果战略目标是希望在三年内把销售利润率提高 30%，就要在增加销售额和降低成本两方面采取措施，同时要缩短货款回收时间。具体参见图 2-3 中的"措施"。

假定企业已经实施了 CAD 和 PDM 系统，但是，单靠企业自身的力量仍然不能开发出高附加值的产品，这就要联合其他合作伙伴搞合作开发，在这一方面需要协同产品商务(CPC) 的支持。为了缩短产品上市时间，还需要联合另一些制造业的合作伙伴，搞网络制造和协同商务，这需要 ERP 甚至 SCM 的支持。降低成本是 ERP 的拿手好戏，但它需要 ERP 系统支持。而缩短货款回收期要求掌握客户的信息，管理好客户关系，需要 CRM 和 ERP。每一种措施对实现期望值的影响力是不同的，同样要估计百分数，予以量化。以上各个方面尽管需要 ERP 支持的很多，但是同推出高附加值的产品研发相比，实现企业战略期望值却不一定占很高比例，这是决策时要注意的。

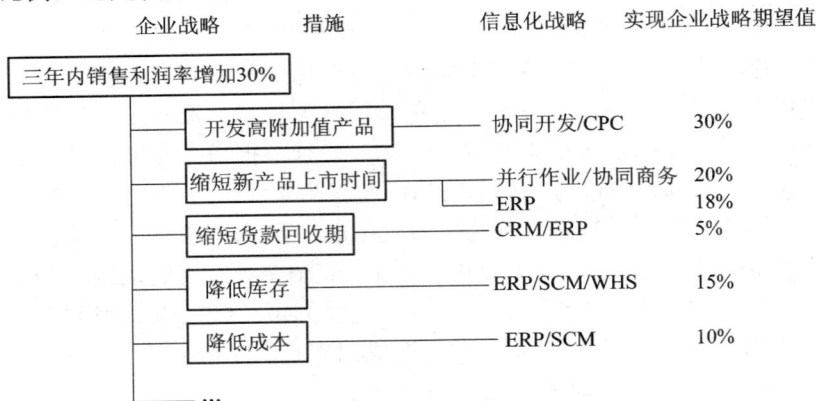

图 2-3　企业战略与信息战略

现在，需要 CIO 来决策了，是先上 CPC，还是 CPC 同 ERP 一起上？如果一起上，如何控制投资，进度又如何配合，CPC 同 ERP 又如何集成以及一系列的技术问题，都将成为选型时要考虑的原则问题。在选型过程中，企业就是要通过这种实实在在的分析工作，把企业的战略决策转换到信息化战略，使信息化战略建立在牢固的企业战略基础上。

这里仅仅举了一个增加销售利润率的战略目标，如果企业的经营战略有多个目标，就要分清轻重缓急，排列各个目标的优先级。确定优先级又有各种决策原则，例如以为企业带来效益的大小为准，或以投资大小、实施的难易程度等为准。然后逐个分析各个目标需要什么信息技术的支持，再进一步制订信息化战略。

选型的核心指导思想是：信息化为管理现代化和管理变革服务，为提高企业竞争力服务。绝对不能是"为信息化而信息化"，或仅仅是"搭建一个平台"，这是选型工作的大忌，否则会误入迷途，导致信息化无果而终。

这里仅仅探讨信息化管理的战略需求或宏观需求。在软件选型前，作为战术或微观分析，还必须进行业务流程分析和信息流程分析。

我们提倡选型的"知己知彼原则"。所谓"知己"，就是在理解信息技术(如 ERP 系统)的基础上明白企业的管理需求；所谓"知彼"，就是明白软件商和咨询顾问公司的特长，能不能满足企业的管理需求。先知己，再知彼，遵循这个原则，即使不是百战百胜，也会极大幅度地减少决策失误，为信息化的成功创立良好基础。

这个问题可以从两个方面来考虑：一方面是全新战略的制订，另一方面是现行战略的调整和转移。对于新建的企业，在制订经营战略时显然无法忽视信息化的趋势，在开始阶段就应该将数字化城市与企业所在行业以及企业经营方式的影响考虑进来。相对原有企业来说，新建企业的信息化战略会简单一些，而对于受信息化冲击不得不调整原有战略的企业来说，需要考虑的因素要复杂得多，最重要的有战略调整的时机、战略调整的程度、战略转移的方式等。

1) 战略调整的时机

人们认识到互联网对于企业未来经营具有重要性至少也有 20 多年的历史了，一些大型企业已经成功地实施了互联网战略，但是对于大多数企业来说，现在还处于摸索和尝试阶段。应该在什么时候全面实现信息化，与每个行业的需求状况和企业的内部条件有关，不同的行业和同一行业内不同的企业有不同的判断标准。过于超前的战略显得盲目，会造成巨大经济损失，但是，错过了战略转移的时机，将有可能直接危机到企业的生存。尽管准确把握战略转移的时机并不容易，不过，仍然可以从各种复杂的现象中发现一些有价值的信息，作为判断是否应该调整现有战略的信号，比如：

(1) 根据信息化的标志来判断，这些指标包括上网人口的比例、网上销售与网下销售的比例、网上信息获取与总的信息的比例，等等。

(2) 通过外部的影响程度来判断，如所在行业信息化的平均水平如何、与竞争者相比有多大差距、与行业领先者有多大差距，等等。

(3) 根据产品特性和顾客的消费习惯来判断，如这种产品在网上推广或者销售有什么优势、顾客是否经常在网上购买、顾客在网上查询哪些相关信息。

(4) 根据内部的需求程度来判断，如现行企业流程是否合理、内部管理是否有效率、组织结构是否臃肿、引入信息化是否能解决这些问题，等等。

2) 战略调整的程度

对于大多数传统企业来说，在具备开展电子商务的条件之前，建立一个具有信息发布功能的网站是通常的做法。现在，不必说国际知名的大型企业，国内的大多数大型企业也都建立了自己的网站，不过具有电子商务功能的网站还很少。在已经建成的这些企业网站中，根据全球最大的传播公司 tribalddb 首次针对中国企业网站效果的调查，网站的形象与企业形象很不相称，功能和服务也不完善，实用性不强，而且，中国品牌的企业网站明显落后于国际品牌。由此可见，中国企业信息化战略的总体水平还不高，企业经营战略向信息化的转移还只是初级阶段，离真正的互联网战略还很远。这也说明，企业的信息化不是一蹴而就的事情，需要一个循序渐进的过渡时期。因此在调整现有战略时需要考虑一个度的问题，这个"度"实际上也与战略调整的时机密切相关。

3) 战略转移的阶段和实现方式

各个传统企业的互联网战略都不完全相同,大多数企业的电子商务进程都采取分阶段发展方式,按照不同的战略目标可以分为三个阶段,每个阶段所采用的方式也不相同。

(1) 网络营销阶段,包括建立一个信息发布功能的网站,将有关企业、产品、售后服务、促销等信息发布到网站上,为顾客了解公司在网上建立一个窗口。这一阶段,网上销售并不是主要目标。

(2) 网上销售阶段,为企业网站增添网上交易功能,或者建立一个电子商务网站,以销售企业产品。

(3) 信息集成阶段,网上销售是企业销售方式的电子化,但还远不是企业电子商务的全部内容,企业电子商务的高级形态,不仅仅是将企业信息发布到互联网上,也不仅仅是用来销售公司的产品,而是集成了包括供应链管理、客户关系管理等在内的整个企业流程一体化的信息处理系统。

以上分析了信息化对企业经营环境和管理模式的影响,并由此对信息化引起的企业经营战略演变问题进行了探讨。对于现代企业来说,网上经营环境的营造是企业必须面对的问题,无论是制订全新的经营战略,还是调整原有战略,信息化的影响都是最重要的因素之一。

# 2.3　信息时代信息系统面临的新问题

信息技术和管理信息系统的发展极大地促进了生产、经营,促进了管理,但同时也向我们提出了许多根本性的问题:

(1) 如何深刻地认识管理信息系统不仅是一个技术系统,而且同时又是一个社会系统。

自 20 世纪 50 年代将计算机引入数据处理以来,历经管理信息系统发展的各个阶段,一方面是信息技术应用的迅猛发展,另一方面,许多管理信息系统在耗费了大量的人力、物力、财力之后夭折了,或者根本没有实现原定系统开发目标,而把计算机用作了打字机。这是长期以来困惑着人们的一大问题。现在,人们日益深刻地认识到,把信息技术应用与应用环境分离是办不到的。管理信息系统不仅是技术系统,而且是社会系统。"推进管理信息系统的变革犹如推进社会变革"。MIS 技术的复杂性、需用资源的密集性和用户需求的多样性仅是问题的一个方面,而更重要的则涉及管理思想、管理制度、管理方法、权力结构和人们习惯的变化。这是在开发和实现 MIS 过程中必须十分明确的一个关键性的认识问题。

(2) 如何提高科学管理水平,为信息系统的实用创造有利的条件。只有输入数据十分可靠,才能获得有用的管理信息。如果原始数据十分混乱,计算机瞎算一通,当然算不出什么结果来。如果企业本身没有建立符合大生产客观要求的制度方法,那么又怎么能教会计算机正确工作呢?我们不能把计算机加以神化,期望它把企业从混乱中拯救出来,轻而易举地实现现代化管理。相反地,倒是要扎扎实实地搞好管理工作的科学化,为信息系统的发展创造条件。

(3) 如何用信息技术来促进企业管理。信息技术的飞跃,正在促使企业管理发生深刻的变化。例如,由于信息系统改变了企业的通信状况,可能引起企业重组工作流程,重新分工，重新划分职权，重新进行企业的组织设计，甚至过去的服务地点、时间、办公桌相对位置等，也都可能做很大的调整。

(4) 如何面对信息系统对人力资源的高标准要求。培育良好的企业文化，培养新一代的工作人员，使之适应新技术应用和企业转型的挑战，是知识经济时代企业面临的另一核心问题。"管理不能脱离人的价值，不是单纯的技术手段，而是一种植根于特定价值观念系统、习惯与信念之中的文化现象。"人是最积极的因素，人的素质和文化水平对信息活动的效率起着决定性的作用。为此，提高企业文化，作好人员选择和培训具有重要的战略意义。

(5) 政府部门如何促进信息系统的应用和发展。信息系统的发展向政府的管理部门提出了更高的要求。企业的发展不仅需要良好的市场环境，同时也要求有协调的社会总体环境。信息技术成果的商品化不仅与企业本身工作有关，在相当程度上，还受到整个社会信息交流环境的影响。政府部门应积极推动网络建设，发展国家信息基础设施，创造开放的信息环境，促进信息交流，加强信息标准化工作，鼓励企业间、行业间的竞争和协作。

(6) 如何利用信息系统提高企业经济效益。市场经济条件下，追求最大利润永远是企业主要目标之一，而如何利用信息系统提高管理水平和经济效益，降低管理成本，则是至关重要的问题。

## 思 考 与 练 习 题

1. 企业的经营环境包括哪些？如何从宏观和微观的角度理解？
2. 什么是企业经营机会？如何进行企业风险和机会分析？
3. 如何进行企业竞争因素分析？
4. 什么是企业经营战略？企业经营战略的构成内容包括哪些？

# 第 3 章　信息系统战略规划

　　信息系统规划对组织具有重要作用，它可以连接信息系统规划的用户和专家，并使其形成对信息系统价值和相关的问题的相互了解(Hackney & McBride，2002)，还可以帮助组织以信息系统的效率、有效性和战略价值等指标来对信息系统发展的优先度进行排序，从而帮助组织识别其基于计算机应用软件的业务，这些业务与公司战略紧密相连，可以使组织获得超越其竞争对手的优势(Dohertyetal，1999)。因此，制定并有效实施信息系统规划至关重要。

## 3.1　信息系统战略规划的概念

### 3.1.1　信息系统发展的阶段论

　　把计算机应用到一个单位(企业、部门)的管理中去，一般要经历从初级到成熟的成长过程。诺兰(Nolan)总结了这一规律，于 1973 年首次提出了信息系统发展的阶段理论，被称为诺兰阶段模型。到 1980 年，诺兰进一步完善该模型，把信息系统的成长过程划分为图 3-1 所示的六个不同阶段。

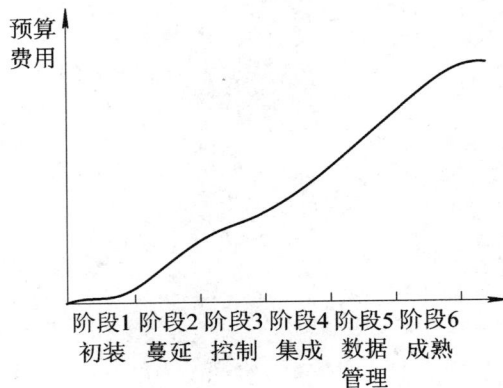

图 3-1　诺兰的阶段模型

**1．初装**

　　初装阶段指单位(企业、部门)购置第一台计算机并初步开发管理应用程序。该阶段，计算机的作用被初步认识到，个别人具有了初步使用计算机的能力。一般"初装"阶段大多发生在单位的财务部门。

## 2．蔓延

随着计算机应用初见成效，信息系统(管理应用程序)从少数部门扩散到多数部门，并开发了大量的应用程序，使单位的事务处理效率有了提高，这便是所谓的"蔓延"阶段。显然，在该阶段中，数据处理能力发展得最为迅速但同时出现了许多有待解决的问题，如数据冗余性、不一致性、难以共享等。可见，此阶段只有一部分计算机的应用收到了实际的效益。

## 3．控制

管理部门了解到计算机数量超出控制，计算机预算每年以 30%～40%或更高的比例增长，而投资的回收却不理想。同时随着应用经验逐渐丰富，应用项目不断积累，客观上也要求加强组织协调，于是就出现了由企业领导和职能部门负责人参加的领导小组，对整个企业的系统建设进行统筹规划，特别是利用数据库技术解决数据共享问题。这时，严格的控制阶段便代替了蔓延阶段。诺兰先生认为，第三阶段将是实现从以计算机管理为主到以数据管理为主转换的关键，一般发展较慢。

## 4．集成

所谓集成，就是在控制的基础上，对子系统中的硬件进行重新联接，建立集中式的数据库及能够充分利用和管理各种信息的系统。由于重新装备大量设备，此阶段预算费用又一次迅速增长。

## 5．数据管理

诺兰认为，"集成"之后，会进入"数据管理"阶段。但 20 世纪 80 年代时，美国尚处在第四阶段，因此，诺兰没能对该阶段进行详细的描述。

## 6．成熟

一般认为，"成熟"的信息系统可以满足单位中各管理层次(高层、中层、基层)的要求，从而真正实现信息资源的管理。

诺兰阶段模型还指明了信息系统发展过程中的六种增长要素：

(1) 计算机硬软资源，从早期的磁带向最新的分布式计算机发展。

(2) 应用方式，从批处理方式到联机方式。

(3) 计划控制，从短期的、随机的计划到长期的、战略的计划。

(4) MIS 在组织中的地位，从附属于别的部门发展为独立的部门。

(5) 领导模式，一开始技术领导是主要的，随着用户和上层管理人员越来越了解 MIS，上层管理部门开始与 MIS 部门一起决定发展战略。

(6) 用户意识，从作业管理级的用户发展到中、上层管理级。

诺兰的阶段模型总结了发达国家信息系统发展的经验和规律。一般认为模型中的各阶段都是不能跳越的。因此，无论在确定开发管理信息系统的策略，或者在制定管理信息系统规划的时候，都应首先明确本单位当前处于哪一生长阶段，进而根据该阶段特征来指导 MIS 建设。

### 3.1.2　信息系统战略规划的作用和内容

IS 战略规划是一个组织的战略规划的重要组成部分，是关于 MIS 长远发展的规划。由于建设 IS 是一项耗资大、历时长、技术复杂且涉及面广的系统工程，因此在着手开发之前，必须认真地制定有充分根据的 MIS 战略规划。这项工作的好坏往往是 IS 成败的关键。

**1．信息系统战略规划的作用**

制订信息系统战略规划的作用在于：

(1) 合理分配和利用信息资源(信息、信息技术和信息生产者)，以节省信息系统的投资。

(2) 通过制订规划，找出存在的问题，更正确地识别出为实现企业目标信息系统，系统必须完成的任务，促进信息系统的应用，带来更多的经济效益。例如，存在产品质量问题的某企业在企业战略规划中确定的战略是：为新产品建立全面质量管理控制规程；由此导出的信息系统战略为建立新产品的全面质量管理控制数据库系统。

(3) 指导信息系统系统开发，用规划作为将来考核系统开发工作的标准。

**2．信息系统战略规划的内容**

信息系统战略规划一般包含三年或更长期的计划，也包含一年的短期计划。规划的具体内容包括：

(1) 信息系统的目标、约束及总体结构。其中，信息系统的目标确定了信息系统应实现的功能；信息系统的约束包括信息系统实现的环境、条件(如管理的规章制度、人力、物力等)；信息系统的总体结构指明了信息的主要类型和主要的子系统。

(2) 单位(企业、部门)的现状。包括计算机软件及硬件情况、产业人员的配备情况以及开发费用的投入情况等。

(3) 业务流程的现状、存在的问题和不足以及流程在新技术条件下的重组。企业流程重组实际上是根据信息技术的特点，对手工方式下形成的业务流程进行根本性的再思考、再设计。

(4) 对影响规划的信息技术发展的预测。这里涉及的信息技术主要包括计算机硬件技术、网络技术及数据处理技术等。这些技术的推陈出新将在相当程度上给信息系统的开发带来影响(如处理效率、响应时间等)，并决定将来信息系统性能的优劣。因此，及时吸取相关新技术，有可能使开发出的信息系统具有更强的生命力。

### 3.1.3　信息系统战略规划的组织

制订信息系统开发规划需要一个领导小组，并进行有关的人员培训，同时明确规划工作的进度。

**1．规划领导小组**

规划领导小组应由单位(企业、部门)的主要决策者之一负责。领导小组的其他成员最好是本单位各部门中的业务骨干，他们的任务是完成有关数据及业务的调研和分析工作。

**2．人员培训**

制订战略规划需要掌握一套科学的方法，为此应组织对高层管理人员、分析员和规划领导小组成员进行培训，使他们掌握制订信息系统战略规划的方法。

### 3．规定进度

明确了规划方法之后，应该为规划工作的各个阶段给出一个大体上的时间要求。

### 4．制订战略规划的具体步骤

(1) 确定规划的性质。明确信息系统战略规划的年限及具体的方法。

(2) 收集相关信息。

(3) 进行战略分析。对信息系统的目标、开发方法、功能结构、计划活动、信息部门的情况、财务情况、风险度和政策等进行分析。

(4) 定义约束条件。根据单位(企业、部门)的财务资源、人力及物力等方面的限制，定义信息系统的约束条件和政策。

(5) 明确战略目标。根据(3)、(4)的结果，确定信息系统的开发目标，明确信息系统应具有的功能、服务范围和质量等。

(6) 提出未来的略图。给出信息系统的初步框架，包括各子系统的划分等。

(7) 选择开发方案。选定优先开发的项目，确定总体开发顺序、开发策略和开发方法。

(8) 提出实施进度。估计项目成本和人员需求，并列出开发进度表。

(9) 通过战略规划。将战略规划形成文档，经单位(企业、部门)领导批准后生效。

## 3.2　信息系统规划的内容

### 3.2.1　信息系统的目标与任务

从大的方面来说，信息系统的目标是建立一个广泛的、多功能的业务过程和通用的信息平台，为企业的战略、业务过程和业务变革提供支持，为企业获取竞争优势。但是在企业使用信息系统的过程中，很难一次成型，需要经过层层发展(如图 3-2 所示)，经历不同的阶段。只有在某个阶段对某个企业来说是最佳的层次，没有一个层次对所有企业来讲都是最好的，因为每个层次显示了和组织开发能力相关的潜在收益。而合适的层次取决于几个因素，包括内部自身的因素和外部竞争者的因素。

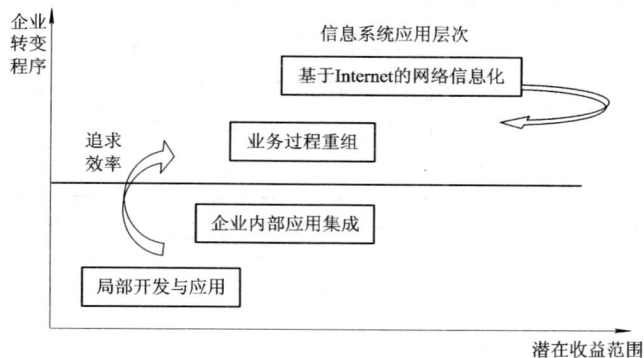

图 3-2　信息系统应用的四个层次

每一层次对信息系统目的和任务的要求是不同的，详细特征参见表 3-1。

**表 3-1　信息系统应用的四个层次**

| 信息系统应用层次 | 独特特征 | 主要优势 | 潜在弱点 | 管理上的挑战 |
|---|---|---|---|---|
| 局部开发 | 运用IT优化重点、增值的企业运作 | 是相对简单的 IT 开发；帮助理论的证明；组织变化的阻力最小 | 类似组织复制的可能性；缺乏组织学习；与过去的情况相比表现较好，和第一流的表现有差距 | 明确高价值领域；用第一流表现来衡量，以实现差异化；选择新的业绩衡量标准 |
| 内部集成 | 运用 IT 能力创造无缝企业过程反映技术集成性和组织相关性 | 支持全面质量管理；优化了组织过程，可以提高效率和改善提供客户服务的能力 | 相对于舍弃旧规则，采用新规则的组织，采用历史组织规则进行的自动化可能只能发挥有限的作用 | 关注过程上的整合和技术上的集成；确保业绩衡量标准是按照内部整合度来制定的；与第一流能力做比较 |
| 过程重组 | 将关键过程重组以实现在将来的竞争力，而不是只做对现有过程的修补；运用 IT 能力作为将来组织能力的使能器 | 历史过程阻碍组织为客户提供高价值服务；从过时的方式转变到新的商业模式；有先行者优势的机会 | 如果只是被看做对历史或目前过程的修改，则可获得的收益是有限的；过程重组可能受到内外的阻力 | 明确过程重组的原则；认识到组织问题比选择一个能支持过程重组的技术平台更重要 |
| 信息网络化 | 和合作伙伴联系时，是通过企业网络提供产品和服务的；开发 IT 的学习能力以及合作和控制能力 | 提高了组织在更大范围和领域内的竞争能力；优化组织关系，保持灵活快速的反应能力，满足个性化的用户需求 | 不同组织之间缺乏良好的合作方式，可能造成不能提供差异化竞争力的后果；如果内部的系统不完善，将阻碍从外部学习的能力 | 明确网络信息化重构的原则；将企业网络信息化重构的重要性提高到战略地位；合理调整绩效衡量标准 |

信息系统的开发是一项大的系统性质的工作，其成功的三要素是：

(1) 合理确定系统目标。

(2) 组织系统开发队伍。

(3) 采用合适的技术遵循有关开发过程进行开发。

所有这些要素均要在强有力的领导下才能完成。

　　首先谈谈领导问题。由于信息系统耗资巨大，经历时间长，并且涉及企业管理方式的变革，因而必须有主要领导亲自参与才能获得成功。领导参与要求领导必须对信息系统开发过程进行决策，而不仅仅是一般的参加。这是因为主要领导最清楚自己企业的问题，最能合理地确定系统目标，并拥有实现目标的人权、财权、指挥权，他能够决定投资，调整机构，确定企业所需达到的信息化应用水平。这是任何人不能替代的。

　　领导者推动信息系统的第一步是成立信息系统委员会，它是领导者的主要咨询机构，也是信息系统开发的最高决策机构。然后，在信息系统委员会指导下建立系统规划小组，对企业的信息系统应用进行规划，系统规划是一个全面的、长期的计划，在规划的指导下就可以进行一个个项目的开发。信息系统开发的完整步骤如图 3-3 所示。

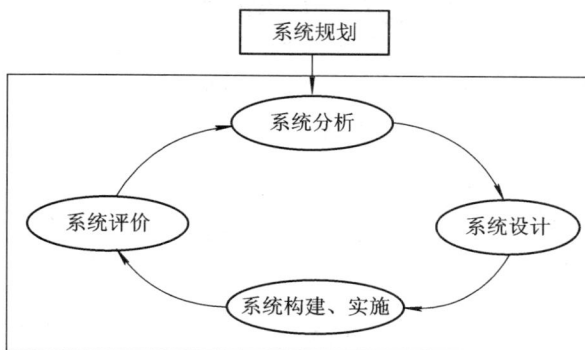

图 3-3　信息系统的开发步骤

## 3.2.2　信息系统规划的内容与方法

　　信息系统对企业来说是一项耗资巨大、技术复杂、管理变革大、经历时间长的工程项目。如果不经过很好的策划，草率上马将会造成很大的浪费，甚至给企业带来混乱。很多现实情况是，许多企业花了巨大代价开发的信息系统，不是失败就是无法达到所预想的效果。导致这些问题的原因往往是没有进行正确的信息系统规划。

　　常见的有关信息系统规划的误区有：

　　(1) 认为 IS 战略和规划仅仅是技术方面的问题。

　　(2) 脱离企业实际的信息系统基础设施与业务过程的改变。

　　(3) 企业战略的制订没有信息系统人员的参与。

　　(4) 战略和规划缺乏灵活性。

　　(5) 压根没有信息系统规划。

　　人们一般在信息系统规划的问题上过多地关注于技术，而忽略了信息系统规划中业务、管理和组织的内容。

### 1．信息系统规划的内容

　　信息系统规划指导着企业信息系统的开发、基本原理、当前状况、管理战略、实施计划和预算。信息系统规划的主要内容参见表 3-2。

### 表 3-2　信息系统规划

| | |
|---|---|
| 1. 规划的目的 | 硬件、软件、数据库、通信 |
| 规划内容概要 | 5. 战略管理 |
| 企业当前状况的变化 | 采购规划 |
| 企业的战略规划 | 里程碑及进度 |
| 当前的业务组织 | 组织的重新匹配(Realignment) |
| 管理战略 | 内部的再组织(Reorganization) |
| 2. 战略业务规划 | 管理控制 |
| 当前状况 | 主要的初步培训 |
| 当前的业务组织 | 人员战略 |
| 变化的环境 | 6. 实施规划 |
| 业务规划的主要目标 | 详细的实施规划 |
| 3. 当前的系统 | 预期的实施困难 |
| 主要系统所支持的业务功能 | 进度报告 |
| 目前的能力 | 7. 预算要求 |
| 硬件、软件、数据库、通信 | 预算要求 |
| 满足业务需求的困难程度 | 潜在的结余或利益 |
| 预期的未来需求 | 财务状况 |
| 4. 新的开发 | 采购循环周期 |
| 新系统的项目 | 项目描述 |
| 新的能力需求 | 业务基本原理 |

　　信息系统规划的定义是：识别辅助组织执行其企业规划并实现其企业目标的、基于一系列计算机应用的过程。

　　信息系统规划在企业的业务与信息系统之间架起了一座桥梁，它必须在企业战略规划的指导下进行。信息系统规划的框架如图 3-4 所示。

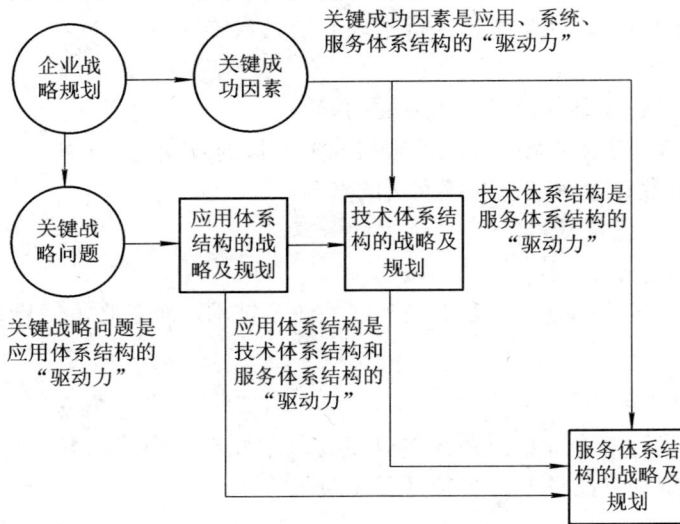

图 3-4　信息系统规划的框架

如图 3-4 所示，信息系统规划在企业战略规划的指引下，产生出三个互相联系的战略规划，它们是应用体系结构的规划、技术体系结构的规划和服务体系结构的规划。从具体的步骤来分，每一个规划又可分解为情况分析、战略形成、战略实施三个阶段。

**2．信息系统规划的方法**

用于企业信息系统规划的方法有很多，主要有战略分析法，即关键成功因素法(Critical Success Factors，CSF)；企业分析法，即企业系统规划法(Business System Planning，BSP)；基于 BPR 的信息系统战略规划方法。其他的方法还有战略目标集转化法(Strategy Set Transformation，SST)、企业信息分析与集成技术(BIAIT)、投资回收法(R01)等。用得最多的是前面三种。

1) 关键成功因素法

1970 年，哈佛大学教授 WilliamZani 在信息系统模型中使用了关键成功变量，这些变量是确定信息系统成败的因素。1980 年，麻省理工学院教授 John 把 CSF 提升成为信息系统战略规划的方法。所谓的关键成功因素，指的是企业或组织的规划期内，影响企业战略成功实现的关键性的任务。其基本出发点是认为：企业的信息系统需求是由少数 CSF 所决定的。

企业的关键成功因素的特点是：

(1) 少量的易于识别的可操作的目标。

(2) 可确保企业的成功。

(3) 可用于决定组织的信息需求。

CSF 方法的主要工作包括：

(1) 从管理人员处收集 CSF。

(2) 逐个分析每个 CSF。

(3) 对整个企业的 CSF 达成一致。

(4) 确定企业的 CSF。

(5) 使用 CSF 确定信息系统开发的优先级。

采用关键成功因素法对企业进行信息系统规划可遵循如图 3-5 所示的流程。在使用 CSF 时，通过对企业关键成功因素的分析，直接总结出企业的关键业务过程，通过信息系统规划确定需要信息系统实现的业务过程，从而使得信息系统得以支持企业的关键业务过程。

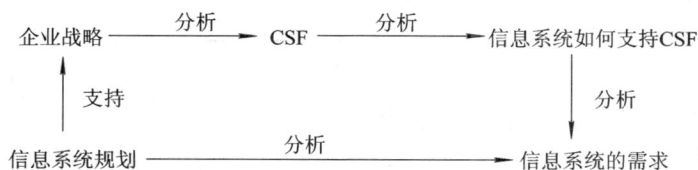

图 3-5　关键成功因素法的流程

首先，简单地介绍一下如何确定关键成功的因素。

要识别一个企业的关键成功因素，首先要了解企业的目标。从这个目标出发，可以看到哪些因素与之相关，哪些与之无关。在与之相关的因素中，又可以进一步辨识出其中哪些是直接相关的，即是实现目标的主要影响者；哪些只是间接相关的。一般可以采用树枝因果图作为识别的工具。

例如，某企业有一个目标是提高服务竞争能力，用因果图画出影响它的各种因素以及影响这些因素的子因素，如 3-6 所示。

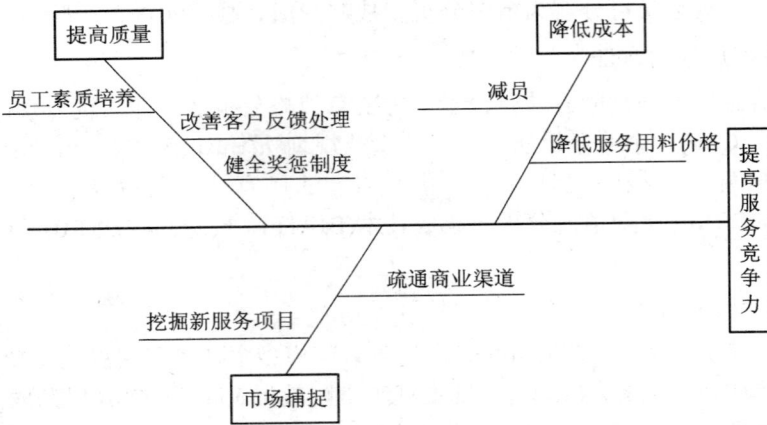

图 3-6　树枝因果图

不同的企业对 CSF 的评价不同。习惯于高层人员个人决策的企业，主要由高层人员个人在此图中选择 CSF；对于习惯于由群体决策的企业，可以将不同人设想的 CSF 综合起来。CSF 在高层应用效果较好，因为高层领导人员时常考虑什么是 CSF。由于业务过程重组主要是由高层领导人员参与的，因此，他们对找到企业的 CSF 是轻车熟路的。这也是为什么要选择 CSF 作为选择重组过程方法的原因之一。

接下来的问题是如何用 CSF 来选择过程。

这里以某通信设备公司为例。根据其具体情况，该公司的 CSF 有五个，如图 3-7 所示。根据 CSF，其关键业务过程有六个，如图 3-8 所示。

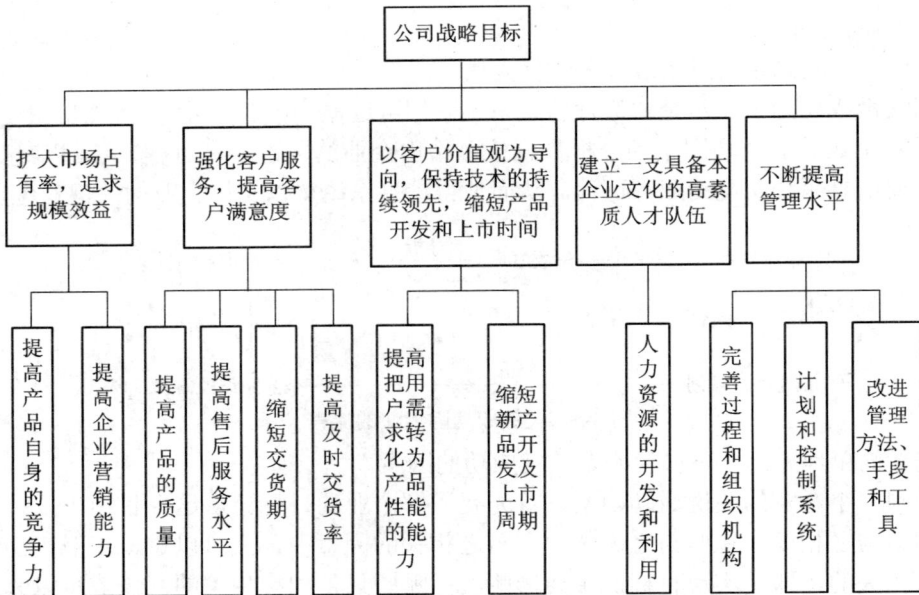

图 3-7　某通信设备公司的关键成功因素

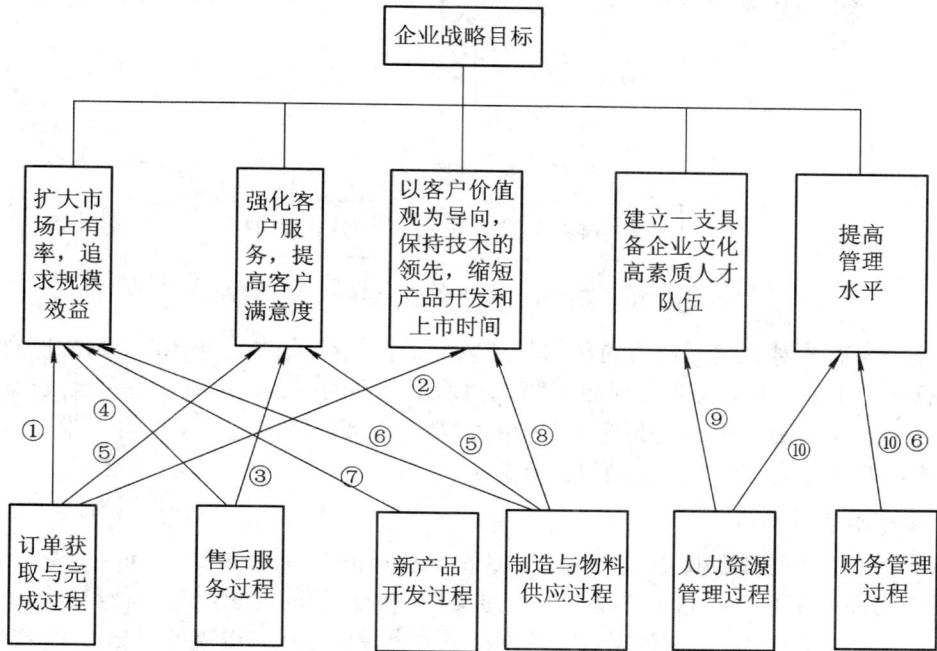

①—营销能力　②—产品竞争力　③—售后服务水平　④—交货期　⑤—按期交货率
⑥—资金运作能力　⑦—开发周期　⑧—新品上市时间　⑨—人力资源　⑩—管理控制制度

图 3-8　某通信设备公司 CSF 与关键业务过程

(1) 订单获取与完成过程。

(2) 售后服务过程。

(3) 新产品开发过程。

(4) 制造与物料供应过程，包括物料采购和控制、生产计划和控制、半成品生产到成品装配为止的全过程。

(5) 人力资源管理过程，包括从公司各个岗位的工作设计、人力需求计划、招聘、培训和员工考核、业绩、报酬等全面的管理。

(6) 财务管理过程，包括账务处理、成本分析和控制、财务预算、融资管理等。

这六个过程可以划分为两个层次，即运营过程和管理过程，其总体结构如图 3-9 所示。其中，运营过程的四个关键业务过程构成了该公司的价值链，覆盖了产品开发、市场营销、物料采购、产品制造以及售后服务等多个关键业务领域；属于支持过程(管理过程)的两个关键过程则为运营过程提供了支持和服务。在这些关键过程的内部，也可能存在运营过程和管理过程。

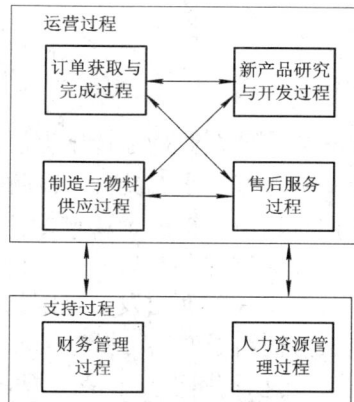

图 3-9　关键业务过程总体结构

例如，在新产品开发研究过程中，存在如图 3-10 所示的关系。

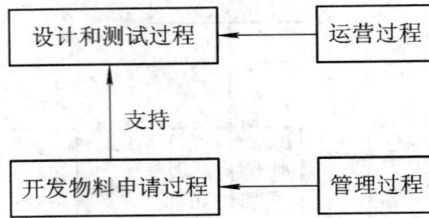

图 3-10  新产品开发研究过程中的关键过程

另外，还需要对关键过程的内部结构加以分析，明确关键过程中的子过程以及活动，分析出哪些是主要过程，哪些是辅助过程，然后以合理的布局，反映出各关键过程的结构。

至此，企业关键过程以及关键过程中的主要过程都已经确立，企业可以根据自身实力与改革的需要进行需要的信息系统开发计划。

2) 业务系统规划法

IBM 公司于 20 世纪 70 年代初提出了 BSP 法(Business System Planning，业务系统规划法)，用于内部系统开发。它主要基于用信息支持企业运行的思想，是一种自上而下识别系统目标，识别业务过程，识别数据，然后再自下而上设计系统，以支持目标的 IS 规划方法，如图 3-11 所示。

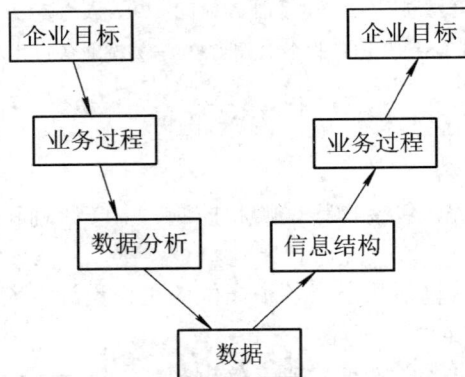

图 3-11  BSP 法的步骤

BSP 方法把企业目标转化为信息系统战略的全过程，其中，"定义业务过程"是 BSP 的核心，要求所有工作人员全力以赴去识别描述过程，只有这样，BSP 才能成功。

在此过程中，根据企业目标分别从战略计划与控制、产品和服务以及支持资源这三方面来识别业务过程，然后进一步分析、合并、调整或删除，最后得到企业过程分解系统。之所以从以上三方面出发，是因为无论哪种类型的企业，它们的经营活动归纳起来几乎都是由这三方面组成的，可以称之为三个"源泉"，任何活动都从此导出。从第一源泉"计划与控制"，可以把属于企业战略规划和管理控制这方面的过程列于图 3-12 和图 3-13 中。

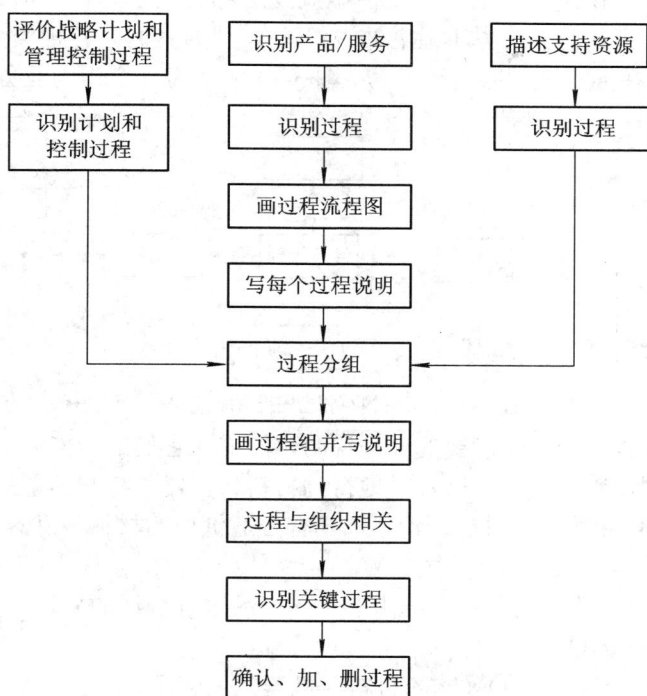

图 3-12 BSP 识别业务过程步骤

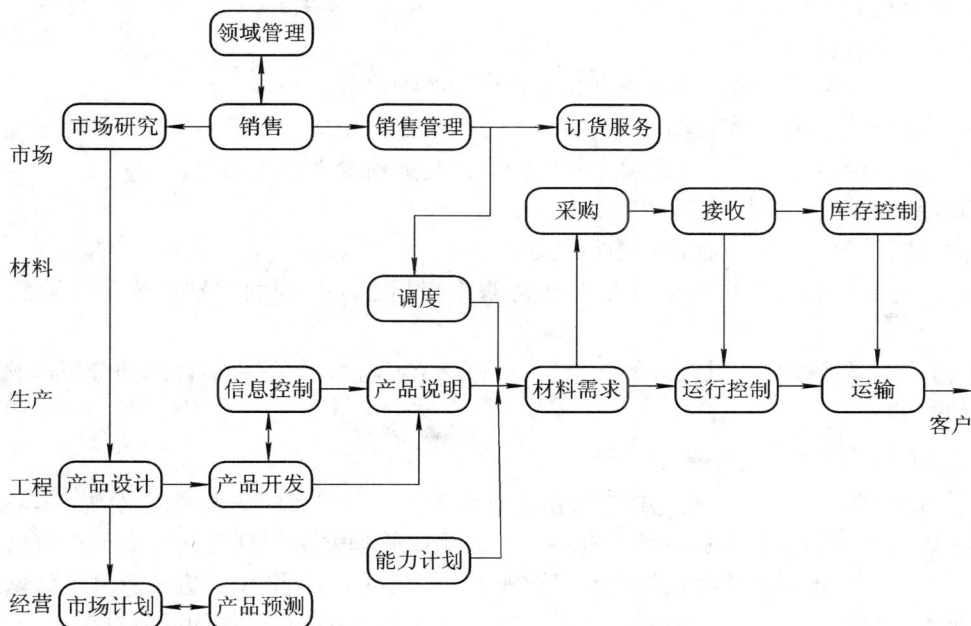

图 3-13 过程初步流程图

如果说以前所讲的识别过程的方法是由微观到宏观的枚举综合，那么这种方法就是由宏观到微观的分解。采用这种方法时往往参考一些典型的案例。各种类型的企业，同类之间有许多相似之处，在寻找过程时可作参考。图 3-14 所示为一个识别业务过程通用模型法。

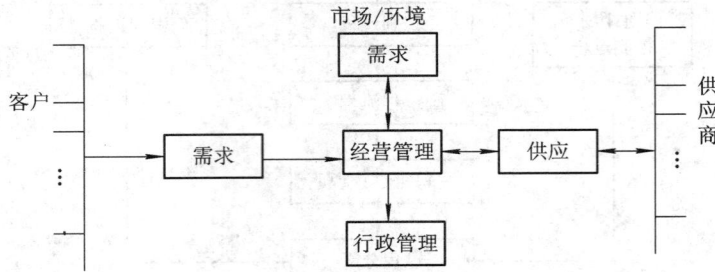

图 3-14　识别业务过程通用模型法

对于已确定的过程，应给出简要的过程说明，以描述它们的职能。

例如，采购过程，以最好的价格及时地得到材料、机器和特殊质量的供应。包括：

(1) 供应商的评价和选择：进行评价，选择有合适价格的材料、机器、设备、包装和运输服务等。

(2) 订货的安排和实现：对于已经选中的供应商品进行合适的采购订货，达到生产计划制订的(经理批准的)的数量。

(3) 接收和检验：接收(拒收)采购的材料、机器、供应品，检验其数量和质量并加以记录登账。

识别过程是 BSP 方法成功的关键，应该予以高度的重视。识别过程的输出有以下文件：

(1) 一个过程组以及过程表。

(2) 每一个过程的简单说明。

(3) 一个过程关键的表，就是识别满足目标的关键过程。

(4) 产品/服务过程的流程图。

(5) 系统组成员能很好地了解整个企业的运营是如何管理和控制的。

至此，BSP 识别过程才能告一段落。

由此可以看到，BSP 也存在着不足之处：

(1) 这一过程的识别仍然缺乏足够严密的原则和方法，因而识别出来的过程随意性很大。

(2) 过程分解不彻底。过程分解结果往往只有一个层次，缺乏更加详细的分解，没有分解到活动。

### 3) BPR 的信息系统战略规划方法

基于 BPR 的信息系统战略规划方法由复旦大学管理学院黄丽华教授提出的，其基本出发点是：信息系统的成功实施有赖于业务过程、组织管理乃至管理模式的变革；信息系统的需求应该来自优化以后的企业运营及其管理。而传统的 CSF 和 BSP 方法忽略了信息系统中企业业务过程变革这一重要因素，以变革前的信息需求为信息系统的战略框架。

图 3-15 列出了基于 BPR 的信息系统战略规划方法的框架，该方法可分为四个阶段，具体内容如表 3-3 所示。

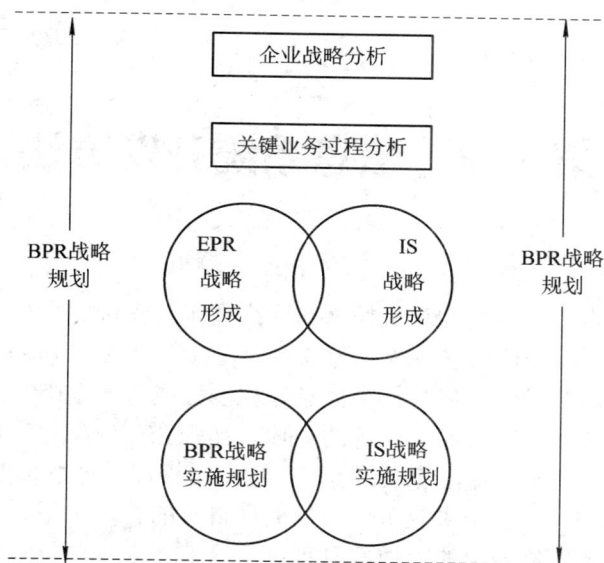

图 3-15　基于 BPR 的信息系统战略规划方法

**表 3-3　基于 BPR 的信息系统战略规划的步骤**

| 阶　段 | 任　务 | 成　果 |
|---|---|---|
| 企业战略分析 | (1) 分析企业发展战略<br>(2) 确定关键成功因子<br>(3) 确定核心过程 | 企业发展战略及其运营模式<br>关键成功因子<br>企业核心过程 |
| 关键业务过程分析 | (4) 分析过程现状<br>(5) 确定过程未来运营模式<br>(6) 确定支持未来过程的 IS 需求 | 业务过程模型和信息模型<br>未来过程模型和信息模型<br>信息系统需求 |
| 信息系统规划 | (7) 建立信息系统战略<br>(8) 建立信息系统技术战略 | 信息系统框架<br>信息技术框架 |
| 信息系统实施规划 | (9) 确定系统开发次序<br>(10) 拟定项目开发计划 | 系统开发优先次序<br>项目开发计划 |

# 思 考 与 练 习 题

1. 信息系统战略规划的意义与作用是什么？
2. 信息系统战略规划的重点和难点是什么？
3. 企业开发一个信息系统时，需要重点调查和搜集的数据有哪些？

# 第4章　信息系统开发方法

　　现代化管理的特点之一是将计算机技术和网络技术与先进的管理科学理论相结合，建立起实时、高效、准确的管理信息系统，为各级管理决策提供可靠的依据。

　　在信息时代，高新技术的发展与社会信息化程度已成为一个国家的国力和现代化水平的重要标志，而企业是一个国家国民经济的主体，加强企业信息化建设是实现国家信息化目标的一项重点任务。企业信息化管理的水平，特别是管理信息系统(MIS)的开发与应用是衡量企业现代化的标志。许多企事业单位为了提高自身的管理水平和竞争能力，纷纷投入人力物力，开发适合本单位需求的管理信息系统。这就要求各单位和部门的计算机操作和管理人员熟悉管理信息系统开发的方法，只有这样，才能开发出令用户满意的系统。

## 4.1　信息系统开发涉及的基本问题

　　计算机信息系统的建设是一项具有技术内容和社会内容的系统工程，它受到多方面条件的制约。研究这些制约条件无疑将有助于系统的建设和发展，有利于对信息系统建设中涉及到的有关问题的理解。

### 4.1.1　信息系统开发的基本原则

　　信息系统是以企业主管部门在决策中所要求达到的目标为基准，以职能管理部门所提供的业务处理目标为依据，按照完成业务管理所遵循的顺序而建立起来的一个新系统。我们把建立新系统的过程简称为系统开发。

　　信息系统(IS)是在管理科学、系统科学、计算机科学等的基础上发展起来的综合性边缘科学。它是一个由人和计算机等组成的，能够进行管理信息的收集、传输、加工、保存、维护和使用，提供信息以支持一个组织机构的作业、管理、分析和决策职能的人—机系统。它除了具有一般的事务处理系统的数据处理功能外，更多的应具备为管理活动提供信息，为中上层管理提供分析、计划和决策支持的能力。

　　信息系统的开发一般应遵循如下的原则：

　　(1) 充分发挥计算机优势的原则。

　　(2) 采用系统方法的原则，即对信息系统必须从整体出发，使设计的系统以最优的方式适应既定的目标和准则。

　　(3) 主要领导负责的原则。

　　(4) 设计方案最优化、典型化原则。

　　(5) 系统的适应性原则。

(6) 任务与工作程序成套性原则。

(7) 操作系统专门化原则。

(8) 输入和输出的最少原则。

(9) 系统各部分工作相互协调的原则。

## 4.1.2　信息系统开发的条件

信息系统的开发，必须在具备一定条件的基础上才能着手进行，否则，盲目开发将会浪费大量的人力和物力，而且系统是难以成功的。一般来说，开发信息系统之前，企业应该具备以下基本条件。

(1) 企业高层领导对建立计算机管理信息系统必须有较深入的了解。

企业高层领导必须对建立系统的内容有较深入的了解，才能提出恰当的目标，提供必要的资金保证和抽出精干的人员，才可能制定合适的开发策略，以保证工作的顺利发展。

(2) 企业必须有建立信息系统的实际需求和迫切性。

实际需求是建立企业信息系统的原动力，这种动力来自于企业内部和外部。

(3) 企业的管理科学化是信息系统建立的基础和保证。

企业必须要有一定的科学管理基础，即企业管理方法的科学化。只有在合理、完善的规章体制，稳定的生产次序，一整套科学的管理方法和完善、准确的原始数据的基础上，才有可能建立有效的管理信息系统。因此，企业要逐步做到管理工作程序化，管理业务标准化，数据完整代码化，报表文件统一化。总之，实现科学管理是系统开发中很重要的前提。

(4) 企业有必要的投资保证，并能提供系统维护人员的编制和维护费用。

(5) 企业管理人员的知识结构应满足系统建设的需要。

(6) 基础数据齐全、规范是建立信息系统的必要条件。

数据是系统加工的对象，是信息的来源和依据。数据的完整、齐全、真实与否，直接决定信息的数量和质量。人们把数据的收集、规范和整理的全过程称为数据工程，它是整个信息工程的前期工程，如果没有数据工程的保证，那么计算机工程的建设，就像建设一座没有原料的加工工厂，是无意义的工程建设。

如果把上述条件做为建设企业信息系统应先满足的条件，并做为检验系统可行性的标准，将会增加系统的实际效益。

## 4.1.3　信息系统开发前的准备工作

开发信息系统前应做以下准备工作：

(1) 借鉴同类系统的开发经验。选择业务性质和规模相近或相似的企业信息系统，对其进行参观、座谈、分析和类比，吸取其他企业或组织中类似的信息系统的开发经验和失败教训，可以在本企业系统开发中少走弯路，这是保证信息系统开发成功的重要措施。

(2) 选择适合本企业实际的开发方式。信息系统的开发方式有多种，通常包括自行开发方式、委托开发方式和合作开发方式。

开发方式的选择主要应该根据本企业的具体条件而定。开发方式确定以后，就应根据所选用的方式来建立相应的开发组织机构，不同的开发方式会有不同的人员配置方式。

(3) 确定系统目标、开发策略和投资金额。

(4) 收集和整理基础数据。

### 4.1.4　信息系统的开发策略

建立一个切实可行的管理信息系统是一项浩大的工程，应分期分批地、有计划有目的地进行。为了做好这项工作，首先应拟定好开发管理信息系统的规划，然后，逐步地实现各个子系统或应用部分。开发规划包括确定管理信息系统的结构、各组成部分的开发日程计划和实现开发规划的策略。下面介绍两种基本的开发策略。

#### 1."从下到上"(BOTTOM-UP)的策略

这种策略是从现行系统的业务现状出发，先实现一个个具体的功能(或称应用)，逐步地由低级到高级，自下而上地实现管理信息系统的总目标。因为任何一个管理信息系统的基本功能均是数据处理，所以"自下而上"方法首先从研制各项数据处理应用开始，然后，根据需要逐步增加有关计划、控制、决策方面的功能。总的来说，这种方法可具体分为以下五个阶段：

(1) 在文件管理系统的支持下，实现一个个单独的应用系统，其主要功能是数据处理方面的。

(2) 把有关文件综合到数据库中，并使用数据库管理系统来管理数据。

(3) 在数据库的支持下，增加决策模型和各种计划模型。

(4) 把各种模型综合成为模型库，同时数据库也因数据需要量的增加而扩展了。

(5) 将战略计划模型以及有关的数据加入信息系统。

"从上到下"开发策略的具体过程如图 4-1 所示。

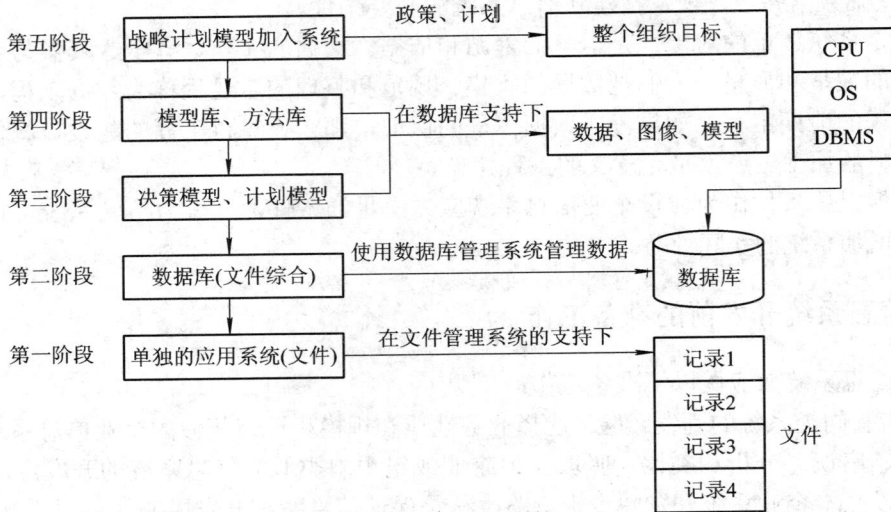

图 4-1　"从下到上"开发策略的示意图

"从下到上"方法的优点是：

(1) 使信息系统的开发易于适应组织机构的真正需要。

(2) 有助于发现和理解每个系统的附加需要，并易于判断其费用。

(3) 每一阶段所获得的经验有助于下一阶段的开发。

(4) 相对地说，每个阶段规模较小，易于控制和掌握。

"从下到上"方法的缺点是：

(1) 由于方法的演变性质，信息系统难以实现其整体性。

(2) 由于系统未进行全局规划，系统的数据一致性和完整性难于保持。

(3) 为了达到上述的系统性能要求，往往不得不重新调整系统，甚至重新设计系统。

(4) 由于系统实施的分散和演变，因此与组织机构目标的联系往往是间接的，以致系统并不支持企业的战略目标。

### 2. "从顶向下" (TOP-DOWN)的策略

"从顶向下"的方法强调由全局到局部，由长远到近期，由上到下，从探索、研制各种合理的信息流的模型出发，设计出适合于这种信息流的信息系统。子系统通过信息流确定，而且尽可能地要求每一个局部优化都应建立在全局优化的指导下。

"从顶向下"方法的具体步骤为

(1) 分析企业的目标、环境(包括管理业务)和系统开发的条件。

(2) 根据总目标确定各项具体功能。

(3) 确定需要决策的内容。

(4) 根据每项决策的内容确定所需要的信息。

(5) 为整个系统规定各个子系统，即把各项决策的内容和信息分别归纳组织到各个子系统中去。

(6) 为要研制的子系统和数据库规定先后顺序。

通常，"从下到上"的方法用于小型系统的设计，它适用于对系统开发工作缺乏实际经验的情况；而"从顶向下"方法则适用于较熟练的系统设计人员和对大型系统的设计。

"从顶向下"方法的具体过程如图 4-2 所示。

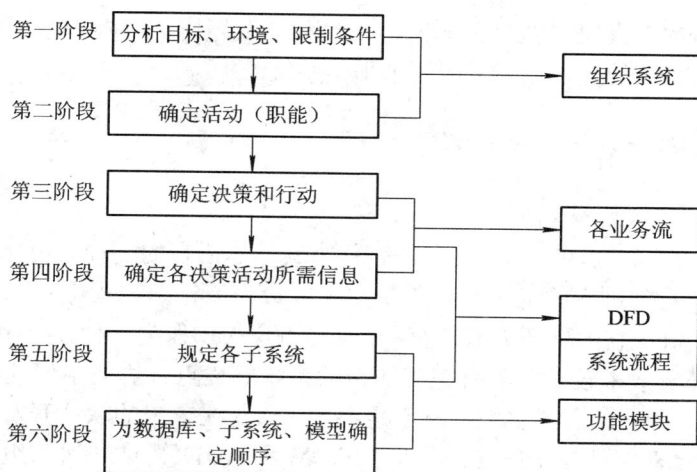

图 4-2　"从顶向下"开发策略的示意图

"从顶向下"方法的优点：

(1) 提供一种确定信息需求的途径。

(2) 可以用于为企业或机构的重要决议和任务提供信息。

(3) 支持信息系统的整体性，为系统的总体规划、子系统的协调和通信提供保证。

(4) 提供发现和改进组织机构工作的新途径。

"从顶向下"方法的缺点：

(1) 对系统分析和设计人员的要求较高，必须具备一定的业务知识和组织管理能力。

(2) 从非结构化的目标开始向下到高度结构化的子系统或模块设计的做法具有很大的难度和技术复杂性。

(3) 开发周期长，系统复杂，而且投资较大，成本较高。

(4) 对于大系统的自上而下的规划，对下层系统的实施往往缺乏约束力。

**3. 综合方法**

为了充分发挥以上两种方法的优点，人们往往把它们综合起来应用。"从顶向下"的方法适用于一个组织的总体方案的制定；而"从下到上"的方法又适用于具体业务信息系统的总体设计。在用"从顶向下"方法确定了一个总的管理信息系统的总体方案之后，"从下到上"方法则是在总体方案指导下，对一个个业务信息系统进行具体功能和数据的分析与分解，并从基层具体到决策层。这两种方法相结合的综合方法，通过全面分析、协调和整理之后，能得到一个比较理想的，耗费人力、物力、时间较少的，用户满意的新系统。

因此，在实践中，往往采用综合方法。比如说，一方面利用"从顶向下"法定义整个结构，另一方面，利用"从下到上"法逐步地实现各个子系统的开发工作。即"从顶向下总体规划，从下到上应用开发"。

# 4.2 几种数据库开发工具的选择与比较

管理信息系统的开发工具在目前的网络平台和开发环境上有多种不同的选择，选择是否合适直接影响着系统的开发效率、应用水平、系统维护等。

## 4.2.1 几种数据库开发工具的介绍

### 1. VB

VB 全称 Visual Basic，它是以 Basic 语言作为其基本语言的一种可视化编程工具，在中国乃至全世界都曾看到过它的身影。它曾是在中国最为流行的编程工具，到现在还占据着非常重要的地位，对于它的好坏大家都有一定的了解。VB 作为一种较早出现的开发程序，以其容易学习、开发效率较高、具有完善的帮助系统等优点曾影响了好几代编程人员，但是，由于 VB 不具备跨平台这个特性，从而也决定了 VB 在未来的软件开发中将会逐渐地退出其历史舞台。VB 对组件技术的支持是基于 COM 和 ActiveX 的，对于组件技术不断完善发展的今天，它也显出了它的落后性。同时，VB 在进行系统底层开发的时候也是相对复杂的：调用 API 函数需声明，调用不方便，不能进行 DDK 编程，不可能深入 Ring0 编程，不能嵌套汇编；面向对象的特性差；网络功能和数据库功能没有非常特殊的表现。综上所述，VB 作为一种可视化的开发工具，由于其本身的局限性，导致了它在未来软件开发中逐步被其他工具所代替。

### 2．PB

PB 全称 PowerBuilder，是开发 MIS 系统和各类数据库跨平台的首选，使用简单，容易学习，易于掌握，在代码执行效率上也有相当出色的表现。PB 是一种真正的 4GL 语言(第四代语言)，可随意直接嵌套 SQL 语句，返回值被赋值到语句的变量中，支持语句级游标、存储过程和数据库函数，是一种类似 SQL 的规范，数据访问中具有无可比拟的灵活性。但是，PB 在系统底层开发中犯了跟 VB 一样的错误：调用 API 函数需声明，调用不方便，不能进行 DDK 编程，不可能深入 Ring0 编程，不能嵌套汇编；虽然在网络开发中提供了较多动态生成 Web 页面的用户对象和服务以及系统对象，非常适合编写服务端的动态 Web 应用，有利于商业逻辑的封装，但是用于网络通信的支持不足。另外，它对静态页面定制支持有限，使得在网络方面的应用也不能非常广泛，面向对象特向也不是太好。

### 3．C++ Builder/Delphi

C++ Builder/Delphi 是基于 VCL 库的可视化开发工具，它们在组件技术的支持、数据库支持、系统底层开发支持、网络开发支持、面向对象特性等各方面都有相当不错的表现，并且学习使用较为容易，充分体现了所见即所得的可视化开发方法，开发效率高。由于两者都是 Borland 公司的产品，自然继承了该公司一贯以来的优良传统：代码执行效率高。但是，它们并不是毫无缺点，它们的最大不足之处就是其帮助系统在众多的编程工具中属于比较差的。C++ Builder 的 VCL 库是基于 Object Pascal(面向对象 Pascal)的，使得其在程序的调试执行上都落后于其他编程工具。而 Delphi 的缺点则是它的语言不够广泛，开发系统软件功能不足，这是两个比较大的缺点。

### 4．Visual C++

Visual C++是基于 MFC 库的可视化的开发工具，从总体上说，它是一种功能强大但是不便使用的工具。它在网络开发和多媒体开发方面都具有不俗的表现，帮助系统也做得非常不错(Microsoft 在细节方面的处理往往都让人觉得亲切)。但是，虽然它是使用 C++作为基本语言的，然而在面向对象特性上却不够好(主要是为了兼容 C 的程序，结果顾此失彼)；在组件支持上也不太好，虽然说除了支持 COM、ActiveX 外还支持 CORBA，但是缺少 IDE 支持，需要 CORBA 中间件支持。它最大的问题还是开发效率不高。

### 5．Java 编程工具

目前比较出名的是 Borland 的 J.Builder 和 IBM 的 Visual Age for Java 两种工具，它们都有一定数量的使用人群。J.Builder 继承了 C++ Builder/Delphi 的特点，在可视化上做得非常不错，使用简便。由于 Java 本身语言的特点，使得它们在网络开发中具有高人一等的表现，而且面向对象特性高，支持的组件技术也非常多，跨平台的特性也使得它在现在和未来的开发中占据着越来越重要的地位。但是在系统底层开发和多媒体开发中却表现得并不让人那么满意，这个可能跟设计 Java 的意图有关。

### 4.2.2 几种开发工具在对数据库支持方面的比较分析

#### 1. 数据访问对象

- VB：可以用 DAO、ADO、RDO 操作数据库，它们的功能相仿。
- PB：Transaction，DwControl，可绑定任何 SQL 语句和存储过程，数据访问具有无法比拟的灵活性。
- C++ Builder/Dephi：具有包括 DataSource、Table、Query、Midas、ADO 在内的 20 多个组件和类，完成数据访问。
- VC：同 VB，虽有不少类库可供使用，但极不方便，开发效率很低。
- Java：应用 Java JDBC API 来操作数据，不同的 IDE 具有不同的组件。

#### 2. 数据表现对象

- VB：与数据库相关的数据表现控件只有 DBGrid 一种，它只能表现简单表格数据，表现手段单一。
- PB：DataWindow 对象(功能异常强大，其资源描述语句构成类似 HTML 的另外一种语言，可在其中插入任何对象，具有包括 DBGrid 在内的数百种数据表现方法)，只此一项功能就注定了 PB 在数据库方面的功能从诞生的那一天起就远远超过了某些开发工具今天的水平。
- C++Builder/Dephi：具有包括 DBGrid、DBNavigator、DBEdit、DBLookupListBox 在内的 15 个数据感知组件，DecisionCube、DecisionQuery 在内的 6 个数据仓库组件和包括 QRChart、QRExpr 在内的 20 多个报表组件，可灵活表现数据。
- VC：同数据访问对象。
- Java：不同的 IDE 具有不同的组件，比较著名的有 Jbuilder、PowerJ、 Visual Age for Java。

#### 3. 语句执行方式

- VB：将一句 SQL 串绑定到一个命令对象中，结果返回到 ResultSet 对象中自行拆取。
- PB：是一种真正的 4GL 语言，可随意直接嵌套 SQL 语句，返回值被赋值到语句的变量中，支持语句级游标、存储过程和数据库函数，是一种类似 SQL 的规范。
- C++ Builder/Delphi：使用数据库组件或类完成 SQL 语句串的执行和提交。
- VC：同数据访问对象。
- Java：它的语句执行方式可以采取 SQL、JAVA JDBC API 两种方式。

### 4.2.3 几种开发工具在其他方面的比较分析

#### 1. 面向对象特性

- VB：差。
- PB：较好。
- C++ Builder/Dephi：很好。
- VC：一般。

- Java：非常好。

### 2．跨平台特性

- VB：跨平台性不怎么好，但是可以与 Windows 家族无缝连接。
- PB：跨平台性一般。
- C++ Builder/Dephi：可以在 Windows 家族、Linux 操作系统下运行。
- VC：无。
- Java：可以在所有能够运行 Java 虚拟机的操作系统下运行。

### 3．组件技术支持

- VB：COM、ActiveX。
- PB：COM、Java Bean、Jaguar、User Object、CORBA+ActiveX。
- C++ Builder/Delphi：COM、ActiveX CORBA(本身自带 CORBA 中间件 VisiBroker，有丰富向导)。
- VC：COM、ActiveX、CORBA(IDE 不支持，若要 IDE 支持，则需要 CORBA 中间件支持)。
- Java：JavaBeans、CORBA、ActiveX。

### 4．网络或 Web 开发支持

- VB：Asp、VBScript，具有编写 DHTML 的简单 IDE，编写静态页面非常方便；用于网络通信的支持一般。
- PB：DynaScript、Web. PB，提供了较多动态生成 Web 页面的用户对象和服务以及系统对象，非常适合编写服务端动态 Web 应用，有利于商业逻辑的封装；用于网络通信的支持不足；静态页面定制支持有限。
- C++ Builder/Delphi：可自由而方便地调用 ISAPI、WININET API 等各类网络或互联网 API；提供了 Server Socket、Client Socket 等 30 余个组件及类，用来处理网络通信控制、流处理，Mail、E-mail、FTP、HTTP 等应用协议处理以及生成动态页面和商业逻辑的封装；功能强大，使用方便。
- VC：API 可自由而方便地调用 SAPI、WININET API 等各类网络或互联网；提供 CAsyncSocket 等数量众多的类；功能强大但使用不太方便。
- Java：不可直接调用 API 实现网络功能，但其内置有非常多的网络及互联网功能；可利用 Servlet API、Java Bean API 以及 JSP 等协同开发功能强大的 Web 应用程序。

## 4.2.4　综合评价

- VB：是新人开发与系统无关的综合应用程序的首选；容易使用和推广商财力很强是其仅有的两点优势。VB 代码执行效率一般，但是开发效率高，入门和学习速度快，有较好的学习氛围、帮助书籍和帮助文档。然而随着微软的.net 技术的推广，VB 将会逐渐退出历史舞台。
- PB：是开发大型 MIS 及各类数据库跨平台应用的首选；从数据库前端工具来讲，甚至远远超过了 Oracle 的 Develop 系列等专门的工具，从通用语言角度来讲，功能也与 VB

等不相上下；多媒体和网络功能与其他工具相比较弱。

PB 最大的优势就是数据库与 Windows 的完美结合，这也是它与其他数据库开发工具抗衡的资本。就其网络功能、面向对象技术发展来讲，可以预见 PB 将继续成为数据库系统(特别是 MIS 系统)开发工具的首选。同时，PB 的强大帮助文档为初学者提供了入门基础，PB连接数据库的自由和方便性为用户提供了方便。另外，PB 还有对 API 的调用以及对报表的处理功能强大的优点。但是 PB 的高级编程书籍的缺乏和基础语言 Power Script 的普及程度差等对 PB 的发展有一定的限制。

● C++ Builder/Delphi：是唯一一套能够同时适用于开发数据库应用、网络及 Web 应用、分布式应用、可重用组件、系统软件、驱动程序、多媒体及游戏等所有软件的高效率开发环境。VCL 源码基于 Object Pascal 是 C++ Builder 唯一的缺憾，基础语言不够通用和开发系统软件功能不足是 Delphi 仅有的两点不足。

● VC：从功能上讲除了跨平台应用外什么都可开发；从开发效率角度讲只局限于开发 Windows 系统应用、可重用组件及驱动程序。又因为有微软的支持，具有自身的基础语言的普及程度高以及代码的执行效率高等特性，自带强大的帮助文档和大量优质教材，所以VC 在数据库开发工具中始终可以稳住阵角。

● Java：适用于开发除了系统软件、驱动程序、高性能实时系统、大规模图像处理以外所有的应用。在一般的管理信息系统中和一般的数据库开发中，很少有人会选择 Java，一是由于其开发环境的配置较难；二是和数据库连接时较为复杂。

在系统开发策略确定之后，就需要选用相应的系统开发方法了，目前比较流行的开发方法有生命周期法、原型法以及面向对象的开发方法。

# 4.3 生命周期法

## 4.3.1 基本概念

正如一个生物体有从胚胎形成到发育成熟、死亡的生长过程一样，任何一个系统都有其产生、发展和报废的"生命"历程，这个过程符合自然界中事物发展的客观规律，被称为系统的生命期。

从提出要建立一个管理信息系统开始到完全建成的全过程，是一个连续发展的过程，即一个阶段的完成就是下一阶段的开始，这个过程通常称为系统开发生命周期(System Development Life Cycle，简称 SDLC)，如图 4-3 所示。

系统开发生命周期的各个环节是把一个复杂的系统开发工作分解成一些较少的、可以管理的步骤，它为系统开发提供了有效的组织管理方法。当然，这种分段方法不是一成不变的，但总的原则大致相同。

所谓生命周期法，也称结构化系统开发方法，是目前国内、外较流行的信息系统开发方法，它是按软件生命周期的各个阶段进行软件开发的一种方法。

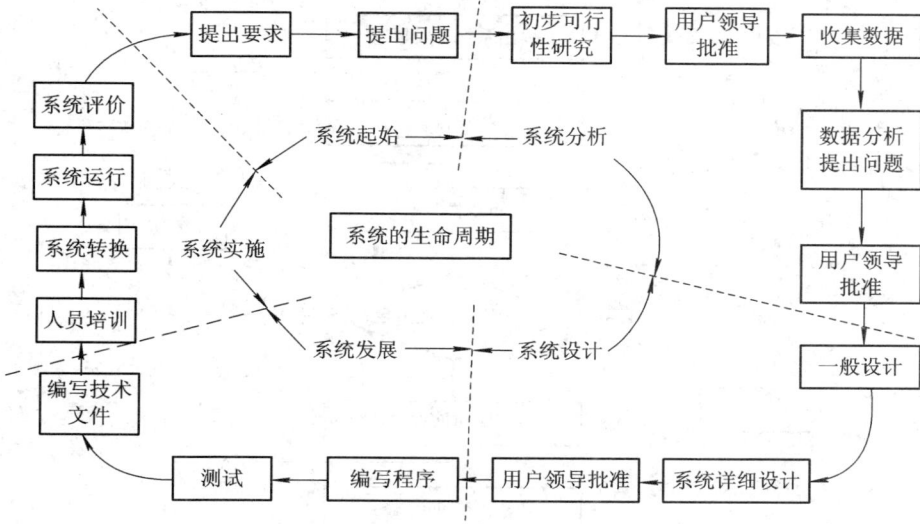

图 4-3　系统的生命周期

## 4.3.2　开发过程

由生命周期法的主要阶段，即系统起始、系统分析、系统设计、系统实施、系统维护和评价等阶段的工作性质和工作内容可将管理信息系统的研制过程细分为若干步骤，如图4-4 所示。

由图 4-4 可知，管理信息系统的开发过程可概述如下：

(1) 提出任务。新的信息系统研制要求的提出，总是由于旧系统已经不能满足企业管理和经营工作的需要。此时企业最高管理部门将对新系统的目标、功能等进行研究和讨论，尽管这种讨论不能确定所有的问题，但还是要力求完整和明确，因而它可以作为整个研制工作的出发点。

(2) 初步调查。研制人员接受任务，通过初步调查，在了解企业概况(包括企业目标、边界、拥有资源、现行管理情况、外部环境的影响、现行信息系统状况、提出问题的迫切性等)的基础上，明确问题，定义需求。

(3) 可行性分析。在初步调查的基础上，根据系统目标、环境和条件，研制人员对所提出的任务从技术上、经济上、社会环境上进行分析，提出可行性分析报告，做出判断和结论。

(4) 详细调查。可行性论证通过后，组织人员自上而下对现行管理系统(包括组织机构、工作流程、信息流程、现行信息系统、人员知识结构等)进行详细的调查。

(5) 新系统的逻辑设计。在调查的基础上进行分析，建立新的信息系统的逻辑模型，即确定新系统的功能，解决新系统应该"做什么"的问题。逻辑模型的主体部分是新系统的总体逻辑结构、子系统划分、功能分析，并以数据流程图、数据字典以及有关图和表等工具来描述。系统逻辑设计的成果一般称为系统说明书。

(6) 系统的物理设计。依据逻辑设计的成果，即系统说明书所确定的功能，确定新系统的物理结构、使用的技术手段、所需要的条件和资源，即解决系统应该"怎样做"的问题。物理设计的成果称为设计说明书。

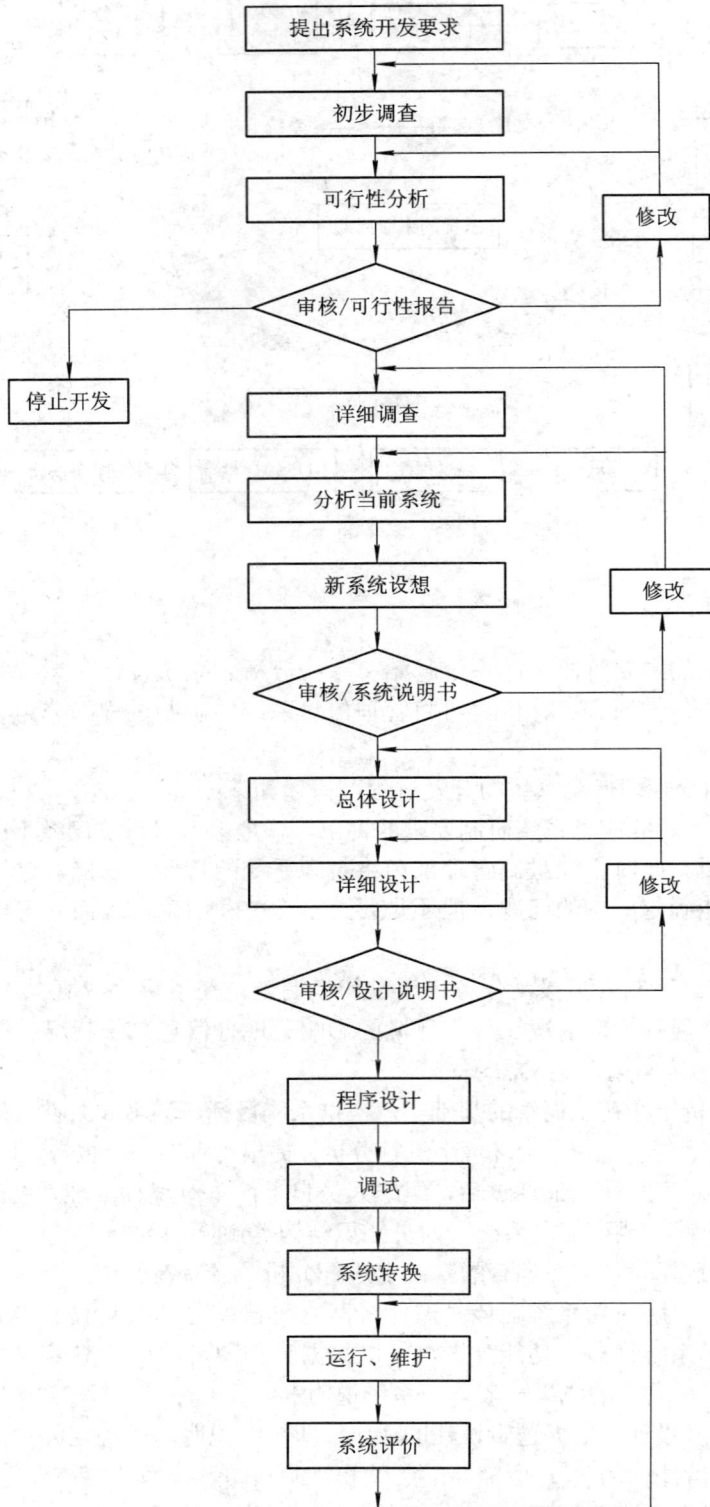

图 4-4　生命周期法示意图

(7) 系统实施。从概念上划分，系统实施阶段有四项彼此配合、同步进行的工作，即硬件安装、软件开发、系统调试以及操作人员的培训，直至新系统交付试用或使用。

(8) 系统的运行和维护。在运行过程中，对系统进行监督、统计，及时对系统作出评价，找出存在的问题，并进行修改、完善和扩充。由此可见，生命周期法划分信息系统生存周期的每一阶段都是一个独立的、完成一定任务的工作阶段，它规定了本阶段的工作内容及应产生的工作文档。在以后的详细讨论中，还将规定具体细节和技术手段，工作文档的内容和细目等。

## 4.3.3　特点

许多事务处理系统、管理信息系统以及某些决策支持系统的开发都采用系统开发生命周期法的过程，这种过程是一种冗长、线性的过程。对于规模大、高度结构化的一类应用系统来讲，这种线性开发策略很有效。

系统开发生命周期法具有以下特点：

(1) 系统开发的各阶段目的明确，任务清楚，文档齐全，每个开发阶段的完成都有书面审定记录，开发过程调度有序。生命周期法也称为结构化方法，自上而下、有计划、有组织、分步骤地开发管理信息系统，开发过程清楚，每一步骤都有明确的结果，这些结果以分析报告、流程图、说明文件等形式确定下来，使得整个开发过程便于管理和控制。可见，这种方法理论完善，在国内及国外，利用生命周期法已经成功地建成了许多管理信息系统。

(2) 此方法通常假定系统的应用需求是预先描述清楚的。

## 4.3.4　缺点

系统开发生命周期法具有以下缺点：

(1) 用户介入系统开发的深度不够，系统需求难以确定。在系统开发的起始阶段，要准确地描述出系统需求是很困难的，其原因是：

① 用户了解企事业的管理现状，但不懂或不太懂计算机，系统分析人员又缺乏对特定企事业管理状态的了解和认识。

② 用户往往不能确切地描绘现行信息系统的现状和未来的目标，分析人员在理解上也会有偏差和错误，造成了系统需求定义的困难。

③ 组织的管理体制很难保持不变，要求系统开发有高度的可变性，而这正是生命周期法所忌讳的。

(2) 开发周期过长，文档过多。

(3) 各阶段文档的审批工作困难。

# 4.4　原　型　法

传统的生命周期法对实现软件生产的工程化起到了重要的促进作用。但是，按照这个模型来开发软件，只有当分析员能够对系统作出准确的需求分析时，才能得到预期的正确结果，否则，在定义用户需求时往往不完全和不准确。而现实情况是，当系统建成之后，用户仍然感到不满意，经常要求对系统进行反复修改，甚至推倒重来。

原型法(Prototyping Approach)是 20 世纪 80 年代初随着计算机软件技术的革命而产生的一种与生命周期法不同的管理信息系统开发方法。所谓原型，即系统的工作模型，原型方法是为了高水平地确定应用系统的需求，弄清其不确定因素而提出的一种试验保证方法。

原型法将系统调查、分析和设计三者融为一体，在获得一组基本的需求初始模型之后，首先建立一个能够反映用户需求的原型，让用户看到未来系统的概貌，以便判断哪些功能是符合要求的，哪些方面还需要改进，它强调一个"快"字，即尽快实现一个系统的雏型，随着对系统理解程度的加深，再不断地对这些需求进一步补充、细化和修改，依此类推，反复进行，直到用户满意为止。

## 4.4.1　基本原理

原型法的基本原理是：系统开发者在初步了解用户需求的基础上，构成、设计和开发一个系统初始模型，该模型就称为原型或骨架；这个原型是一个可以实现的系统应用模型；用户与开发人员在原型的基础上共同探讨、改进和完善方案，开发人员根据这个方案对原型进行修改，得到新的原型，再去征求用户意见，反复多次直至取得满意的原型为止。

一个原型系统建立以后，由用户来使用和评估，进行必要的修正及改进，然后交给用户，再次使用和评估。对于系统开发的早期阶段而言，存在一个重复使用原型系统及闭环反馈的过程，直到系统用户与系统开发人员都满意为止。从本质上讲，原型法避开了经典意义上的信息需求定义阶段，用户的需求在一个快速而有反馈的开发过程中因用户的主动参与而被弄清楚。总之，原型法开发过程是一种快速、廉价地开发系统，并不断扩充和完善系统的过程。

原型法区别于传统的生命周期法，它把学习机制明确地引入系统的开发过程中。另外，原型法也不再存有一次完成系统设计的奢望。这种方法使用户或开发人员从出现的错误中学习更多的信息。原型法的最基本假设是系统的初步分析是不完善的，需要进一步修正。与传统的生命周期法相比，原型法摒弃了那种一步一步周密细致的调查、分析，然后逐渐整理出文字档案，最后才能让用户看到结果的繁琐作法，而是一开始就凭着系统分析人员对用户要求的理解，在强有力的软件环境支持下，给出一个实实在在的系统模型(原型、雏形)，这个模型大致表达了系统分析人员当前对用户要求的理解和他希望系统实现后的形式，然后系统分析员和用户一道，对这个模型进行评价。

## 4.4.2　开发过程

原型法的开发过程分为四个阶段。

### 1. 确定用户的基本需求

原型法首先要在很短的时间内调查并确定用户基本需求，这时的需求可能是不完全的、粗糙的，但也是最基本的，例如，系统功能、数据规范、结果格式、屏幕及菜单等。系统开发人员同用户通过演示软件对话操作，讨论和确定系统的基本信息需求、数量元素及其相互关系的说明，弄清用户的期望和估算研制原型的花费，定义需求。此时，传统方式下的工作方法都可借用。原型法和传统方法相比，要求简单，其目标是为初始模型收集信息，建立简化模型。

### 2．开发初始原型系统

开发初始原型系统即开发者根据用户基本需求开发一个应用系统软件的初始原型。初始原型不要求完全，只要求满足用户的基本需求。系统设计师采用第四代语言的环境进行开发，这里重要的是开发速度，而不是运行效率。

### 3．对原型进行评价

此阶段是让用户试用原型，根据实际运行情况，明确原型存在的问题。

### 4．修正和改进原型系统

此阶段，开发者根据用户试用及提出的问题，与用户共同研究和确定修改原型的方案，经过修改和提高得到新的原型，然后再试用、评价，再修改提高，多次反复一直到满意为止。

原型法的开发过程是一个循环的、不断修改完善的过程，其开发流程如图 4-5 所示。

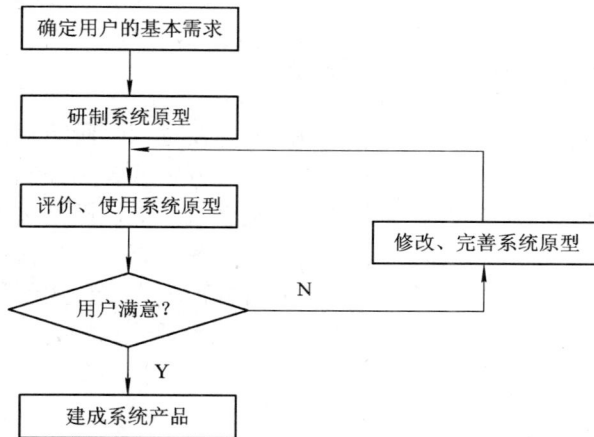

图 4-5　原型法示意图

## 4.4.3　优点

由前面的讨论可见，原型法通过对原型的反复使用、评价和修改，给用户和开发人员提供了一个学习和实践的机会，从而产生对系统需求的新认识，提出新的需求。该过程与认识论相一致，这正是原型法能够克服传统的生命周期法难以克服的困难的根本原因。具体说来，原型法主要有以下优点：

(1) 开发周期大大缩短。
(2) 是以用户为中心来开发系统的，增加了用户的满意程度。
(3) 加强了开发过程中的用户参与程度。
(4) 降低了系统开发中的风险。
(5) 降低了系统开发的成本。
(6) 提供了最终系统的操作训练。

(7) 简化了管理。

(8) 能够产生一个正确的系统需求描述。

上述优点充分反映了原型法的内在特性。原型法是在计算机技术发展到一定阶段，用户应用需求不断增涨的情况下发展起来的一种新的方法。同时，它又对系统开发人员提出了更高的要求。

### 4.4.4　存在的问题

原型法也存在一些问题：

(1) 原型法只适合于简单的数据操作和较小的应用项目。大的管理信息系统极为错综复杂，涉及的因素多且互相制约，适合应用生命周期法事先做好周密的调查论证，统筹规划，分步实施，其中功能独立的模块可应用原型法。

(2) 系统分析的重要步骤有可能被掩饰。原型法所做的系统分析比较粗略，未分析透彻。

(3) 文档和调试可能不充分。

(4) 原型法工具可能还有限制。

### 4.4.5　原型法与传统的生命周期法的比较

原型法和生命周期法各有所长。生命周期法的开发过程阶段清晰，每个阶段都有明确的标准化图表、文字说明等文档资料，便于在开发过程中管理和控制，其缺点是要求业务处理定型、规范开始时就要对系统完全定义，冻结系统功能，严格按阶段进行开发，并且周期长。从计算机管理角度讲，生命周期法是比较理想的方法，但往往因开发周期过长，软件还未正式使用，就已因业务管理又提出新的目标而失去了使用价值。原型法的主要优点是开发周期短、见效快，业务管理人员可以较快地接触计算机处理模式，根据处理模式提出修改意见，其缺点是初始原型设计比较困难，开发过程中缺少管理和控制手段，技术人员修改软件的工作量较大。

通常，生命周期法比较适用于管理基础较好，管理模式定型的工作，例如，会计核算管理、人事和劳动工资管理、银行柜台业务处理等，这些工作定型清晰，目标明确，有完善的管理制度。而对于比较新的管理业务，例如企业信用评估、经济预测、信贷决策等支持系统及其管理基础差、目标不明确、操作模式还在变化的业务处理，一般宜采用原型法。表 4-1 列出了适合应用生命周期法和原型法进行系统开发的场合。

**表 4-1　应用生命周期法和原型法开发系统的特征比较**

| 有利于 SDLC 开发的因素 | 有利于原型法开发的因素 |
| --- | --- |
| ★ 系统需求定义明确 | ★ 用户需求不明确 |
| ★ 系统具有较长的使用寿命 | ★ 过程是经常发生变化的 |
| ★ 开发过程要求有严格的控制 | ★ 用户环境是易变的 |
| ★ 明确定义开发风险 | ★ 系统具有短期寿命 |
| ★ 预先了解系统基本特征 | ★ 系统要求能在短期内运行 |
| ★ 较好理解运行特征 | ★ 期望有描述上的变化 |

我们可以用表 4-2 来对原型法和传统的生命周期法进行定性比较。

**表 4-2　原型法和传统的生命周期法比较**

| 内容　　　　　　　　　方法 | 原　型　法 | 生命周期法 |
|---|---|---|
| 开发路径 | 循环、迭代型 | 严格、顺序型 |
| 文档数量 | 较少 | 多 |
| 用户参与程度 | 高 | 低 |
| 开发过程的可见性 | 好 | 差 |
| 对功能需求或环境变化的适应性 | 较好 | 差 |
| 用户的信息反馈 | 早 | 迟 |
| 对开发环境、软件工具的要求 | 高 | 低 |
| 对开发过程的管理和控制 | 较困难 | 较容易 |

当然，原型法和生命周期法并不是信息系统开发中两种互不相干的开发方法，它们往往互为补充。

# 4.5　面向对象系统开发法

面向对象(Object-Oriented，OO)的思想首先出现在程序设计语言中，面向对象技术已成为近 30 年来计算机技术界和工业界研究的一大热点，尤其是进入 20 世纪 80 年代后期，面向对象的设计方法已经大大地超出了程序设计语言的范围，它给软件工程、信息系统、工业设计与制造等领域都带来了深远的影响。面向对象技术是一种按照人们对现实世界习惯的认识论和思维方式来研究和模拟客观世界的方法学。它将现实世界中的任何事物均视为"对象"，客观世界看成是由许多不同种类的对象构成的，每一个对象都有自己的内部状态和运动规律，不同对象之间的相互联系和相互作用就构成了完整的客观世界。面向对象方法学所引入的对象、方法、消息、类、实例、继承性、封装性等一系列重要概念和良好机制，为我们认识和模拟客观世界，分析、设计和实现大型复杂工程系统奠定了坚实的基础。面向对象技术已经渗透和应用到诸多复杂工程领域，如面向对象的软件工程、面向对象的信息管理系统、面向对象的操作系统、面向对象的数据库系统、面向对象的专家系统、面向对象的开发工具、面向对象的用户界面等。

面向对象系统开发强调了系统设计阶段之前的系统分析，强调以系统中的数据和信息为主线，全面、系统、详尽地描述系统的信息，用以指导系统的设计。从某种程度上讲，它是一种数据驱动的系统开发方法。

## 4.5.1　基本概念

面向对象系统开发法引入了一些新的概念，下面我们介绍面向对象的基本概念。

### 1．对象(object)

简单地讲，对象的本质含义就是客观现实世界中(问题空间)的任何事物，只不过我们用计算机(求解空间)所创建的对象是对客观事物进行表达和模拟的一种包括对象形状数据和行为特征的数据模型。即，一个对象与一个客观实体相对应，由实体抽象的形状数据和对此数据进行的各种操作一起封装构成一种数据和操作包体，称之为对象。可简单表示成：对象＝数据＋操作。

### 2．类(class)

类是具有相同属性(数据和操作)对象集合的描述或定义。即类是一组具有相同模板或模子的对象类型的抽象和说明，这里的模板(子)表示对象集合中每个对象具有相同的数据和操作。

### 3．实例(instance)

实例是由类所创建的具体对象。类可视为对象的类型，实例则视为具有此类型且具体赋了值(具有具体数据和操作)的实际对象。

### 4．方法(method)

定义在对象上，描述对象行为特征的操作称为方法或成员函数，即方法是实施对象操作和访问的外部接口。

### 5．消息(message)

消息是对象之间相互作用和相互协作的一种机制。对象之间的相互操作、调用和应答都是通过发送消息到对象的外部接口来实施的。因此，消息就是为完成某些操作而向对象所发送的命令和命令说明。

### 6．继承(inheritance)

继承是相关对象类层次之间的一种数据和操作(程序代码)的共享机制。如果类继承了类，那么在父类中所定义的数据和操作也将成为子类的组成部分，故称之为继承。

### 7．多态性(polymorphism)

多态性的本质是指一个同名称的操作可对多种数据类型实施操作的能力，即一种操作名称可赋予多种操作语义。

### 8．封装(encapsulation)

封装是将一个实体的属性(数据信息)和操作(程序代码)集成为一个整体而使之成为对象模型。封装提供了对象中信息的隐藏机制，对象的数据成员对外是不可见的，只能通过对象的方法实施对象数据的操作，增强了数据操作的安全性。

## 4.5.2　开发过程

面向对象是一种认识方法学，它既提供了从一般到特殊的演绎手段(如继承)，又提供了从特殊到一般的归纳形式(如类等)。面向对象系统开发法是以事物(对象)为中心来考虑计算机的处理体系的。这里指的事物不仅基于信息隐蔽和抽象数据类型等概念，而且把事物的形象(数据)、功能同意义(处理)一体化，作为处理的基本单位，即把系统中所有资源都视为"对象"，每个对象都封装数据和方法，而方法实施对数据的处理。所以在面向对象时，只要给出"执行它"的信息，便可以完成处理。

面向对象系统开发法的开发过程分为系统分析、系统设计和系统实施三个阶段。

### 1．系统分析

在面向对象设计中，把分析看作是问题域中选出词汇并建立类和对象的模型化；把设计看作是对这个模型世界所要求的行为进行抽象的建立机制。在分析阶段必须把握问题报告系统的关键抽象：明确问题域中有哪些数据实体存在，它们的意义是什么。同时，在分析工作中，要始终以问题报告系统数据库为核心，首先拟出问题域中的关键词汇，然后使用类图作为工具对这些词汇进行类的抽象(归类)，最后构造数据库的表，利用关键词汇来检查这些数据库表，以保证这些表是完全的，这些数据库也是一致的、无冗余的，满足第三范式。

### 2．系统设计

面向对象设计有两个基本内容：一是把具有共性的对象有关系地、有层次地、可区分地归结成类；二是把所有内容的类用类图作为工具建立起关系。在设计系统时，针对一个问题在库中查找模块，找到的模块即可拼装成系统。若没有相符合的模块，则由相似的模块进行修改或重新构造新模块，并装到库中。面向对象方法总是查找已有的模块，即使全部模块都不适合该问题，只需修改或建立所缺的部分即可。面向对象的分析和设计过程是混合在一起进行的，需要的分析是寻找模块，设计是将模块拼凑成系统。这种方法的特点在于借助了高级工具，使在确定用户需求时，允许使用更用户化的词汇。在面向对象的方法中，对原型概念支持是自然产生的，模块库为系统自然地准备了原型，因而在面向对象的程序设计语言环境中，它比第四代语言更容易提供快而有力的原型。面向对象的语言有Smalltalk、C++、Objective-c、Effiel 等。

### 3．系统实施

系统实施有演化和维护两个部分。演化是一系统连续的原型迭代过程，它由编码、测试和集成组合在一个阶段。演化与设计之间是没有严格界限的。演化的结果必然要反馈到设计与分析阶段，并作必要的修正，所以整个开发过程是一个边分析、边设计、边开发、边验证的进化过程。由此可见，演化是一个迭代的渐近过程。渐近的目的在于满足用户要求，迭代的目的在于早期验证，一旦有了编码结果立即运行验证，有了问题就返回去重新编码，通过用户的检验，开发者与用户之间的间隙在这里得到了弥合。

维护是指系统提交运行之后的变更活动。当软件刚开始投入运行时，可能会发现原来设计中存在着某些缺陷，需要补充某些功能模块；如果某些功能模块的性能满足不了业务的要求，就需要修改原来的设计，重新编码；或者应用需求发生了变化，就需删除某些功能，补充新的功能。

## 4.5.3　优点

面向对象系统开发法由面向对象分析、面向对象设计和面向对象程序设计组成。该方法的最主要特征之一是整个开发过程中使用相同的概念、表示法和策略，即每一件事都围绕对象。面向对象系统开发法通常从三个不同的方面建立一个系统模型，这就是对象模型、动态模型和功能模型。

　　面向对象系统开发法是一种认识客观世界的方法，它把客观世界的事物理解为具有不同属性和操作的对象，把具有某些相同属性和操作的对象抽象为一个对象类，每个具体对象则是此对象类中的一个实例。对象间可以互相通信，通过继承可以形成新的对象。

　　面向对象系统开发法的主要优点是：

　　(1) 能迅速适应资产运用的变化。具体地说，即企业产品变化时，只要在追加新产品中包含新的要素，而无需修改整个系统，这样在企业业务发展过程中，信息系统就不会成为阻碍发展新业务的瓶颈。

　　(2) 老系统维护工作和新系统的开发工作变得相对简单。

# 思 考 与 练 习 题

　　1. 信息系统开发的常用方法都有哪些？各自的利弊如何？

　　2. 什么是原型法？它比较适合哪类企业进行信息系统开发？

　　3. 用生命周期法开发信息系统的关键是什么？对于已部分实现计算机管理的企业，要用此方法开发信息系统应注意什么问题？

# 第 5 章　信息系统的总体规划

　　在经历了购置机器、搭建网络、建设局部应用系统之后，很多单位的信息化进入了信息化建设的中高级阶段，开始考虑大型信息系统的实施、信息系统的集成、信息系统的决策及支持应用、信息系统适应业务变化的灵活性等。随着系统的日益庞杂，企业信息化道路上的困难越来越多：实施成功率低、实施周期无限延长、系统无法集成、应用效益达不到预期目标等。只要我们冷静地分析一下信息化过程中面临的很多困难，就会发现，这些困难都可以直接或者间接归结到信息系统规划的缺失上。

　　在信息技术快速发展、企业必须快速创新的今天，进行良好的系统总体规划是企业的首要工作，也是一个必然的选择。只有通过系统总体规划，才能达成共识、规避风险、降低成本。

　　系统总体规划的过程其实就是与企业管理层共同成长的过程。企业信息化从本质上讲就是管理信息化，企业信息化的水平实际上反映了企业的科学管理水平。这是系统总体规划的首要目标，只要解决了领导层的认识问题，我们就不用在以后的信息化道路上一边又一遍地呼唤"一把手"工程。

　　进行信息系统规划，需要科学方法的指导。信息系统建设是一项涉及面广、投资规模大、建设周期长、存在一定风险的系统性工程，是组织发展战略中的重要组成部分，它必须服务和服从于组织的总体目标，与组织的整体发展战略协调一致。因此，在决定启动信息系统建设后，需要对信息系统建设做出规划，即从组织的战略高度出发，把组织作为一个有机整体，全面考虑组织所处的环境、组织本身的潜力、具备的条件以及组织进一步发展的需要，从总体上把握信息系统建设目标、所具有的功能框架，研究论证其可行性，为系统的分析、设计、实施打下良好的基础，这是保证信息系统建设顺利进行和成功应用的前提。

## 5.1　信息系统总体规划概述

### 5.1.1　信息系统总体规划的必要性和作用

#### 1．信息系统总体规划的必要性

　　建立信息系统必须根据系统的方法，把组织作为一个整体、一个有机系统，全面综合地去考虑在组织中建立信息系统的问题。而信息系统的总体规划正是站在组织的战略层次，把组织作为一种有机的系统，全面考虑组织所处的环境、组织本身的潜力、具备的条件以及组织进一步发展的需要，勾画出组织在一定的时期内所需开发的各类信息系统的应用项目，最终达到建立全面的信息系统的目标。

总之，对信息系统进行总体规划是非常必要的，这主要有以下几个方面的原因：

(1) 信息系统由许多子系统组成，为了对它们的组成和关系有初步了解，以便于进一步的分析工作，就必须先从总体上提出方案。

(2) 为了使领导对系统的开发与否作出决策，同时为了筹集相关的费用，需要有一个概略的投资方案。

(3) 在实际进行系统分析之前，应有一个有说服力的系统可行性说明，对系统的效果作出论证。

(4) 由于财力限制，用户往往需要分期分批地实现子系统，因此需要事先作出分批开发计划。

因此，有效地进行信息系统的总体规划可以增进系统和用户的关系，做到信息资源的合理分配和使用，节省信息系统的投资；可以促进信息系统应用的深化，为企业创造更多的利润；可以作为一个标准，考核信息系统人员的工作，明确他们的方向，调动其积极性；使企业领导回顾过去的工作，发现可以改进的地方。总之，管理信息系统的总体规划是系统开发的基础，是非常重要的，我们必须认真对待这一阶段的工作。

**2. 信息系统总体规划的作用**

信息系统规划的好坏是信息系统建设成败的关键，制定信息系统规划的作用在于：

(1) 使信息系统与信息用户建立良好的关系，这是信息系统规划的出发点和落脚点。

(2) 合理分配和利用信息资源(信息、信息技术和信息生产者)，以节省信息系统的投资。

(3) 促进信息系统应用的深化，为组织带来更多的经济效益和社会效益。

(4) 通过制定规划，找出存在的问题，更正确地识别出为了实现组织目标，信息系统所必须完成的任务。

(5) 信息系统规划还可以作为一种标准，明确信息系统开发人员的工作方向，并作为对他们的工作业绩进行考核的依据。例如，存在产品质量问题的某企业在战略规划中确定的战略是"为新产品建立全面质量管理控制规程"，由此导出的信息系统的战略为"建立新产品的全面质量管理控制数据库系统"。

信息系统规划过程本身是促使组织的高层管理人员对过去的工作进行回顾和对未来发展进行思考的过程，也是对信息系统所涉及知识的学习过程。从信息系统应用失败的案例分析，往往是由于重视了信息系统的开发，而忽视信息系统规划所造成的。信息系统规划的成果——《系统规划报告》是指导信息系统建设的一份纲领性文件。

## 5.1.2 信息系统总体规划的目标

信息系统总体规划的主要目标在于描述公司信息化过程中的信息系统前景、指明信息系统的方向和目标，提出管理信息系统的实施方案，广义的说，就是解决如下三个问题：

(1) 解决为什么实施信息系统规划的问题。即研究集团的管理现状和管理水平，分析集团所处的市场竞争环境和市场竞争力，依据集团远景规划和战略目标，解决为什么要实施信息系统规划的问题。解决此问题应以实现集团远景规划和战略目标为出发点。

(2) 解决做什么的问题。即从公司的现状出发，规划公司信息系统应该做什么。也即从决策层决策支持、产品设计、生产管理、采购和销售各方面，规划公司信息系统的远景目标和蓝图，为公司信息系统勾画框架。

此外，信息系统总体规划还需要从管理的角度分析目前的组织结构和业务流程是否适合信息化建设，指出信息系统建设的管理瓶颈和需要改造的地方，并给出努力的方向。

(3) 解决如何做的问题。即信息系统总体规划需要对公司信息化工程进行分析，解决如何实施信息系统的问题，并提出相应的保障措施和组织结构。

具体地讲，通过规划工作，要达成下述几个主要的目标：

(1) 在信息化战略层面，使得 IT 战略和企业发展战略目标相一致。

IT 技术如何与企业业务进行有机的结合，这是企业最为关心的问题。统计数据表明，在导致信息化项目失败的原因中，技术与业务需求的分离占到了 70%的比例，成为最主要的原因。

(2) 在应用系统层面，定义具备战略意义的信息应用系统。

利用结构化方法和过程对一个企业进行快速、战略层面的评估；发现 IT 能力诸领域中的"快赢"点；利用 IT 取得竞争优势，发挥信息技术对企业战略的使能作用；通过一系列战略性项目的实施使公司信息化水平获得稳步提升。

(3) 在信息的组织与利用层面，更加有效地组织和利用数据

"未来的企业之所以不同，是因为其信息的组织方式不同，除此以外，没有什么不同"。信息技术的目标就是对信息的采集、加工、存储、利用的过程，对于一个企业来说，信息是极其宝贵的资产。因此，规划要为集团未来信息的组织方式提出建设性意见。

(4) 在技术方向层面，创建信息系统体系结构。

通过规划提出"企业级技术架构"，体现信息技术的先进理念，运用企业级技术架构有效解决"信息孤岛"等问题，使得公司信息管理系统成为一个集成、共享、灵活、智能的信息系统。使信息系统的建设进入一贯性的、理性的发展轨道。

(5) 在信息化组织机构与管理层面，对于如何建立与公司企业实际情况相适应的信息化组织机构和信息化管理体系提出建议。

信息化组织与管理流程的设立目标是为了保障信息系统能够为企业提供一致性优质服务(政策)、战略制订、项目建设管理、运行维护管理和信息资源五个功能。

## 5.1.3　信息系统总体规划工作的组织

信息系统规划的制定，决定着信息系统最终能否成功开发，因此，制定信息系统规划需要一个领导小组，并进行有关人员的培训，同时明确规划工作的进度。

### 1. 规划领导小组

规划领导小组应由组织的主要决策者之一负责。在用户方面，领导小组的其他成员应该是组织中各部门的主要负责人，他们的主要任务是协助系统分析人员完成有关业务的调研、分析工作及数据准备工作；在开发队伍方面，应有系统分析人员、系统设计人员。此外，可以聘请一些有关方面的顾问或专家参与规划领导小组，为信息系统规划提供建议、意见，提供咨询服务。在规划领导小组中之所以强调要由组织的决策人员和中层各部门主要负责人参与，一方面是为了保证信息系统规划的重要性和权威性，确保信息系统规划在

工作中能够得到落实，另一方面也是为了能够组织和协调组织内部对信息系统的不同要求，统一使用有限资源，保证各部门对信息系统开发工作的有效支持。规划领导小组在完成规划任务后，一般转换成为信息系统领导小组，领导和监督信息系统开发工作按照信息系统规划所确定的系统建设目标、工作任务、工作进度来进行。

### 2．人员培训

制定规划需要掌握一套科学的方法，为此，需要对组织的高层管理人员和规划领导小组的成员进行培训，使他们正确掌握制定信息系统战略规化的方法，学会识别和分析组织中的业务过程，保证信息系统规划的可靠性和可行性。

### 3．规定进度

在明确和掌握制定信息系统规划的方法后，在进一步为规划工作的各个阶段提出一个大致的时间安排和对各种资源的需求，便于对规划过程进行严格管理，避免因过分拖延而丧失信誉或被迫放弃，给用户和开发单位带来不必要的损失，引起一些纠纷。

## 5.1.4　制订信息系统总体规划的实施方法与技术路线

目前，已有多种方法用于信息系统的规划工作，虽然各种方法在规划中所起的作用和所处的地位各不相同，但是，总的原则是不变的。制定信息系统规划的一般步骤如下：

(1) 确定规划的性质：检查并充分理解组织的战略规划，明确信息系统规划的年限及具体的规划方法。

(2) 收集相关信息：收集来自组织内部和外部环境中的与组织战略规划有关的各种信息。

(3) 进行战略分析：对信息系统的目标、开发方法、功能结构、计划活动、信息部门的情况、财务情况、所担风险度和政策等多方面进行分析。

(4) 定义约束条件：根据组织的财务资源、人力资源及信息设备资源等方面的限制，定义信息系统的约束条件和政策。

(5) 明确战略目标：根据分析结果和约束条件，确定信息系统的开发目标，即明确信息系统应具有的功能、服务范围和质量等。

(6) 提出未来的框架：选择所要建设的信息系统的思想，勾画出信息系统产生各子系统的划分表等。

(7) 选择开发方案：对信息系统进行分析，根据资源的约束情况，选择一个适宜的项目优先开发，确定总体开发顺序。

(8) 提出实施进度：在确定每个项目的优先权后，估计项目成本和人员要求等，列出开发进度表。

(9) 通过信息系统规划：规划形成文档，经组织的决策人员批准后生效，并将其作为组织整体规划的一部分。在形成信息系统规划的文档过程中，需要反复听取各方面的意见，如组织的策划员、系统分析人员和有关方面的顾问或专家的意见，特别要注意用户的意见和建议，使信息系统的计划得到各方面的认可。

# 5.2　信息系统总体规划阶段的主要工作

信息系统总体规划一般包括三年或更长的计划，也包括一年的短期计划。该阶段主要包括以下工作：

◆ 对当前系统进行初步调查。

◆ 分析与确定系统目标。

◆ 分析子系统的组成以及基本功能。

◆ 拟定系统的实现方案。

◆ 进行系统的可行性研究。

◆ 编写可行性报告。

下面对其中的一些问题加以讨论。

## 5.2.1　对当前系统的初步调查

系统开发人员在接受用户提出的开发任务后，应进行系统的初步调查。初步调查是对现行信息系统的总体情况及其环境的概略调查，其主要任务是论证建立新系统的必要性，在用户提出的开发任务和要求的基础上，初步明确新系统目标，提出新系统的几种设想和方案，为总体规划和可行性研究提供定性和定量的根据。

初步调查一般由有经验的系统分析员、管理业务的骨干和有关部门的领导所组成的调查小组负责。

初步调查主要包括以下几个方面的内容。

### 1．企业的目标和任务

企业目标是指企业在较长一段时期内生产经营活动的奋斗目标以及发展方向、远景规划。企业任务一般是指为实现企业长远目标所规定的近期的生产经营内容。

### 2．企业概况

企业概况包括以下内容：

(1) 总体情况，包括企业性质、隶属关系、企业简史、目前的规模以及人员、设备、资金、技术水平和经济效益的状况。

(2) 产、供、销概况，产品构成与特点；产品的加工工艺流程与特点；生产类型与特点；主要消耗材料的品种与数量、供应情况；用户的数量与分布，产品销售的现状与趋势等。

(3) 企业的组织机构、管理体制、管理水平的概况。

### 3．企业外部环境

企业与外界的物质、资金、信息的往来关系对信息系统开发有很大的影响，因此，必须了解企业的纵向领导关系、横向联合关系、同行业间的竞争情况以及对企业供应、销售情况有重大影响的协作单位的概况。

### 4．当前信息系统的概况

当前信息系统的概况指现行信息系统的职能、工作内容、人员的数量与素质；信息系统的工作质量、效率、可靠性以及存在的薄弱环节。这部分内容的调查对于判断开发新系统的必要性和形成新系统的目标是非常重要的。

**5．当前系统的业务流程和子系统的划分**

这里指的是主要业务与数据的流程，其目的是合理划分子系统并确定各个子系统之间的关系。在调查业务流程的同时应初步估算各部门需存储的数据量，为新系统的设备配置选择作准备。

**6．新系统的开发条件**

初步调查不仅要为论证新系统的必要性收集材料，还要为论证新系统的可能性提供充分的依据，这方面的调查包括：

(1) 企业领导、管理部门负责人和广大管理人员对开发新系统的态度。

(2) 目前的管理基础工作，即管理部门的机构是否健全、职责与分工是否明确和合理、规章制度是否齐备、各项主要管理业务是否科学合理等。在管理的基础工作中，特别要注意企业的各种基础数据(如产品目录、材料目录、工时与材料消耗定额、设备档案等)是否完整和准确。企业的管理基础工作对新系统的可行性将会产生重大影响。

(3) 可提供的资源，包括可投入系统开发的人力、物力和财力。

(4) 约束条件，指一些不以系统开发人员的主观努力为转移、对系统开发起限定作用的某些情况。例如，必须在企业已经购买的计算机系统上来开发新系统，新系统必须使用某个已经开发好并已在实际运行的子系统等。

总之，上述调查侧重于当前系统的概况和总体功能，以及新系统的必要性、开发条件与约束条件，是对现行系统的一次粗略的、概貌的调查，因此称为初步调查。

## 5.2.2　确定新系统的目标与开发策略

在对管理信息系统进行总体规划时，必须确定新系统的目标。新系统目标是新系统建成后要求达到的运行指标，即新系统的目的，包括新系统的范围与边界、系统总体目标、系统主要功能和其他系统的接口等具体内容。

在对当前系统进行初步调查的基础上，根据当前系统的目标、功能的具体情况以及存在的薄弱环节，结合用户在系统开发任务书中所提出的任务和要求进行必要的修改和完善，并和用户共同讨论就可以确定新系统的目标了。

需要说明的是，初步调查阶段所确定的、最终反映在可行性研究报告中的新系统目标，仅仅是初步的，还必须经过系统分析阶段的详细调查和各种更具体的分析后，才能形成最终的新系统目标，并在系统分析报告中明确规定下来。

在确定新系统目标时，要考虑下述几个原则：

(1) 目标的总体战略性。

(2) 目标的先进性。

(3) 目标的依附性。

(4) 目标的适应性。

(5) 目标的长期性。

新系统目标明确以后，就可以考虑系统开发的策略了。通常有三种开发策略，即自上而下、自下而上以及综合开发策略(这已经在第 4 章中进行了讨论)。

## 5.2.3　可行性研究

### 1) 可行性研究的内容

所谓可行性研究，就是按照各种有效的方法和工作程序，对拟建项目在技术上的先进性、适用性，经济上的合理性、盈利性，以及项目的实施等方面进行深入的分析，确定目标，提出问题，制订方案和项目评估，从而为决策提供科学的依据。可行性研究包含以下几个方面的内容：

(1) 理解项目中原有的问题及需要，提出解决这些问题和满足这些要求的可行方案。

(2) 可行性研究至少包含两个以上的解决方案。

(3) 可行性研究一定要包括具体研究对象所涉及到的各种特殊及一般情况。

(4) 可行性研究应有一个流畅、清晰、易懂的研究报告，即可行性报告。

### 2) 可行性研究的作用

可行性研究对信息系统的开发具有以下几个方面的作用：

(1) 它是确定项目开发的依据。

(2) 它是划定下阶段工作范围、编制工作计划、协调各部门活动的依据。

(3) 它是分配资源的依据。

(4) 它是系统开发的准则。

可行性研究可以分三步进行：可行性调查、可行性分析和可行性报告。

### 1．可行性调查

可行性调查可以结合初步调查的结果，其内容包括：组织机构、现行系统总体情况、组织与外部的关系、信息系统在组织中的地位、各方面对现行系统及新系统研制的态度、研制新系统的主要情况、各方面对系统目标的看法等。

### 2．可行性分析

可行性分析包括两大部分的内容：分析建立信息系统的必要性和分析建立信息系统的可能性。必要性又可根据可见程度分显见必要性、预见必要性和隐见必要性。可能性主要从技术可能性、经济可能性以及实现可能性等方面研究。

#### 1) 必要性分析

(1) 显见的必要性。比如企业的发展使得数据量越来越多；或者由于精确度要求的提高；或者是由于技术本身的复杂性，非计算机不能解决问题，等等，从而自然地提出要建立一个手工无法比拟的新的信息系统——计算机管理信息系统。这种情况的必要性很容易分析，结论也容易得到。

(2) 预见的必要性。企业的发展及技术的进步，使得一些企业领导者预见未来不久，信息处理手段必须更新，否则不能适应未来信息处理的需要，不能适应竞争的环境，于是，企业领导者提前采取措施，建立一个新的信息系统。

(3) 隐见的必要性。有些系统，如社会服务系统，其服务效率很低，明显地影响社会效益和经济效益，但这种影响不是直接看得见、摸得着的，而是隐见的。因此，必须重视这些隐见的必要性，应毫不犹豫地摒弃效率低下、隐含着许多浪费和消耗的旧系统，建立一个高效的、全新的信息系统。

2) 可能性分析

◆ 经济可能性

对拟建新系统的投入产出进行分析比较，就可以初步估算出系统投入产出效果系数和投资回收期，进而综合评价建立新系统在经济上的可能性和盈利性。

通常，这种分析比较是基于两个方面的估算的：

(1) 投入费用的总估算，主要包括应用软件费，现场实施指导费，人员培训费，系统软、硬件费和计算机房建(改)造费。

(2) 系统产出总估算，可分为两大类，一类是直接经济效益，如缩短生产周期、提高劳动生产率、降低库存量、减少流动资金的积压等；另一类是间接经济效益，如提高企业的现代化管理水平、促进企业的发展、提高企业的决策水平和竞争能力、提高业务处理能力和准确率、减少劳动强度等。

总之，经济可能性就是要解决两个问题：

(1) 能否得到所需要的资金。

(2) 开发这个项目，在经济上是否合算。

◆ 技术可能性

技术可能性是从技术条件和技术力量两个方面来分析新系统实现的可能性。在进行可行性分析时，应论证新系统所需的各种技术要求在当前条件下是否能达到。

例如，各种数学模型是否完善和已达到实用程度，计算机的运算速度、数据精度、内存容量、汉字处理技术等是否能满足新系统的要求，数据的传输与通信、计算机联网、数据库实现的可能性如何等。

除分析新系统开发所需的各种技术条件是否具备外，还应考察新系统开发与运行维护所需的技术力量是否具备。

◆ 操作可能性

操作可能性也称为社会可能性，即建立的系统能否在组织内实现，并高效率地执行预期的功能，组织内、外是否具备接受和使用新系统的条件。

经过以上几方面的分析，系统分析员就可以提出自己的结论性意见。结论一般是下列几种之一：

(1) 可以立即开始进行。

(2) 需对系统目标进行某些修改后才能进行。

(3) 需等待某些条件具备后才能进行。

(4) 不必要或不可能。

当可行性分析的意见为(1)、(2)时，系统分析员就应着手编写可行性研究报告，供用户进行讨论和审核，并就新系统开发是否立即进行和新系统的初步方案进行决策。

### 5.2.4　可行性报告

根据初步调查了解的情况，系统分析员用系统的观点，对建立信息系统的必要性和可能性进行全面的分析，将分析的结果以书面形式表达出来，这就是可行性研究报告。它是信息系统开发过程中的第一个正式文档。

可行性研究报告的核心内容是：提出设想的新系统初步方案(一般应有几个)，从各方面进行可行性分析，比较各种方案的利弊得失，并应提出倾向性的意见及理由，供用户在可行性审核时进行抉择。

可行性研究报告目前尚无统一的格式，报告的内容通常由以下几个部分组成。

### 1．引言

引言的主要内容包括：

(1) 摘要：说明新系统的名称、目标和功能。

(2) 背景：新系统的用户、开发者以及本系统与其他系统或机构的关系。

(3) 参考资料：下达本系统可行性研究的文件、合同或批文本报告引用的专门术语说明。

### 2．当前系统的初步调查与分析

当前系统的初步调查与分析包括：

(1) 初步调查：企业的目标和任务、企业概况、企业外部环境、当前信息系统的概况、当前系统的业务流程和子系统的划分、新系统的开发条件等。

(2) 初步分析：当前信息系统存在的主要问题和薄弱环节、对用户提出的开发任务和要求的分析。

### 3．新系统初步方案

新系统初步方案包括：

(1) 新系统的目标：系统的范围与边界、系统总体目标、系统主要功能、与其他系统的接口等。

(2) 新系统的规模。

(3) 投资方案：数量、来源和时间安排。

(4) 其他：可供选择的其他方案。

### 4．可行性分析

可行性分析包括：

(1) 新系统的必要性分析。

(2) 新系统的可能性分析：经济可能性、技术可能性和操作可能性。

(3) 几个方案的比较、分析。

### 5．可行性分析结论

由于可行性研究报告对新系统是否上马和新系统的总体方案起着关键性的作用，因此需要提交到正式会议上进行认真的讨论和审查，即进行可行性审核。这种会议由用户单位、开发单位和上级部门的有关领导以及管理人员、系统分析人员参加，还应该邀请一些有经验的系统分析专家参加，充分估计各种可能出现的情况，做出尽可能符合实际的判断。

审核的结果可能有两种情况：一种是各方面同意所提出的报告，按照报告所提建议立即开始进行；另一种情况是，对报告有不同意见，对某些问题的判断有不同看法。如果不同点不影响整个问题的结论，那么可以把问题留待详细调查时解决，系统开发工作可以照常进行，如果影响整个问题的结论，那就要对存在不同意见的问题重新进行调查分析。

可行性研究报告一旦审核通过，就成为对双方都有约束力的正式文件和下面各阶段工作的依据，同时，宣告管理信息系统总体规划阶段结束，而进入系统分析阶段。

# 5.3　信息系统总体规划的方法

虽然计算机在 20 世纪 50 年代早期就已在企业中少量应用，但其应用推广却是从 20 世纪 60 年代的中后期开始的。20 世纪 60～70 年代强调计算机软、硬件技术，当时主要是主机和小型机，成本昂贵，信息系统大部分是数据处理系统(Data Processing，DP)，其主要职能是数据处理。通过信息处理的自动化来提高工作效率，这就是该阶段系统规划理论与实践所要达到的主要目标。在这一时期，系统归划方法体系有了较大发展，涌现了一批非常有影响的方法论，如 IMB 的企业系统规划法、战略集合转移法、关键成功因素法，直到现在，这些方法还是大多数企业采取的系统总体规划方法。

从 20 世纪 70 年代末到 80 年代中后期，微型计算机的普及与应用有了惊人的发展，计算机硬件成本大大降低，操作系统和数据库技术有了很大发展，企业的计算环境得到大大改善，信息系统在组织中的应用越来越受到重视，信息技术和信息系统发展到管理信息系统(Management Information System，MIS)以及决策支持系统(Decision Supported Systems，DSS)时期，信息技术和信息系统的主要目标也从提高数据处理效率逐步转移到满足对信息的需求、支持决策、提高管理效率，满足职业群体的需求，从而实现组织的目标。

在这一时期，信息规划理论得到了进一步丰富和发展，一些学者也开始注意到企业战略规划与系统规划间的相互关系以及企业外部环境与系统规划的相互影响问题，战略规划逐渐被重视。同时，在系统规划方法论体系实施方面的研究也取得了一些成果，如 Mcfarlan 的应用系统组合法(Application Portflio Approach，APA)，Arthur Andersen 和 Co-Method/l-Martin 的信息工程法(Information Engineering，IE)。

用于信息系统规划的方法很多，主要有关键成功因素法(Critical Success Factors，CSF)和企业系统规划法(Business System Planning，BSP)、战略数据规划法(Strategycal Data-Planning，SDP)，其他还有企业信息分析与集成技术(BIAIT)、产出/方法分析(E/MA)、投资回收法(ROI)、征费法(Chargeout)、零线预算法、阶石法等。其中，用得最多的是前面三种，后面的几种用于特殊情况，或者作为整体规划的一部分使用。

## 5.3.1　企业系统规划法(BSP)

企业系统规划法(Business System Planning，BSP)是一种对企业管理信息系统进行规划和设计的结构化方法，它由美国的 IBM 公司于 20 世纪 60 年代末创造，之后逐步发展起来。

这里所说的企业，也可以是非盈利性的单位或部门。BSP 主要基于用信息支持企业运行的思想，把企业目标转化为信息系统战略的全过程。BSP 所支持的目标是企业各层次的目标，实现这种支持需要许多子系统。我们可以将 BSP 看成是一个转化过程，即把企业的战略转化成 MIS 的战略，如图 5-1 所示。

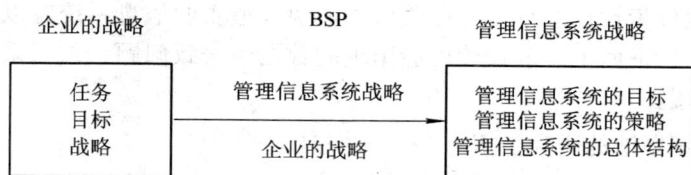

企业的战略　　　　　　　　BSP　　　　　　　管理信息系统战略

| 任务<br>目标<br>战略 | 管理信息系统战略<br>企业的战略 → | 管理信息系统的目标<br>管理信息系统的策略<br>管理信息系统的总体结构 |

图 5-1　由企业战略到管理信息系统战略的转化

### 1．目标

BSP 的主要目标是提供一个管理信息系统规划，用以支持企业短期的和长期的信息需要，而且作为整个企业规划中不可缺少的部分。其具体目标可归纳如下：

(1) 为管理者提供一种形式化的、客观的方法，明确建立管理信息系统的优先顺序。

(2) 为具有较长生命周期的系统建设、保护系统的投资作准备。

(3) 为了以最高效率和有效地支持企业目标，提供数据处理资源的管理。

(4) 通过提供响应用户需求的系统，以改善管理信息系统管理部门和用户之间的关系。

(5) 将数据作为一种企业资源加以确定。

### 2．作用

企业系统规划法是一种能够帮助规划人员根据企业目标制定出信息系统规划的结构化方法，通过这种方法可以做到：确定出未来信息系统的总体结构，明确系统的子系统组成和开发子系统的先后顺序；对数据进行统一规划、管理和控制，明确各子系统之间的数据交换关系，保证信息的一致性。

企业系统规划法的优点在于利用它能保证信息系统独立于企业的组织机构，也就是能够使信息系统具有对环境变更的适应性，即使将来企业的组织机构或管理体制发生变化，信息系统的结构体系也不会受到太大的冲击。

### 3．基本原则

一个信息系统必须支持企业的战略目标。基于这种思想，可以将企业系统规划法看成是一个转化过程，即企业战略目标转化为信息规划。

一个信息系统规划应当表达出企业各个管理层次的需求。由于不同管理层次的管理活动对信息有着不同的信息需求，因此，有必要建立一个合理的框架，并以此来定义信息系统。

一个信息系统应该向整个企业提供一致信息。由于在应用计算机时，各种数据处理单项开发所形成的信息存在不一致性，包括信息形式上的不一致、定义上的不一致和时间上的不一致，因此为了保证信息的一致性，有必要制定关于信息一致性的定义、技术实现以及安全性的策略与规程。

一个信息系统规划应该经得起组织机构和管理体制变化。信息系统应具有可变更或对环境的适应性，有能力在组织的变化和发展中经受起各种冲击。为此，企业系统规划法采用了定义企业过程的概念和技术，这种技术使信息系统独立，与组织机构中的各种因素，即具体的组织系统和具体的管理职责无关。

一个信息系统应是先"自上而下"识别和设计，再"自下而上"设计。企业系统规划法对于大型信息系统所采用的基本方法是"自上而下"地识别系统目标、企业过程、数据和"自下而上"地分步设计系统，这样既可以解决大型企业信息系统难以一次设计完成的困难，也可以避免自下而上分散设计可能出现的数据不一致问题、重新系统化问题和相互无关的系统设计问题。

### 4．企业系统规划法的研究步骤

BSP 方法可分成多项主要活动，它们的工作流程如图 5-2 所示。

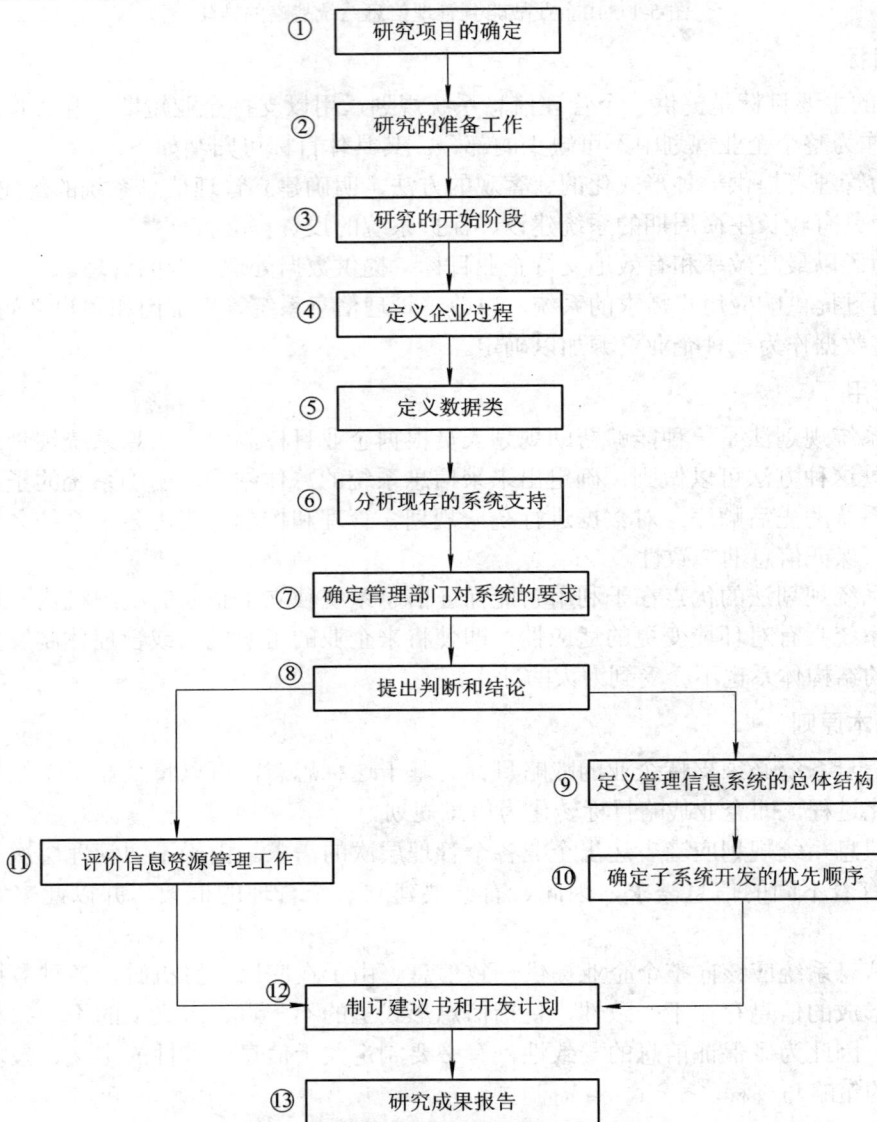

图 5-2　BSP 方法的工作流程

下面分别对图中的各项活动做简单介绍。

1) 研究项目的确定

BSP 的研究必须在企业最高领导和最高管理部门参与下开始，并对研究的范围、目标和研究将交付的成果取得一致意见。

2) 研究的准备工作

准备工作包括对研究组成员进行培训，介绍 BSP 方法，并制定研究计划。研究计划的内容主要包括研究的工作计划、调查计划、工作日程表、研究要形成报告的大纲。

3) 研究的开始阶段

本阶段的主要活动是召开全体研究组成员均参加的企业情况介绍会。

4) 定义企业过程

定义企业过程又称为企业的过程识别，指的是对企业信息系统环境的了解。通过对企业过程的研究，可以了解企业的功能、任务、信息需求与关联等，从而进一步形成系统信息模型。

5) 定义数据类

定义数据类也称为数据类的识别，即是对企业数据需求的了解，目的在于了解企业目前的数据状况和数据需求、查明数据共享关系、画出过程/数据类矩阵，为设计出管理信息系统体系结构提供基本依据。

6) 分析现存的系统支持

分析现存的系统支持即对目前的组织、企业过程、信息系统和数据文件进行仔细分析，发现不足和冗余之处，以便对将来的工作提出建议。

7) 确定管理部门对系统的要求

即通过面谈、调查等方式获得管理人员对系统的要求。

8) 提出判断和结论

对前期收集的资料加以分析，并作出判断和结论。

9) 定义管理信息系统的总体结构

利用已建立的过程/数据类矩阵确定主要系统间的数据流，从而建立管理信息系统的总体结构。

10) 确定子系统开发的优先顺序

建立子系统和数据库的开发优先顺序，确定哪些子系统应当优先设计和开发。

11) 评价信息资源管理工作

为了实现更完善的信息体系，使信息总体结构能有效地和高效率地开发、实施和运行，必须建立一个可控的环境，信息系统的管理需作必要的改变，管理过程必须加以优化，使其不断地随着技术和业务战略的变化而改变。

12) 制订建议书和开发计划

开发计划是帮助管理部门对所建议的项目作出决策，这些项目由总体结构优先顺序和信息管理部门的建议来决定。开发计划要确定具体的资源、日程和其他项目间的关系，并需估计工作规模，以便管理部门进行调度。

13) 研究成果报告

研究成果报告是最后在汇报会上向最高管理部门提交 BSP 研究报告。

## 5.3.2　关键成功因素法(CSF)

关键成功因素法(Critical Success Factors，CSF)是 MIT 教授 John Rockart 于 20 世纪 70 年代末提出的一种信息系统规划方法。关键成功因素法的关键是识别联系于系统目标的主要数据类及其关系。识别关键成功因素所用的工具是树枝因果图，如图 5-3 所示。例如，某企业有一个目标是提高产品竞争力，可以用树枝图画出影响它的各种因素以及影响这些因素的子因素。该方法的步骤如图 5-4 所示。

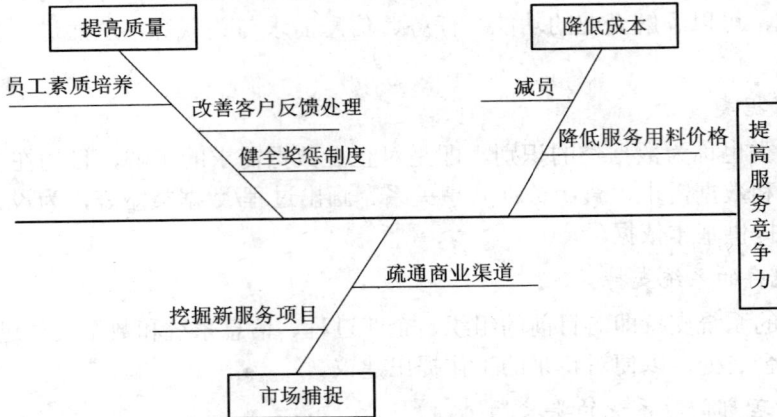

图 5-3　树枝图

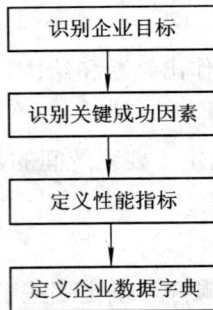

图 5-4　CSF 法的步骤

该方法的步骤是：首先通过与高级管理者的交流，了解企业的发展战略及其相关的企业问题；然后识别企业的关键成功因素，定义关键成功因素的性能指标；最后定义企业的数据字典，根据企业的关键成功因素来确定信息资源分配的优先级别，并帮助企业利用信息技术发掘新的机遇。

CSF 方法能够直观地引导高级管理者纵观整个企业与信息技术之间的关系，这一方面是 CSF 方法的优点，但是，在进行较低一层次的信息需求分析时，效率却不是很高。

事实上，一个组织能否取得成功总受到多种因素的影响，但真正起作用的影响因素并不多，这些少数的因素起着至关重要的作用，成功解决它们，就能够使组织的目标得以较好地实现，这些少数因素就是关键成功因素。通俗地讲，就是"抓主要矛盾"。由于信息系统是一个动态系统，在解决了某一时期的关键成功因素后，又会出现一些新的关键成功因素，因此在信息系统新的生命周期内，又需继续去解决这些新的关键成功因素，以使组织始终处于良好的状态。关键成功因素法就是通过分析找出使组织成功的关键因素，然后再围绕这些关键因素来确定系统的需求，并进行规划。其一般步骤是：

(1) 了解组织或 IS 的战略目标。

(2) 识别所有的成功因素，主要是分析影响战略目标的各种因素和影响这些因素的子因素。不同行业的关键成功因素各不相同，即使是同一个行业的组织，由于各自所处的外部环境的差异和内部条件的不同，其关键成功因素也不尽相同。

(3) 明确各关键成功因素的性能指标和评估标准。

(4) 定义衡量关键成功因素指标的数据字典。

关键成功因素法在高层应用时其效果较好，因为每一个高层领导人员日常总在考虑什么是关键因素，对中层领导来说一般不大适合，因为中层领导所面临的决策大多数是结构化的，其自由度较小，因此对他们最好应用其他方法。

关键成功因素法的优点是能够使所开发的系统具有强烈的针对性，能够较快地取得收益。应用关键成功因素法需要注意的是，当关键成功因素解决后，又会出现新的关键成功因素，就必须再重新开发系统。

### 5.3.3　战略数据规划法(SDP)

战略数据规划法是 J.马丁在《战略数据规划方法学》一书中提出的，在该书中，J.马丁较系统地论述了信息系统的开发策略和方法学。

战略数据规划法的主要研究内容包括：

(1) 如何自顶向下来组织规划。

(2) 企业模型的建立。

(3) 主题数据库的概念及其组织。

J.马丁在他的著作中曾经明确指出系统规划的基础性内容有三个方面：

(1) 企业的经营战略规划。

(2) 企业计算机管理信息系统的设备配置规划。

(3) 企业特定的主题数据库的规划。

当以上三个方面的基础性建设得到保证时，就可以在其基础上开发各种应用项目。

## 5.4　信息系统总体规划的过程

信息系统总体规划的内容很广，从企业或组织的总目标到各职能部门的目标，以及他们的政策和计划直到企业信息部门的活动与发展。一个信息系统的总体规划应包括组织的战略目标、政策和约束，计划和指标的分析；信息系统的目标、约束以及计划指标的分析；应用系统或系统的功能结构，信息系统的组织、人员、管理和运行；信息系统的效益分析和实施计划等。

进行信息系统总体规划的过程如图 5-5 所示。

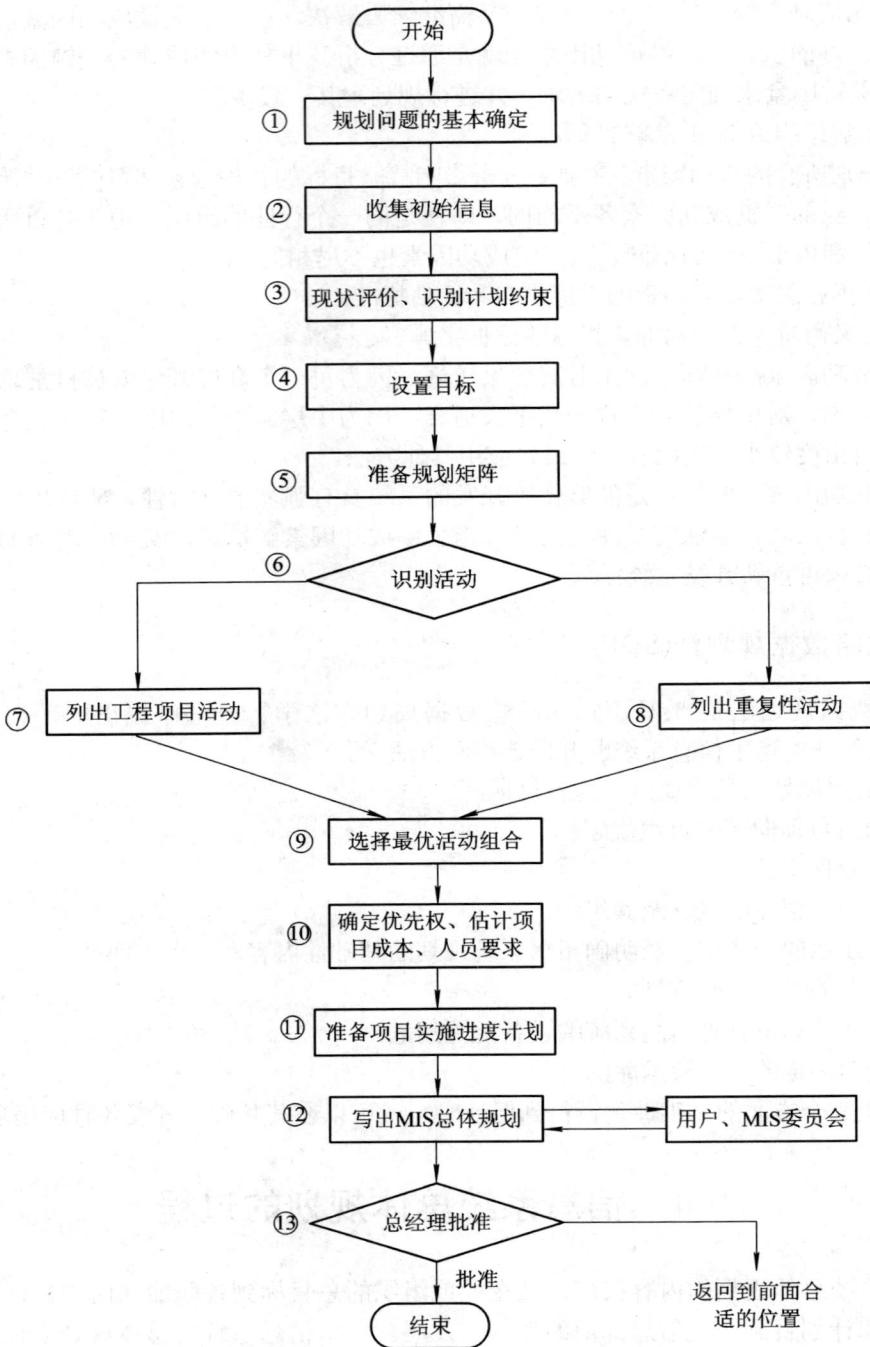

图 5-5　信息系统总体规划步骤

（1）第①步是规划基本问题的确定，包括规划的年限、规划的方法，确定是集中式还是分散式、是进取还是保守的规划。

（2）第②步是收集初始相关信息，包括从各级干部、类似企业、本企业内部各种信息系统、各种文件以及书籍和杂志中收集信息。

(3) 第③步是进行企业现状的评价及识别资源约束，包括企业现存硬件状况、系统开发目标、系统开发方法、计划活动、信息部门人员、运行和控制、资金、安全措施、中期和长期目标、外部和内部关系以及企业的思想状况等。

(4) 第④步是明确战略目标，包括服务的质量、范围、政策、组织、人员等方面的目标。这由企业高级管理人员和规划委员会共同制订，它不仅包括规划的目标，而且包括整个企业的目标。这些目标也是日后评价信息系统规划质量和效果的重要衡量标准。

(5) 第⑤步是提出未来的略图，选择所要建设的信息系统的思想，勾画出信息系统的初步的框架，产生各子系统的划分表等。

(6) 第⑥步、第⑦步、第⑧步、第⑨步是分别识别上面所列出的各种活动，确认是一次性工程项目性质的活动，还是一种重复性的经常进行的活动。由于资源有限，不可能所有项目同时进行，只有选择一些好处最大的项目先进行，应正确选择工程类项目和日常重复类项目的比例，正确选择风险大的项目和风险小的项目的比例。

(7) 第⑩步是确定项目的优先权和估计项目的成本费用。

(8) 第⑪步是根据上面的估计结果编制项目的实施进度计划。

(9) 第⑫步是将总体规划书写成文，在此过程中还要不断与用户、信息系统工作人员以及领导交换意见。

(10) 第⑬步是将写出的规划交总经理批准，并宣告总体规划任务的完成。如果总经理没批准，则必须再重新进行规划。

# 思 考 与 练 习 题

1. 在企业信息化建设过程中，为什么要进行信息系统总体规划？
2. 信息系统总体规划的主要步骤有哪些？
3. 为什么在信息系统总体规划过程中要进行可行性调查和研究？如何进行？
4. 如何撰写可行性分析报告？
5. 什么是关键成功因素法？用图解释该方法的工作思路。
6. 什么是企业系统规划法？该方法的工作流程图是怎样的？

# 第 6 章　信息系统的系统分析

　　管理信息系统是能够产生并向系统用户提供有用信息，以便其作出决策的系统。开发管理信息系统的最终目的是为管理提供信息，以便能更好地完成企业的各项任务。当研制人员与用户都确认项目可行之后，系统的研制就进入了系统分析阶段，系统分析的重点是对系统的要求进行分析，即首先对组织各部门、各业务进行详细了解，并在此基础上进行分析，确定出用户需求，从而提出新的方案。

　　系统分析是建立管理信息系统的关键，不进行认真的系统分析，就不可能建立一个完善可靠且切实可行的管理信息系统。

## 6.1　系统分析概述

### 6.1.1　系统分析的含义

　　系统分析是使设计合理、优化的重要步骤。这个阶段的工作深入与否，直接影响到将来新系统的设计质量和经济指标，因此必须予以重视。

　　系统分析(System Analysis)一词源于美国的兰德公司。

　　1945 年夏，美国道格拉斯飞机公司在文职人员的建议下，组织了各方面的科学家为美国空军研究"洲际战争"，其目的是向空军提供有关技术和设施的建议，不久，就提出了一篇题为"实验性环球空间飞行器设计"的研究报告。由于这个组织工作影响较大，经过一段时间的发展与完善，就成为了一个独立的研究机构，专门从事咨询活动。它们以系统为中心，以系统结构、系统观点为主导，创立了一套解决问题的方法——系统分析法，即从系统的观点出发，对事物进行分析与综合，找出各种可行方案，以供决策者进行理想的选择。

### 6.1.2　系统分析的任务

　　系统分析是在调查研究的基础上，对新系统的各种方案和设想进行分析、研究、比较和判断的过程，目的是获得有关合理的新系统的逻辑模型。

　　系统分析的主要任务是：

　　(1) 详细调查。详细调查现行系统的情况和具体结构，并用一定的工具对现行系统进行详尽的描述，这是系统分析最基本的任务。在充分了解现行系统现状的基础上，进一步发现其存在的薄弱环节，并提出改进的设想，这是决定新系统功能强弱、质量高低的关键所在。

　　（2）分析用户需求。用户需求是指用户要求新系统应具有的全部功能和特性，主要包括：功能要求、性能要求、可靠性要求、安全和保密要求、开发费用和时间以及资源方面的限制等。

　　（3）提出新系统的逻辑模型。在上述基础上提出新系统的逻辑模型。逻辑模型是指在逻辑上确定的新系统模型，而不涉及具体的物理实现，也就是要解决系统"干什么"的问题，而不是"如何干"的问题。逻辑模型由一组图表工具进行描述，用户可通过逻辑模型了解未来新系统，并进行讨论和改进。

　　（4）编写系统分析报告。对上述采用图表描述的逻辑模型进行适当的文字说明，就组成了系统分析报告，它是系统分析阶段的主要成果。

## 6.1.3　系统分析的工作内容

　　系统分析工作主要包括下列内容：
　　（1）现行系统的详细调查。
　　（2）现行系统组织结构与功能体系的调查分析。
　　（3）现行系统业务流程的调查分析。
　　（4）现行系统数据的收集。
　　（5）现行系统薄弱环节的调查。
　　（6）现行系统的数据分析。
　　（7）现行系统的功能分析。
　　（8）用户需求分析。
　　（9）建立新系统的逻辑模型。
　　（10）编写系统分析报告。

　　不难看出，系统分析的基本手段是调查和分析。调查是了解情况、弄清现状；分析一方面是将调查结果系统化、条理化，深化对系统现状的了解，另一方面是对调查结果进行思考和判断，发现原系统存在的问题。因此，调查和分析是相互补充、相互促进的，使我们能够在认识原系统的基础上来改造原系统并建立新系统。

## 6.1.4　系统分析的准则

　　由于系统分析涉及面广，问题的性质差异大，既受到外部条件的控制，又受到内部各元素之间的制约，因此，进行系统分析时，必须处理好系统内、外各因素的关系。一般应遵循以下六条准则：

　　（1）外部条件与内部条件相结合。这里所讲的外部条件就是环境因素。例如，设计一个工厂，作为一个系统来说，不仅受到工厂本身的各种因素，如各种生产类型、生产环节、生产过程、物流、信息流的相互制约，而且还受到政府的有关规定、法纪、制度的约束和控制，同时也受到外部自然环境系统、协作系统、运输系统、市场情况以及职工的生活福利系统等条件因素的影响。所以，设计一个企业系统时，必须把内、外部各种有关因素结合起来，综合分析。

　　（2）当前利益和长远利益相结合。选择一个良好的方案，不但要从目前利益出发，而且还要考虑到将来的利益。

(3) 局部利益和整体利益相结合。因为系统是一个有机的整体，它由许多子系统所组成，因此，我们要求整体效益最佳化，要局部服从全局，从整体目标出发进行分析研究。

(4) 定量分析与定性分析相结合。对系统分析来说，最好应依据目标的性质和特点采用定量和定性分析相结合的方法。

所谓定量分析，是指用数量指标分析，它可以用结构、模型、公式、货币等方式表示出来。

所谓定性分析，是指系统的质量(包括产品和服务等)指标。这种质量指标不容易用定量的标准表示出来，如政治、政策因素、环境污染造成的危害人民身体健康的因素等，对这些只能根据经验统筹分析，以求解决。

(5) 协调性原则。复杂系统是由若干个子系统组成的，要保证系统和各子系统及其环境符合空间和时间的有序性，必须要协调它们的正常运转，使总体性能最佳。

(6) 客观性原则。进行系统分析时，要遵循辩证法的观点，从客观实际出发，对客观情况做周密的调查，把系统各方面的情况，系统与环境之间以及系统内部的问题全部搞清楚。

# 6.2 详 细 调 查

## 6.2.1 详细调查的目的

系统分析阶段的首要工作就是详细调查。我们已经知道，在系统总体规划阶段的初步调查是为了论证建立一个新系统的必要性，提出初步设想，并对实现新系统的可能性从技术、经济和社会三个方面进行分析。而系统分析阶段的详细调查是深入弄清组织中信息的处理及流程、组织结构图、业务流程图等，它是相对系统总体规划阶段所进行的初步调查而言的，这两次调查在目的、内容、详略程度和工作量等方面有很大的差别，如表 6-1 所示。

表 6-1 详细调查与初步调查的对比

| | 初步调查 | 详细调查 |
|---|---|---|
| 目　的 | 为可行性分析提供依据 | 为确定新系统的逻辑模型提供依据 |
| 内　容 | 1.原系统的概况； | 1.原系统的详细情况和具体结构； |
| | 2.原系统的总体功能； | 2.原系统的功能层次结构； |
| | 3.原系统存在问题的大致情况； | 3.原系统存在问题的具体情况以及改进途径； |
| | 4.系统的开发条件与约束条件 | 4.原系统的信息流程、数据结构以及业务处理方法 |
| 详细程度 | 粗略 | 详细 |
| 工 作 量 | 小 | 大 |

与初步调查不同，详细调查的目的是深入了解企业管理工作中信息处理的全部具体情况和存在的具体问题，为提出新系统的逻辑模型提供可靠的依据，因此其细微程度要比初步调查高得多，工作量也要大得多。

## 6.2.2　详细调查的范围

详细调查的范围应该是围绕组织内部信息流所涉及的各个方面。由于信息流是通过物流而产生的，物流和信息流又都是在组织中流动的，因此，我们所调查的范围不能仅仅局限于信息和信息流，还应该包括企业的生产、经营、管理等各个方面。具体可以归纳为以下几个方面：

(1) 组织机构和功能业务。

(2) 组织目标和发展战略。

(3) 工艺流程和产品构成。

(4) 数据与数据流程。

(5) 业务流程与工作形式。

(6) 管理方式和具体业务的管理方法。

(7) 决策方式和决策过程。

(8) 可用资源和限制条件。

(9) 现存问题和改进意见。

以上九个方面只是一种大致的划分，实际工作时应视具体情况进行修改，最终真正弄清现行系统的详细情况，为以后的分析设计工作做准备。

## 6.2.3　详细调查的内容与工具

具体地说，详细调查主要是从现行系统的组织机构、功能体系、业务流程、数据以及薄弱环节等方面进行调查分析。在调查和分析过程中，使用各种形象、直观的图表，可以帮助系统分析人员描述系统、记录要点和分析问题。图表的种类很多，通常用组织机构图描述组织的结构；用管理业务流程图和表格分配图描述管理业务状况；用功能结构图描述系统的功能体系。下面将逐一加以讨论。

### 1. 组织机构的调查与分析

对一个组织做调查研究，首先接触到的具体情况就是系统的组织机构状况，也就是一个单位组织内部的部门划分以及它们的相互关系。将一个单位组织内部的部门划分以及它们的相互关系用图形表示出来，就构成了一个系统的组织机构图，如图 6-1 所示。调查中应详细了解各部门人员的业务分工情况和有关人员的姓名、工作职责、决策内容、存在问题和对新系统的要求等。

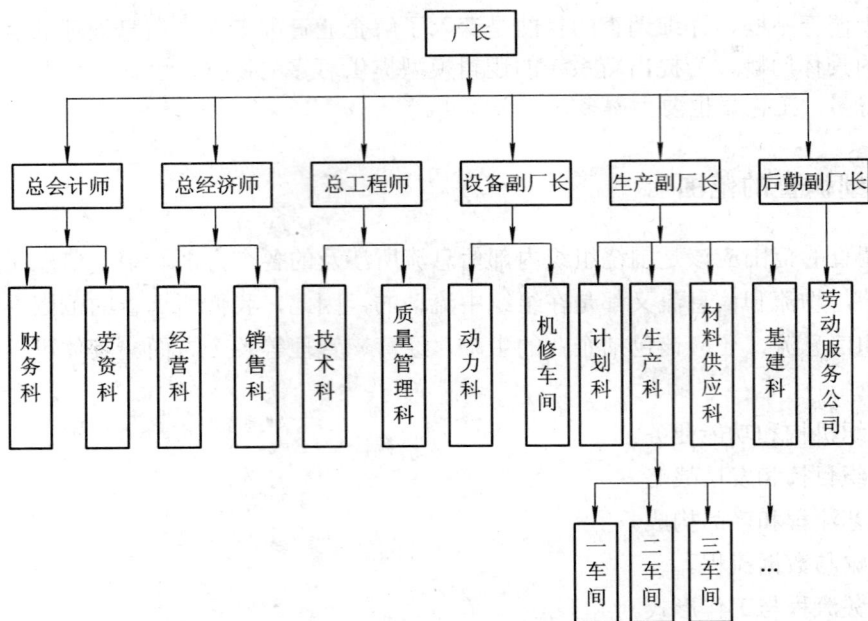

图 6-1　某企业的组织结构图

## 2．功能体系的调查与分析

　　系统有一个总的目标，为了达到这个目标，必须要完成各子系统的功能，而各子系统功能的完成，又依赖于下面各项更具体的功能的执行。功能结构调查的任务，就是要了解或确定系统的这种功能构造，因此，在掌握系统组织体系的基础上，以组织机构为线索，层层了解各个部门的职责、工作内容和内部分工，就可以掌握系统的功能体系，并用功能体系图来表示。系统功能体系图的一般形式如图 6-2 所示。

　　在图 6-2 中，$A_1$，$A_2$，…，$A_m$ 为系统的第一层功能，应在调查的基础上对这些功能进行分解。例如，图中的功能 $A_2$ 可分解为 $A_{2.1}$，$A_{2.2}$，…，$A_{2.n}$ 各子功能，再将这层子功能进一步分解成更细的子功能……直到功能分解足够详细为止。

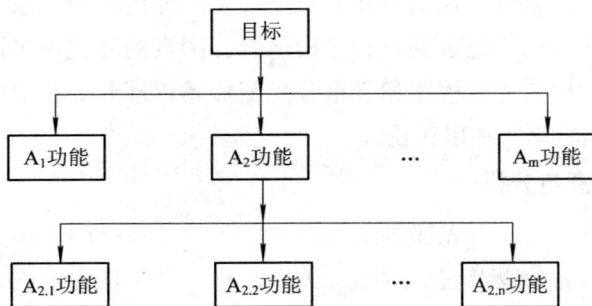

图 6-2　功能体系图的一般形式

　　功能要依靠组织机构来具体实现。因此，一个企业的功能体系图和组织结构图有一定的对应关系。图 6-3 给出了某企业的功能体系图。

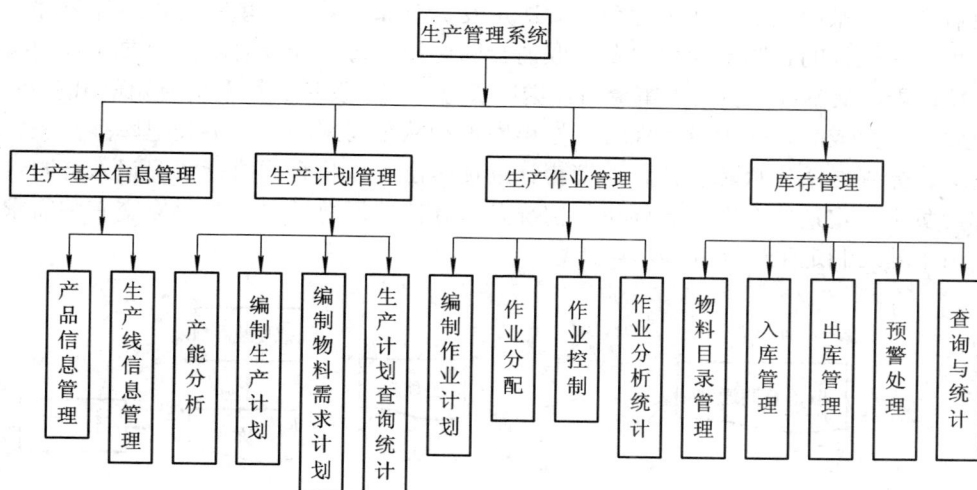

图 6-3　某企业的功能体系图

在对系统的功能进行调查与分析时，应注意以下几点：

(1) 在系统分析阶段的详细调查中，系统功能的调查和分析是非常重要的。前面所讨论的组织机构的调查，其最终目的是以企业的组织机构为线索，通过这些机构的职责来掌握系统的功能，从总体上了解这个系统。

(2) 调查中仅仅弄清现系统目前的功能结构是远远不够的，还要通过与有关业务领导、管理人员的讨论，分析系统缺少的和薄弱的功能，以便在形成新系统的逻辑模型时加以补充和改进。

(3) 在系统功能分析中，系统分析员要运用管理科学、计算机和信息处理等方面的知识，以及以往研制管理信息系统的经验，充分发挥主导作用，善于发现和提出对系统功能的改进意见。

**3. 管理业务流程的调查与分析**

组织结构图描述了系统边界之内的部门划分以及这些部门之间的关系，而功能分析图则反映了这些部门所具有的管理功能，这些都是有关信息系统工作背景的一个综合性的描述，它们只反映系统的总体情况而不能反映系统的细节情况。但是从这两张图上，我们可以看出信息处理工作集中在哪些部门，以及这些部门的主要职能是什么，因此，下一步的任务就是要弄清这些职能是如何在有关部门具体完成的，以及在完成这些职能时信息处理工作的一些细节情况。这项工作称为管理业务流程的调查与分析。

描述管理业务流程的图表有管理业务流程图和表格分配图。

1) 管理业务流程图

管理业务流程图是一种表明系统内各单位、人员之间业务关系、作业顺序和管理信息流动的流程图，它可以帮助分析人员找出业务流程中的不合理回路。图 6-4 是某工厂成品销售及库存子系统的管理业务流程图，图中采用了流向线、单据(或报表)、人员和系统外实体等四种符号。

图 6-4 中，左上角是推销员与用户签定销售合同，销售科计划员将合同记入合同台账。

计划员对合同台账和库存台账进行查询后决定发货对象和数量，填写发货通知单并交成品库。对于无法执行的合同要向用户发出取消合同通知。每隔一段时间，他要对合同执行情况作出统计表，交本部门负责人审查后，送厂长办公室。发货员按发货通知单出库并发货，填写出库单并交成品库保管员。保管员按出库单和从车间来的入库单登记库存台账。出库单的另两联分别送销售科和会计科。销售计划员按出库单将合同执行情况记入合同台账。销售部门负责人定期将合同、合同执行情况及库存情况汇总后向生产科提交有关需求预测报告，用来辅助制定生产计划和作业计划。

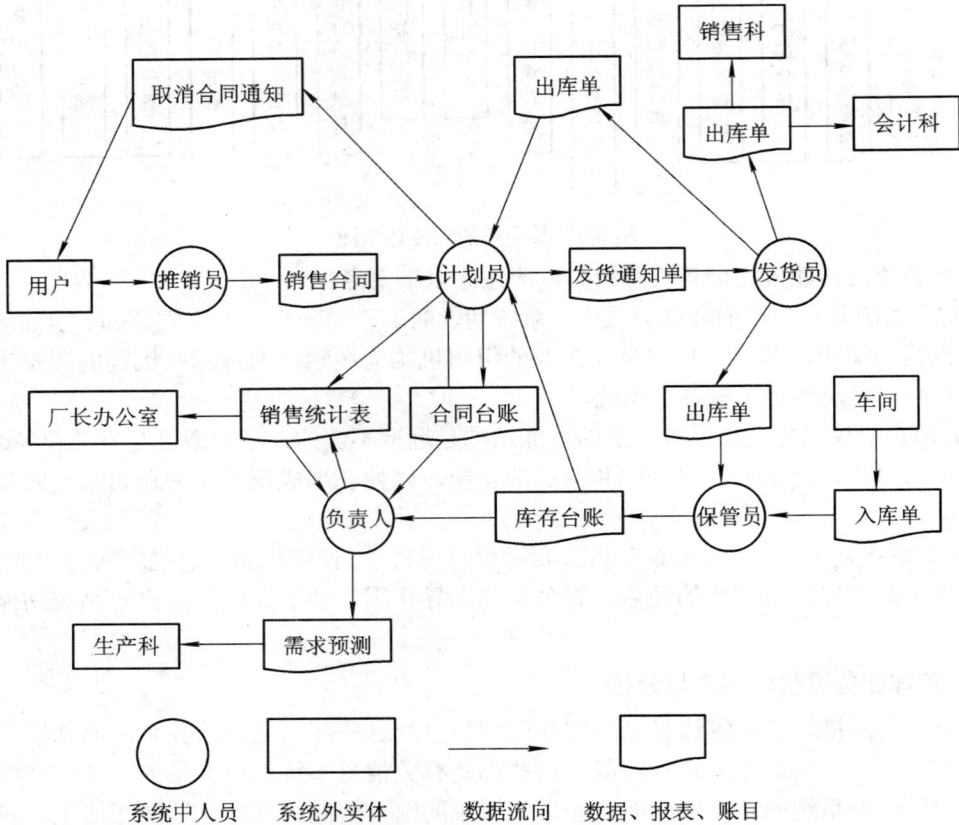

图 6-4　销售及库存子系统管理业务流程图

### 2) 表格分配图

为了传递信息，管理部门经常将某种单据或报告复印多份分发到其他多个部门。在这种情况下，可以采用表格分配图来描述有关业务。图 6-5 是一张描述采购业务的表格分配图。图中，采购部门准备采购单，一式四联，第一联送供货单位；第二联送收货部门，用于登入待收货登记表；第三联交会计部门作应付款处理，记入应付账；第四联留在采购部门备查。表格分配图表达清楚，可以帮助系统分析人员描述系统中复制多份的报告或单据的数量以及这些报告或单据都与哪些部门发生业务联系。

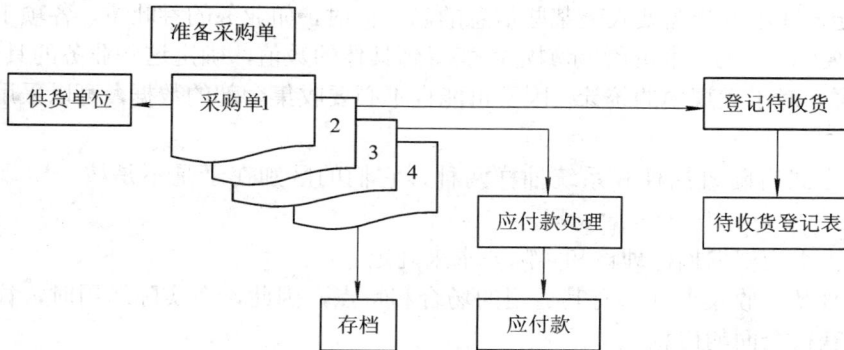

图 6-5　描述采购业务的表格分配图

#### 4. 数据的调查与分析

数据是信息的载体，是系统要处理的主要对象，因此全面准确地收集、整理和分析数据是在系统分析阶段必须要进行的工作。

1) 数据的收集

数据的来源：

(1) 组织的正式报告，如各种卡片、计划、单据和报表等。

(2) 现行计算机系统的说明性文件，如各种流程图、数据字典、计算机操作手册、程序说明书及对应程序清单等。

(3) 组织外的数据来源，包括同行业其他组织的各种信息；国家发布的有关法令、条例及统计资料；涉及本组织的原料、产品等的市场信息；本组织上级部门的有关文件；各种计算机厂商提供的产品目录及价格信息等。

数据收集的方法：

(1) 查阅资料。资料在系统分析范畴中常常是指组织中的各种手册、报表、操作规程等。查阅资料主要是到组织的各个部门进行查阅。除查阅组织本身的有关资料外，还应对与组织有关的行业资料和上级文件进行研究，以便找出新的信息系统与外界的联系。

(2) 面谈法。面谈法主要是由系统分析师通过口头提问的方式来收集数据的。对各级管理人员和工作人员要自上而下地进行访问，收集有关系统总貌、系统目标、环境约束、近年来信息的需求情况，以及他们对现有信息系统的看法等。

面谈的方式主要有两种：一种是非结构化方式，即自由提问和回答的方式；另一种是结构化方式，即采用标准化的提出问题和回答问题的格式。

(3) 问卷法。当系统分析师需要与组织中各方面的大量人员进行接触时，问卷法是唯一可行的方法。

系统分析师可以把事先设计好的问卷(调查表)分发到所有合适的人员当中，以收集有关情况。

问卷法的格式有两种：一种是自由式的问卷格式，即在问卷中提出问题，让回答者自由地阐述自己的想法；另一种是选择式的问卷格式。

(4) 观察法。采用观察法将使系统分析师能得到各项业务的原始信息，同时也能使系统分析师通过这一机会去验证那些通过其他方法收集到的信息是否符合真实情况。

(5) 测定。在涉及到需要收集某些信息的确切值时，如业务的吞吐量、各项工作的时间和费用等，要经过一段时间的实际测定才能得到具体的数值，确定这些业务的具体性质。

(6) 采样。对于大规模的统计，因不可能也不必要收集全部的数据，可以采用抽样的方法来解决。

抽样的方式有随机抽样和系统抽样两种，它们的区别在于是不是按一定规则来抽取样本。

样本的大小应根据抽样理论和实际要求来确定。

上述各种数据收集方法都有其适用的场合和特点，因此，在实际运用时，往往是几种方法并用以获得全面的信息。

2) 数据的分析

通过上述方法收集来的数据是系统分析的原材料，要把这些原材料加工成系统设计所需要的资料，就必须进行数据的分析工作。

数据分析包括以下几个方面：

(1) 围绕系统目标进行分析。

① 从业务处理角度来看，为了满足正常的信息处理业务，明确哪些信息需要，哪些信息是冗余的；哪些信息暂缺，有待于进一步收集。

② 从管理的角度来看，为了满足科学管理的需要，应该分析这些信息的精度如何，能否满足管理的需要；信息的及时性如何，处理区间如何，能否满足对生产过程及时进行处理的需求；对于一些定量化的分析能否提供信息支持等。

(2) 弄清信息源周围的环境。即弄清信息是从现存组织机构中哪个部门来的，目前用途如何，受周围哪些环境影响较大，它的上一级(或称层次)和下一级的信息结构是什么等。

(3) 围绕现存的业务流程进行分析。

① 分析现有报表的数据是否全面，看是否满足管理的需要，是否正确反映了业务的实物流。

② 分析业务流程，确认现存的业务流程有哪些弊病，需要作出哪些改进；作出这些改进以后对信息与信息流应该作何相应改进，对信息的收集、加工、处理有什么新要求等。

③ 根据业务流程，分析哪些信息是多余的，哪些信息是系统内部可以产生的，哪些信息是需要长期保存的。

(4) 数据特征分析。

① 数据的静态特性分析。

数据的静态特性分析指分析数据的类型、数据的长度、取值范围和发生的业务量。

② 数据的动态特性分析。

数据的属性按动态特性可以分为以下三类：

● 固定值属性。该类属性的数据，其值基本上固定不变。例如，工资系统中的职工姓名和基本工资等。

● 固定个体变动属性。该类数据对总体来说，是具有相对固定的个体集，但其值是变动的属性。例如，工资系统中，电费扣款一项，扣款人员变动不大，但每人所扣电费则每月都在变化。

● 随机变动属性。这种数据项，其个体是随机出现的，值也是变动的。例如，工资系统中的病事假扣款。

通常把具有固定值属性的数据存放在主文件中；把具有固定个体变动属性的数据放在周转文件中；把具有随机变动属性的数据放在处理文件中。

3) 数据分析的工具

数据分析常常使用以下表格：

(1) 数据一览表。该表的主要功能是统计输入、输出和存储数据的总量以及精确地表示各种数据流和数据存储的数据结构，如表 6-2 所示。

表 6-2　数据一览表

| 编号 | 名称 | 性质(输入/输出、存储) | 使用频度 | 编制单位 | 使用单位 | 数据项 | | | |
|---|---|---|---|---|---|---|---|---|---|
| | | | | | | 序号 | 项名 | 类型 | 长度 |
| 1 | 考勤表 | 输入 | 1 次/月 | 劳资科 | 财务科 | 1 | 职工编号 | N | 5 |
| | | | | | | 2 | 出勤天数 | N | 2 |
| | | | | | | ⋮ | ⋮ | ⋮ | ⋮ |
| 2 | 工资表 | 输出 | 1 次/月 | 财务科 | 职工 | 1 | 职工编号 | N | 5 |
| | | | | | | 2 | 姓名 | C | 10 |
| | | | | | | 3 | 基本工资 | N | 5.2 |
| | | | | | | ⋮ | ⋮ | ⋮ | ⋮ |

(2) 重复数据分析表。在当前系统中，由于管理体制不健全或其他原因，存在着许多数据重复输入、输出、处理和存储的现象，因此，在调查时应该对数据进行重复情况的分析。重复数据分析表就是用来进行这种分析的工具。从该表格中可以清楚地看出哪些数据是公用的，从而确定有无必要或能否对它们精简和合并，同时，还可以借助该表格辅助确定需要设置数据文件的个数，如表 6-3 所示。

表 6-3　重复数据分析

| 日期: | 页次: | 顾客订货控制表 | 仓库提货单 | 发票 | | |
|---|---|---|---|---|---|---|
| | 分析人: | | | | | |
| 序号 | 分析目的数据 | 表格:8 | 表格:10 | 表格:12 | 表格: | 合计 |
| 1 | 顾客号 | √ | √ | √ | | |
| 2 | 姓名 | √ | √ | √ | | |
| 3 | 订货号 | √ | √ | √ | | |
| 4 | 地址 | √ | √ | √ | | |
| 5 | 订货数 | √ | √ | √ | | |
| 6 | 发运指令 | √ | √ | √ | | |
| 7 | 仓库地点 | | √ | √ | | |
| | 合计 | | | | | |

4) 薄弱环节的调查

现行系统中的各个薄弱环节应该引起我们的充分注意。通常，这些薄弱环节正是新系统中要解决和改进的主要问题，对它们的有效解决，有可能极大地增加新系统的经济效益和社会效益，从而提高用户对新系统开发的兴趣和热情。因此，在调查中，应通过与有关业务领导、管理人员的讨论，发现系统缺少的和薄弱的地方，以便在形成新系统的逻辑模型时加以补充和改进。

5) 调查方法

对当前系统的调查研究是一项繁琐而艰巨的工作，为了能全面及时地完成详细调查工作，调查组应拟定详细的调查计划，规定调查研究的范围，明确调查组每个成员的工作任务。为了使调查工作能顺利进行并获得预期的效果，还需要掌握有关的方法和一定的技巧。

在管理信息系统开发中所采用的调查方法通常有以下几种：

(1) 收集资料。将各部门、科室和车间日常业务中所用的计划、原始凭证、单据和报表等的格式或样本统统收集起来，以便对它们进行分类研究。

(2) 发调查表征求意见。根据系统特点设计调查表，用调查表向有关单位和个人征求意见和设计数据。这种方式适用于需要向许多单位进行调查，而调查的信息量又不大的情况。调查表要抓住中心，提问要简单、直接。

(3) 开调查会。这是一种集中征询意见的方法，适合于对系统作定性调查。开调查会可以按两种方法进行组织：一种是按职能部门召开座谈会，了解各个部门的业务范围、工作内容、业务特点以及对新系统的想法和建议；另一种是各类人员联合座谈，着重听取使用单位对目前作业方式存在问题的看法以及对新系统的要求。

(4) 访问。虽然开调查会有助于大家的见解互相补充，以便形成较为完整的印象，但是，由于时间限制等其他因素，不能完全反映出每个与会者的意见，因此，需要在会后再进行个别访问。访问是收集数据的主要来源之一，可以充分听取各方面的要求和希望。

(5) 直接参加业务实践。如果条件允许，直接参加业务实践是了解当前系统的最好方法。通过实践，可以较深入地了解现行系统中数据产生、传递、加工、存储、输出等环节的工作内容。

(6) 使用各种图表。调查分析中使用各种图表可以帮助系统分析师描述系统、记录要点和分析问题。如前面已讨论的组织机构图、功能体系图、业务流程图、数据一览表和重复数据分析表等图表工具。

# 6.3　用户需求分析

## 6.3.1　用户需求分析概述

### 1. 用户需求的定义

所谓用户需求，是指新系统必须满足的所有性能和限制，通常包括功能要求、性能要求、可靠性要求、安全保密要求以及开发费用、开发周期、可使用的资源等方面的限制。

事实上，用户需求是新系统目标的具体化，而系统的逻辑模型则是用户需求的明确、详细表示，如图 6-6 所示。

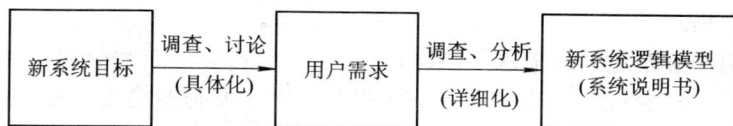

图 6-6　目标、需求和逻辑模型的关系

### 2．用户需求分析的作用

用户需求分析包含两方面的含义，一方面是要全面理解用户的各项要求，但又不能全盘接受所有的要求，这是因为并非所有用户提出的全部要求都是合理的；另一方面是要准确地表达被接受的用户要求。

我们已经知道，新系统的开发必须以当前系统为基础，并对其进行修改而成。用户需求往往反映了当前系统所缺少或薄弱的，而新系统应该增加的部分，因此，用户需求分析的作用便是借助于当前系统的逻辑模型导出新系统的逻辑模型，解决新系统"做什么"的问题，如图 6-7 所示。

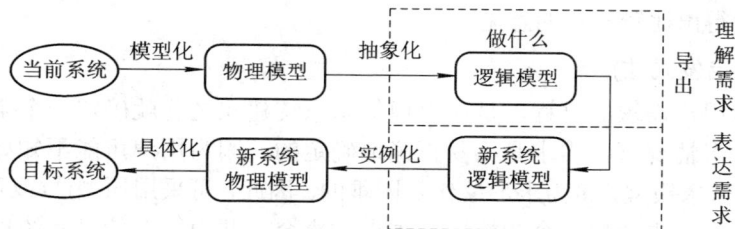

图 6-7　参考当前系统建立新系统模型

### 3．用户需求分析的主要工作

用户需求分析的工作主要有以下三个部分：

(1) 调查用户需求。通过前面的详细调查工作，系统分析师已经较深入地理解了当前系统的现状和不足，在其过程中比较充分地了解到了用户的需求。为了更好地做好用户需求的调查工作，应从以下方面着手：

① 了解系统需求。

② 进行市场调查。

③ 访问用户。

④ 考察现场。

(2) 确定需求。确定需求就是要决定新系统将能做什么，做到什么程度。同时，采用适当的确定需求的方法，以深入弄清新系统应具有哪些处理过程；各个处理过程要使用哪些数据；存储什么数据；哪些数据需求进入系统和离开系统；经过了哪些转换；采用哪些决策方式和决策模型等。

这些需求包括：

① 功能需求。

② 性能需求。

③ 可靠性需求。

④ 安全和保密需求。

⑤ 资源使用需求。

⑥ 开发费用和开发进展的需求。

(3) 描述需求。已经确定下来的需求应该得到清晰、准确的描述，通常我们把它称为用户需求说明书。

### 6.3.2　确定用户需求的技术(方法)

确定用户需求的方法很多，主要包括访谈、问卷调查、开调查会、特尔菲方法和原型法(启发式法)等。

由于访谈、问卷调查和开调查会这三种方法已经在前面做了详细的介绍，因此，在这里着重讨论德尔菲方法和原型法。

#### 1．德尔菲方法(Delphi Method)

这个方法是请一组专家回答一些问卷，并就这些回答反复讨论，专家不断修改调整自己的看法，最后得出比较一致的意见。

#### 2．原型法(启发式法)

传统的确定用户需求的过程，是在管理信息系统建立之前就确定一个全面正确的需求集合，但是在许多情况下，需求是不易正确地确定的，因为用户可能不知如何使需求形式化，而没有用户需求模型，将需求形象化是困难的。因此，可采用原型法(或称为启发式法)。

确定用户需求可先抓住一个初始用户需求的集合，并由一个信息系统提供这些需求，当用户使用它时，可再提出其他需求，系统应易于修改。这样以一个初始需求为起点，通过使用得到用户或系统其他需求的方法称为原型法或启发式法。

原型法或启发式法通常在特定的条件下使用，在这里我们给出使用原型法的适用条件，如表 6-4 所示。

**表 6-4　确定信息需求时应用原型法的条件**

| 建议使用的条件 | 建议不使用的条件 |
| --- | --- |
| ★　尚未确定信息需求的模型<br>★　没有足够有经验的用户和分析员来确定信息需求<br>★　用户的信息需求是发展的 | ★　有被理解的和明确定义的应用系统及其他信息需求模型<br>★　需要信息的系统有较强的稳定性 |

# 6.4　结构化系统分析

结构化分析(Structured Analysis，SA)方法是在 20 世纪 70 年代末由 Yourdon E.、Constantine L.、DeMarco T. 等人提出和发展的，至今已得到广泛的应用。结构化分析方法由于利用图形来表达问题，显得清晰、简明，避免了冗长、重复，难于阅读和修改等缺点，易于学习和掌握。将它与后面要介绍的系统设计阶段的结构化设计方法(SD)结合起来使用时，适用于分析大型的数据处理系统，特别是管理信息系统。

### 6.4.1　系统的物理模型和逻辑模型

在 6.2 节的讨论中，我们从企业具体的组织体系入手，掌握了企业的功能体系，通过深入调查在企业各个部门中发生的各种业务处理的详细情况，基本上弄清了现行系统的工作情况。从系统工程方法论的角度来看，我们完成了对现行系统从整体到局部、从全貌到细节的一个认识过程。组织机构图和功能体系图是系统整体和全貌的反映，而业务流程图则详细描述了系统的各个局部和细节，因此，我们说，组织机构图、功能体系图和业务流程图构成了现行系统的物理模型。

掌握现行系统的物理模型有助于我们搞清现行系统的全部情况，但是，还应当对现行系统的物理模型进一步进行加工和提炼，把反映现行系统业务处理过程的实质性内容，即系统的信息处理本质抽象出来，以形成现行系统的逻辑模型。

系统分析的最终目的是在现行系统逻辑模型的基础上导出新系统的逻辑模型，而结构化系统分析所提供的数据流程图、数据字典等方法是刻划系统逻辑模型的重要工具。

### 6.4.2　结构化系统分析的含义

结构化系统分析是指用一组标准的准则和工具有组织、有计划、有规律地进行分析工作。它是一种利用系统工程的思想和有关结构的概念，自顶向下划分模块，逐步求精的分析方法。

### 6.4.3　结构化系统分析的基本思想

管理信息系统是由各种控制子系统及整个企业生产经营活动的各种职能子系统构成的一个复杂系统，而结构化系统分析的基本思想是：

(1) 系统的观点。系统的观点即把研究的对象看作系统，并从总体出发。

(2) 分解的观点。"分解"和"抽象"是在结构化系统分析方法中解决复杂问题的两个基本手段。把整体分解成部分，把系统分解为子系统，逐层进行分析，然后分别解决，这就是"分解"；抓住主要问题忽略次要问题，集中精力先解决主要问题，这就是"抽象"。

"自顶向下"逐层分解是结构化系统分析方法按上述思想解决问题的一种策略。

(3) 具体化、详细化。具体化、详细化即对不可再分解的部分进行详细描述、设计、实现。在对系统作了合理的逐层分解后，就可以分别理解系统的每一个细节部分，并对每个细节部分进行详细描述，给出表达，再将所有这些表达综合起来，就获得了整个系统的系统说明书。

按照结构化系统分析方法的基本思想，不论系统的复杂程度和规模有多大，分析工作都可以有计划、有步骤、有条不紊地进行，对于大的系统只需多分解几层，分析的复杂程度并不会随之增大。所以，结构化系统分析方法有效地控制了复杂性。

### 6.4.4　结构化系统分析的特点

综上所述，结构化系统分析方法主要有以下特点：

(1) 结构化分析方法简单、清晰，易于学习、掌握和使用。

(2) 结构化分析方法的实施步骤是先分析当前现实环境中已存在的人工系统，再在此基础上构思即将开发的目标系统，这符合人们认识世界和改造世界的一般规律，从而大大降低了问题的复杂程度。

(3) 结构化分析方法采用了图形描述方式，用数据流程图为即将开发的系统描绘了一个可见的模型，也为系统的审查和评价提供了有利条件。

由于上述特点，结构化分析方法自 20 世纪 70 年代形成以来，在数据处理领域一直相当流行。

### 6.4.5　结构化系统分析的工具

常用的结构化系统分析工具有以下五种：

(1) 数据流程图(Data Flow Diagram，DFD)。

(2) 数据字典(Data Dictionary，DD)。

(3) 结构化语言。

(4) 判定树。

(5) 判定表。

# 6.5　用 U/C 矩阵划分子系统

把系统划分为子系统可以大大简化设计工作，因为划分以后，只要子系统之间的接口关系明确，每一子系统的设计、调试基本上可以互不干扰地、各自相对独立地进行，而且，如果将来要修改或扩充系统，可以在有关子系统范围内进行而不至于牵动全局。到目前为止，关于如何划分子系统还没有形成一套公认的方法，而在实际工作中，划分方案往往受到个人经验、企业原有业务处理关系以及是否便于分阶段实施等多种因素的影响。下面我们介绍一种用 U/C 矩阵来划分子系统的步骤。

表 6-5 是由企业各项管理功能和数据类之间的关系形成的 U/C 矩阵，该图的左列是企业过程，最上一行列出数据类。如果某过程产生某数据就在某行某列矩阵元中写 C(Create)，如果某过程使用某数据则在其对应矩阵元中写 U(Use)。例如，经营计划功能需要使用有关财务和成本数据，则在这些数据下面的经营计划一行上画一个 U 号，最后产生的是计划数据，则画上 C。同理，销售过程(功能)需要使用有关产品、客户和订货方面的数据，则画 U 号，而销售区域数据产生于销售过程(功能)，因而画 C。

由图可知，数据类和过程是随机排列的，U/C 在矩阵中的排列也是分散的，我们再以调换过程和数据类的顺序的方法尽量使 UC 集中到对角线上排列，如表 6-6 所示。然后把比较集中的区域用粗线条框起来，这样形成的框就是一个个子系统。按照这种划分，整个系统被划分为经营计划、技术准备、生产制造、销售、财会和人事等六个子系统。

**表 6-5　功能/数据关系**

| 功能＼数据类 | 客户 | 订货 | 产品 | 加工路线 | 材料表 | 成本 | 零件规格 | 原材料库存 | 成品库存 | 职工 | 销售区域 | 财务 | 计划 | 设备 | 材料供应 | 工作令 |
|---|---|---|---|---|---|---|---|---|---|---|---|---|---|---|---|---|
| 经营计划 |  |  |  |  |  | U |  |  |  |  |  | U | C |  |  |  |
| 财务规划 |  |  |  |  |  | U |  |  |  | U |  | U | U |  |  |  |
| 产品预测 | U |  | U |  |  |  |  |  |  |  | U | U | U |  |  |  |
| 产品设计开发 | U |  | C |  | U |  | C |  |  |  |  |  |  |  |  |  |
| 产品工艺 |  |  | U |  | C |  | C | U |  |  |  |  |  |  |  |  |
| 库存控制 |  |  |  |  |  |  |  | C | C |  |  |  |  |  | U | U |
| 调度 |  |  | U |  |  |  |  |  |  |  |  |  |  | U |  | C |
| 生产能力计划 |  |  |  | U |  |  |  |  |  |  |  |  |  | C | U |  |
| 材料需求 |  |  | U |  | U |  |  |  |  |  |  |  |  |  | C |  |
| 作业流程 |  |  |  | C |  |  |  |  |  |  |  |  |  | U | U | U |
| 销售区域管理 | C | U | U |  |  |  |  |  |  |  |  |  |  |  |  |  |
| 销售 | U | U | U |  |  |  |  |  |  |  | C |  |  |  |  |  |
| 订货服务 | U | C | U |  |  |  |  |  |  |  |  |  |  |  |  |  |
| 发运 |  | U | U |  |  |  |  |  | U |  |  |  |  |  |  |  |
| 会计 | U |  | U |  |  |  |  |  |  |  |  | U |  |  |  |  |
| 成本会计 |  | U |  |  |  | C |  |  |  |  |  |  |  |  |  |  |
| 人员计划 |  |  |  |  |  |  |  |  |  | C |  |  |  |  |  |  |
| 人员招聘考核 |  |  |  |  |  |  |  |  |  | U |  |  |  |  |  |  |

**表 6-6　调整后的功能/数据关系**

| 功能＼数据类 | 计划 | 财务 | 产品 | 零件规格 | 材料表 | 原材料库存 | 成品库存 | 工作令 | 设备 | 材料供应 | 加工路线 | 客户 | 销售区域 | 订货 | 成本 | 职工 |
|---|---|---|---|---|---|---|---|---|---|---|---|---|---|---|---|---|
| 经营计划 | C | U |  |  |  |  |  |  |  |  |  |  |  |  | U |  |
| 财务规划 | U | U |  |  |  |  |  |  |  |  |  |  |  |  | U | U |
| 产品预测 | U | U | U |  |  |  |  |  |  |  |  | U | U |  |  |  |
| 产品设计开发 |  |  | C | C | U |  |  |  |  |  |  | U |  |  |  |  |
| 产品工艺 |  |  | U | C | C | U |  |  |  |  |  |  |  |  |  |  |
| 库存控制 |  |  |  |  |  | C | C | U |  | U |  |  |  |  |  |  |
| 调度 |  |  | U |  |  |  |  | C | U |  |  |  |  |  |  |  |
| 生产能力计划 |  |  |  |  |  |  |  |  | C | U | U |  |  |  |  |  |
| 材料需求 |  |  | U |  | U |  |  |  |  | C |  |  |  |  |  |  |
| 作业流程 |  |  |  |  |  |  |  | U | U | U | C |  |  |  |  |  |
| 销售区域管理 |  |  | U |  |  |  |  |  |  |  |  | C |  | U |  |  |
| 销售 |  |  | U |  |  |  |  |  |  |  |  | U | C | U |  |  |
| 订货服务 |  |  | U |  |  |  |  |  |  |  |  | U |  | C |  |  |
| 发运 |  |  | U |  |  |  | U |  |  |  |  |  |  | U |  |  |
| 会计 |  | U |  |  |  |  |  |  |  |  |  | U |  |  |  | U |
| 成本会计 |  |  |  |  |  |  |  |  |  |  |  |  |  | U | C |  |
| 人员计划 |  |  |  |  |  |  |  |  |  |  |  |  |  |  |  | C |
| 人员招聘考核 |  |  |  |  |  |  |  |  |  |  |  |  |  |  |  | U |

# 6.6　数据流程图

数据流程图(Data Flow Diagram，DFD)是便于用户理解的、描述系统数据流程的图形表，它能精确地在逻辑上描述系统的功能、输入、输出和数据存储等，摆脱了其物理内容，是描述管理信息系统逻辑模型的最主要的工具。它不仅可以用来描述现行系统，而且可以用来刻划新系统，是结构化系统分析最基本、最重要的工具。

## 6.6.1　数据流程图的基本成分

数据流程图由四种基本符号组成：

(1) 数据流，通常用箭头 ⟶ 表示。

(2) 加工(或称处理逻辑)，通常用 ☐ 表示。

(3) 文件(或称数据存储文件)，通常用 ☐ 表示。

(4) 外部实体，通常用 ☐ 表示。

### 1．数据流

数据流由一组确定的数据组成。例如，"发票"数据流由品名、规格、单位、单价、数量等数据组成。数据流用带有名字的箭头表示，名字表示流经的数据，箭头则表示流向。

### 2．加工(处理逻辑)

加工是对数据进行的操作，加工也称为处理。加工包括两方面的内容：一是变换数据的组成，即改变数据结构；二是在原有的数据内容基础上增加新的内容，形成新的数据。

### 3．文件(数据存储)

文件是指数据暂时存储或永久保存的地方。

### 4．外部实体

外部实体是指在所研究系统外独立于系统而存在的，但又和系统有联系的实体，它表示数据的外部来源和去向。它可以是某个人员、组织、某一信息系统或某种事物，是系统的数据来源或数据终点。确定系统的外部实体，实际上就是明确系统与外部环境之间的界限，从而确定系统的范围。

将上述四种符号连接起来，就可以表达一个管理信息系统的信息处理流程、逻辑功能以及系统各部分之间的复杂关系，这就是该系统的数据流程图。图 6-8 所示是一个示意性的数据流程图，它所表达的意思是：来自外部实体 S1 的数据流 F1 和来自文件 D1 的数据流经过 P1 加工后形成数据流 F2；F2 和来自文件 D2 的数据经 P2 进一步加工后，一方面产生新的数据去修改 D2，另一方面产生数据流 F3 向外部实体 S2 输出。从这个例子我们可以看出，数据流程图从信息处理的角度反映了系统的本质和整体情况，即系统的信息处理流程、系统的逻辑功能以及系统各部分之间的关系。

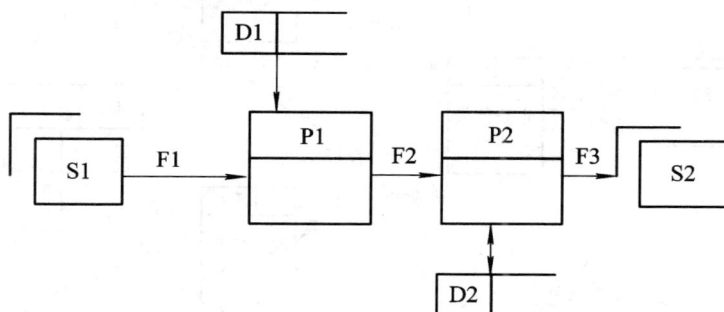

图 6-8　示意性的数据流程图

## 6.6.2　数据流程图的特点

数据流程图是描述管理信息系统逻辑模型的主要工具，它有两个特点：

(1) 抽象性。数据流程图不考虑具体的物理因素，如具体的组织机构、工作场所、物流、存储介质、处理方法和技术手段等内容，只是抽象地反映信息的流动、加工、存储和使用的情况，使我们能抽象地总结出管理信息系统的任务以及各项任务之间的顺序和关系，从信息处理的角度将一个复杂的实际系统抽象成一个逻辑模型。

(2) 概括性。数据流程图把系统对各种业务的处理过程联系起来，形成一个总体，具有很强的概括性。

## 6.6.3　数据流程图的绘制举例

绘制数据流程图采用自顶向下，逐层分解的方法，即先将整个系统按总的处理功能画出顶层的流程图，然后逐层细分，画出下一层的数据流程图。

### 1．绘制"银行活期存款业务"的数据流程图

图 6-9 所示是"银行活期存款业务"的顶层数据流程图，图 6-10 所示是对顶层数据流程图做进一步分解的细化图。

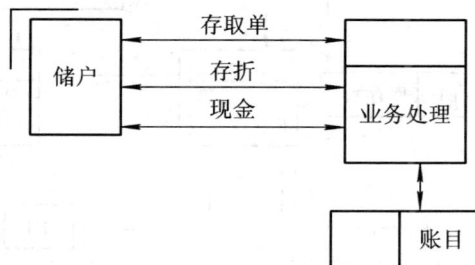

图 6-9　"银行活期存款业务"顶层数据流程图

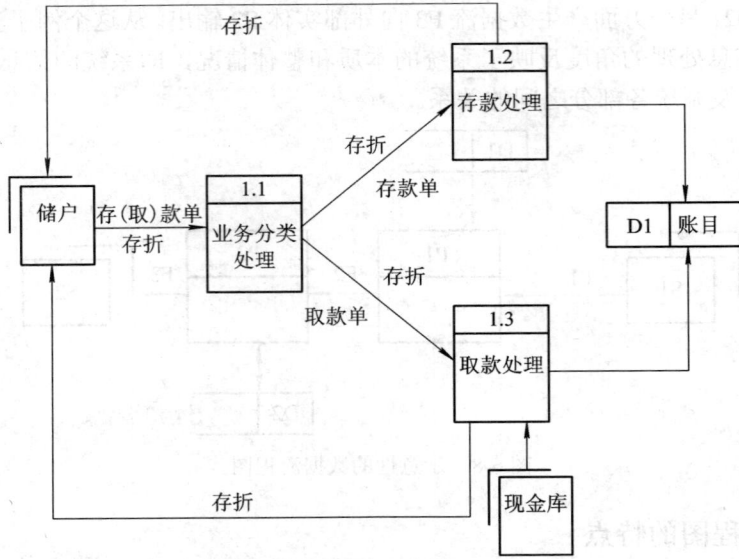

图 6-10　"存取款业务"数据流程图

## 2．"订货处理"数据流程图

"订货处理"的顶层数据流图及其分解图如图 6-11 及图 6-12 所示。

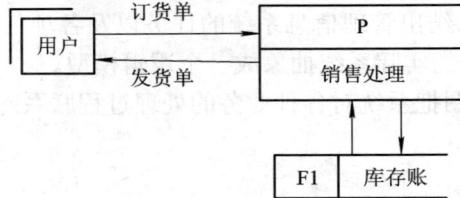

图 6-11　"订货处理"的顶层数据流图

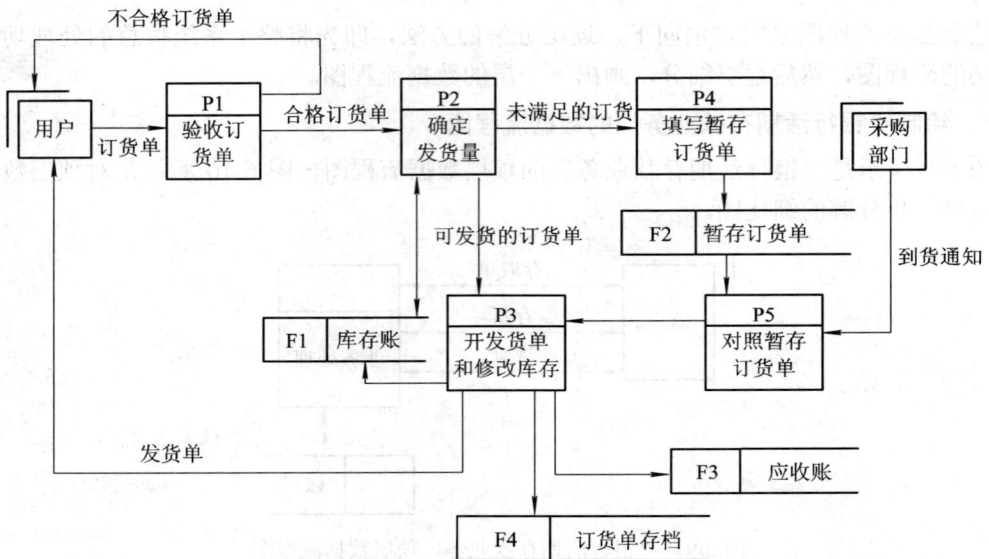

图 6-12　"订货处理"的数据流图

图 6-12 中，整个"订货处理"被分解为以下五个"处理"：

(1) 验收订货单。将填写不清的订货单和无法供应的订货单退回顾客，将合格的订货单送到下一"处理"。

(2) 确定发货量。查库存台账，根据库存情况将订货单分为两类，分别送至下一步"处理"。

(3) 开发货单和修改库存、记应收账、将订货单存档。

(4) 填写暂存订货单。对未满足的订货填写暂存订货单(即等有货后发货的发货单)。

(5) 对照暂存订货单。接到采购部门到货通知后应对照暂存订货单，如可发货，则执行"开发货单和修改库存"处理功能。

# 6.7　数　据　字　典

## 6.7.1　数据字典概述

数据字典(Data Dictionary，DD)是关于数据的数据，是描述系统中数据流程图内全部组成部分的清单，它能弥补数据流程图对数据的具体内容不能详细说明的不足。在数据流程图中，包括数据流、数据存储文件、加工(处理逻辑)和外部实体。数据字典对这些组成部分进行说明、保存和维护。数据字典的建立能帮助系统分析师全面地确定用户的要求，而且为以后的系统设计提供参考依据。

### 1. 数据字典的含义

所谓数据字典，是指以特定格式记录下来的、对系统数据流程图中各个基本要素(数据流、文件、加工等)的具体内容和特征所做的完整的定义和说明。它是结构化系统分析的另一重要工具，是对数据流程图的重要补充和注释。

数据字典中对数据流和文件等的说明是由一些数据项的定义"行"构成的。这些数据项定义行具有下列形式：

$$D=P$$

式中，D 是被定义的数据项；P 是一个定义表达式。

例如，数据流"发票"是由"单位名称"、"数量"、"单价"、"金额"、"品名"等组成的，即

$$发票 = 单位名称+数量+单价+金额+品名$$

### 2. 数据字典的发展阶段

数据字典最初用于数据库管理系统，20 世纪 70 年代中期被引进结构化系统分析，成为管理信息系统分析的重要工具。数据字典的发展大致经历了三个阶段：

(1) 无源数据字典(Passive DD)。这大致在 1977 年至 1980 年左右，数据字典基本上是一个文档工具，实际上与 DBMS 并没有直接发生联系。

(2) 有源数据字典(Active DD)。这大致是在 1980 年至 1982 年左右，与 DBMS 结合，用它作为控制和文档工具。

(3) 综合数据字典(Integrated DD)。这大致是在 1980 年至 1984 年左右，这种数据字典才真正成为了数据库的元数据库，成为应用开发环境的核心。

## 6.7.2　数据字典的内容

一个数据字典所包括的项目有数据项、数据结构、数据流、处理逻辑(加工)、数据存储文件和外部实体。

下面我们加以详细的讨论。

### 1．数据项

数据项也称数据元素，是具有独立逻辑含义的最小数据单位，即逻辑上不可再分的数据单位。

在数据字典中，对数据项的定义包括以下内容：

(1) 数据项的名称、编号、别名和简述。

(2) 数据项的取值范围，如"工资"从 600 元到 6000 元。

(3) 数据项的长度，如"姓名"可以由四个汉字，即八个字节组成。

**例 6-1**　数据项定义。

数据项编号：I03-04

数据项名称：库存量

别名：数量

简述：某种配件的库存数量

长度：6 字节

取值范围：0～999999

### 2．数据结构

由若干数据项构成的数据组合称为数据结构，它描述了某些数据项之间的关系。一个数据结构可以由若干个数据项组成，也可以由若干个数据结构组成，还可以由若干个数据项和数据结构组成。例如，产品这个数据结构可表示为

产品＝产品编号+产品名称+产品型号+产品规格+计量单位+单价

在上述例子中，数据结构全部由数据项组成，称为简单的数据结构。在管理信息系统中，由于管理对象的复杂性，嵌套的数据结构是经常出现的。例如，销售合同这个数据结构可表示为

销售合同=合同编号+订货日期+用户+产品+订货数量+交货日期

在销售合同这个数据结构中，除了合同编号、订货日期、订货数量、交货日期这些数据项外，还包含了产品和用户两个数据结构，因此，我们称销售合同是一个嵌套的数据结构。

在数据字典中，对数据结构的定义包括以下几项内容：

(1) 数据结构的名称和编号。

(2) 简述。

(3) 数据结构的组成。

如果是一个简单的数据结构，只要列出它所包含的数据项就可以了；如果是一个嵌套

的数据结构(即数据结构中包含了数据结构)，只需列出它所包含的数据结构名称，因为这些数据结构同样在数据字典中有定义。

**例 6-2**　数据结构定义。

　　　数据结构编号：DS03-06

　　　数据结构名称：用户订货单

　　　简述：用户所填写用户情况及订货要求等信息

　　　数据结构组成：订货单标识+用户情况+配件情况

### 3．数据流

数据流是表明系统中数据的逻辑流向的，该数据可以是数据项或数据结构。

在数据字典中，对数据流的定义包括以下内容：

(1) 数据流的名称及编号。

(2) 简述。

(3) 数据流的来源。

(4) 数据流的去向。

(5) 数据流的组成。

(6) 数据流的流通量。

(7) 高峰期流通量。

**例 6-3**　数据流定义。

　　　编号：D03-08

　　　数据流名称：发货单

　　　简述：销售科为用户开出的发货单

　　　数据流来源：开发货单处理功能

　　　数据流去向：用户

　　　数据流组成：发货单数据结构

　　　流通量：50 份/天

　　　高峰流通量：70 份/每天上午 9:00～11:00

### 4．处理逻辑(加工)

处理逻辑的定义仅对流程图中最底层的处理逻辑加以说明，内容包括处理逻辑名称及编号、简述、输入、处理过程、输出和处理频率。

**例 6-4**　处理逻辑定义。

　　　处理逻辑编号：P03-01

　　　处理逻辑名称：验收订货单

　　　简述：确定用户的订货单是否填写正确

　　　输入的数据流：订货单，来源是外部实体"用户"

　　　处理：检验订货单数据，查明是否符合供货范围

　　　输出的数据流：合格的订货单，去向是处理逻辑"确定发货量"；不合格的订货单，
　　　　　　　　　　 去向是外部实体"用户"

　　　处理频率：　50 次/天

#### 5．数据存储文件

数据存储文件是数据流动的暂停或永久保存的地方。在数据字典中，数据存储的内容通常由数据存储的编号、名称、简述、组成、关键字和相关的处理等组成。

**例 6-5** 数据存储定义。

  数据存储编号：F03-08

  数据存储名称：库存账

  简述：存放配件的库存数量、单价等

  数据存储组成：配件编号+配件名称+单价+库存量+备注

  关键字：配件编号

  相关联的处理：P2("确定发货量")，P3("开发货单和修改库存")

#### 6．外部实体

在数据字典中，外部实体的定义包括外部实体名称、编号、简述以及有关数据流的输入和输出。

**例 6-6** 外部实体的定义。

  外部实体编号：S03-01

  外部实体名称：用户

  简述：购买本公司货物的用户

  输入的数据流：DS03-06"订货单"、D03-08"发货单"

  输出的数据流：DS03-06"订货单"

数据字典是系统分析阶段的重要文档，它清楚地定义和详细地解释了数据流程图上未能详细表达的内容。随着数据流程图自顶向下逐层扩展，数据字典也逐步充实与完整。数据字典在建立过程中不仅反映了数据流程图中诸元素的联系关系，同时还必须保持数据之间的一致性和完整性，即名称的统一性、编号的唯一性、数据来源与去向的相应关系。通过数据字典，能对数据流程图中各要素的关系做合理性与统一性的检查；能有效地对资源进行控制和集中。

# 6.8 加 工 说 明

在 6.7 节，我们讨论了利用数据字典来对数据流程图中的数据流、文件、加工和外部实体等进行定义的方法。本节讨论如何对数据流程图中的加工进行精确描述。

数据流程图中的每个加工(处理逻辑)已在数据字典中做了定义，在定义中除了指出其他特征外，还描述了每个加工所具有的处理功能。但是，这种描述毕竟是比较粗糙的，不能充分作为系统设计员和程序员工作的依据，因而有必要采用一定的工具进行更为详细的描述。加工说明从另一个侧面刻划了系统的局部和细节，对数据流程图做了必要的补充。数据流程图、数据字典和加工说明三者构成了系统的逻辑模型。

这里所说的"加工说明"是指对数据流程图中功能单元(或基本加工，即不能再作分解的加工)的描述，其任务是把数据流程图中的各个功能单元的功能分别加以理解并进行详细的说明。

## 6.8.1　加工说明的原则

数据流程图中的功能单元或基本加工包括以下几种含义：

(1) 算术运算。

(2) 逻辑判断，并根据判断的结果执行不同的功能。

(3) 与数据存储或外部实体进行信息交换。

算术运算很容易用数学工具来表达，对信息交换也比较容易描述，比较困难的是逻辑功能的描述。能够清晰准确地表达逻辑功能的工具主要有三个：判定树、判定表和结构化语言。下面分别加以讨论。

## 6.8.2　结构化语言(Structured Language)

结构化语言是专门用来描述功能单元的逻辑功能的一种规范化语言，它介于自然语言和程序设计语言之间。

与程序设计语言的结构相似，结构化语言也只允许三种基本逻辑结构：顺序结构、选择结构和循环结构。结构化语言与自然语言的最大不同是它只使用极其有限的词汇和语句，以便简洁而明确地表达功能单元的逻辑功能。

结构化语言只使用以下三类词汇：

(1) 祈使句中的动词。

(2) 在数据字典中定义了的各种基本要素的名词。

(3) 某些逻辑表达式中的保留字，如条件判断时的"如果……则……"、"否则……就……"，表示逻辑关系时的"与"、"或"等。

结构化语言使用的语句只允许有以下三类：

(1) 简单的祈使语句。

(2) 判断语句。

(3) 循环语句。

### 1．祈使语句

祈使语句是指要做什么事情，它至少包括一个动词，明确地指出要执行的动作，后面跟一个名词作宾语，表示动作的对象，这些名词在数据字典中已经进行了定义。

例如，"计算金额"、"获得库存量"、"计算实发工资"等。祈使语句应尽量简短、明了。

### 2．判断语句

判断语句类似于结构程序设计中的条件语句，其一般形式如下：

　　　　如果　　　　条件 1

　　　　则　　　　　语句 A

　　　　否则　　　　语句 B

在判断语句中，其中的语句 A 和语句 B 可以是一组祈使语句，也可以是判断语句或循环语句，从而形成各种嵌套结构，也允许出现多重嵌套。在多重嵌套的情况下，相应层次的保留字应上下对齐，而下一层次应后退两格，以使层次清楚，易于阅读。形式如下：

如果　　　条件 1

则　　　　如果　　　条件 2

　　　　　则　　　　动作 C

　　　　　否则(条件 2 不成立)

　　　　　就　　　　动作 B

否则(条件 1 不成立)

　　　　　就　　　动作 A

例如，将学生考试成绩由百分制转换为优、良、中、差四级分制，用结构化易于表示：

如果 95～100 分

则　　　　成绩为优

否则　　　如果 75～94 分

　　　　　则　　　成绩为良

　　　　　否则　　　如果 60～74 分

　　　　　　　　　则　　　成绩为中

　　　　　　　　　否则　　成绩为差

### 3．循环语句

循环语句是指在某种条件下连续执行相同的动作，直到这个条件不成立为止。

例如，计算每户的房租及水电费，不仅要计算每一户应交的费用，而且还要计算所有住户所交房费的总和，其循环语句如下：

对每一户

计算房租水电费

将房租水电费加到总计中

在上述循环语句中，"计算房租水电费"已定义。

## 6.8.3　判断树(Decision Tree)

当某个动作的执行不是只依赖于一个条件，而和若干个条件有关时，如果仍然用结构化语言表达，可能要使用多层判断语句，就会比较复杂，不能一目了然。在这种情况下，用判断树更为合适。

判断树是用来表示逻辑判断问题的一种图形工具。它用"树"来表达不同条件下的不同处理，比用语言的方式更为直观。

判断树的左边为树根，从左向右依次排列各种条件，左边的条件比右边的优先考虑。

根据每个条件的取值不同，树可以产生很多分支，各分支的最右端(即树梢)即为不同的条件取值状态下采取的行动(也称策略)。

例如，某公司的折扣政策取决于三个条件：年交易额、客户的支付信用以及与本公司的业务史，分别采取 10%、5%、2%折扣和不折扣四种策略，可用图 6-13 所示的判断树表示。

年交易额　　支付信用　　与本公司业务史　　折扣政策

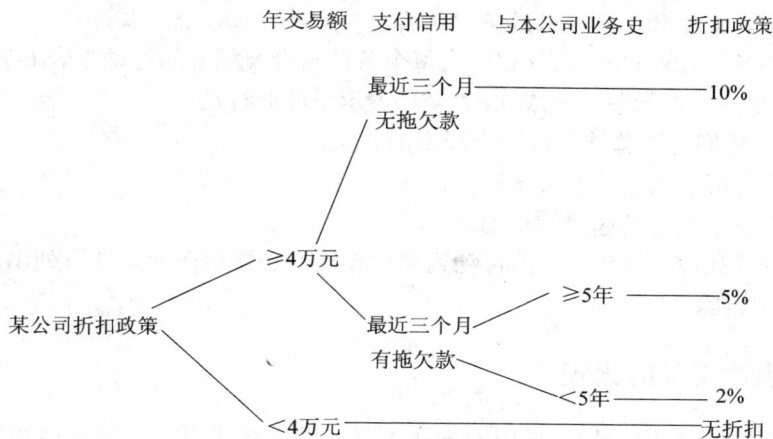

图 6-13　判断树

由上可知，判断树的优点是直观和明确，可以清楚地看出各种条件下应当采取的行动，还可以看出根据条件的优先级别逐步判断、决策的过程。

### 6.8.4　判断表(Decision Table)

判断表也是一种表达判断逻辑的工具，它以表格的形式给出各种条件的全部组合以及在各种组合下应采取的行动。当条件的个数较多，每一条件的取值有若干个，相应的动作也很多时，使用判断表比判断树更加有效和清晰。

上述折扣政策的例子，可用表 6-7 所示的判断表 6-7 表达。

表 6-7　折扣政策判断表

| 各种组合条件<br>条件和行动 | 1 | 2 | 3 | 4 | 5 | 6 | 7 | 8 |
|---|---|---|---|---|---|---|---|---|
| $C_1$　交易额≥4 万 | Y | Y | Y | Y | N | N | N | N |
| $C_2$　最近 3 个月无拖欠款 | Y | Y | N | N | Y | Y | N | N |
| $C_3$　与本公司交易≥5 年 | Y | N | Y | N | Y | N | Y | N |
| $A_1$　折扣率 10% | √ |  | √ |  |  |  |  |  |
| $A_2$　折扣率 5% |  |  | √ |  |  |  |  |  |
| $A_3$　折扣率 2% |  |  |  | √ |  |  |  |  |
| $A_4$　无折扣 |  |  |  |  | √ | √ | √ | √ |

判断表分成四大部分，左上角为条件说明，左下角为行动说明，右上角为各种条件的全部组合，右下角为各种条件组合下采取的行动。

判断表要反映出所有的条件组合，若有 $C_1$，$C_2$，…，$C_n$ 共 n 个条件，每个条件分别可

能取 $S_1$，$S_2$，…，$S_n$ 个值，则全部的条件组合有 $S_1 \times S_2 \times \cdots \times S_n$ 个。本例中，由于各条件均取两个值，所以共有 $2 \times 2 \times 2 = 8$ 个条件组合，每个条件组合及相应的行动见表 6-7。表中，"Y"表示条件成立；"N"表示条件不成立；"√"表示采取此行动。

由上所述，我们可以总结出构造判断表的方法：

(1) 列出所有可能的条件及方案。

(2) 按全部方案列出其选择的行动。

(3) 缩小表的列数。即在相同的行动列中，寻找不必要存在的条件所列出的方案，并将这些方案从表中删除。

### 6.8.5　几种表达工具的比较

前面所介绍的三种用于加工说明的表达工具，即结构化语言、判断树和判断表，各自具有不同的特点，它们之间的比较如表 6-8 所示。

表 6-8　几种表达工具的比较

| 比较指标 | 结构化语言 | 判断表 | 判断树 |
| --- | --- | --- | --- |
| 逻辑检查 | 好 | 很好 | 一般 |
| 表示逻辑结构 | 好 | 一般 | 很好 |
| 使用方便性 | 一般 | 一般 | 很好 |
| 用户检查 | 不好 | 不好 | 好 |
| 程序说明 | 很好 | 很好 | 一般 |
| 机器可读性 | 很好 | 很好 | 不好 |
| 机器可编辑性 | 一般 | 很好 | 不好 |
| 可变性 | 好 | 不好 | 一般 |

通过上述分析，我们可以得出以下结论：

(1) 结构化语言适用于涉及到具有判断或循环动作组合顺序的问题。

(2) 判断表较适用于含有 5～6 个条件的复杂组合。

(3) 判断树适用于行动在 10～15 个之间的一般复杂程度的决策。

# 6.9　建立新系统的逻辑模型

系统分析的任务是根据组织的具体情况和用户提出的要求，并结合现实可行性，最终提出适合组织的管理信息系统的逻辑模型。所谓逻辑，是与物理相对而言的。管理信息系统的逻辑模型是从一般的信息处理角度，指出管理信息系统应该完成的功能和任务，而不管这些功能和任务是用什么具体方法或技术手段来实现的。换言之，管理信息系统的逻辑模型回答的问题是："管理信息系统做什么？"，而对"管理信息系统怎样去做？"这样的问题不予回答。管理信息系统逻辑模型的提出，使得系统设计阶段所要考虑的各种具体设计方案有了基本的依据，能够紧紧围绕组织的现实情况和对管理信息系统提出的要求，并结合可用的计算机技术来设计和实现为组织根本目标服务的管理信息系统。

　　系统分析阶段的前序工作，即详细调查和用户需求分析都是为确定新系统的逻辑方案做准备的。新系统逻辑方案的建立是系统分析阶段的最终成果，同时，又是系统设计阶段的开始，对于下一步的设计和实现起着纲领性的指导作用，是系统分析向系统设计过渡的桥梁。

## 6.9.1　新系统逻辑模型的提出

　　管理信息系统是一个错综复杂、涉及面广的大系统。在系统开发时，首先应充分理解并描述出已经实际存在的现行系统，然后进行改进，从而创造出基于现行系统又优于现行系统的目标系统。

　　结构化系统分析过程分以下三个步骤进行：

　　(1) 认识、理解现行系统的现实环境，获得现行系统的具体的"物理模型"(组织结构图、功能体系图、业务流程图等)。

　　(2) 从现行系统的"物理模型"抽象出现行系统的"逻辑模型"(数据流程图、数据字典、加工说明等)。

　　(3) 分析系统目标与现行系统逻辑上的差别，并对现行系统的"逻辑模型"进行优化，建立新系统的"逻辑模型"。

　　上述步骤可以用图 6-14 进行形象的描述。

　　总之，新系统的逻辑模型是在现行系统逻辑模型的基础上提出来的。在对现行系统进行详细调查中，已经对系统中各个方面的情况有了具体的了解，同时也清楚问题及缺陷的所在。此外，再结合对用户的信息需求的分析结果，可以基本确定出新系统的逻辑模型。

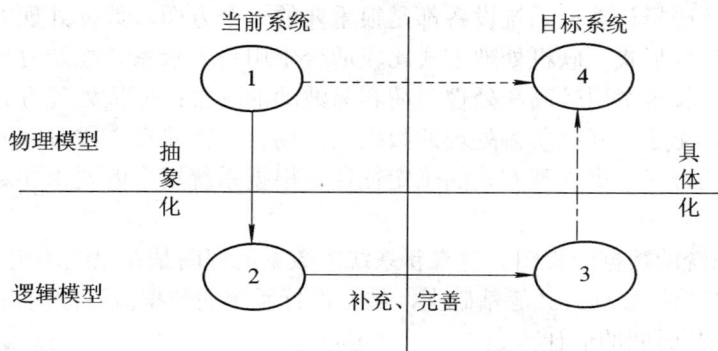

图 6-14　结构化分析步骤

## 6.9.2　建立新系统逻辑模型应遵循的原则

　　在建立新系统的逻辑模型时应遵循以下原则：

　　(1) 用户第一原则。新系统的逻辑模型必须符合用户的要求，完成用户提出的目标和功能。

　　(2) 高效率原则。所谓系统的效率，常常指以下三个方面：

　　① 业务量，一般称为吞吐量或系统处理业务的速度，或者在单位时间内处理业务的运

行能力。所谓业务量，是指单个或一组非数值的数据，例如一张发票或一组发票。

② 运行时间，指具有同样大小工作量的一批作业运行一次的时间。

③ 响应时间，指用户在终端上按下命令键，提出要求，一直到计算机在终端上做出回答所用的时间。

(3) 可靠性原则。指必须具有抵制操作人员容易出现的错误和排除故障的能力。这里指软件的可靠性、数据的可靠性、数据的安全性和完整性。

(4) 灵活性原则。系统不是静止的，是发展的，因此，应充分考虑到系统运行环境的变化、信息处理技术的变化以及系统功能的变化等。

### 6.9.3  新系统逻辑模型的建立

新系统逻辑模型的建立包括以下几个方面：

(1) 确定新系统的目标。在对系统进行详细调查之后，已经对组织的目标及组织中信息系统的目标有了明确的认识。在这里，要对这些目标进一步加以细化，列出各个具体目标可以通过哪些具体的信息系统处理功能来加以实现，使得面向管理领域的目标体系转化为面向信息系统领域的具体处理功能，从而在管理目标和系统处理功能之间建立起一种对应关系。此外，在新系统的目标明确以后，有利于确定系统设计阶段和系统实现阶段的工作范围和具体任务，同时也有利于逐步地进行系统处理功能的扩展。

(2) 确定新系统边界和人机接口。新系统的边界及人机接口部分的确定是根据系统的数据流程图来分析得到的。同时，还要正确划分出哪些部分用计算机处理比较合适，哪些部分应该由人工来完成。

(3) 确定新系统的数据处理方式。系统数据处理方式的确定对于满足用户要求，改善系统的服务质量以及选择计算机系统设备都是很重要的一个方面。数据处理方式一般分为联机处理和批处理两种形式。联机处理方式比较适合于用户要求系统能及时反映某些数据处理结果，以及数据收集费用较高和处理负荷容易波动的场合；而批处理方式则适合于固定周期的、大量的、无法用联机负荷处理的数据处理场合及需要在一段时间内积累数据后再进行数据处理的场合。数据处理方式的确定往往是根据系统用户的要求和数据处理的实际可能来考虑的。

(4) 建立新系统的数据流程图。建立新系统的数据流程图是在已经确定了系统的边界、人机接口和系统的数据处理方式等基础上，结合现行系统的数据流程图而得到的。

(5) 开发费用与时间的估计。

# 6.10  系统分析报告

系统分析报告又称为系统说明书，它反映了这一阶段调查分析的全部情况，是系统分析阶段的最重要的文档。用户可以通过系统分析报告来验证和认可新系统的开发策略和开发方案，而系统设计师则可以用它来指导系统设计工作和以后的系统实施标准。此外，系统分析报告还可用来作为评价项目成功与否的标准。

系统分析报告主要包括以下内容：

(1) 概述。摘要说明新系统的名称、主要目标、功能以及新系统开发的有关背景、新系统与现行系统之间的主要差别。

(2) 现行系统概况。用本章介绍的一些工具，如组织结构图、功能体系图、业务流程图、数据流程图、数据字典等，详细描述现行组织的目标，现行组织中信息系统的目标，系统的主要功能、组织结构、业务流程等。另外，对各个主要环节对业务的处理量、总的数据存储量、处理速度要求、处理方式和现有的各种技术手段等，都应做一个扼要的说明。

(3) 系统需求说明。在掌握了现行系统的真实情况的基础上，针对系统存在的问题，全面了解组织中各层次的用户就新系统对信息的各种需求。

(4) 新系统的逻辑方案。根据原有系统存在的问题，明确提出更加具体的新系统目标。围绕新系统的目标，确定新系统的主要功能划分、新系统的各层次数据流程图、新系统的数据字典等，并与原有系统进行比较。

(5) 系统开发资源与时间进度估计。

# 思 考 与 练 习 题

1. 系统分析的主要作用是什么？对管理比较规范的企业和管理相对较差的企业，在进行系统分析时，要分别注意什么问题？

2. 系统分析的主要工具是什么？不同工具分别适宜应用于哪类问题的描述与分析？

3. 数据流图主要的作用是什么？建立数据流图时应重点考虑哪些问题？

4. 什么是数据字典？它的作用是什么？

5. 试举例说明怎样理解"逻辑模型"与"物理模型"。

# 第7章　信息系统的设计

　　根据系统分析阶段所获得的目标——系统的逻辑模型而建立物理模型，这就是管理信息系统的设计。也即根据目标系统逻辑功能的要求，考虑实际情况，详细地确定目标系统的结构和具体的实施方案。

## 7.1　信息系统设计概述

### 7.1.1　系统设计的主要任务

　　系统设计是开发管理信息系统的重要阶段，也是整个开发工作的核心。它将实现系统分析阶段所提出的逻辑模型，并确定新系统的结构。

　　系统分析阶段是解决管理信息系统"干什么"的问题；而系统设计阶段则是解决"怎么干"的问题。系统分析阶段最终提出系统分析报告，建立管理信息系统的逻辑模型；系统设计阶段则最终提出系统实施方案，建立管理信息系统的物理模型。可以这样说，系统分析是从用户和现行系统入手，进行详细的调查研究，把物理因素一一抽去，从具体到抽象；系统设计则是从管理信息系统的逻辑模型出发，以系统分析报告为依据，一步步地加入物理内容，从抽象又回到具体。

### 7.1.2　系统设计的原则

　　系统设计的优劣直接影响到目标系统的质量和所获得的经济效益，因此，为了使所设计的目标系统成为一个满足用户需要的、具有较强生命力的系统，在系统设计时必须遵循下列基本原则：

　　(1) 简单性。只要能达到预定的目标和实现预定的功能，系统就应避免一切不必要的复杂化，应该尽量简单。

　　(2) 灵活性。系统应该对外界环境条件的变化有很强的适应性。

　　(3) 完整性。系统是作为一个统一的整体而存在的，因此系统的功能要尽量保持完整，数据采集要统一，设计规范要标准，传递语言要一致。

　　(4) 可靠性。指系统受外界干扰时的抵御力与恢复能力。例如，保密性、检错和纠错能力。

　　(5) 经济性。系统应该给用户带来一定的效益，这里提到的效益既包括直接经济效益，又包括间接经济效益。系统的投资和经营费用应尽快得到回收。

### 7.1.3　系统设计的步骤

系统设计由总体设计和详细设计两部分组成。

**1．总体设计**

总体设计也称为初步设计或结构设计。总体设计阶段内容包括划分子系统、模块结构图设计、信息系统流程图设计、系统物理配置方案设计等。

**2．详细设计**

在总体设计基础上，详细设计是要确定每个模块内部的详细执行过程。详细设计阶段包括代码设计、数据存储文件设计、输出设计、输入设计等。

详细设计常用流程图、问题分析图、IPO 图和过程设计语言等工具来描述每个模块的执行过程，关于这些方法我们也将在本章进行介绍。

系统设计阶段的成果是系统设计说明书，它主要由模块结构图和模块说明书两部分组成。模块结构图说明系统由哪些模块组成和各模块间的联系情况，模块说明书则详细描述了每一模块的输入/输出数据、功能和算法等。

### 7.1.4　系统设计的方法

系统设计阶段的任务是很复杂的，需要有一定的方法来指导，从而使设计人员可以较容易地设计出好的设计方案。

20 世纪 70 年代以来，出现了多种设计方法，代表性的有结构化设计(Structed Design)、Jackson 方法、Parnas 方法等。这些方法都采用了模块化、从顶向下、逐步细化等基本思想，它们的差别在于构成模块的原则不同。

(1) Jackson 方法：以数据结构为基础建立模块结构。

(2) Parnas 方法：以信息隐蔽为原则建立模块结构。

(3) 结构化设计(Structed Design，SD)：以数据流程图为基础构成模块结构。

# 7.2　模块结构图设计

### 7.2.1　结构化系统设计方法概述

**1．什么是结构化系统设计方法**

结构化设计方法是由美国 IBM 公司的 W.Stevens、G.Myers 和 L.Constantine 等人提出来的，它是使用最为广泛的一种系统设计方法。

结构化系统设计是在结构化思想的基础上发展起来的一种用于复杂系统结构设计的技术，它运用一套标准的设计准则和工具，采用模块化的方法进行系统结构设计。该方法适用于管理信息系统的总体设计，可以同系统分析阶段中的结构化系统分析与实施阶段中结构化程序设计方法前后衔接起来使用。

## 2．结构化系统设计的基本思想

结构化系统设计的基本思想是采用分解的方法，将系统设计成由相对独立、单一功能的模块组成的结构。它以系统的逻辑功能和数据流关系为基础，根据数据流程图和数据字典，借助于一套标准的设计准则和图表工具，通过"自上而下"和"自下而上"的反复，把系统逐层划分为多个大小适当、功能明确、具有一定独立性且容易实现的模块，从而把复杂系统的设计转变为多个简单模块的设计。

## 3．结构化系统设计的特点

结构化系统设计具有以下特点：

(1) 相对独立、功能单一的模块结构。由于模块之间相对独立，每一模块就可以单独地被理解、编写、测试、纠错和修改，从而有效地防止错误在模块之间扩散蔓延，提高了系统的质量(可维护性、可靠性等)，同时，系统研制工作也大大简化。

(2) 块内联系大、块间联系小。模块内部联系要大，模块之间联系要小，这是结构化设计中衡量"相对独立"性能的标准。

(3) 采用模块结构图的描述方式。结构化设计方法使用的描述方式是模块结构图。模块结构图不仅描述了系统的分层模块结构，清楚地表示了每个模块的功能，而且直观地反映了块内联系和块间联系等特性。

采用结构化系统设计方法，有利于系统结构的优化，设计出的系统比较容易实现，而且有较好的可维护性，因而获得了广泛的应用。

## 7.2.2　模块结构图

要确定系统的模块结构，主要考虑以下四个方面的问题：

(1) 如何将一个系统或子系统划分成多个模块。

(2) 模块间传递什么数据。

(3) 模块间的调用关系如何。

(4) 如何评价并改进模块结构的质量。

### 1．模块结构图的概念

描述系统内各个组成部分的结构及其相互关系的图称为模块结构图。模块结构图是结构化设计的一个主要工具，它能表达已经被分解成若干个模块的系统结构的层次和通信关系，如图 7-1 所示。

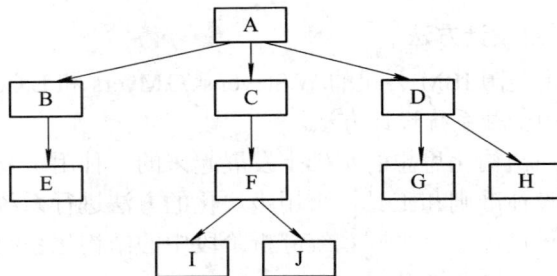

图 7-1　模块结构图

模块结构图可以描述以下几个问题：

(1) 如何将系统划分成一个个模块。

(2) 模块间传送什么数据。

(3) 模块间组成层次的调用关系。

**2．模块结构图的组成**

模块结构图是结构化设计中描述系统结构的图形工具，它由模块、调用、数据和控制四种基本符号组成，如图 7-2 所示。

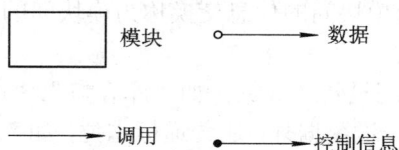

图 7-2　基本符号

下面我们就模块结构图的主要成份进行讨论。

1) 模块

模块通常是指用一个名字就可以调用的一段程序语句。

2) 调用

在模块结构图中，用连接两个模块的箭头表示调用，箭头总是由调用模块指向被调用模块，被调用模块执行后又返回到调用模块。

模块间的调用关系有以下三种：

(1) 直接调用，是一种最简单的调用关系，指一个模块无条件地调用另一个模块，如图 7-3 所示。

在该图中，模块 A 直接调用模块 B，而模块 B 又直接调用模块 C。

(2) 选择调用，也称为条件调用。如果一个模块是否调用另一个模块取决于调用模块内部的某个条件，则把这种调用称为选择调用，用菱形符号◇表示。其含义是，根据条件满足情况决定调用哪一个模块，如图 7-4 所示。

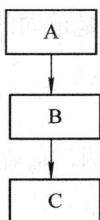

图 7-3　直接调用关系　　　　　　　　　　　图 7-4　选择调用关系

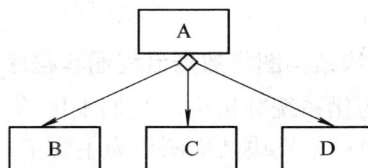

(3) 循环调用，也称为重复调用。如果一个模块内部存在一个循环过程，每次循环中均需调用一个或几个下属模块，则称这种调用为循环调用或重复调用，用符号↻表示。其含义是上层模块对下层模块的多次反复的调用，如图 7-5 所示。图中，模块 M 对模块 A、B、C 进行多次反复调用，而不是只调用一次。

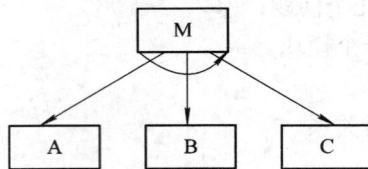

图 7-5  循环调用关系

3) 通信

伴随着模块调用而发生的模块间的信息交换称为模块间的通信。

模块间的通讯有两种方式：

(1) 数据通信，表示模块间只传送数据，如"库存量"、"产品编号"、"顾客姓名"等。

(2) 控制通信，模块间除传送数据外，还传递标志位，如"无此记录"、"文件结束"、"打印错误信息"等。

例如，图 7-6 中，"无此职工"就是用来表示传送来的职工号有误的控制信息。

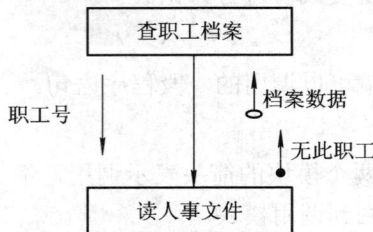

图 7-6  模块间的通信

**3．模块调用和通信的规则**

模块调用和模块间通信必须遵循以下规则：

(1) 一个上层模块可以有一个或多个直属下层模块。

(2) 一个下层模块可以有一个或多个直属上层模块。

(3) 同一层模块不能相互调用。

(4) 每个模块只能调用其直属的下层模块，不能调用非直属的下层模块。

(5) 模块间的通信只限于直属的上、下层模块之间进行，可以是单向的或双向的，但不能越层进行。

**4．模块结构图与数据流程图和程序流程图的区别**

在结构化系统分析中，我们采用的一个主要工具是数据流程图，而在结构化系统设计中，我们采用了模块结构图作为主要工具。两者的区别是：

(1) 数据流程图是从数据在系统中的流动情况，即从数据流的角度来考虑系统的，而模块结构图则是从功能层次关系的角度来考虑系统的。

(2) 数据流程图主要说明系统"做什么"，即描述系统的逻辑模型；而模块结构图则主要说明"如何做"，即描述系统的物理模型。

(3) 数据流程图描述系统中数据流动的情况，每张数据流程图对应于模块结构图中的某一层次。

(4) 数据流程图的绘制过程是从具体到抽象，逐步去掉各种物理的处理方法，只剩下抽象的信息流动情况，以便抽象地描述系统的逻辑功能；而模块结构图则相反，它是从一个总的抽象的系统功能出发，逐一具体化，逐步考虑具体的实现方法，逐步加入具体的实现方法和技术手段，最后设计出物理模型来，即从抽象到具体的过程。

因此，在某种意义上，数据流程图与模块结构图的绘制过程正好相反，分别用于系统分析和系统设计两个不同的阶段。

对于模块结构图与程序流程图，从表面上看很类似，然而二者是有本质区别的：模块结构图表达系统的处理功能，描述模块的外部属性(输入和输出、逻辑功能)，而且能够表达各个模块之间的通信关系，指出模块间的数据流向；程序流程图描述模块的内部属性(处理过程、内部数据)，无法进一步知道某系统的组织结构。

### 5．模块结构图的标准形式

一个系统的模块结构图有两种标准形式，即变换型结构和事务型结构。

1) 变换型

变换型系统由三部分组成：输入、数据加工(变换)和输出。它的功能是将输入的数据经过加工后输出，如图 7-7 所示。

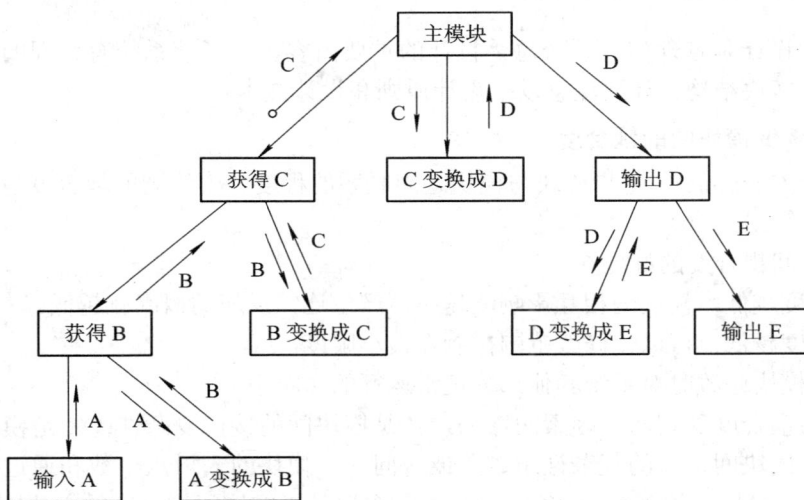

图 7-7  变换型模块结构

变换型系统工作时，首先主模块受到控制，然后控制沿着结构逐层达到底层的输入模块，当底层模块输入数据 A 后，A 由下至上逐层传送，逐步由物理输入 A 变成逻辑输入 C，在主控模块控制下，C 经中心变换模块转换成逻辑输出 D，D 再由上至下逐层传送，逐步把逻辑输出变成物理输出 E。

2) 事务型

事务型系统由三层组成：事务层、操作层和细节层。它的功能是对接收的事务，按其类型选择某一类事务处理，如图 7-8 所示。

事务型系统在工作时，主模块将按事务的类型选择调用某一事务处理模块，事务处理模块又调用若干个操作模块，而每个操作模块又调用若干个细节模块。

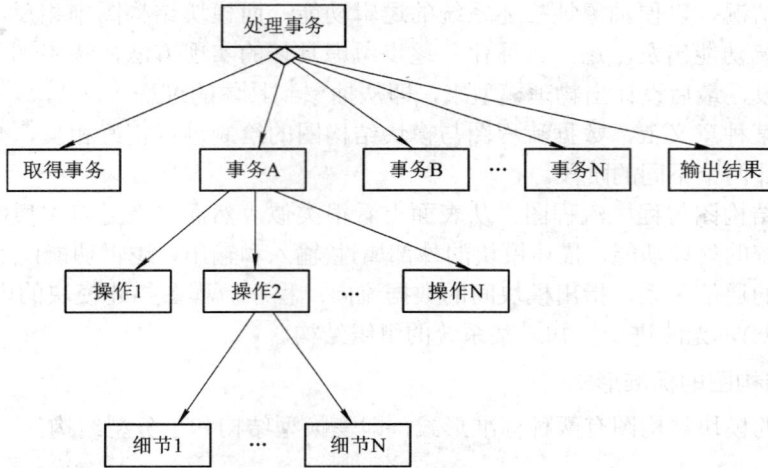

图 7-8　事务型模块结构

## 7.2.3　模块结构设计的原则与技术

模块结构设计是管理信息系统总体设计的重要内容，为了使系统有合理的结构和较好的可维护性，模块结构设计要注意以下设计原则和设计技术。

### 1．尽量降低模块间的耦合度

所谓耦合(Coupline)，是指模块与模块之间联系的程度。模块间的耦合度越低，模块的独立性就越高。

降低模块间耦合度的好处在于：

(1) 耦合度越低，模块间相互影响就越小，产生连锁反应的概率就越低。

(2) 耦合度越低，可以使修改范围控制在最小限度。

(3) 一个模块修改时对系统其他部分正常运行的影响小。

模块间的耦合度受到两个因素的影响，一是模块间的接口复杂性；二是模块间的耦合形式。其中，模块间接口的复杂性用进入或访问一个模块的入口点个数和通过接口的数据多少来衡量，而模块间的耦合形式(或称为联结形式)是影响块间耦合度的主要因素。模块间的耦合形式可以归纳为四种类型，按照耦合度由低到高的次序排列为：数据耦合、控制耦合、公共环境耦合、内容耦合。

下面我们对这四种耦合形式进行讨论。

### 1) 数据耦合

数据耦合是指两个模块之间的联系是通过数据交换而实现的。这是一种理想的耦合，耦合度最低。若一个模块与其他模块之间的联系全部是数据联系，则这个模块就是一个黑箱，如图 7-9 所示。

### 2) 控制耦合

两个模块之间，除了传递数据信息外，还传递控制信息，模块间的这种连接关系称为控制耦合，如图 7-10 所示。

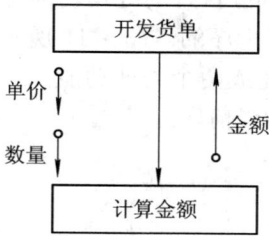

图 7-9　模块间的数据耦合

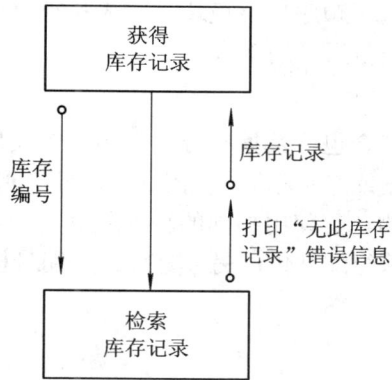

图 7-10　模块间的控制耦合

3) 公共环境耦合

当两个或多个模块通过一个公共数据环境相互作用时，它们之间的耦合称为公共环境耦合。公共数据环境可以是全程变量、内存的公共覆盖区及任何存储介质上的文件等。

4) 内容耦合

内容耦合是指一个模块与另一个模块的内部属性(程序或内部数据)直接发生联系。内容耦合的两个模块间是病态连接的，在修改其中一个模块时，将直接影响到另一个模块，产生波动现象，影响整个系统。因此，在系统设计时，应完全避免这种模块耦合。

总之，在进行模块结构设计时，应尽量采用数据耦合，并尽可能降低接口的复杂性；只有在必要时才使用控制耦合并尽量减少控制信息，简化控制关系；坚决消除内容耦合。

**2. 尽量提高模块的聚合度**

所谓聚合(Cohesion)，是指模块内部各成分之间的联系程度。模块的聚合度越高，其独立性也越高。模块的聚合度可分为七种形式，按聚合程度由高到低的顺序排列如下：

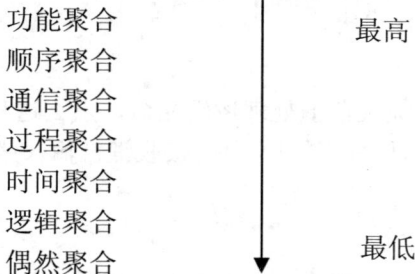

功能聚合　　　　　　　　最高
顺序聚合
通信聚合
过程聚合
时间聚合
逻辑聚合
偶然聚合　　　　　　　　最低

1) 功能聚合

功能聚合是指一个模块内部的各个组成部分的处理功能全都为执行同一个功能而存在，并且只执行一个功能。功能聚合是一种最理想的聚合方式，独立性最强。

例如，读库存记录、打印发货单和计算实发工资三个模块都是功能聚合模块。

2) 顺序聚合

如果一个模块内部各个组成部分执行几个处理功能，且一个处理功能所产生的输出数据直接成为下一个处理功能的输入数据，那么这种聚合称为顺序聚合。例如，"合同输入与汇总"就属于顺序聚合模块，它先执行合同输入功能，然后再执行合同汇总功能，而且前者的输出正是后者的输入。

3) 通信聚合

通信聚合也称数据聚合，是指一个模块内部各个组成部分执行的处理功能都使用相同的输入数据或产生相同的输出数据，且其中各个处理功能是无序的。图 7-11 所示模块就是通信聚合的，它使用相同的输入数据，即配件编号，分别完成两个处理功能，一是按配件编号检索获得配件价；另一是按配件编号检索获得该配件的当前库存量。

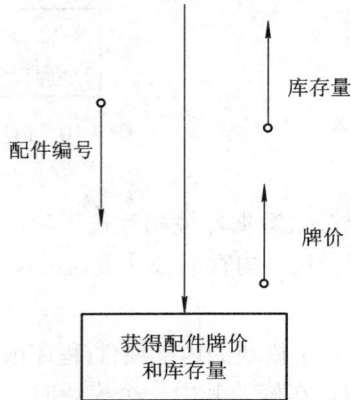

图 7-11　通信聚合模块

4) 过程聚合

如果一个模块内部各个组成部分的处理功能各不相同，彼此也没有什么关系，但它们都受同一个控制流支配，决定它们的执行次序，那么，这种聚合称为过程聚合。

5) 时间聚合

时间聚合也称暂时聚合。如果一个模块内各个组成部分的处理功能和时间有关，那么这种聚合称为时间聚合。初始化模块是典型的时间聚合模块。

6) 逻辑聚合

如果一个模块内部各个组成部分的处理功能彼此无关，但处理逻辑相似，那么这种聚合称为逻辑聚合。例如，把所有的输入操作(读磁带文件、读磁盘文件、接收键盘输入)都放在一个模块中。

7) 偶然聚合

偶然聚合也称机械聚合。如果一个模块的构成是由若干个毫无关系的功能偶然组合在一起的，则这种聚合称为偶然聚合。它的聚合度最低，可修改性也最差。总之，在模块结构设计时，要尽可能提高模块的聚合度，多用功能聚合、顺序聚合、通信聚合，尽可能避免逻辑聚合和偶然聚合，以提高模块的独立性。

在进行管理信息系统的模块结构设计时，除了要尽量提高模块的聚合度和降低模块间的耦合度，即耦合小，聚合大这两项最重要的原则外，还需要一些辅助原则，它们是模块的分解、扇出和扇入、控制范围和判断影响范围。下面分别加以讨论。

### 3．模块的分解

模块的分解是指把一个模块划分成若干个较小的新模块。

模块的分解主要是按功能来进行的。对于规模过大、内部结构复杂的模块；内部含有重复处理功能的模块；功能划分还没有详细到使人完全理解的模块，应进一步进行分解，力求使系统的模块结构清晰，每个模块应该是一个小的、功能单一的模块。

### 4．模块的扇出系数和扇入系数

模块的扇出(Fan-Out)系数是指一个模块拥有的直属下层模块的个数。模块的扇入(Fan-In)系数是指一个模块的直接上层模块的个数。在模块结构设计中，应尽可能地加大模块的扇入系数。扇入系数大，说明模块分解得好，通用性强，冗余度低。

### 5．模块的控制范围和判断影响范围

一个模块的控制范围是指它可调用(包括间接调用)的所有下层模块和其本身所组成的集合。一个模块的判断影响范围是指由该模块中包含的判断处理所影响到的所有其他模块的集合。

模块的控制范围和判断影响范围的关系，直接决定了模块关系的复杂性及系统的可修改性和可维护性。一个好的模块结构，应该满足以下要求：

(1) 对于任何一个具有判断功能的模块，其判断影响范围都应当是它控制范围的一个子集。

(2) 内部存在判断调用的模块和属于其判断影响范围的模块，二者所在的层次不要相隔太远。

根据以上两点可知，最理想的判断影响范围是由判断所在模块及其直接下层模块组成的。

## 7.2.4　模块结构图的绘制

模块结构设计是管理信息系统总体设计的重要组成部分，其任务是根据系统分析阶段提出的逻辑模型来确定系统的总体结构，即将数据流程图转换成模块结构图。模块结构设计分为两步：

(1) 根据数据流程图建立初始的模块结构图。

(2) 根据上述提出的模块结构设计的五项原则对初始的模块结构图进行修改和优化，以求获得设计合理的模块结构图。

管理信息系统的数据流程图一般有两种典型的结构：变换型结构和事务型结构。

变换型结构的数据流程图呈一种线性状态，如图 7-12(a)所示，它可以明显地分成输入、主加工(或主处理)、输出三部分。

事务型结构的数据流程图则呈束状，即一束数据流平行流入或流出，可能同时有几个事务要求处理，如图 7-12(b)所示。

这两种典型的结构分别通过"变换分析"和"事务分析"技术，就可以导出模块结构图的两种标准形式，即变换型模块结构图和事务型模块结构图。变换型和事务型模块结构都有较高的模块集合和较低的块间耦合，因此便于修改和维护。在管理信息系统中，经常

将这两种结构结合使用。

变换分析和事务分析这两种方法都是首先设计顶层模块，然后自顶向下，逐步细化，最后得到一个满足数据流程图所表示的、用户要求的系统模块结构图。

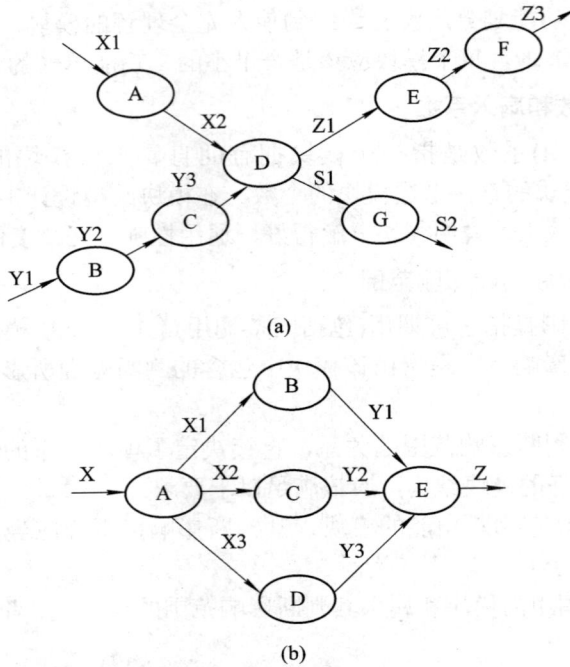

(a)

(b)

图 7-12 数据流程图的典型结构

(a) 变换型；(b) 事务型

下面我们分别讨论这两种方法。

## 1. 变换分析

我们已经知道，变换型结构的数据流程图由输入、主加工和输出三部分组成，其中，主加工部分执行系统的主要处理功能，对输入数据实行变换，是系统的中心部分，也称为变换中心。我们把主加工的输入和输出数据流称为系统的"逻辑输入"和"逻辑输出"，而把系统输入端和系统输出端的数据流分别称为"物理输入"和"物理输出"。显然，逻辑输入与逻辑输出之间的部分即是系统的变换中心。

运用变换分析从变换型结构的数据流程图导出变换型模块结构图的过程可以分为三步：

(1) 确定主加工(或变换中心)。

(2) 设计模块结构图的顶层和第一层。

(3) 设计中、下层模块。

下面分别进行讨论。

### 1) 确定变换中心

通常，在数据流程图中多股数据流的汇合处往往是系统的变换中心。若没有明显的汇合处，可先确定哪些数据流是逻辑输入和逻辑输出，从而获得变换中心。

　　从物理输入端开始，沿着数据流输入的方向一步步向系统中间移动，直至到达这样一个数据流——它再不能被作为系统的输入，则其前一个数据流就是系统的逻辑输入。换句话说，离物理输入端最远的，但仍可视为是系统输入的那个数据流就是逻辑输入。

　　同样，从系统的物理输出端开始，一步步向系统中间移动，也可以找出离物理输出端最远的，但仍可视为系统输出的那个数据流就是逻辑输出。

　　逻辑输入和逻辑输出之间的部分就是系统的变换中心。

　2) 设计模块结构图的顶层和第一层

　　系统模块结构图的顶层是主控模块，负责对全系统进行控制和协调，通过调用下层模块来实现系统的各种处理功能。

　　在与变换中心对应的位置上画出主控模块(如图 7-13 所示，也称为主模块)，它是模块结构图的"顶"，然后我们就可按"自顶向下，逐步细化"的方法来画模块结构图的以后各层了。每一层均需按输入、变换中心、输出等分支来处理。

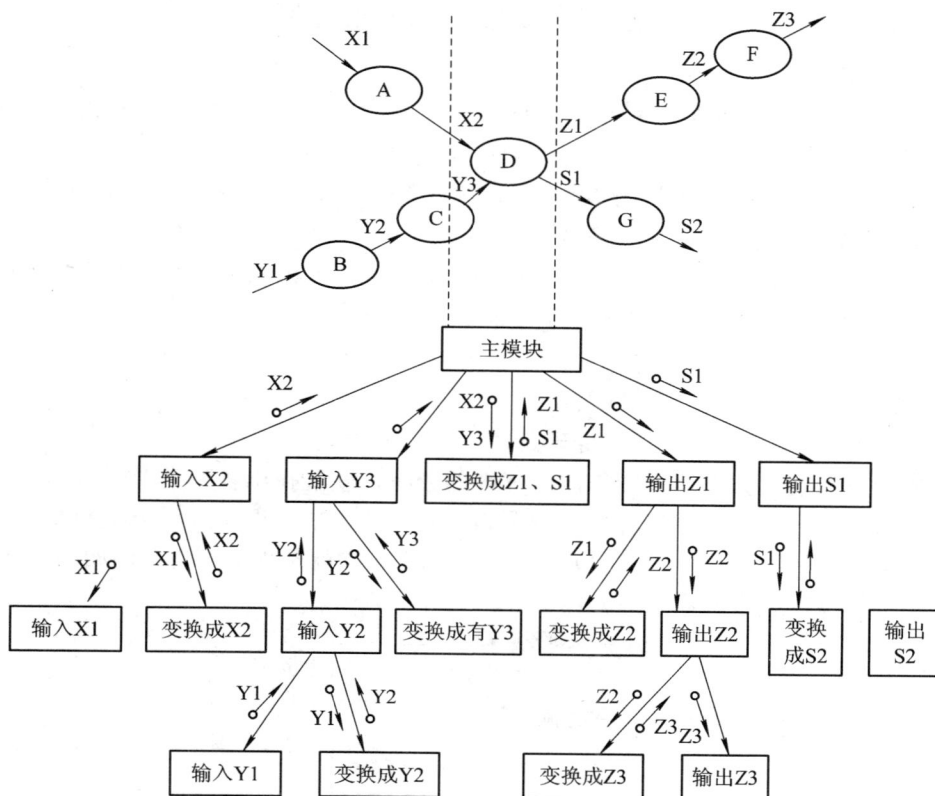

图 7-13　变换型数据流程图转换为模块结构图

　　结构图第一层的作法如下：

　　(1) 为数据流程图中的每一个逻辑输入设计一个输入模块，它的功能是向主控模块提供逻辑输入数据。

　　(2) 为数据流程图中的每一个逻辑输出设计一个输出模块，其功能是把主控模块提供的数据输出。

(3) 为数据流程图中的变换部分设计一个变换模块，它的功能是对逻辑输入进行加工处理，将之变换成逻辑输出。

3) 设计中、下层模块

在模块结构图的顶层和第一层已经确定的基础上，根据数据流程图将系统模块结构图中第一层的各模块自顶向下地逐级向下扩展，即可逐步细化每一模块的功能，最后形成完整的系统模块结构图。

由于输入模块的功能是向调用它的模块提供数据，因此它自己也需要一个数据来源。

此外，输入模块应具有变换功能，以向调用模块提供所需的数据。因此，我们为每个输入模块设计两个下层模块，其中一个是输入模块，另一个是变换模块。

同理，也为每个输出模块设计两个下层模块：一个是变换模块，将调用模块所提供的数据变换成输出的形式；另一个是输出模块，将变换后的数据输出。

该过程自顶向下进行，直到系统的物理输入端或物理输出端为止(如图 7-13 所示)。每设计出一个新模块，应同时给它起一个能反映模块功能的名字。

### 2. 事务分析

当数据流程图呈现"束状"结构时，应采用事务分析的设计方法。它同变换分析法一样，是结构化系统设计的重要方法。

用事务分析法设计系统模块结构图与用变换分析法设计系统模块图的方法基本类似。

1) 分析数据流程图，确定它的事务中心

如果数据沿输入通路到达一个处理，这个处理根据输入数据的类型在若干动作序列中选出一个来执行，那么，该处理称为事务中心。它完成如下功能：

(1) 接收原始的事务记录。

(2) 分析每一个事务并确定它的类型。

(3) 根据事务类型选择一条逻辑处理路径。

一般来说，只要对数据流程图作比较仔细的分析，就能找出各种类型的事务、事务处理逻辑及事务中心。如果存在这样的处理逻辑：它对流入的数据流进行类型判断，并根据它的处理逻辑类型的不同产生不同的处理路径，那么，它就是事务中心。例如，图 7-14 中的"确定事务类型"就是该系统的事务中心。

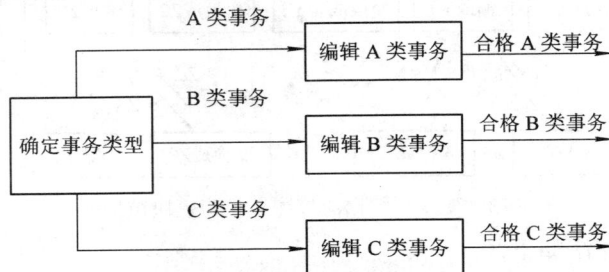

图 7-14　事务型数据流程图

2) 设计高层模块

事务中心确定后，就可着手绘制系统模块结构图了。事务型数据流程图转换成的模块结构图的高层模块结构具有如图 7-15 所示的基本形式。

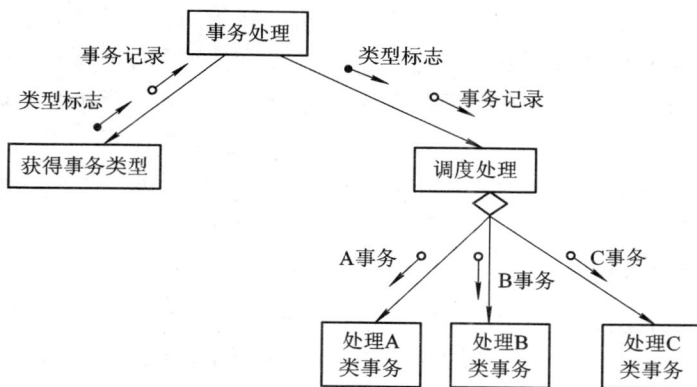

图 7-15　事务型模块结构图的高层结构

3) 设计中、下层模块

　　系统的高层模块结构确定后，就可根据自顶向下、逐层细化的原则，参照数据流程图对高层模块进行必要的分解，从而形成完整的模块结构图。具体方法与采用变换法时相似，不再赘述。

　　按照上述步骤，完整的事务型模块结构图应具有下述结构形式：

　　(1) 在顶层模块下为每一种类型的事务设置一个事务处理模块，形成系统模块结构图的第一层，即事务层。

　　(2) 根据每个事务处理模块所进行的不同处理，为它们设置若干个动作模块(或称为操作模块)，其中有的动作模块可能是多个事务处理模块的公共下属模块，所有动作模块形成系统模块结构图的第二层，即动作层(或操作层)。

　　(3) 如果有必要，还可以设置细节层作为系统模块结构图的第三层，即将每个动作模块再分解成若干个细节模块，其中某些细节模块可能被若干个动作模块调用。

　　上述层次结构如图 7-16 所示。

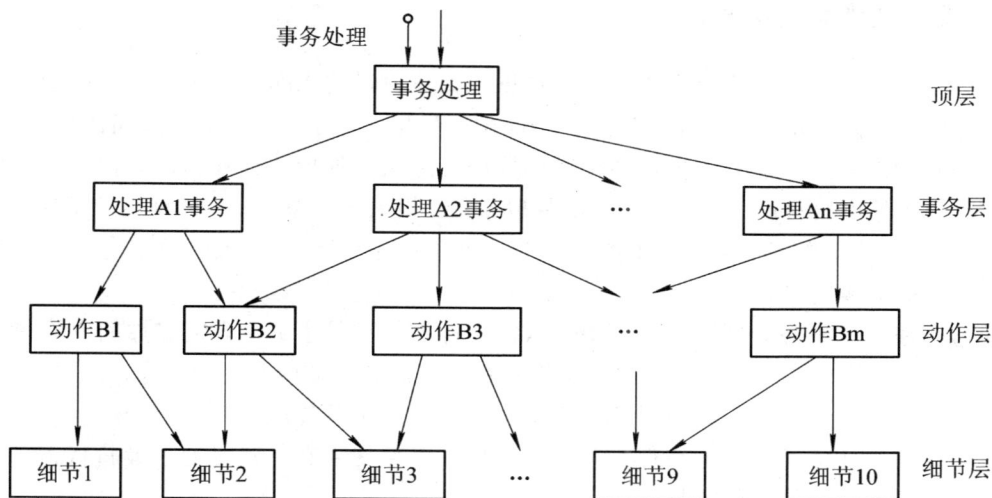

图 7-16　事务型模块结构图的典型层次结构

　　变换分析法和事务分析法是进行系统模块结构设计的两种基本方法，但是，一个实际的管理信息系统的数据流程图是相当复杂的，往往是变换型和事务型的混合结构，此时可把变换分析和事务分析的应用列在同一数据流程图的不同部分。例如，可以以"变换分析"为主，"事务分析"为辅进行设计，先找出主加工(或变换中心)，设计出结构图的上层，然后根据数据流程图各部分的结构特点，适当选用"变换分析"或"事务分析"，就可得出初始结构图的某个方案。

### 3．模块结构图的改进

　　在系统分析阶段，加工说明中所反映的用户要求(例如出错处理、过程信息等)不能完全在数据流程图中反映。然而，在系统设计阶段的系统模块结构图中，又必须体现出用户的所有要求。而且，运用上述方法建立的模块结构图是初步的，它能实现数据流程图提出的逻辑功能，因而是可用的，但不一定是优化的。因此，初始的系统模块结构图完成后，应当根据前面提出的模块结构设计的五项原则进行检查和改进，特别是应按照"耦合小，聚合大"的标准对结构图进行检查和修改。

## 7.3　信息系统流程图设计

　　模块结构图主要从功能的角度描述了系统的结构，但并未表达各功能之间的数据传送关系。事实上，系统中许多业务或功能都是通过数据存储文件联系起来的。例如，某一功能模块向某一数据存储文件中存入数据，而另一个功能模块则从该数据存储文件中取出数据。再比如，虽然在数据流程图中的某两个功能模块之间原来并没有通过数据存储文件发生联系，但为了处理方便，在具体实现中有可能在两个处理功能之间设立一个临时的中间文件，以便把它们联系起来。

### 7.3.1　事务处理系统流程图

　　在一个企业中，每天都会产生大量的单据，如原材料的入库单、出库单，产成品的入库单、出库单，发货单、收款单，班组的产品生产日报，职工的考勤表，设备的运行记录，能源的消耗记录等。对这些单据，各个部门要进行加工、处理、计算、汇总，并且定期形成报表，如产品销售月报、产品产量产值月报、会计报表等。通常，我们称这类工作为"事务处理"，每一种单据表示某一种事务，而电子计算机最适合于事务处理工作，越是大量的事务，其效益就越明显。

　　通常，在一个事务处理系统中有两类数据文件，一类是事务文件，如原料入库单、出库单构成的数据文件，它们按一定的记录格式存储在磁性介质或其他介质中，磁带、磁盘、光盘中；另一类是主文件，如原材料库存文件，它反映了各种原材料当前的库存情况。典型的事务处理工作就是用事务文件来修改主文件，以便使主文件始终处于最新状态，及时反映各种原材料的当前库存情况。

一般来说，事务处理过程包含以下几个步骤：

(1) 将原始单据成批输入，形成原始事务数据文件。当然，这些单据的记录格式必须相同，且在输入过程中，必须对每一张单据进行有效性检验，以确保所形成的事务记录在逻辑上是正确的。

(2) 对输入的合格事务文件分类，也称为按关键字排序。

(3) 用事务文件来修改主文件，这称为"更新主文件"。

(4) 对更新后的主文件进行加工处理。例如，对主文件中有关的数据进行计算、汇总、检索等。

(5) 产生各种报表或打印有关的统计图。

信息系统流程图是以新系统的数据流程图为基础绘制的，它通常以计算机运行作业为单位，一个作业包含了若干个作业步，其中每一个作业步就是一个程序。信息系统流程图表示的是计算机的处理流程。

## 7.3.2 系统流程图的符号

绘制信息系统流程图应当使用统一符号。目前，国际上所用的符号日趋统一，我国国家标准 GB 1526－79 信息处理流程图图形符号和国际标准化组织标准 ISP1028、2636 以及美国国家标准协会 ANSI 的图形符号大致相同，常用的符号如图 7-17 所示。

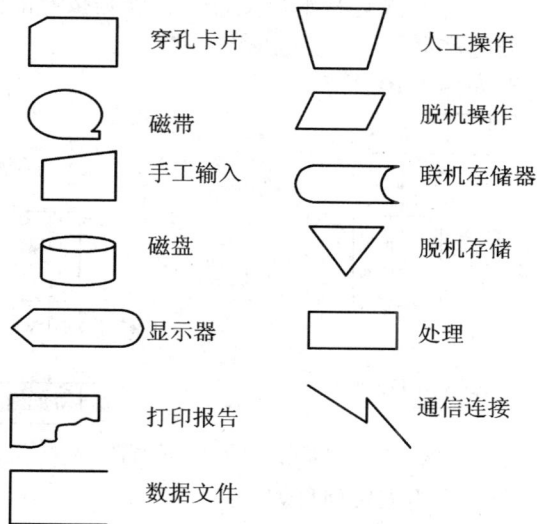

图 7-17 常用系统流程图符号

## 7.3.3 生产企业的市场经营管理系统流程图

生产企业的市场经营管理的职能主要包括计划经营研究、顾客订货服务、产品销售管理。这个系统主要的外部环境是顾客，该系统的主要数据有这样几类：有关顾客的数据、有关顾客向本企业订购产品的数据，本企业产品的库存数据以及产品销售的数据。

市场经营管理的数据流程图如图 7-18 所示。

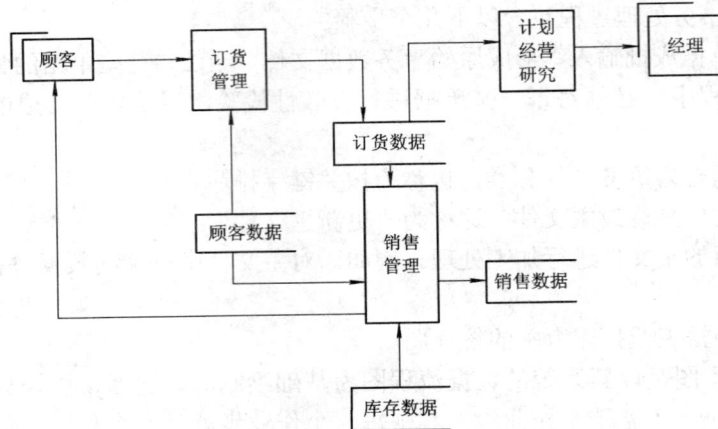

图 7-18 市场经营管理数据流程图

### 1. 订货管理

1) 订货管理数据流程图

我们把图 7-18 中的订货管理进一步扩展，其主要功能包括订货服务和订货汇总两项。它接收来自顾客的订货单，经过验证以后，产生合格的订货单记录。验证的主要内容是订货单中的产品名称、规格是否填写正确，顾客的名称、地址、开户银行和账号是否正确。定期将顾客的订货单加以汇总，形成订货汇总文件，也就是按产品汇总数据，以便安排生产，及时向顾客提供所需要的产品。

订货管理的数据流程图如图 7-19 所示。

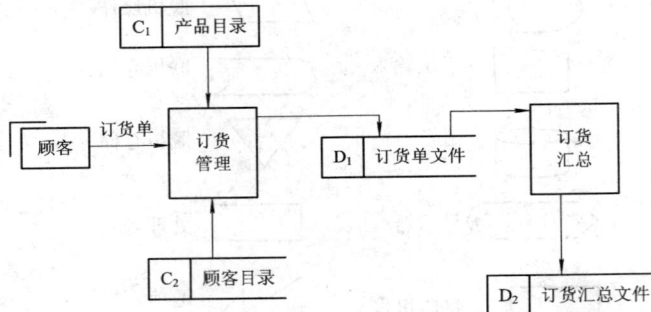

图 7-19 订货管理的数据流程图

订货管理的数据流程图包括的主要项目如下：

(1) 外部项：顾客。

(2) 输入数据流：订货单。

(3) 输入文件：产品目录、顾客目录。

(4) 输出文件：订货汇总文件。

(5) 输入/输出文件：订货单文件。

在订货管理的数据流程图中，有关的数据结构如下：

(1) 订货单，包括订货单编号、日期、顾客名称、地址、产品名称、数量、单价、金额和交货日期。

(2) $C_1$ 产品目录，包括产品代号、产品名称和销售单价。

(3) $C_2$ 顾客目录，包括顾客代号、顾客名称和地址。

(4) $D_1$ 订货单文件，包括订货单编号、日期、顾客代号、产品代号、数量和交货日期。

(5) $D_2$ 订货汇总文件，包括交货日期、产品代号和数量。

2) 订货管理系统流程图

根据上述情况，不难画出相应的事务处理系统流程图。

首先考虑为了完成这项工作，需要建立哪几个中间文件：

(1) 第一个中间文件 $T_1$，本次输入的订货单所形成的文件，每输入一张订货单，就要验证是否合格，验证的内容包括顾客名称、地址、产品名称、金额。验证的依据就是 $C_1$ 产品目录和 $C_2$ 顾客目录。$T_1$ 的数据结构与 $D_1$ 相同。

(2) 第二个中间文件 $T_2$，其数据结构也和 $D_1$ 订货文件的数据结构相同，但它已经按订货单的编号排序，是一个顺序文件。

$T_2$ 文件有三个用途：

① 将本次接收的订货单打印成订货报表；

② 与过去的订货单文件 $D_1$ 合并；

③ 按订货日期和产品代号汇总订货数量，形成中间文件 $T_3$，其数据结构与 $D_2$ 订货汇总文件相同，然后将 $T_3$ 合并到 $D_2$ 中，形成新的订货汇总文件。

订货管理的系统流程图如图 7-20 所示。

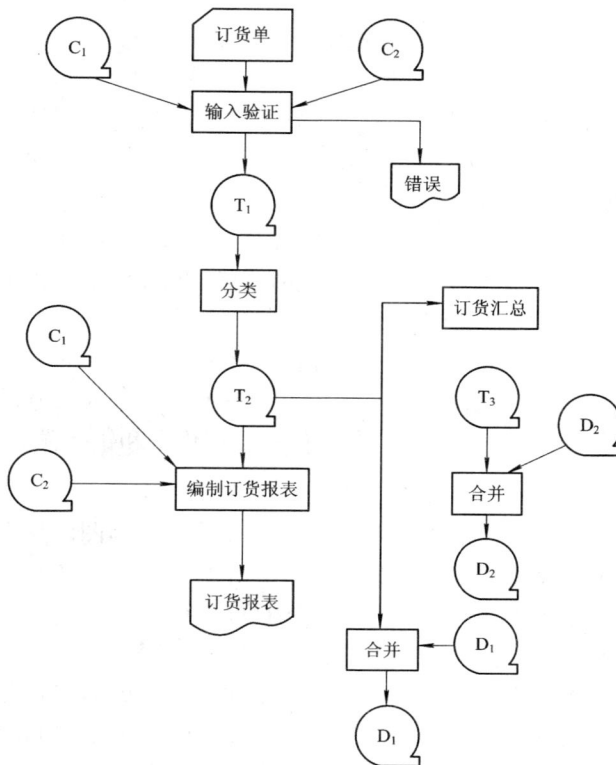

图 7-20　订货管理的系统流程图

**2．销售管理**

企业将产品生产出来后，应及时地按顾客的订货要求把产品销售给顾客。销售管理的主要功能是销售服务、销售统计和销售分析。

1）销售管理数据流程图

销售管理的数据流程图如图 7-21 所示。

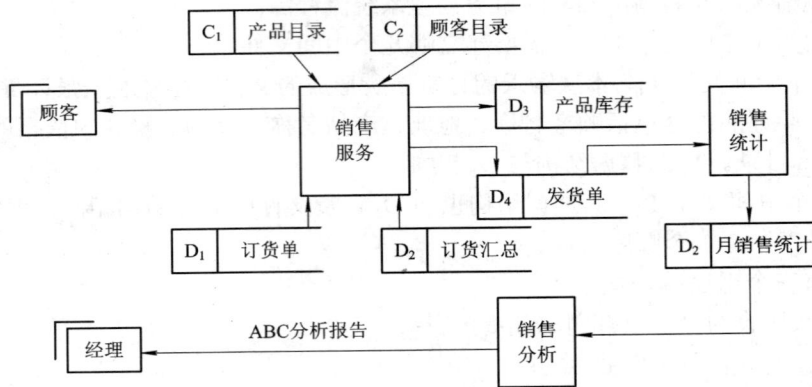

图 7-21　销售管理的数据流程图

销售管理的数据流程图包括的主要项目如下：

(1) 外部项：顾客、经理。

(2) 输出数据流：发货单、ABC 分析报告。

(3) 输入文件：产品目录、顾客目录。

(4) 输入/输出文件：订货单文件、订货汇总文件、产品库存文件、发货单文件、月销售统计文件。

有关的数据结构如下：

(1) 发货单，包括发货单编号、日期、顾客名称、产品名称、单价、数量和金额。

(2) ABC 分析报告，包括月份、序号、产品代号、产品名称、单价、销售数量、金额、占销售总额百分比和累积销售总额百分比。

(3) $D_3$ 产品库存文件，包括产品代号和当前库存量。

(4) $D_4$ 发货单文件，包括发货单编号、日期、顾客代号、产品代号、单价、数量和金额。

(5) $D_5$ 月销售统计文件，包括月份、产品代号、销售量和销售额。

2）销售管理系统流程图

根据上述业务情况，可画出销售管理的事务处理系统流程图。这个系统每天都要运行一次，按当天日期读 $D_2$ 订货汇总文件。假设按交货日期前一天计算，并根据产品库存情况，确定当天可交货的产品有哪些，因此要建立一个中间文件 $T_1$，它包括产品代号和可销售的数量两个数据项。对那些无法按期交货的产品要打印出一份报告。第二步工作就是开发货单，开发货单的依据是 $D_2$ 订货单文件，为了在发货单上打出顾客名称和产品名称，需要 $C_1$ 产品目录和 $C_2$ 顾客目录作为输入文件。对已开出的发货单要记录在 $D_4$ 发货单文件中。第三步工作就是将当天的产品销售情况累加到本月销售统计文件 $D_5$ 中。

上述三步工作每天都要执行一次。到月底，将 $D_5$ 月销售统计文件按本月产品销售额由大到小排序，形成一个中间文件 $T_2$，结构与 $D_5$ 相同，根据 $T_2$ 和 $C_2$ 的产品目录，可以编制出本月产品 ABC 销售分析报告。其格式如表 7-1 所示。

**表 7-1 ××年××月产品销售报告**

| 序号 | 序号累计百分比 | 产品名称 | 销售额 | 累计销售额 | 销售额累计百分比 |
|------|----------------|----------|--------|------------|------------------|
| 1 | $t_1$ | | $S_1$ | $A_1$ | $P_1$ |
| 2 | $t_2$ | | $S_2$ | $A_2$ | $P_2$ |
| ⋮ | ⋮ | | ⋮ | ⋮ | ⋮ |
| n | $t_n$ | | $S_n$ | $A_n$ | $P_n$ |

表 7-1 中：

$A_1=S_1$，$A_2=S_1+S_2$，…，$A_n=S_1+S_2+\cdots+S_n$

令 $A=A_n$(销售总额)，则

$t_1=1/n\times100\%$，$t_2=2/n\times100\%$，…，$t_n=n/n\times100\%$

$P_1=A_1/A\times100\%$，$P_2=A_2/A\times100\%$，…，$P_n=A_n/A\times100\%$

销售管理的系统流程图如图 7-22 所示。

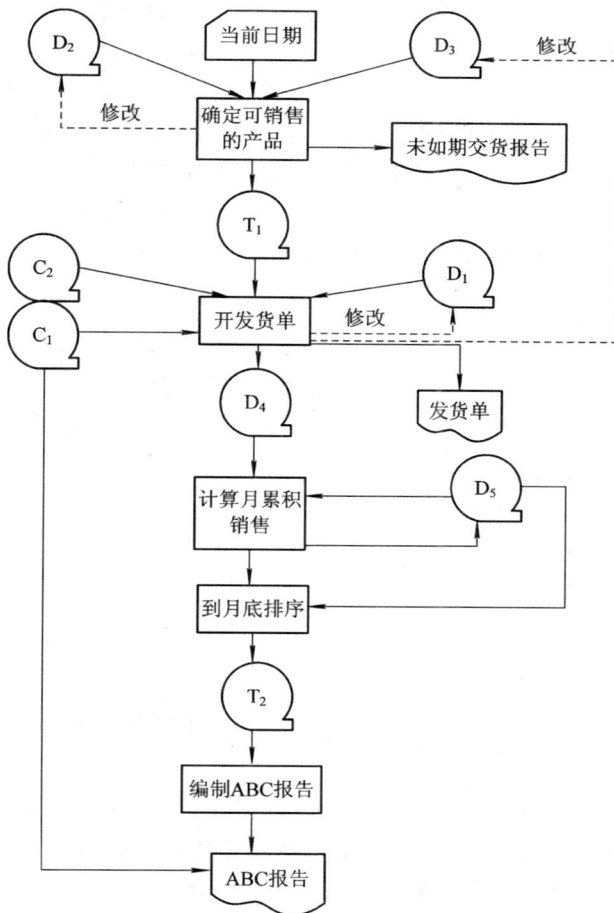

图 7-22 销售管理的系统流程图

# 7.4  详细设计的工具

在完成系统总体设计任务后，就可以进行详细设计了。

管理信息系统的详细设计是指在总体设计所建立的系统模块结构的基础上，给出模块的实现方法的细节，对模块的输入、输出和处理过程做详细描述。

详细设计不仅仅要求从逻辑上正确地实现每个模块的功能，而且要求设计出的处理过程尽可能简明易懂。结构化程序设计是实现这个目标的有效技术。

描述程序处理过程的工具称为详细设计的工具，可分为图形、表格和语言三类，如控制流程图(FC)、问题分析图(PAD)、IPO 图和过程设计语言(PDL)等。它们的基本功能都是能提供对设计的确切的描述。下面我们对常用的详细设计的工具分别进行讨论。

## 7.4.1  结构化程序设计

结构化程序设计方法(Structured Programing，SP)由 E.DIJKSTRA 等人于 1972 年提出，用于详细设计和程序设计阶段，指导人们用良好的思想方法，开发出正确且易于理解的程序。

结构化程序设计的三种基本结构是：顺序结构、选择结构和循环结构。

下面将介绍的控制流程图、问题分析图、IPO 图和过程设计语言等是结构化程序设计的描述工具，也是详细设计的工具。这些描述工具的任务不是具体编写程序，而是设计出程序的"蓝图"，程序员将根据这个蓝图编写实际的程序代码。

## 7.4.2  控制流程图(FC)

控制流程图(Flow Chart，FC)，又称程序框图。它是使用最广泛的程序细节描述工具。

程序框图包括三种基本成分：
(1) 处理步骤(用矩形框表示) 。
(2) 条件判断(用菱形框表示) 。
(3) 控制流(用箭头表示) 。

## 7.4.3  问题分析图(PAD)

问题分析图(Problem Analysis Diagram，PAD)是由日本日立公司于 1979 年提出的，它是一种支持结构化程序设计的图形工具。

PAD 图是从流程图演化而来的，它针对流程图的某些缺点，进行了适当的改进，把程序控制流结构表示成二维树的图形，与原来的流程图相比有着明显的优点。

PAD 图仅仅具有顺序、选择和循环这三种基本成分，如图 7-23 所示，正好与结构化程序设计中的基本程序结构相对应。

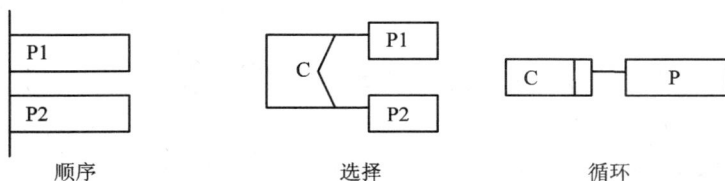

顺序　　　　　　　　选择　　　　　　　　循环

图 7-23　PAD 图的基本成分

### 7.4.4　IPO 图

IPO 图是输入—处理—输出(Input-Process-Output)图的简称，它是由美国 IBM 公司开发并逐渐完善起来的一种工具。

在系统模块结构图的形成过程中，产生了大量的模块，开发者应为每一个模块写一份说明。IPO 图就是用来表述每个模块的输入、输出数据和数据处理的重要工具。目前常用的 IPO 图的结构如图 7-24 所示。

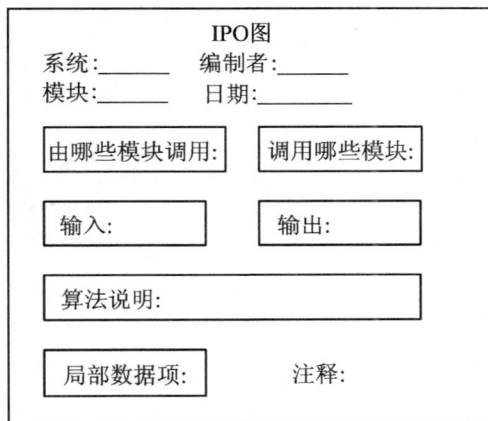

图 7-24　IPO 图的结构

IPO 图的主体是算法说明部分，该部分可采用第 6 章介绍的结构化语言、判断表、判断树，也可用本章介绍的控制流程图、问题分析图和过程设计语言等工具进行描述，只要能够准确而简明地描述模块执行细节就可以。

在 IPO 图中，输入、输出数据来源于数据字典；局部数据项是指个别模块内部使用的数据，与系统的其他部分无关，仅由本模块定义、存储和使用；注释是对本模块有关问题作必要的说明。

### 7.4.5　过程设计语言(PDL)

过程设计语言(Process Design Language，PDL)用于描述模块中算法和加工的具体细节，以便在开发人员之间比较精确地进行交流。

过程设计语言的外层语法描述结构采用与一般编程语言类似的、确定的关键字(如 If-Then-Else，While-Do 等)；内层语法描述操作可以采用任意的自然语句(英语或汉语)。

# 7.5　详细设计的工作

前面已经介绍了结构化设计的思想、方法以及详细设计的描述工具，在此基础上，就可以进行管理信息系统详细设计的主要工作，即代码、各种输入/输出以及处理的详细设计了。

## 7.5.1　代码设计

计算机不能识别任何一种具体的物体和事件，而只能识别数字、英文字母及少数的一些特殊符号。因此，必须把物体和事件数字化、字符化，这就需要进行代码设计。

### 1．代码

所谓代码，是代表客观存在的实体及其各种属性的符号，如数字、字母或它们的组合。

代码的功能：

(1) 可以使数据的表达方式标准化，有利于对客观事物及其属性进行识别。

(2) 使用代码可以减少信息量，节省存储空间。

(3) 使用代码便于信息的传输和进行分类、合并、匹配、检索等处理，提高计算机处理信息的效率。

(4) 代码可用来标明事物所处状态。例如，"1"表示是产品入库；"0"表示产品出库。

计算机通过代码来识别客观事物及其属性，并进行相应的信息处理，因此，在管理信息系统中，重要的数据必须代码化。

### 2．代码设计的原则

代码设计必须遵循以下原则：

(1) 唯一性。每一个代码都仅代表唯一的实体或属性。

(2) 标准化与通用性。凡国家和主管部门对某些信息分类和代码有统一规定和要求的，则应采用标准形式的代码，以使其通用化。

(3) 合理性。代码结构要合理，尽量反映编码对象的特征，并与事物分类体系相适应，以便代码具有分类的标识作用。

(4) 稳定性。代码应能适应环境的变化，要具有不能轻易改变的持久性，避免经常修改代码，使之具有稳定性。

(5) 可扩充性与灵活性。代码系统要考虑系统的发展变化。当增加新的实体或属性时，应能直接利用原代码加以扩充，而不需要变动代码系统。

(6) 具有规律性。即便于编码和识别。代码应具有逻辑性强，直观性好的特点，便于用户识别和记忆。

(7) 简洁性。代码的长度应以短小为好，因为代码的长度会影响所占据的存储单元和信息处理的速度，而且也会影响代码输入时出错的概率及输入、输出速度。

### 3．代码的种类

1) 顺序码

顺序码是用连续数字代表编码对象的代码，通常从 1 开始。如职工号码，李红为 00001，王江为 00002……

顺序码的优点是简单易懂，位数较少。但因为顺序码没有逻辑含义，所以仅适于用作识别代码，它本身不能说明任何信息特征。

2) 组别码

组别码是顺序码的特例，将顺序码分为若干块，每块代表一定类型的编码对象。例如，职工号码根据职工所在车间分成大小任意的区段：0001～0299 为一车间职工；0301～0499 为二车间职工。

组别码的优点是能以较少的位数分成很多小组；缺点是不便于计算机处理。它通常在代码位数受限制而又必须分组的情况下使用。

3) 区间码

区间码是把数据项分成若干组，每一区间代表一个组，码中的数字和位置都代表一定意义。区间码可分为以下几种类型：

(1) 层次码。在码的结构中，为数据项的各个属性各规定一个位置(一位或几位)，并使其排列符合一定层次关系。

例如，关于某企业的组织机构的代码含义如表 7-2 所示。

表 7-2　层　次　码

| 厂　　　级 | 科　室　级 | 小　　　组 |
|---|---|---|
| 1→厂长<br>2→技术副厂长<br>⋮ | 1→设计科<br>2→工艺科<br>⋮ | 1→工艺编制组<br>2→夹具设计组<br>⋮ |

依据表 7-2，代码 212 就代表技术副厂长主管的设计科的夹具设计组。

层次码由于数字的值与位置都代表一定意义，因而检索、分类和排序都很方便；缺点是有时会造成代码过长。

(2) 十进制码。码中每一位数字代表一类。常应用于图书、材料的分类，用四位十进制对部件进行编码。

例如，500 表示自然科学；510 表示数学；520 表示天文学；531 表示机构；531.1 表示机械；531.11 表示杠杆和平衡。

十进制码的优点是分类比较清晰，尤其是在图书资料方面；缺点是适用范围比较狭窄。

(3) 多面码。如果在代码的结构中，为多个属性各规定一个位置，就形成多面码。也就是从两个以上的属性识别和处理代码化对象的代码。

例如，表 7-3 是可反映职工多方面情况的职工号码。

表 7-3　多　面　码

| 参加工作年份 | 所属单位 | 性　　　别 | 顺序号码 |
|---|---|---|---|
| 1970→1970<br>1971→1971<br>⋮ | 1→一车间<br>2→二车间<br>⋮ | 1→男<br>2→女<br>⋮ | 0001<br>0002<br>⋮ |

依据表 7-3，代码 1970210002 表示 1970 年参加工作的二车间 0002 号男职工。

总之，区间码的优点是：码中数字的值和位置都代表一定意义，信息处理比较可靠，排序、分类、检索等操作易于进行。但这种码的长度与分类属性的数量有关，有时可能造成很长的码，而且维护也比较困难。

**4）助记码**

将编码对象的名称、规格等作为代码的一部分，以帮助记忆的码称为助记码。例如，TV-B-14 表示 14 寸黑白电视机；TV-c-20 表示 20 寸彩色电视机。

助记码的优点是能原封不动地表示代码化对象的属性，易记易读；缺点是位数容易变化，不便于计算机处理。

**5）缩写码**

缩写码是把惯用的缩写字直接用作代码。例如，cm 表示厘米；kg 表示公斤；IB 表示磅。

**4．代码校验**

代码的正确性直接影响计算机处理的质量，因此需要对输入计算机中的代码进行校验。

校验代码通常有两种方法：一种是事先在计算机中建立一个"代码字典"，然后将输入的代码与字典中的内容进行比较，若不一致则说明输入的代码有错；另一种是设校验位，即设计代码结构时，在原有代码基础上另外加上一个校验位，使其成为代码的一个组成部分，校验值通过事先规定的数学方法计算出来，当代码输入后，计算机会以同样的数学方法按输入的代码计算出校验值，并将它与输入的校验值进行比较，以证实是否有错。

## 7.5.2 输出设计

在系统设计中，输出设计是用计算机系统将输入数据进行处理的结果通过一定的表现形式，提供给用户使用。

输出设计包括确定输出内容，确定输出方式(设备与介质)、输出格式等。输出的信息为用户所用，在设计中，必须满足用户的信息需求。对输出信息的基本要求是：准确、及时而且适用。

**1．输出内容**

输出的内容要根据系统分析的结果来确定，主要包括两方面：

(1) 输出信息的内容。包括信息的表现形式(表格、图形、文字)、输出项目及其数据结构、数据类型、位数及取值范围、精度、数据的生成途径(数据来源及生成算法)、完整性与一致性的考虑等。

(2) 输出信息的使用要求。包括使用者(人或设备)、使用目的或用途、输出速度、使用频率或周期、有效期、数量或份数需求、保密与安全性要求等。

**2．输出方式的确定**

输出方式的确定也是输出方法的确定，即用什么设备和介质来产生输出。不同的输出方式，所用的介质和设备也不同。

表 7-4 列出了常用输出介质和设备的特点和用途。

表 7-4　常用输出设备和介质一览表

| 输出设备 | 打印机 | 卡片或纸带输出机 | 磁带机 | 磁盘机 | 光盘机 | 终端 | 绘图机 | 缩微胶卷输出机 |
|---|---|---|---|---|---|---|---|---|
| 介质 | 打印机 | 卡片或纸带 | 磁带 | 磁盘 | 光盘 | 屏幕 | 图纸 | 缩微胶卷 |
| 用途和特点 | 便于保存，费用低 | 可代其他系统输入之用 | 容量大，适于顺序存取 | 容量大，存取更新方便 | 容量大，保存持久 | 响应灵活，可人机对话 | 精度高，功能全 | 体积小，易保存 |

### 3．输出格式

提供给用户的信息都要进行格式设计，要满足用户的要求，达到格式清晰、美观，易于阅读和理解的目的。

## 7.5.3　输入设计

输入设计是将事务数据变成可使用的格式，提交数据进入计算机进行处理活动的过程设计。

输入设计的出发点是确保向管理信息系统提供正确的输入数据。

输入设计的目标是：在保证输入数据正确和满足需要的前提下，应做到输入方法简单、迅速、经济和方便使用者。

### 1．输入内容

输入数据的内容包括确定输入数据项名称、数据类型、精度或位数、数值范围及输入格式等，还包括确定输入记录单的格式、数据记录的描述、数据在输入介质上的格式(如屏幕格式)及编写输入说明等。

### 2．输入方式与设备

数据的输入方式和设备与数据发生地点、发生时间、数量及数据特性、处理速度的要求等有关。通常所用的输入介质和设备及其特点详见表 7-5。

随着计算机技术的发展，输入方式也在不断更新，如先后出现了语音输入、光笔输入等。先进输入技术的采用无疑会提高管理信息系统的效率。

输入介质和设备的选用，要考虑输入的数据量与频度；输入信息的来源、形式；输入的类型和格式的灵活程度；输入速度和准确性的要求；输入的校验方法，允许的出错率及纠正的难易程度；数据记录的要求、特点、保密性等；数据收集的环境以及对于其他系统是否适应；可利用的设备和费用等。

### 3．输入格式

在设计输入格式时，应注意以下几点：

(1) 尽量减少输入工作量，凡数据库中已有的数据，应尽量调用，避免重复输入。

(2) 允许按记录逐项输入，也可以按某一属性项输入。

(3) 输入格式关系到数据的存储结构，要使存储空间尽量小。

(4) 设计的格式应便于填写，同时应保证输入精度。

表 7-5　各种输入设备及其特点

| 输入设备 | 介　质 | 特　　点 |
|---|---|---|
| 读卡机 | 穿孔卡片 | 成本较低，速度较慢 |
| 软盘输入装置 | 软盘 | 成本低，速度快，携带方便 |
| 磁带机 | 磁带 | 成本低，速度快，易于携带，适用于大量数据输入 |
| 磁性墨水阅读器 | 用磁性墨水写的单据 | 效率高，用于银行支票处理 |
| 光符号读出器 | 纸上的光学标记条形码 | 效率高，适用少量输入数据，用于自选市场 |
| 终端 | 键盘、显示器 | 由键盘和显示器组成，屏幕上可立即显示输入数据，可修改 |
| 优盘输入装置 | 优盘 | 成本低，携带方便，性价比好 |
| 光盘机 | 光盘 | 信息量大，速度快，可长期保存 |

#### 4．输入数据的校验

由于管理信息系统中的数据输入量往往较大，因此为了保证其正确性，一般都设置输入数据校验功能，对已经输入的数据进行校验。数据校验的方法有：

(1) 重复校验。两人在不同时间录入相同的数据，然后对比校验，找出不同之处，确定错误数据。

(2) 视觉校验。将原始单据上的数据转换到介质上进行观察对比。

(3) 分批汇总校验。将原始单据按照类别或发生日期等划分为批次，先用手工计算出每批数据的总值，再由计算机计算每批输入数据的总值，将两者的总值进行对照校验。

(4) 控制总数校验。对所有数据项的值求总进行校验。

(5) 数据类型校验。检查输入的数据是否符合数据项的类型。

(6) 格式校验。检验记录中各数据项的位数和位置是否符合预先规定的格式。

(7) 逻辑校验。检验输入数据在逻辑上是否有矛盾。

(8) 界限校验。检查某项输入数值的大小是否在预先指定的范围内。

(9) 顺序校验。对输入数据进行分类处理或排序，然后对其顺序进行检查。

(10) 记录计数校验。计算记录的个数以检查数据是否重复输入或遗漏。

(11) 平衡校验。通过检查应该平衡的有关数据来发现输入数据是否有错。

(12) 匹配校验。通过检查输入数据与事先已存在数据文件中的数据是否相匹配，从而发现输入数据的错误。

(13) 代码校验。利用代码的校验位来检查代码的输入是否有错。

## 7.5.4　人机对话设计

人机对话是指系统运行过程中，用户通过终端屏幕与计算机进行一系列交替的询问与回答，向计算机提供计算过程所需的数据，或控制计算机处理的过程。对话设计的任务是与用户共同确定对话方式、内容与格式。

对话方式有：

(1) 问答式。

(2) 菜单式。

(3) 填表式。

(4) 自然语言式。

### 7.5.5　处理过程的设计

前面已经介绍了从目标系统的逻辑模型，即数据流图导出系统的初始模块结构图的方法，但是这种模块的划分工作是在尚未进行输入、输出设计的情况下进行的，因此，还需进一步调整和改进，以获得一个合理的模块划分。之后，就可以设计各模块的处理流程了，这既是给程序员编写程序作准备，也是编程的依据。

# 7.6　系统设计说明书

系统设计阶段的主要成果是系统设计说明书，它既是目标系统的物理模型，也是系统实施的主要依据。系统设计说明书通常由下述内容组成。

### 7.6.1　引言

引言包括以下内容：

(1) 摘要。摘要即新系统的名称、目标和功能。

(2) 背景。背景包括项目开发者、用户、本项目和其他系统或机构的关系和联系。

(3) 系统环境与限制。系统环境与限制包括：

① 硬件、软件和运行环境方面的限制。

② 保密和安全的限制。

③ 有关系统软件文本。

④ 有关网络协议标准文本。

(4) 参考资料和专门术语说明。

### 7.6.2　系统的总体设计

系统的总体设计包括：

(1) 子系统的划分及依据。

(2) 系统的模块结构设计。

① 新系统的数据流程图。

② 新系统初始的模块结构图。

③ 优化后的系统模块结构图。

### 7.6.3　系统的详细设计

系统的详细设计包括：

(1) 代码设计。即各类代码的类型、名称、功能、使用范围和使用要求等的说明。

(2) 输入设计。主要设计内容有：

① 输入项目及提供者。

② 输入内容，即输入数据的名称、类型、取值范围、频度等。

③ 输入的方式、设备与格式。

④ 输入校验的方法及效果分析。

(3) 输出设计。主要设计内容有：

① 输出项目及使用者。

② 输出内容，即输出数据的名称、类型、取值范围、输出周期等。

③ 输出的方式、设备与格式。

④ 人机对话的内容与方式。

### 7.6.4　系统实施计划

系统实施计划包括实施方案、实施计划(包括工作任务的分解、进度安排和经费预算)和实施方案的审批。

系统设计说明书完成之后，需要组织用户、系统开发人员、管理人员和有关专家参加审定工作。

系统设计说明书经评审获得通过并由领导批准后方才生效，所设计的物理模型就此确定下来，系统设计任务宣告完成，系统的研制工作就可进入下一步，即系统实施阶段。如果方案被否定的话，就必须回过头来重新设计、重新组织评审，直到通过为止。

## 思 考 与 练 习 题

1. 为什么要进行系统设计？系统设计的最终成果是什么？

2. 为什么要进行代码设计？对于定性类数据和定量类数据，在进行代码设计时有何异同和注意事项？

3. 进行输入、输出设计时要对现系统进行哪些调查？如何才能使目标系统输入、输出系统更科学？

4. 模块设计的主要方法有哪些？模块设计与数据流图有哪些联系？

5. 常用的系统设计工具有哪些？具有的优劣势如何？

# 第 8 章 信息系统的实施、维护与测评

## 8.1 信息系统的实施

系统实施是系统研制的最后一个阶段，它包括程序设计、程序调试、系统调试、项目管理、人员培训、系统转换、系统评价等内容。

### 8.1.1 系统实施阶段的任务

信息系统设计结束之后，就进入了系统实施阶段。系统实施是指将新系统的设计方案转换成实际运行系统的全过程。经过系统分析和系统设计阶段，已经得到了有关系统的全部设计信息，接下来的工作就是将文档中的逻辑系统变成真正能够运行的物理系统。因此，必须制订系统实施计划，确定系统实施的方式、步骤及进度、费用等，以保证系统实施工作的顺利进行。

系统实施包括的主要任务有：物理系统的实施、程序设计、系统调试、系统转换、系统运行和支持、系统评价。物理系统的实施包括硬件环境、软件环境和网络环境的建立等方面的工作。

#### 1．计算机系统的安装与调试

首先按照系统物理配置方案的要求，选择购置该系统所必需的硬件设备(计算机系统)和软件系统。硬件设备应包括主机、外围设备、稳压电源、空调装置、机房的配套设施以及通信设备等；软件系统应包括操作系统、数据库管理系统、各种应用软件和工具软件等。计算机硬件设备选择的基本原则是在功能、容量和性能等方面能够满足所开发的管理信息系统的设计要求。值得注意的是，选择计算机系统时要充分进行市场调查，了解设备运行情况及厂商所能提供的服务等。

#### 2．网络环境

计算机网络是现代管理信息系统建设的基础，是创建和调试数据库，编写和调试程序的平台。在许多情况下，所开发的信息系统是基于已有的网络架构的。如果是这样就可以跳过这个工作。但是，如果新开发的信息系统要求创建新网络或修改已有的旧网络，那么就必须建立和调试新网络。网络环境的建立应根据所开发的系统对计算机网络环境的要求，选择合适的网络操作系统产品，并按照目标系统将采用的 C/S 或 B/S 工作模式，进行有关的网络通信设备与通信线路的架构与连接；网络操作系统软件的安装和调试；整个网络系统的运行性能与安全性调试及网络用户权限管理体系的实施等。

本项任务的工作由系统分析人员、系统设计人员、系统构建人员共同来完成。其中，

网络设计人员和网络管理人员在这项工作中起最主要的作用。网络设计人员应该是局域网和广域网的专家，而网络管理人员是构建和调试信息系统网络的专业人员，并且负责网络的安全性。系统分析人员的作用是确保构建的网络满足用户的需求。

**3. 软件环境**

在建立硬件环境的基础上，还需建立适合系统运行的软件环境，包括购置系统软件和应用软件包。按照设计要求配置的系统软件应包括操作系统、数据库管理系统、程序设计语言处理系统等。在企业管理系统中，有些模块可能有商品化软件可供选择，也可以提前购置，其他则需自行编写。在购买或配置这些软件前应先了解其功能、适用范围、接口及运行环境等，以便作好选购工作。

计算机硬件和软件环境的配置，应当与计算机技术发展的趋势相一致，硬件选型要兼顾升级和维护的要求；软件，特别是数据库管理系统，应选择 C/S 或 B/S 模式下的主流产品，为提高系统的可扩展性奠定基础。

## 8.1.2 程序设计

程序设计的任务就是将系统设计阶段得到的系统物理模型用某种程序设计语言进行编码，以完成每个模块，乃至整个系统的代码开发。其主要依据是系统总体结构图、数据库结构设计、代码设计方案、FC 图、PAD 图、IPO 图等。在进行程序设计工作中，应尽量采用各种开发工具进行编码，以加快开发进程。

**1. 程序设计与数据准备**

1) 程序设计

由于已在系统设计说明书中规定了系统各模块的功能、要求，因此，计算机程序员可以根据系统设计员的要求，利用结构化、模块化方法进行程序的编制工作。结构化编制程序一般采用顺序结构、循环结构或条件结构。程序的编写可以利用最新的技术、软件和方法，也可以采用购买成套软件或平台，再编写一些接口程序的方式。程序完成后，要注意程序的调试工作。

由于一般系统的程序编写工作需由多人完成，因此，要重视程序设计的组织管理工作。应综合考虑任务的轻重缓急、程序的相关程度、程序员的多少、编程能力强弱等因素，进行合理分工。分配任务时，要下达有关的程序设计任务书及有关系统设计资料，要有专人负责验收。最后，要编写程序设计说明书与操作手册或使用说明书。程序设计说明书的主要内容包括程序概述、程序结构图、程序控制图、算法、程序流程图、源程序和程序注释说明等。

高质量的程序必须满足以下五个方面的要求：

(1) 正确性，即准确无误地实现系统分析阶段的功能要求，反映全部预期的信息流程。

(2) 可理解性，即程序的内容清晰、明了，并给出充分的文字说明，以便于理解。

(3) 可靠性，即程序应有较好的容错能力，保证不仅在正常情况下工作，而且在异常情况下也有相应的处理。

(4) 可维护性，即程序的应变能力强，当系统的流程有变化时可以方便地修改、调整。

(5) 效率，即程序的结构严谨，运行速度快，节省机时；程序和数据的存储、调用安排得当，节省存储空间。

### 2) 数据准备

数据的收集、整理、录入是一项既繁琐、劳动量又大的工作。没有一定基础数据的准备，系统调试就不能很好地进行。一般说来，确定数据库物理模型之后，就应进行数据的整理、录入。这样既分散了工作量，又可以为系统调试提供真实的数据。实践证明，这方面的工作往往容易被人忽视，甚至系统完成后只能作为摆设放在那里而不能真正运行。这等于建好工厂，但缺乏原料而不能投产。要特别强调的是，不能把系统的实现仅仅归结为编写程序或购买机器。这几方面的任务是相互联系，彼此制约的。

### 2．软件工具的选择

随着计算机在信息系统中的广泛应用，对各种软件工具的研究十分迅速，各种各样的软件及程序的自动设计、生成工具日新月异，为各种信息系统的开发提供了强有力的技术支持和方便的实用手段。利用这些软件生成工具，可以大量减少手工编程环节的工作，避免各种编程错误的出现，极大地提高系统的开发效率。

要选择适当的程序开发工具，应考虑用户的要求、语言的人机交互能力、丰富的软件支持工具、软件的可移植性以及开发人员的以往经验与熟练程度。

一般来说，比较流行的工具有：一般编程语言工具、数据库系统工具、程序生成工具、专用系统生成工具、客户/服务器型工具及面向对象编程工具等。

(1) 一般编程语言工具主要指各种常用的程序设计语言，如 C、C++、COBOL、Delphi、PB、LISP、PROLOG 等，利用这类工具进行程序设计的基本形式是手工编程。

(2) 数据库系统工具指流行的数据库软件产品，可分为微机上的小型 DBMS(如 XBASE 系列、VFP、Access 等)和大型数据库系统工具(如 ORACLE 系统、SYBASE 系统、IMFORMIX 系统、DBZ 系统、SQL Server 系统等)。前者适用于小型系统(EDP/TPS)的开发，后者则可以支持基于局域网、Intranet 和 Internet 的大型管理信息系统的开发。

(3) 程序生成工具主要指基于常用数据处理功能与程序相对应的自动编程工具，一般称为第四代程序生成语言(4GL)工具，大多结合在流行软件产品中，构成其中的一部分。它能实现系统中的某些模块程序代码的自动生成。

(4) 专用系统生成工具指在程序生成工具基础上发展的，除了具有 4GL 的各种功能外，综合化程度更高的、具有图形化及其他功能的集成工具。一般可归为两类：专用功能开发工具、专用图表生成工具和综合系统开发工具(如 CASE、Jasmine、Team Enterprise Developer 等)。

(5) 客户/服务器型工具是指可进行基于网络环境的系统开发的工具，它是完全符合管理信息系统发展趋势和要求的新型系统开发工具。如 Delphi、PowerBuilder、Java、Visual C++等。

(6) 面向对象编程工具是指与面向对象开发方法相对应的各类 OOP 工具，主要代表性产品有 Java、Visual C++、PowerBuilder、Delphi、Smalltalk 等。这类工具针对性强，必须与面向对象开发方法相结合，很可能成为今后的主流系统开发工具。

### 8.1.3　系统调试

为了保证新系统运行的正确性和有效性，将一切可能发生的问题和错误尽量排除在正式运行之前，需要进行系统调试工作。进行系统调试工作时，要事先准备好调试方案，以提高工作效率、压缩时间、降低费用。完成系统调试后，应完成编写调试报告、绘制程序框图、打印系统源程序清单等工作。

**1．系统调试的原则与方法**

1）系统调试的原则

进行系统调试的目的是发现程序和系统的错误并加以纠正。在系统调试中，应遵循以下基本原则：

(1) 调试工作应避免由系统开发人员或小组本身来承担。

(2) 设计调试用例不仅要包括合法的或有效的输入数据，还要包括无效的或不合法的各种输入数据。

(3) 不仅要检验程序是否执行了规定的操作，还要检查它是否同时做了不该做的事。

(4) 保留调试用例，将给今后进行重新调试和追加调试等提供方便。

2）系统调试的方法

进行系统调试的主要方法有：

(1) 人工调试。人工调试的目的在于检查程序的静态结构，找出编译过程不能发现的程序算法错误，其主要的任务就是进行程序代码复审。

进行代码复审一般采取三种具体形式：

① 个人复查：指程序源代码编写结束后，由程序员自行进行检查。由于是自查，出于程序员对自身所编写的程序的心理偏爱，习惯性错误不易发现；自身对程序功能算法的理解错误也很难纠正。一般这种形式效率不高，仅限于小型程序模块的检查。

② 小组复查：由未参与系统程序设计的有经验的 3～5 个程序员组成调试小组，对系统程序进行复查，通过对系统软件资料和源程序的检查、分析和手工模拟，从中发现并纠正存在的各种错误。由于是人工方式，因此运行速度较慢，一般采用少量的、简单的调试用例进行。

③ 会审：调试小组的组成同上法。调试小组成员在进行会审时应仔细阅读有关资料，根据错误类型清单(包括常见的各种编程错误)实施会审，通过调试小组成员与程序员的提问、讲解、回答及讨论的各种交互过程，发现并纠正错误。同时，审定有关系统程序的功能、结构及风格等。

(2) 机器调试。机器调试就是直接在计算机上运行所要调试的程序模块，从实际运行的结果发现并纠正错误。

机器调试采用的形式主要有两种：

① 黑盒调试：也称功能调试，即不管程序内部的结构是如何设计和编制的，仅从外部根据 IPO 图的要求，对模块进行调试。也就是说，在程序的输入和输出特性上，调试程序模块是否满足设计的功能。

② 白盒调试：也称结构调试，即将软件看作透明的白盒，按照程序的内部结构和处理

逻辑，设计调试用例，对软件的逻辑过程进行调试，检查是否符合设计的要求。

### 2．系统调试的过程及步骤

调试是保证系统质量的关键步骤，统计资料表明，对于一些较大规模的系统来说，系统调试的工作量往往占系统开发总工作量的 40%以上。调试的目的在于发现错误并及时纠正。

一个管理信息系统通常由若干子系统组成，每个子系统又由若干模块(程序)组成。所以，我们把调试工作分为模块(程序)调试、分调(子系统调试)和总调(系统调试)三个层次，调试过程依次是程序调试、分调和总调。系统调试过程一般有程序调试、功能调试和系统调试三部分。整个系统的调试流程如图 8-1 所示。

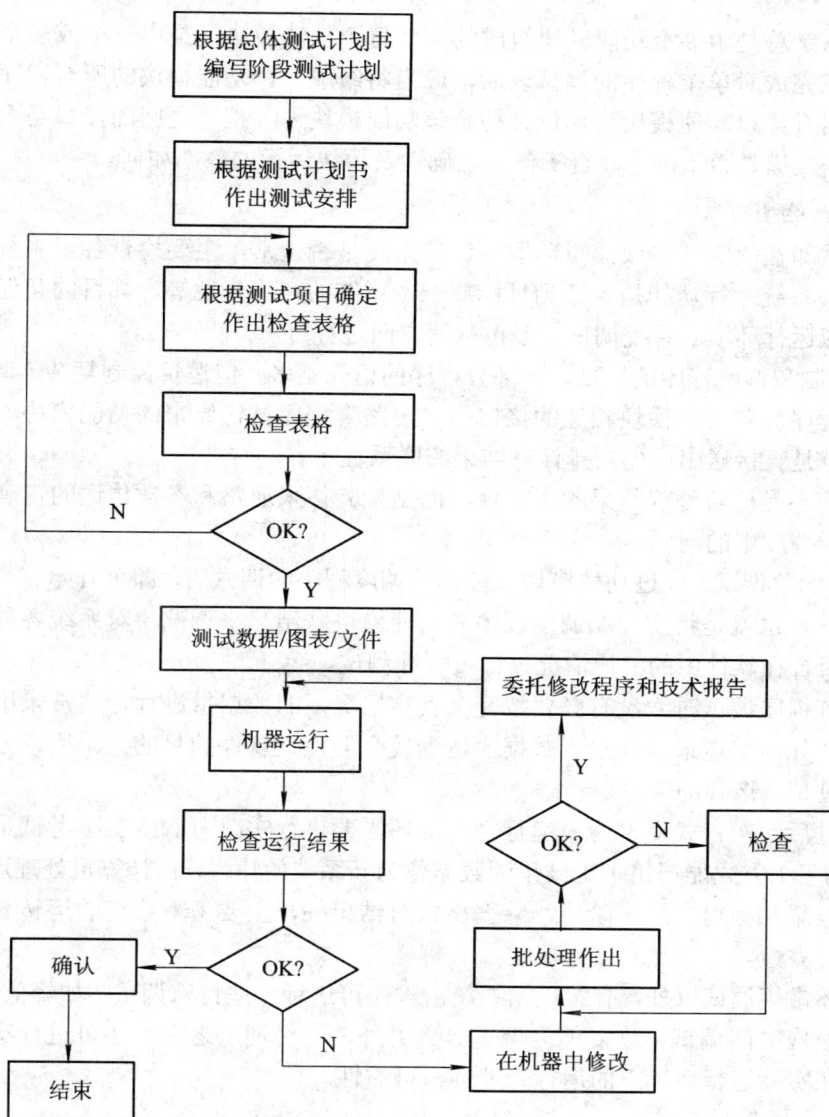

图 8-1　系统调试流程图

1) 程序调试

程序调试即对所设计的程序进行语法检查和逻辑检查，调试程序运行的时间和存储空间的可行性。程序调试一般从代码调试、程序功能调试两方面进行。程序的逻辑检查的方式是代码调试，通常需要编写各种调试数据，通过考察程序对正常数据、异常数据和错误数据输入的反映，检验程序执行的逻辑正确性以及程序对各种错误的监测和处理能力。程序经过代码调试后，验证了它的逻辑正确性，但是否实现了规定的功能，尚未可知。因此，还应该调试其应用功能的需求，即面向程序的应用环境，考察是否达到了设计的功能和性能指标。

2) 功能调试(分调)

通常，系统总是由多个功能模块组成的，而每个功能模块又是由一个或多个程序构成的，因此，在完成对单个程序的调试以后，应当将组成一个功能模块的所有程序按照其逻辑结构加以组合，以功能模块为单位，检查该功能模块内各程序之间的接口是否匹配，控制关系和数据传递是否正确，联合操作的正确性及模块运行的效率如何。

3) 系统调试

系统调试即在实际环境或模拟环境中调试系统是否正常，主要检查各子系统之间的接口的正确性，系统运行功能是否达到目标要求，系统的再恢复性等，其目的是保证调试的系统能够适应运行环境。系统调试一般也从两方面进行：

(1) 主控制和调度程序的调试。这部分程序的语句不多，但逻辑控制复杂，调试时，要将所有控制程序与各功能模块相连的接口用"短路"程序替代原来的功能模块。所谓"短路"程序，就是直接送出预先安排计算结果的联系程序。

它的目的不是检验处理结果的正确性，而是检验往来通路和参数传送的正确性以及发现并解决资源调度中的问题。

(2) 程序的总调试。经过功能模块和控制与调度程序的调试后，即可开始整个系统程序的总调试工作，也就是将主控制调度程序和功能模块联结起来调试，对系统各种可能的使用形态及其组合在软件中的流通情况进行可行性测试。

进行系统程序调试时，没有必要按完全真实情况下的数据量进行，通常采用"系统模型"法来解决如何编造最少量输入数据而达到较全面检查软件的目的。采用该方法所输入的数据是经过精心选择的。

总调通过后，在正式交付用户运行之前，还需要进行实况考试。实况考试是以过去原系统(旧系统)手工方式能得出正确结果的数据作为新系统的输入，由计算机处理后，将所得结果与手工结果相核对。这一阶段，除严格核对结果外，主要考察系统的运转合理性与效率，并包括可靠性。

除了上述常规调试以外，有时根据系统需求还可进行一些特殊调试。如峰值负载调试、容量调试、响应时间调试、恢复能力调试等。另外，交付使用之前，还可进行实况调试，以考察系统在实际运行环境下的运行合理性与可靠性。

**3. 调试用例的设计与调试策略**

1) 调试用例的设计

设计软件调试方案中，调试用输入数据(调试用例)的设计是非常重要且困难的。下面就白盒调试与黑盒调试中的调试用例设计问题分别进行讨论。

(1) 白盒调试是对软件的过程性细节进行检查，因此，可以通过对程序内部结构和逻辑的分析来设计调试用例。主要的设计方法有：逻辑覆盖法、基本路径调试法等。以下介绍逻辑覆盖法的思路和过程。

所谓逻辑覆盖法，就是以程序内部的逻辑结构为基础的调试技术，其主要思路就是，通过程序执行调试数据，反映出数据覆盖其内部的逻辑程度。一般总希望覆盖程度越高越好，这样，就可以调试到对应程序内部的大部分乃至全部。根据具体的覆盖情况的不同，逻辑覆盖可分为：语句覆盖、判定覆盖、条件覆盖、判定/条件覆盖、多重覆盖和路径覆盖等。

语句覆盖是通过设计若干调试用例，使程序中的每条语句至少被执行一次。判定覆盖使程序中的每个判断的取真和取假分支均至少被执行一次。条件覆盖指利用若干调试用例，使被调试的程序中，对应每个判断中每个条件的所有可能情形均至少被执行一次。判定/条件覆盖指设计的若干调试用例可以使程序中每个判断的取真和取假分支至少被执行一次，且每个条件的所有可能情况均至少被执行一次。多重覆盖指设计多个调试用例，使每个判断表达式中条件的各种组合均至少被执行一次。路径覆盖指设计足够多的调试用例，使程序中的所有可能路径均至少被执行一次。

上述方法仅讨论了语句、分支、条件以及它们的组合，而对于程序或算法而言，循环也是重要的基本结构之一，因此，也应该进行调试。而对循环的调试，主要检查其结构的有效性。一般可将循环分为简单循环、串联循环、嵌套循环和非结构循环等类型，调试时可以根据不同的结构，设计不同的调试用例。

(2) 黑盒调试的调试用例的设计应针对程序功能进行，通常有等价类划分、边界值分析、错误推测、因果图、功能图等设计方法。下面介绍前两种方法。

等价类划分的主要思想是，程序的输入数据都可以按照程序说明划分为若干个等价类，每一个等价类对于输入条件也可以分为有效的输入和无效的输入两种。因此，可以对每一个有效的或无效的等价类设计调试用例。如果用某个等价类的一组调试数据进行调试时，不产生错误，则说明对于同一类的其他数据也不会出错；反之，则肯定出错。因而，调试时只需从每个类中任取一种输入数据进行调试即可。

边界值分析是等价类划分的一种补充。通常，程序在处理边界时容易发生错误，而等价类划分技术是在某一等价类中任取一组数据进行调试，不一定代表边界状态。因此。边界值分析指对每个等价类的各边界做考察，使调试数据等于、刚刚小于及刚刚大于边界值。

2) 调试策略

不同的调试方案，设计的调试方法各有所长，用某种方法设计出的调试方案可能最容易检测出某种类型的错误，但对于其他类型的错误则可能无法检测出来。可以利用每种调试方法设计出有用的调试方案，但没有一种方法能设计出全部调试方案。

因此，在对信息系统进行调试时，应该联合使用各种设计调试方案的方法，形成一种综合策略。通常的做法是：用黑盒调试法设计基本的调试方案，再用自盒调试法补充一些必要的调试方案。通常采用的调试策略是：在进行调试方案设计时，将逻辑覆盖、等价类划分和边界值分析等方法综合运用，使调试用例既能检测设计的内部要求，又可以检测设计的接口要求。

具体调试时，应视具体情况用等价类划分法补充调试方案；必要时再用错误推测法等其他方法补充调试方案；对照程序逻辑，检查已经设计出的调试方案。可以根据对程序可靠性的要求采用不同的逻辑覆盖标准，如果现有方案未达到规定的覆盖标准，则应再补充调试方案。

在对大型复杂系统进行调试时，一般不作全面的调试，而采用抽样调试或重点调试的方式，有针对性地选择具有代表性的调试用例，或将调试重点放在容易出错的位置及重要模块，以减少调试费用，提高调试效率。

## 8.1.4　系统转换

### 1．系统转换的任务与方式

#### 1) 系统转换的任务

系统转换指由原来的系统运行模式过渡为新开发的管理信息系统的过程。新系统通过系统调试后，必须通过系统转换，才能正式交付使用。因此，系统转换的任务就是完成新、老系统的平稳过渡，这个过程需要开发人员、系统操作员、用户单位领导和业务部门的协作，才能顺利交接。

#### 2) 系统转换的方式

在进行系统转换时，可以采用以下几种方式：

(1) 直接转换：指在确认新系统准确无误后，确定一个时刻，停止原系统的运行，并将新系统取代它投入正常运行。

这种方式的转换过程简单快捷，费用低，但风险很大。一旦因新系统发生严重错误而不能正常运行，将导致业务工作的混乱，造成巨大的损失。因此，必须采取一定的预防性措施，充分做好各种准备，制订严密的转换计划。这种转换方式仅适用于小型管理信息系统的转换。

(2) 并行转换：指完成系统调试后，一方面原系统继续运行，另一方面新系统同时投入运行，新、老系统并行运行一段时间后，再停止原系统的工作，让新系统单独运行。

这种方式安全保险，但费用高，转换过程中需要投入两倍的工作量，不过用户可以通过新、老系统平行运行的过程，熟悉新系统，确保业务工作平稳有序。这种转换方法适用于银行、财务和某些企业的核心系统的转换过程。

(3) 分段转换(试点过渡)：指在新系统投入正常运行前，将新系统分阶段分批逐步代替原系统的各部分，最后完全取代原系统。这种方式实际上是上述两种方式的折中方案，既可以保证转换过程的平稳和安全，减少风险，又可以避免较高的费用，但也存在新、老系统对应部分的衔接不平滑的问题。大多数的管理信息系统的转换大多采用这种方式。

系统转换的三种方式如图8-2所示。

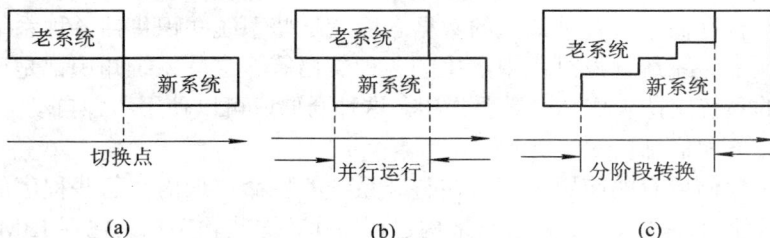

图 8-2　系统转换的三种方式

(a) 直接转换；(b) 并行转换；(c) 分段转换

**2. 系统转换的主要工作**

系统转换过程中，除了确定系统转换的方式外，数据整理及系统初始化是最基础的工作。数据整理是从原系统中整理出新系统运行所必需的基础数据和资料，即把原系统中的数据加工处理为符合新系统所要求的格式。具体工作包括：历史数据的整理，数据资料的格式化、分类和编码，个别数据及项目的调整等。对于原来采用人工方式处理的信息系统，这部分工作量十分巨大，应当提前进行准备，否则会影响到系统转换的正常实施。

系统初始化是新系统投入运行之前必须完成的另一个工作。所谓系统初始化，指对系统的运行环境和资源进行设置、对系统运行和控制进行参数设定、数据加载以及系统与业务工作的同步调整等内容，其中数据加载是工作量最大且时间最紧迫的重要环节。由于需要在运行之前必须将大量的原始数据一次性输入到系统中，另外，正常的业务活动中也会不断产生新的数据信息，它们也必须在新系统正式运行前存入系统，因此，系统初始化过程中的数据加载是新系统启动的先决条件，应突击完成并确保输入数据的正确性。

在系统转换过程中，可能又会发现一些系统的错误和功能缺陷，对于这些问题，应对照系统目标决定是否进行系统修改，一般，对于程序的错误和漏洞必须改正，但若是超出目标和设计方案的其他问题，应视影响的范围、程度和工作量的大小而定，不可一概而论。在新系统中应允许存在某些不足，可通过在运行过程中的维护和系统更新方式逐步解决。

## 8.1.5　系统的运行和支持

许多人认为信息系统实现之后，信息系统的开发工作就结束了。这种想法是不对的。信息系统是一个特殊的产品，信息系统的开发不仅仅是产生信息系统的过程，而且还包括信息系统服务。信息系统运行和支持阶段研究的内容主要是信息系统服务的工作。本节将要讲述的内容包括信息系统运行和支持的基本概念、信息系统维护、信息系统恢复、信息系统技术支持和信息系统增强等。

**1. 系统运行和支持的基本概念**

系统运行和支持阶段的工作包括两大部分，即系统运行工作和系统支持工作。系统运行是指信息系统日常的运行，正式运行的信息系统也称为生产系统；系统支持实际上是为信息系统提供的各种服务。

在详细讲述系统运行和支持的工作之前，需要了解一些基本概念，这些概念包括仓储库、程序库和业务数据库。

　　仓储库是一种存储系统各种知识的数据仓库。这些系统知识包括各种系统模型、各种详细的规格说明书、系统开发过程中产生的各种文档等。这些系统知识都是可以重用的，对于生产系统的系统支持工作具有重要作用。这种仓储库可以使用各种自动化的工具实现，一般用作企业业务和信息技术的资源。

　　程序库用于存储所有的应用程序。在整个系统的生命周期内，这些程序的源代码必须得到维护。可以使用许多软件配置工具来构建程序库，这些软件工具包括 IBM 的 SCM、微软的 SourceSafe、Intersolv 的 PVCS 等。

　　业务数据库包括了生产信息系统和其他应用系统创建和维护的所有实际数据。这些数据包括传统的文件数据、关系型数据库中的数据、数据仓库中的数据以及对象数据库中的对象数据，这些数据由数据库管理员负责备份、恢复、安全、性能调整。

　　与信息系统分析、设计、实现等阶段不同的是，系统支持阶段的工作不能简单地按照先后顺序排列，它的许多工作是日常的、独立的。一般可以把系统支持的工作分成四种类型的活动，即程序维护、系统恢复、技术支持、系统增强等。每一种类型的活动都由特定的问题、事件、机会等触发。系统支持的活动示意图如图 8-3 所示。

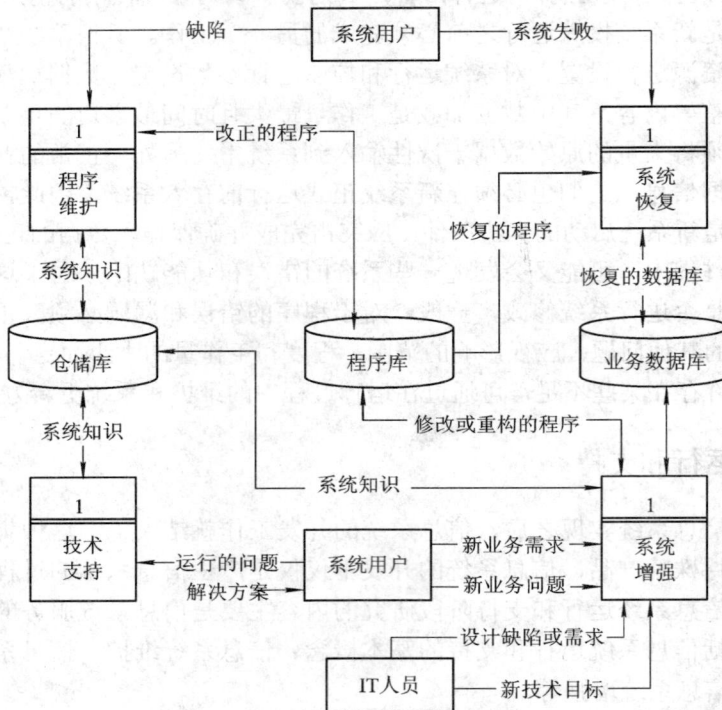

图 8-3　系统支持活动示意图

系统支持的活动包括：

(1) 程序维护：由程序缺陷、毛病触发。

(2) 系统恢复：由系统崩溃触发。

(3) 技术支持：用户需要得到的帮助。

(4) 系统增强：由新的业务需求触发。

## 2．系统运行的组织

系统运行的一个首要问题是运行的组织。目前，我国各企业、各组织中负责系统运行的大多是信息中心、计算中心、信息处等信息管理职能部门。从信息系统在企业中的地位来看，目前常用的有如图 8-4 所示的几种形式。

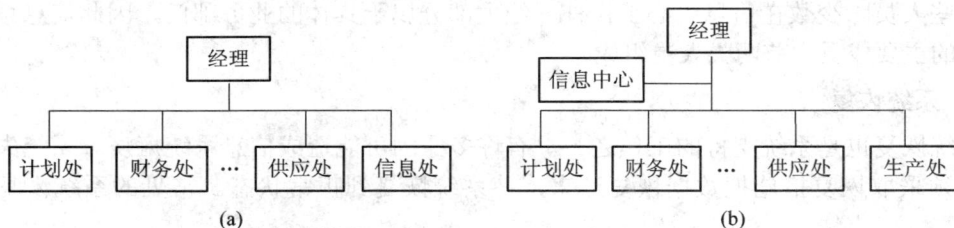

图 8-4　信息系统在组织中的地位

(a) 与其他部门平行；(b) 参谋中心

图 8-4(a)所示方式中，信息处与其他职能部门平级，尽管信息资源可以为整个企业共享，但信息处的决策能力较弱，系统运行中有关的协调和决策工作将受到影响。

图 8-4(b)所示方式中，信息中心在经理之下，各职能部门之上，有利于信息资源的共享，并且在系统运行过程中便于协调和决策，但容易造成脱离管理或服务较差的现象。

鉴于目前计算机、网络、通信等各项技术的发展与客户/服务器体系结构的运用，信息系统在组织中的地位最好是将上述两种方式结合在一起，各尽其责，信息中心主任最好是由组织中的副总经理兼任，这样更有利于加强信息资源管理。

由于信息系统在企业中的作用越来越重要，越来越多的企业设立了信息主管(Chief Information Officer, CIO)的职位。CIO 往往是企业或组织的高层决策人之一。以 CIO 为首的信息主管部门的工作任务主要有：

(1) 信息系统的日常运行和维护。

(2) 建立并实施企业信息系统使用和管理制度。

(3) 向企业的各部门提供信息技术服务。

(4) 新项目的开发和研究。

信息管理部门的内部人员大致可以分为三大类。

一类人员是系统管理或维护人员，包括网络管理人员、数据库管理员、软件开发与维护人员。网络管理员负责硬件系统的维护、网络系统配置和调试等项工作；数据库管理员则主要负责数据库的安全性、完整性和一致性，负责数据字典的建立与维护、数据的备份和恢复等工作；软件开发与维护人员负责接收用户提出的信息需求，开发相应的应用系统，并负责应用软件的运行、维护工作。软件开发与维护人员包括了系统分析员、系统设计员、高级程序员、程序员以及系统操作员等。他们在企业或组织中承担双重任务，即一方面要负责开发新的应用信息系统，另一方面要负责维护已有的信息系统，因此在信息管理部门中，这类人员所占的比例较大。一般来说，在中、小型企业或组织中，信息管理部门中的人员较少，常常是一人身兼数职，而在大型企业或组织中的信息管理部门的构成比较复杂，人员较多，分工较细，其人员究竟是多少为好，主要视管理需求和信息系统的规模而定。

另一类人员是管理人员，包括培训人员、机房值班人员、资料管理员和耗材管理员。

其中，培训人员负责全面的技术和管理培训工作，特别是系统管理人员和操作人员的培训。对于系统管理人员的培训，一般由参加系统规划设计开发实施的专家担任；对于操作人员的培训，一般由系统管理人员完成。

第三类人员是系统的操作使用人员，这类人员的数量最大，分布于整个企业或组织之中。这些人员除少数在信息中心工作外，绝大部分属于具体的业务部门，因此信息系统管理部门的主要成员由前两类人员组成。

### 3．系统恢复

系统恢复也是系统支持的工作之一。有许多原因可能造成信息系统瘫痪。系统失败之后，必须采取恢复措施把数据恢复过来，使系统恢复到正常状态。常见的系统恢复工作如下：

(1) 在许多情况下，系统分析人员需要坐在用户的位置上，恢复系统；

(2) 在某些情况下，系统分析人员需要与系统操作人员签订修复问题的合同。这种工作主要涉及服务器。这些操作人员包括网络管理员、数据库管理员、Web 服务器管理员等。

(3) 在某些情况下，系统分析人员必须采取措施恢复丢失的数据。如果需要恢复业务数据，那么不仅仅是恢复数据库，还需要恢复任何丢失的正在处理的业务数据。

(4) 在某些情况下，系统分析人员必须处理局域网、广域网等网络问题。

(5) 在某些情况下，系统分析人员必须与硬件厂商联系。

(6) 在某些情况下，系统分析人员发现了引起系统瘫痪的程序缺陷，那么必须通过系统维护来修复这个缺陷。

### 4．技术支持

第三种系统支持阶段的工作是技术支持。无论怎样培训用户，无论编写的文档如何齐全，用户还需要附加的支持和帮助。经常是系统分析人员被通知来帮助用户执行日常的操作。对于关键的信息系统来说，系统分析人员应该随叫随到。最常见的技术支持任务包括：

(1) 常规地观察系统的使用。

(2) 召集促使用户满意的调查和会议。

(3) 改变业务过程。

(4) 提供附加的培训。

(5) 记录系统增强的建议和请求。

### 5．系统增强

系统增强也是系统支持的一项工作。但是与系统维护、系统恢复、技术支持不一样，系统增强是一种复杂的系统支持，因为这种系统支持工作又可能形成另外一个新的信息系统的开发。本节详细研究系统增强的工作。

1) 系统增强的特点

企业的业务总是在发生变化，企业的业务需求也总是在发生改变。系统增强就是要求系统分析人员重新评价企业的新需求，这些新需求要么影响到系统的改变，要么影响到系统的开发。系统增强是一个适应企业变化的过程。系统增强涉及的任务如图 8-5 所示。引起系统增强的主要事件如下：

（1）新的业务问题：新的业务问题使当前信息系统的作用下降或者不能有效地使用。

（2）新的业务需求：需要在当前信息系统中增加新的业务需求，例如增加新的报表、业务处理等。

（3）新的技术需求：准备在当前信息系统中使用一种新技术，如新软件、新版本的软件、不同类型的硬件等。

（4）新的设计需求：当前信息系统中的某个组成部分需要根据业务的变化重新设计，如在数据库中增加一个新表、在当前的表中添加一个新字段、使用一个新的用户接口等。

系统增强工作包括的主要任务是：

（1）分析和增强请求。

（2）执行快速修改。

（3）恢复现有的物理系统。

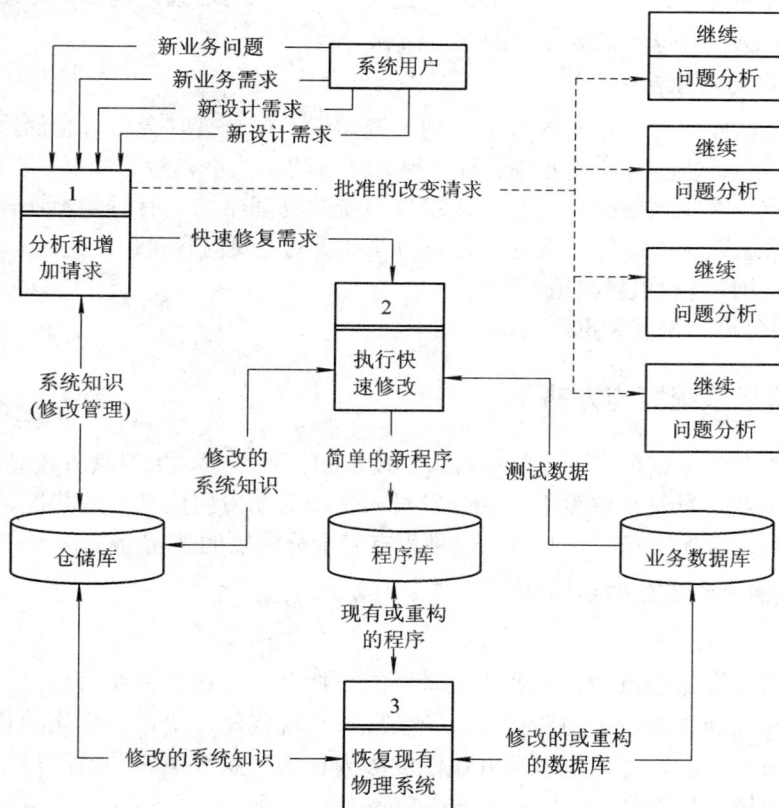

图 8-5　系统增强包含的任务

## 2) 分析和增强需求

分析和增强需求任务是系统增强工作的第一步。这项工作就是分析所有的需求，并且对这些需求进行优先级分类。

如果需要立即改变系统，那么应该根据改变的类型确定将要改变这些请求的解决方案。常见的引起改变请求的方式如下：

（1）新业务问题引起了问题分析工作。从这时开始，系统增强的工作包括需求分析、决策分析、设计、构建、实现等。

① 新业务需求引发了需求分析、决策分析、设计、构建和实现等工作。

② 新技术需求触发了决策分析、设计、构建和实现等工作。决策分析确定所建议的新技术是否可行。这是非常重要的，因为技术改变的耗费非常大、非常复杂。

(2) 新设计需求显然引起了设计、构建和实现等工作。

3) 执行快速修复

有些系统增强需要快速地完成，这时可以通过编写新的、简单的程序或简单地修改现有的程序来实现。简单的程序和简单修改的意思是不必修改数据库的结构，只是增加新的输出或报表。现在，许多程序可以使用第四代工具来完成，这时不需要修改数据库的结构，编程人员可以快速地完成程序的编写和修改。快速修改也可以通过修改当前的业务流程，使这些业务流程和信息系统的流程一致来快速地完成系统的增强。例如，系统分析人员可以建议用户使用现有的报表来满足新的业务需求。

4) 恢复现有的物理系统

有时候，仓储库包含了最新的或准确的系统知识，但是有时会出现仓储库中的文档过时了、以前开发的系统没有开发业务流程、现有系统的文档不完整等情况。在这些情况下，在系统增强之前，要求系统分析人员恢复现有系统的物理结构。有时候，还需要重新构造现有的技术和改进系统的组件。恢复现有的物理系统的主要内容是：

(1) 数据库的恢复和重新构造。

(2) 程序的分析、恢复和重新构造。

## 8.1.6　企业信息系统实施方略

一个成功的企业信息系统不仅要有财力、技术和管理基础，更要具备较高的人文素质。针对目前我国企业信息系统建设中前期开发投入多、后期应用成功少的状况，探寻企业信息系统实施方略，对加快我国企业信息化进程有着十分重要的现实意义。

### 1．企业信息系统实施的前期准备

1) 企业决策者的决心

企业信息系统实施有风险，企业决策者要能把握全局，认清企业信息化的重要意义和必然趋势，有接受新事物、采用新技术以及实现管理现代化、决策科学化的意识。同时，要对全体员工进行动员，有效地调动并组织业务人员参与系统实施，消除员工中的抵触情绪，激发员工积极参与的热情，提高实施成功率。

2) 理顺企业当前的管理模式

企业信息系统是科学的管理思想与方法、先进的计算机应用技术与通信技术同具体的管理实践相结合的产物。科学的管理思想和先进的管理方法是企业信息系统的核心与精髓，而计算机和通信设备则是为其服务的工具。

企业首先应对管理体制和管理方式进行符合现代企业管理思想的改革，使企业运行的每一环节符合科学化、标准化、规范化的要求。只有理顺了当前的管理模式，及时调整不合理的地方，才能有效利用企业信息系统。否则就会出现"利用先进的技术和设备模拟落后的管理流程"的情形。

在企业信息系统中，一方面企业领导要重视现代管理思想和管理方法的研究与探索，并根据内、外部环境的变化采取相应的应变措施；另一方面，企业信息系统又能帮助管理者更进一步理顺企业的业务与信息流程，反过来促进企业管理改革的深化。

### 3) 挖掘人力资源

企业要挖掘培养富有开拓创新意识，接受新知识、新技术能力强的干部和技术骨干。现代化的企业管理对企业员工，特别是管理人员提出了更高的要求，企业信息系统应用成功与否、企业经营成功与否，都与企业员工素质的高低有关。拥有一批善于交流、善于利用信息资源的优秀管理人员，是系统实施成功的保证，也是企业成功的保证。

### 4) 了解企业当前计算机应用现状

从计算机投入商业使用到现在，企业或多或少地在计算机方面都进行了一定的投入。但有些仅仅是添置了设备，建成了一个局域网，有些使用市场上现成的应用软件或专门为某一需求开发的应用软件，整个计算机应用处于一种各自为政、信息不能共享的状况。

进行企业信息系统实施前必须先对自身当前的计算机应用方面、设备拥有方面来一次大的清理，做到能利用的尽量利用。

### 5) 总体规划，分步实施

企业信息系统有一个逐步完善的过程，应立足于当前的需要和战略发展，做好总体规划，再依据需求的紧迫程度分步实施。在企业信息系统的整个生命周期中，会因各种原因导致用户需求发生变化，进而必须进行系统功能的修改或扩充。这个过程将受到使用者的技能、对知识的掌握程度和对实际问题的认识反应速度等因素的影响，使系统修改的频率、次数和持续时间的长短有所不同。

## 2．企业信息系统实施中的误区

### 1) 贪大求全

企业要构建一套计算机信息管理系统时，首先要考虑清楚的是，企业目前的实际情况怎么样，自身的需求究竟是什么，要达到什么样的目标。决不能贪大求全，一定要结合企业自身的行业特点、地理位置、管理模式、企业实力、人员素质，乃至企业文化等诸多因素，实事求是、因地制宜，准确定位自身需求。企业的需求定位对系统的构建至关重要，它往往决定系统的规模、投资以及后期的应用和维护。

实际上，有些企业正是因为对自身需求缺乏有效的分析和认识，对预期目标期望太高，所以虽然投入了大量的人力、物力及财力，最终应用效果并不理想，造成了财力的巨大浪费和企业员工对信息化热情的减退。

### 2) 盲目跟风

在企业信息系统的开发应用过程中，很多企业不是把主要精力放在如何用好、用足已有的企业信息系统上，而是一味追求设备更新和应用联网，以至于当新的开发平台一出现，大家就一窝蜂地赶时髦，纷纷将还没有怎么使用的应用软件进行升级换代。

新技术的采用要适度，要与实际需要、经济条件和未来发展有机结合，要提倡理论联系实际和辩证法，不要盲目地一味求新而成为新技术的奴隶。靠单纯的新技术堆砌而缺乏科学的管理思想内核，最终导致惨败的教训已不少见。企业信息系统是工具和手段，不是管理内容，人的理性思维才是企业信息系统的灵魂。不从根本上解决这个问题，企业信息系统的发展就会受到严重的阻碍。

**3．企业信息系统的系统集成**

企业信息系统的系统集成不是简单地将软/硬件平台、网络设备、应用软件等联通，而是应将系统集成为一个性能优良的企业信息系统。系统集成可分为开发环境集成、信息集成和人员集成。

1) 开发环境集成

在企业信息系统开发中，面对市场上各种软、硬件产品和系统集成商的解决方案与承诺，全面系统地优选先进的技术和产品，完成企业信息系统软、硬件配置，也就是将网络构建、硬件选型、软件应用、数据库选择等各类系统有机地集成在一起绝非易事。

因此，企业自身必须要有一个清醒的认识，更要有一个全面系统的规划和方案，多进行市场调查、咨询及比较，根据企业自身的实际需求和目标，在合理的资金范围内，配合系统集成商完成这项工作。

2) 信息集成

企业信息系统的系统集成还与数据管理有着不可分割的关系。企业信息系统集成的实质是信息集成，信息集成关系到企业信息系统的成败。对于先前并无总体规划，并已开发了若干具体应用的企业来说，系统集成不是简单地添置设备和接口，进而把分散的应用系统整合起来，而是要建立企业规范化的的信息资源，使信息资源更具时效性、共享性，从而建立一个良好的信息资源库。

3) 人员集成

企业信息系统的人员集成也是个非常重要的部分。在企业信息系统的整个实施过程中，业务人员与系统分析员之间的沟通、应用人员与开发人员之间的配合、系统交付使用后的需求发生变化等各个方面的问题，都需要有效地将各类人员组织集成在一起。

企业信息系统完成后，系统集成商与应用软件开发商能不能为企业提供一个长期有效的技术服务，也是企业成功应用的关键。

企业信息系统是一项系统而复杂的工程，是集计算机技术与管理为一体的系统集成工程。企业信息系统的实施更是一项人与知识交融的系统集成工程，是一项涉及企业管理思想与管理技术、信息技术等多技术、多学科及人力资源配置组合的系统集成工程。在企业信息系统实施时，一定要在事前进行周密、详细的调研，细化方案，层层分解，在对企业自身需求有了一个明确的目标之后，制作一个总体规划，并根据企业发展步骤设计分步实施方案，从而才能保证企业信息系统的成功实施。

# 8.2　系　统　维　护

管理信息系统在完成切换过程的各项任务之后，投入正常运行，支持日常的各项事务处理、管理控制和管理决策，即进入了系统运行和维护阶段。在系统的整个使用过程中，都伴随着系统维护工作的进行。为改正潜藏错误、扩充功能、完善功能、结构翻新、延长系统寿命而进行的各项修改和维修活动称为系统维护。系统维护的目的是保证管理信息系统正常而可靠地运行，并使系统在运行中不断得到改善和提高，以充分发挥作用。因此，系统维护的目的就是保证系统中的各个因素随着环境的变化始终处于良好的、正确的工作状态。系统维护是系统支持阶段的一项常见的工作，也是系统支持阶段主要的工作。甚至有些人把系统支持简单地称为系统维护。

大量实践表明，无论如何设计系统，无论系统的分析、设计、实施调试如何完善，信息系统都不可避免地会存在一些缺陷、错误等。其原因很多，大致可以归纳为下列几类：

(1) 需求有效性不足。

(2) 与用户的通信不足。

(3) 误解需求。

(4) 采用了错误的方法设计或实现需求。

(5) 使用错误的程序。

采取系统维护操作时，应该达到下面的基本目标：

(1) 知道如何修改程序，以解决出现的错误。

(2) 尽可能地修改少量的程序，避免因为修改程序而引发其他的问题。

(3) 尽可能地避免系统性能的下降，即修改后的系统响应时间和数据吞吐量不下降。

(4) 尽可能快地完成修改任务，而不影响系统的质量和可靠性。

为了达到这些目标，一定要非常了解将要修改的程序。如果不了解程序的结构，胡乱地修改，有可能引起系统更多的问题。

## 8.2.1　维护的定义及类型

系统维护是指在系统已经交付使用以后，为了改正错误或满足新的需要而修改系统的过程。根据维护活动的目的以及软件维护的性质，系统维护可划分为正确性维护、适应性维护、完善性维护和预防性维护四种类型。

正确性维护用来改正在系统开发阶段已发生的而系统调试阶段未发现的错误。

适应性维护是为适应软件的外界环境变化而进行的修改。

完善性维护是为扩充功能和改善性能而进行的修改，指对已有的软件系统增加一些在软件需求规范书中没有规定的功能与性能特征，还包括对处理效率和编写程序的改进。

预防性维护是为减少或避免以后可能需要的前三类维护而对软件配置进行的修改，从而减少以后的维护工作量、维护时间和维护费用。

根据对多种维护工作的分布情况的统计，一般正确性维护占21%，适应性维护占25%，完善性维护达到50%，而预防性维护及其他类型的维护仅占4%。可见，系统维护工作中，一半以上的工作是完善性维护。

## 8.2.2　维护内容

系统维护的目的是使系统始终处于正常的运行状态，在企业管理中发挥应有的作用。在系统运行的整个过程中，系统维护是一项长期的重要工作。

　　系统维护面向系统中的各种构成因素。按照维护对象的不同，系统维护的内容可分为以下几类：

　　(1) 应用系统的维护。系统的业务处理过程是通过程序的运行而实现的，一旦程序发生问题或业务发生变化，就必然引起程序的修改和调整，因此系统维护的主要活动是对程序进行维护。

　　(2) 数据的维护。业务处理对数据的需求是不断发生变化的，除系统中主体业务数据的定期更新外，还有许多数据需要进行不定期的更新，或随环境、业务的变化而进行调整。此外，数据内容的增加、数据结构的调整和数据的备份与恢复等，都是数据维护的工作内容。

　　(3) 代码的维护。当系统应用范围扩大和应用环境变化时，需要对系统中的各种代码进行一定程度的增加、修改和删除。

　　(4) 文档的维护。根据应用系统、数据、代码及其他维护的变化，需要对相应文档进行修改，并对所进行的维护进行记载。

　　(5) 硬件设备的维护。硬件设备的维护主要指对主机及外设的日常管理和维护，都应由专人负责，定期进行，以保证系统正常有效地运行。硬件的维护应有专职的硬件维护人员来负责，主要有两种类型的维护活动，一种是定期的设备保养性维护，保养周期可以是一周或一个月不等，维护的主要内容是进行例行的设备检查与保养；另一种是突发性的故障维修，即当设备出现突发性故障时，由专职的维修人员或请厂商来排除故障，这种维修活动所花时间不能过长，以免影响系统的正常运行。为了提高硬件系统的可靠性，一般可采取双机备份的形式，当一组设备出现故障时立即启动另一组备用设备投入运行，故障排除后再一次进入双机备份状态。

## 8.2.3　系统维护方法

　　系统的可维护性对于延长系统的生存期具有决定的意义，因此必须考虑如何才能提高系统的可维护性。为此，需从五个方面入手。

### 1. 建立明确的软件质量目标和优先级

　　一个可维护的程序应是可理解的、可靠的、可调试的、可修改的、可移植的、高效率的、可使用的。要实现这所有的目标，需要付出很大的代价。对管理信息系统，更强调可使用性、可靠性和可修改性等目标，同时规定其优先级。这样有助于提高软件的质量，并对软件生存期的费用产生很大的影响。

### 2. 使用提高软件质量的技术和工具

　　模块化是系统开发过程中提高软件质量，降低成本的有效方法之一，也是提高可维护性的有效技术。它的优点是如果需要改变某个模块的功能，则只要改变这个模块即可，对其他模块影响很小；如果需要增加某些功能，仅增加完成这些功能的新的模块或模块层即可，同时程序错误也容易定位和纠正。结构化程序设计把模块化又向前推进了一步，不仅使得模块结构标准化，而且将模块间的相互作用也标准化了。采用结构化程序设计可以获得良好的程序结构，提高现有系统的可维护性。

### 3．进行明确的质量保证审查

质量保证审查对于获得和维持系统各阶段的质量是一个很有用的技术。审查还可以检测系统在开发和维护阶段内发生的质量变化，可对问题及时采取措施加以纠正，以控制不断增长的维护成本，延长系统的有效生命期。

### 4．选择可维护的程序设计语言

程序是维护的对象，要做到程序代码本身正确无误，同时要充分重视代码和文档资料的易读性和易理解性。因此，要注意编码规则和编码风格，尽量采用结构化程序设计和通用性高的程序设计语言，把与机器和系统相关的部分减少到最低限度。

### 5．改进系统的文档

系统文档是对程序总目标、程序各组成部分之间的关系、程序设计策略、程序实现过程的历史数据等的说明和补充。因此，在开发过程中，各阶段产生的文档资料要尽可能采用形式描述语言和自动的文件编辑功能。文档是维护工作的依据，文档的质量对维护有着直接的影响。一个好的文档资料应能正确地描述程序的规格，描述的内容要局部化，并且易读、易理解。

完成各项系统维护工作后，应及时提交系统维护报告，就所作的系统维护的具体内容进行总结，加入到系统维护的有关文档中。

## 8.2.4　工作过程

系统维护工作的过程包括了四项任务，即确认问题、建立程序的评价基准、研究和修复问题、调试程序等。下面分别详细介绍这些任务。

### 1．确认问题

可以把系统维护工作看作是一个小型的项目。这个小型项目是由系统出现的缺陷触发的，这些缺陷往往是由用户发现的。会出现这样的情况，用户报告说信息系统出现了缺陷，但是技术人员来之后，却没有发现这些缺陷。因此，系统维护工作的第一步是确认问题。此时，信息系统项目小组同终端用户一起通过重新使用系统，尽可能地发现问题。如果系统的缺陷不再出现，那么应该由用户解释出现问题的使用环境。确认问题时，会出现三种情况，即没有问题、使用错误和问题确实存在。

即使系统不再出现错误，系统开发小组也不能埋怨用户，因为出现这种情况的原因既可能是用户自己出现了错误，也可能是错误没有被发现。这时应该告诉用户，下一次出现错误时应及时通知信息系统技术人员。如果发现系统出现的问题是由于用户使用错误造成的，那么应该向用户解释清楚，并且教会用户如何正确地使用系统。

如果用户汇报的错误确实存在，那么系统分析人员应该做两件事情。第一，研究相关的文档，即系统知识，研究造成错误的上下文。换句话说，在明白产生错误的原因之前，不要修复错误。第二，所有的维护工作都在程序的拷贝上进行。即在程序修复之前，所有的原程序都保存在程序库中且可以正常使用。

### 2．建立程序的评价基准

在给定的程序拷贝上，系统分析人员应该建立程序的评价基准。一个程序出现了缺陷，只可能是其中的一部分出现了错误，不可能是整个程序错误。但是，系统维护工作有可能会带来意想不到的副作用，这些副作用有可能影响到整个程序的功能和性能。因此，在修改程序之前，应该为该程序的执行和调试建立一个基准。这个基准是程序维护之后的评价基准。

这项工作由系统分析人员和系统编程人员来完成。用户也应该参加到该工作中，确保系统的调试在一个正常的工作环境下进行。

可以使用两种方式定义调试用例。第一，如果过去的调试数据依然作为系统知识存在于仓储库中，那么使用这些调试数据来验证系统。经常碰到的情况是，过去的调试数据不能直接使用，那么可以修改这些数据，以便调试使用。第二，可以使用调试工具自动捕捉调试数据。借助于一些工具，用户可以输入调试数据，这些调试数据被自动地记录下来。这些数据就是调试的基准。

### 3．研究和修复问题

系统维护的主要任务是修改程序。修改程序的工作应该由程序编程人员来完成。经常应该是这样，修改后的程序不能直接在生产信息系统中使用，而是作为信息系统的一个新版本使用。

虽然说编写程序的编程人员可以方便地修改自己程序中的错误，但是，由于技术人员的流动性，或者工作的安排，常常是自己编写的程序由其他编程人员来修改的。因此，单靠记忆是不行的，必须依靠过去产生的知识。

应用程序的知识通常来自于源代码的研究。理解别人编写的程序需要花费相当多的时间。这项工作常常因为下面一些原因会更加缓慢：

(1) 不合理的程序结构。
(2) 非结构化的逻辑，例如不合理的代码样式等。
(3) 以前的修改。
(4) 缺乏文档或文档不完整、不全面。

理解程序的目的是了解当前程序在整个系统中的地位和影响，理解系统为什么不工作或不能正常地工作。只有理解了程序，才能确定修改这些错误需要耗费的资源和时间。

### 4．调试程序

错误修复之后，还必须通过调试。这里的调试包括单元调试和系统调试。调试成功的程序应该作为新版本发布。

系统维护的成本主要在于修改仓储库中的系统知识和修改程序库中源程序代码的程序文档。

系统知识是由系统分析人员使用的支持系统的文档，程序文档是由系统编程人员使用的支持程序的文档。

### 5．软件复用

复用也称为再用或重用，是指同一事物不做修改或稍加改动就多次重复使用。广义的软件复用可分为三个层次：知识的复用、方法和标准的复用和软件成份的复用。其中，前两个层次属于知识工程研究的范畴，这里讨论软件成份的复用问题。

可复用的软件成份必然具有下列属性：
(1) 良好的模块化，即具有单一、完整的功能，且已经经过反复调试被确认是正确的。

(2) 结构清晰，即具有很好的可读性、可理解性，且规模适当。

(3) 高度可适应，即能适应各种不同的使用环境。

利用可复用的软件成份来开发软件的技术，称为软件复用技术，它也指开发可复用软件的技术。目前主要有三种软件复用技术：

(1) 软件构件技术。即按照一定的规则把可再用的软件成份组合在一起，构成软件系统或新的可再用的软件成份的技术。这种技术的特点是可再用的软件成份在整个组合过程中保持不变。这一技术用在数学或工程方面的应用软件中时效益明显。在系统软件的输入/输出或存储管理等方面应用时也较成功。使用这种技术需要公用数据库和可再用软件库的支持，前者提供按照公用标准数据模式建立的数据模块，后者提供用于组合的可再用的软件成份。

(2) 软件生成技术。即根据形式化的软件功能描述，在已有的可复用的软件成份基础上，生成功能相似的软件成份或软件系统的技术。使用这种技术需要可再用软件库和知识库的支持，其中知识库用来存储软件生成机理和规则。

(3) 面向对象的程序设计技术。传统的面向数据/过程的软件设计方法把数据和过程作为相互独立的实体，数据用于表达实际问题中的信息，程序用于处理这些数据。程序员在编程时必须时刻考虑所要处理的数据格式，对于不同的数据格式要做同样的处理，或者对于相同的数据格式要做不同的处理，都必须编写不同的程序。显然，使用传统的软件设计方法，可复用的软件成份比较少。

传统的软件设计方法忽略了数据和程序之间的内在联系。事实上。用计算机解决的问题都是现实世界中的问题，这些问题无非由一些相互存在一定联系的事物所组成。这些事物称为对象，每个具体的对象都可以用两个特征来描述：描述对象所需要使用的数据结构以及可以对这些数据进行的有限操作，也就是数据结构和对数据的操作。

## 8.2.5　信息系统的维护和升级

企业信息系统的建设完成后，便进入运行维护阶段。信息系统就像机械设备一样，需要不断地维护才能保持良好的运行状态。由于现代信息技术不断迅速发展，信息设备具有更新快、折旧快、性能不断提高的特点，特别是开发软件技术不断提高，软件版本不断升级，对于一些在用的软件也有不断修补的过程。同时，随着企业信息资源的积累和丰富，存储设备的容量和计算机的处理能力也需要不断提高。因此，企业要高度重视信息系统的运行维护工作，保持运行维护人员的相对稳定。

企业要做好信息系统维护工作的规划、计划和财务预算，纳入企业的日常管理工作进行考核。对信息系统进行有效维护的工作主要包括以下几个方面：

(1) 信息系统运行中的故障排除。

(2) 对系统受到外来攻击或病毒侵害的修复。

(3) 对应用人员无意或有意的操作带来的损坏的修复。

(4) 信息的整理、备份及恢复。

(5) 信息系统及网络运行状态的管理和监控。

(6) 应用软件的修补和升级。

(7) 信息设备(如计算机、打印机等)的修理、保养与消耗材料的补充。

(8) 企业管理人员和员工的再培训。

(9) 对新建系统的标准化和接口管理。

(10) 企业信息系统的日常管理工作。

企业信息系统的管理与维护一般需要企业建立专门的机构和雇佣专门的技术人员，也可以委托系统开发商或有经验的专业公司进行。

# 8.3　系　统　评　价

一个花费了大量资金、人力和物力建立起来的新系统，其性能和效果如何，是否达到了预期的目的，这是用户和开发人员双方都是很关心的问题。因此，必须通过系统评价来回答以上的问题。

信息系统的评价就是对系统在运行一段时间后的技术性能及经济效益等方面的评价。评价的目的是检查系统是否达到了预期的目标，技术性能是否达到了设计的要求，系统的各种资源是否得到了充分的利用，经济效益是否理想，并指出系统的长处与不足，为以后的改进和扩展提出意见。

## 8.3.1　系统评价体系

由于管理信息系统是一个复杂的社会技术系统，它所追求的不仅仅是单一的经济性指标，除了从费用、经济效益和财务方面的考虑外，还涉及技术先进性、可靠性、适用性和用户界面友好性等技术性能方面的要求以及改善员工劳动强度和单位经营环境，增强市场竞争力等社会效益目标。目标的多重性产生了对管理信息系统进行多指标综合评价的必要性。多指标综合评价体系的方法就是先提出信息系统的若干评价指标，然后对各指标评出表示系统优劣程度的值，最后用加权等方法将各指标组合成一个综合指标。具体的评价内容如表 8.1 所示。

表 8-1　系统评价内容

| 评价项目 | 评价指标 | 考　虑　因　素 |
|---|---|---|
| 技术评价 | 完整性 | 系统设计是否合理，具备的功能是否达到设计任务书的要求 |
| | 可维护性 | 可理解性、可调试性、可修改性、维护工具 |
| | 可靠性 | 平均无故障工作时间，后备体系 |
| | 适应性 | 运行环境变动时，系统的适应能力 |
| | 方便、灵活性 | 操作和维护的方便、灵活 |
| | 安全、保密性 | |
| | 设备利用率 | |
| | 响应时间 | 从用户发出命令到系统作出响应的时间 |
| | 系统吞吐量 | 每秒钟所能完成的作业量 |
| 经济评价 | 直接效果 间接效果 | 一次性投资、运行费用，年生产费用节约额，机时成本，管理人员劳动条件的改善，管理效率的提高，管理水平的提高，加快资金流通 |
| 其他方面的评价 | 文档 | 是否齐全，表达是否清晰合理 |
| | 程序规模 | 总语句行数，占用存储空间大小 |
| | 开发周期 | 从系统规划到新系统转换所花时间 |
| | 存在问题 | |

### 1．技术评价

对信息系统的评价主要是从技术与经济两方面进行的。技术上的评价主要是系统性能，具体内容为：

(1) 信息系统的总体水平。如系统的总体结构、地域与网络的规模、所采用技术的先进性等。

(2) 系统功能的范围与层次。如功能的多少与难易程度或对应管理层次的高低等。

(3) 信息资源开发与利用的范围和深度。如企业内部与外部信息的比例、外部信息的利用率等。

(4) 系统的质量。如系统的可使用性、正确性、可维护性、可扩展性和适用性等。

(5) 系统的安全与保密性。

(6) 系统文档的完备性。

### 2．经济评价

经济上的评价主要是系统效果和效益，包括直接和间接两个方面。直接的评价内容有：

(1) 系统的投资额。

(2) 系统的运行费用。

(3) 系统运行所带来的新增效益。

(4) 投资回收期。

间接的评价内容有：

(1) 对企业形象的改观、员工素质的提高所起的作用。

(2) 对企业的组织机构的改革、管理流程的优化所起的作用。

(3) 对企业各部门间、工作人员间协作精神所起的作用。

信息系统在运行与维护过程中不断地发生变化，因此评价工作不是一项一次性的工作。应定期或当系统有较大改进后进行。评价工作由系统开发人员、系统管理与维护人员、系统用户及系统外专家等共同参与，评审方式可以是鉴定或函审。

## 8.3.2　信息系统的评价指标

根据信息系统的特点与综合评价指标体系的构成原则，从系统性能指标与直接经济效益有关指标及与间接经济效益有关指标等三个方面提出信息系统的综合评价指标。

### 1．系统性能指标

系统性能指标主要涉及如下内容：

(1) 人机交互的灵活性与方便性。

(2) 系统响应时间与信息处理速度满足管理业务需求的程度。

(3) 输出信息的正确性与精确度。

(4) 单位时间内的故障次数与故障时间在工作时间中的比例。

(5) 系统结构与功能的调整、改进及扩展，与其他系统交互或集成的难易程度。

(6) 系统故障诊断、排除、恢复的难易程度。

(7) 系统安全保密措施的完整性、规范性与有效性。

(8) 系统文档资料的规范、完备与正确程度等。

**2．与直接效果有关的指标**

系统的直接经济效果是指可以定量计算的效果，通常用以下指标来反映：

(1) 一次性投资。包括系统硬件、软件和系统开发费用。其中，硬件费用包括计算机设备费用，终端设备、通信设备和机房建设(电源、空调等)费用；软件费用包括系统软件、应用软件、试验软件等费用；系统开发费用包括调查研究、系统规划、系统分析和设计、系统实施等阶段的全部费用。

(2) 经营费用。包括计算机租金、外部设备租金、消耗品费(优盘、光盘、卡片、纸带、磁带、打印纸等)、人工费、设备和备件的折旧费等。

(3) 年生产费用节约额。年生产费用节约额是一个总括性的货币指标。使用管理信息系统以后的全年生产费用的节约额 可用下式计算：

$$U = \sum C_i - C_a + E(\sum K_i - K_a) + U_n$$

式中：

$C_i$——运用计算机后节约的投资。

$C_a$——运用计算机后增加的经营费用。

$E$——投资效果系数。

$K_i$——运用计算机后节约的经营费用。

$K_a$——建立计算机管理信息系统所用的投资。

$U_n$——本部门以外其他部门所获得的年度节约额。

应力求在年生产费用节约额 $U \geqslant 0$ 的条件下发展计算机管理信息系统。

(4) 机时成本。计算机的机时成本可用下式计算：

$$C_a = \frac{(S+M+D+P)(1+H\%)}{T \times K}$$

式中：

$S$——工作人员工资。

$M$——材料费。

$D$——机器折旧。

$P$——电力费用。

$H$——间接费用率。

$T$——机器正常工作时间。

$K$——机器利用系数。

从公式可见，节约各项费用和增加机时利用系数是降低机时成本的重要因素。

(5) 投资回收期。投资回收期为通过新增效益逐步收回投入的资金所需的时间，它也是反映信息系统经济效益好坏的重要指标。经简化后不考虑贴现率的投资回收期，可用下面公式计算：

$$T = \frac{t+I}{B-C}$$

式中:

　　　T——投资回收期(年)。

　　　t——资金投入至开始产生效益所需的时间(年)。

　　　I——投资额(万元)。

　　　B——系统运行后每年新增的效益(万元/年)。

　　　C——系统运行中每年所花费的开销(万元年)。

### 3. 与间接经济效益有关的指标

间接经济效益是指通过改进组织结构及运作方式、提高人员素质等途径，促使成本下降、利润增加而逐渐地间接获得的效益，由于成因复杂，只能作定性分析，所以间接经济效益也称定性效益。一般地，间接经济效益主要指:

(1) 提高管理效率。用计算机代替人工处理信息，减轻了管理人员的劳动强度，使他们有更多的时间从事调查研究和决策工作；由于各类数据集中处理，使综合平衡容易实现；采用计算机网络等手段，加强了各个部门之间的联系，提高了管理效率。

(2) 提高管理水平。由于信息处理的效率提高，从而使事后管理变为实时管理，同时使管理工作逐步走向定量化。系统信息的共享使部门间管理人员的联系更紧密，提高了他们的协作精神及企业的凝聚力。同时，使管理人员获得许多新知识、新技术与新方法，进而提高他们的技能素质，拓宽思路，进入学习与掌握知识的良性循环。

(3) 提高企业对市场的适应能力。由于用计算机提供辅助决策方案，因此当市场情况变化时，企业可及时进行相应决策以适应市场。

例如，库存管理系统的建立可以极大地提高库存记录的准确性和及时性，减少库存量，从而减少物资的积压，同时也能保证生产用料的供应，避免停工待料，最终提高了生产力；生产管理系统的建立可以更合理地安排人力、物力，及时掌握生产进度和产品质量，从而提高生产率和生产管理水平；财务管理系统的建立，可大大提高业务处理能力，减少差错，提高资金周转率等。

(4) 能显著改善企业形象，对外提高客户对企业的信任度，对内增强员工的自信心和自豪感。

以上都是间接经济效益的表现形式。

完成系统评价工作后，应提交系统评价报告，就新系统的概况、系统组成、设计目标的实现程度，系统的可靠性、系统的安全保密性、系统的可维护性等的实现情况及系统的经济效益和社会效益等做出客观的评价。

信息系统在运行与维护过程中不断地发生变化，因此评价工作不是一项一次性的工作。应定期或当系统有较大改进后进行。评价工作由系统开发人员、系统管理与维护人员、系统用户及系统外专家等共同参与，评审方式可以是鉴定或函审。

## 8.3.3　信息系统评价中常见的问题与对策分析

不论是在发达国家还是在发展中国家，信息系统项目建设的成功率都远不及其他建设项目，曾有 IT 黑洞之说。由此，信息系统项目建设中存在的问题日益为人们所重视。通过分析案例，人们发现造成信息系统建设失败的原因纵然有很多，但是，几乎每个失败的案例都和缺乏及时必要的评价有很大关系。于是，信息系统评价被提上议程，并成为信息系统项目管理中的一个热点。

由于评价人员认识问题的角度等不同以及信息系统评价本身很复杂，因此评价人员在信息系统评价的实践中难免会出现一些问题。常见的问题主要有以下几个方面：

(1) 评价目标不明确，习惯于搞大而全的综合评价。

在现行的信息系统评价实践中，最容易犯的一类错误是评价目标不明确。在进行评价前，没有仔细分析评价的目的是什么，为什么进行评价的问题没有搞清楚，而是采用习惯做法，搞大而全的评价，什么经济效益、社会效益、技术水平等，只要想得到的、其他的评价中有的，就把它们作为一个评价的内容，设定为指标进行评价，这样往往导致评价的结果与评价的初衷大相径庭。其实，目标是评价的核心，所有的评价都是围绕目标展开的，目标如果不明确，所得到的评价结果要么没有实际意义，要么没有实际用途，最终是劳民伤财，费力不叫好。例如，评价目的如果仅仅是评价信息系统的开发质量和稳定性，就没有必要考虑信息系统的经济效益，与此相应，如果评价目的是信息系统的效益，就没有必要再对信息系统的开发质量方面进行考虑。所以，在进行信息系统评价前，一定要明确信息系统评价的目标，一方面保证评价的结果达到了要求；另一方面也使得考虑的因素较少，评价易于实现。

(2) 对信息系统评价的复杂性认识不够，往往不能善始善终。

在信息系统评价中，对信息系统评价的复杂性认识不够，也是较容易犯的一个错误。负责人在接手评价任务之初，总想把这次评价作得比以往的任何评价都好，立下雄心壮志，设定一些目标，总是想将评价中涉及到的所有问题都列举出来，拟建一个最好的模型，但这样做往往是事与愿违，随着评价的深入，才发现事实远远不是那么回事，眼看期限将至，只好草草收场，应付了事。犯这类错误的原因主要是没有充分认识到评价信息系统的复杂性。其实，评价一个信息系统是一件很复杂的事情。其复杂性由许多因素决定，主要体现在以下几个方面：

① 信息系统开发的高风险性和不确定性使得成本、时间和完成的期限很难确定，导致评价过程的复杂性。

② 信息系统产生的效益分散化，与信息系统相关的客体都能从中获益，导致评价其效益的复杂性。

③ 信息系统投入使用后，已经溶入到企业的组织机构和业务流程，其对企业产生的单独影响是很难计算或者不可能计算的，产生的大量的无形效益、间接效益、长期效益和滞后效益也是不可能直接测度的。

④ 信息系统涉及的主体较多，立足点不同，评价的内容也许会大相径庭，评价的阶段不同，评价的方法也会有所不同。

所有这些，都决定了信息系统评价是一个复杂的事情，这就要求评价者在评价时，充分认识到评价的复杂性，考虑问题时应该抓重点问题和核心问题，与评价目的无关或者相关度较小的，该放弃的放弃，不要搞眉毛胡子一把抓。这样，不仅使评价的问题简单化，同时因为考虑的都是重点和核心问题，也保证了评价的结果接近于问题的实质，评价过程也因事前考虑到了评价的复杂性而显得有条不紊。

(3) 太注重评价过程的理性和正式，导致评价的可操作性降低。

　　在信息系统评价的过程中，太注重项目评价过程的理性和正式，而不注重信息系统评价方法的可操作性，这类错误也比较常见。其实，不管选取什么样的评价方法，是否具有可操作性，是权衡其是否科学的一个重要的标准之一。而在评价实践中也是这样，对量化指标的确定、数学模型的选取投入了很大的精力，而忽视了评价方法的可操作性，将导致评价失败或者不切合实际。要避免这个问题，应该从以下几个方面考虑：

　　① 参考相近或者相似系统已经成功的评价方法，并对其加以研究，找出得失，取其精华。这样可以避免在评价的过程中少走弯路，同时也使评价方法的可操作性得以提升。

　　② 要多种方法联合使用，提高评价的可操作性。对一个系统进行评价，应该考虑的因素很多，对不同的因素进行评价或者度量，仅用一种方法来搞一刀切，是行不通的，同时也不切合实际。只有根据系统的具体环境，联合使用多种评价方法对其进行评价，才能对其做出全面的评价。

　　③ 评价方法应该尽可能的简化，具有可操作性。信息系统是一个复杂的系统工程，对其进行评价的困难程度可想而知。这里面就存在一个误区，认为既然是复杂的，鉴于 IT 项目评价的复杂性，不建议企业一味地追求评价的完美和精确程度，越精确的评价往往越复杂，越复杂的方法，操作性就越低。因此，有必要在方法的可行性和评价的精度之间形成妥协，在基本达到评价目的的前提下，简化评价方法。

　　(4) 指标体系设计漏洞百出，导致评价结果不能令人信服。

　　在信息系统评价过程中，指标设计中也容易出现一些错误，常见的有指标设计的层次性不强、指标之间存在有包容关系、指标不具有可测性和指标体系不能全面反映被评价对象的综合情况等。这类错误的出现，往往导致评价失败或者评价的结果不能令人信服。可以说，指标体系设计是系统评价中关键的一环，如果这个环节出现差错，即使后面的工作做得再好，也只能是前功尽弃。其实，在信息系统评价过程中，指标设计是有一定原则的。首先，评价指标设计要注重科学性和先进性相结合，既要保证设计的指标具有一定的科学性，也要保证设计的指标体现现有的评价新思路；其次，设计的指标要有一定的系统性，之所以称之为指标体系，就说明指标不是杂乱无章地胡乱拼凑在一起的，而是一个有机的整体，只有这样，才能保证所设计的指标体系能全面或者说比较客观地反映被评价对象的综合情况；再次，指标设计要遵循可测性原则，即设计的指标具有可测性，能够通过一定的途径得到所设计指标的具体数据，这样才能保证评价工作的可操作性；另外，还要注重定性和定量相结合的原则，由于对系统进行评价涉及到方方面面的内容，单纯的用定量或者定性的方法无法对系统做出客观的评价，因此，在评价的具体实践中，最好使用定性和定量相结合的方式。

　　(5) 对评价的认识不够。

　　通过一定的方式对系统做出了评价，写出评价报告，就算万事大吉，大功告成，而不对系统评价的结果进一步研究，这也是在评价中较容易犯的一类错误。其实，不管对什么进行评价，评价的最终目的一方面是对系统做一个总结，而更为重要的一方面是通过评价发现问题、总结经验，为以后的工作提供指导。另外，这样做对系统评价本身的价值研究不足，对信息系统评价到底有什么价值，评价的结果和信息系统的客观实际情况有没有误差这些问题没有进一步研究。表面上看，这些问题与现有的评价似乎关系不大，实际上，这些与现有的评价有很大关系：研究评价本身的价值，可以让领导充分认识评价的作用和价值，只有得到领导的重视，以后的评价工作才能容易开展；研究评价的结果和信息系统的实际情况是否有误差，搞清楚误差产生的原因，则可以对误差进一步修正，使得评价的结果更接近于实际，也为我们以后类似的评价积累一些经验。

(6) 评价过程中对人的因素认识不够，导致评价不够客观。

对人的因素认识不够也是在评价实践过程中容易犯的一个错误。在评价过程中，大多数人都认为评价是评价人员的事情，只有他们技术过硬，工作认真，所得到的评价结果就是客观公正的。这里面只是强调了评价人员一个主体，实际上，在评价中涉及到人的因素很多，参与调查评定系统具体内容的专家、系统的具体使用人员、系统的研发人员和参与系统评价的数据采集人员、单位信息系统的负责人员，如此等等，哪一方出现差错，都会导致评价的结果不够客观。如果专家选择的面比较窄，就会导致评价的内容是一两个专家的意见，失去了集体评价的意义；系统具体使用人员应该来说是具有发言权的，但是如果仅仅走走过场，认为他们不是专家，说话没有分量，也会失去评价的意义；数据采集人员工作不认真，采集的数据或者是主观臆断的或者不尽全面，也会导致评价的结果失真；单位信息系统的负责人的评价也很重要，但是，囿于家丑不宜外扬，调查人员从他们那里得到的也许永远是系统很成功的赞美之词，应该让他们明白信息系统评价的目的，从他们那儿得到他们对系统最真实的认识。可见，信息系统评价过程中的人员因素至关重要。

(7) 没有走理论与实践相结合的道路。

这类错误是在评价的实践过程中，没有充分认识到信息系统评价也是一个理论与实践相结合的反复过程，同时也缺少相应的案例实证研究，不能通过实践进行反馈。其实，信息系统评价本身就是用评价理论对现有的信息系统进行评价，是一个理论到实践的过程。评价的结果与信息系统的实际情况是否一致呢？或者说，所用的理论适合不适合评价信息系统呢？这还要通过实践的检验，然后再去修正现有的评价理论，这就是一个实践到理论的过程。从理论到实践，再上升到理论，几次反复之后才能形成一系列相对稳定而成熟的评价方法。在评价实践中这一点似乎很难做到，因为评价的实践没有反复的可能性，但是，借鉴其他信息系统评价的实例，同样可以做到这一点。

# 思 考 与 练 习 题

1. 在信息系统的实施过程中，结构化程序设计方法的逻辑结构组成包括哪些？
2. 选择结构的表现形式有哪些？
3. 在信息系统调试过程中，用图解释调试过程不同步骤之间的关系。
4. 试画出系统转换的三种方式的图示，解释每种转换方式的优点和劣势所在。
5. 什么是系统维护？系统维护的具体内容包括哪些？
6. 系统评价的主要内容包括哪些？
7. 在系统评价过程中，如何进行经济效果的评价分析？试列出评价指标的具体内容。

# 第 9 章 数据库技术

## 9.1 数据库技术与信息系统

管理信息系统使用计算机技术管理数据并为管理提供决策支持，使管理人员更有效率地工作。迅速发展的计算机技术，包括数据库管理系统(DBMS)是推动管理信息系统领域前进的动力和基础。

开发管理信息系统最根本的问题有两个：一是对数量庞大的数据的组织与管理；二是对数据的"加工"，这两个问题贯串于系统开发的整个过程。

数据库是数据组织与管理的最新技术，是计算机软件的一个重要分支。由于数据库具有结构化程度高、数据冗余度低、数据的独立性高以及易于扩充、编程工作量小等特点，因而获得了广泛的应用。目前，管理信息系统几乎都是建立在数据库系统的基础上的，因此，数据库是管理信息系统的基础和核心，数据库设计是系统开发的重要组成部分。

一个大的企业管理、MIS 和 DBMS 的层次关系可用图 9-1 表示。

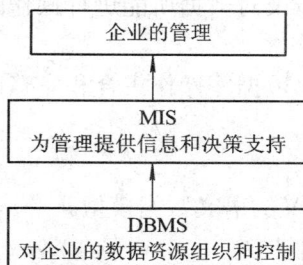

图 9-1 企业的管理、MIS 和 DBMS 的层次关系

## 9.2 数据库系统概述

### 9.2.1 数据库及其特征

数据库是以一定的方式组织、存储起来的相关数据的集合，它具有最小的数据冗余度和较高的数据独立性，可供多种应用(用户或应用程序)服务。

数据库具有以下特点：

(1) 数据是结构化的。结构化是数据库系统管理的基础，不同的数据库系统，数据结构是不同的，但同一系统的结构是固定的，如关系型系统的基本结构是二维表。

(2) 数据的组织面向系统。数据库用整体的观点，从系统的全部应用出发，来组织系统的全部数据，因此数据的组织是面向系统的，这样，可大大降低数据的冗余度，节省存储空间，减少数据输入与维护的工作量，保证数据的一致性。

(3) 数据的独立性高。采用数据库后，数据和应用程序之间彼此依赖的程度低，即应用程序不依赖于数据的组织和物理存储方式，数据的结构需要修改时，也不必修改相应的应用程序，因而数据具有较高的独立性。

(4) 数据的共享性高。由于整个数据是结构化的，而且数据的组织是面向系统的全体用户、全部应用的，因此可以最大程度地满足多个用户、多种应用对数据共享的要求。

(5) 具有对数据的安全性、完整性和并发操作的控制功能。数据的安全性是指保证数据库中数据的安全，防止对数据的不合法使用；完整性包括数据的正确性、有效性和相容性；并发控制是指在多个用户同时存取同一数据的情况下应采取的控制措施。

(6) 对数据进行管理、操作的功能强。有一组专门的软件，即数据库管理系统软件负责对数据进行统一管理和操作。

### 9.2.2　数据模型

数据库把相关数据的集合以综合的方法进行组织，使用户能有效地处理数据。数据的结构和表示以及其性质和特征相当复杂，需要有形式化的方法来描述数据的逻辑结构和各种操作，于是产生了数据模型的概念。

数据模型是对客观事物及其联系的数据描述，即实体模型的数据化，是指数据在数据库中排列、组织所遵循的规则，以及对数据所能进行操作的总体。简单地说，数据模型是表示实体及实体之间联系的模型。

具体地说，数据库数据结构、数据库操作集合和完整性规则集合组成数据库的数据模型。数据模型可分为三类：

(1) 面向记录的传统数据模型。

(2) 注重描述数据及其之间语义的语义数据模型。

(3) 面向对象数据模型。

#### 1．传统数据模型

传统数据模型早在 20 世纪六、七十年代就发展起来了，主要有网络、层次和关系三种数据模型。

#### 1) 层次数据模型

层次模型(Hierarchical Model)是一种树结构，它有如下几个特点：

(1) 有且仅有一个结点，向上不与任何结点联系，这个结点即为树的根，称为根结点。

(2) 其他结点向下可以与若干结点联系，但向上只与唯一的一个结点联系。

凡满足上面两个条件的数据模型称为层次数据模型。例如，图 9-2 所示就是一个层次模型。

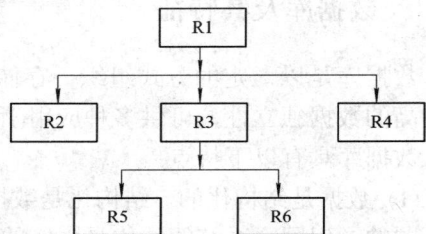

图 9-2　层次数据模型

2) 网络数据模型

网络模型(Network Model)是一种网络结构，数据间紧密相连，呈现出一种网络状的关系形式。它的特征是：

(1) 至少有一个以上的结点无父结点。

(2) 至少有一个结点有多于一个父结点。

(3) 任何两个结点之间可以有两种以上的联系。

例如，图 9-3 所示的数据模型是网络数据模型。

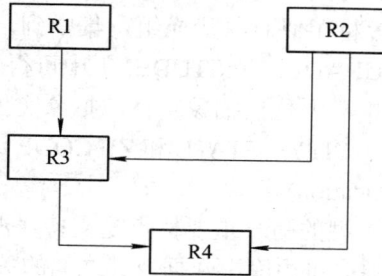

图 9-3　网络数据模型

网络数据模型与层次数据模型的主要区别在于：层次数据模型中，从子结点到父结点的联系是唯一的，而在网络数据模型中，从子结点到父结点的联系不是唯一的。

3) 关系数据模型

关系模型(Relation Model)是以数学理论为基础而构造的数据模型,它把数据看成是一张二维表，这个表就称为关系。表 9-1 所列的职工情况就是一个关系。

一般来说 具有如下性质的一张二维表才能称为一个关系：

(1) 每一列中的数据属于同一类型。

(2) 各列必须有不同的名字。

(3) 表中行和列的顺序可以任意。

(4) 表中各行相异，不允许有重复的行。

(5) 表中的数据项是不可再分的最小数据项。

表 9-1　职 工 情 况 表

| 编号 | 姓名 | 性别 | 出生日期 | 婚否 | 工资 | 职称 | 部门 |
|---|---|---|---|---|---|---|---|
| 1003 | 李小红 | 女 | 01/28/67 | .F. | 1244.67 | 工程师 | 技术科 |
| 1023 | 张军 | 男 | 10/08/70 | .F. | 1160.48 | 助工 | 车间 |
| 1006 | 黄卫红 | 女 | 04/09/58 | .T. | 1389.70 | 高工 | 设计所 |
| 2057 | 田中华 | 男 | 12/04/64 | .T. | 1283.68 | 工程师 | 技术科 |

关系模型以集合论和一阶逻辑为数学基础，最终却以二维表形式把数据的简单视图提供给用户。在关系模型中，数据以关系的形式组织，每个数据库可划分成多个关系，每个关系由关系模式定义，数据库的全部关系模式的集合称为数据库模式。关系模型由关系、关系上定义的操作和对关系的完整性规则组成。由于关系模型具有结构简单灵活，数据独立性高、理论严格、描述一致等优点，因此得到了广泛的流行，目前普遍使用的 DBMS 软

件几乎都是关系型数据库管理系统。关系模型为处理字符、文本等结构化数据提供了简单的形式化手段，但缺乏处理复杂数据的能力。

### 2．语义数据模型

语义数据模型发展的最初动力是克服传统数据模型的缺陷，提供不受具体的实现结构限制、更多地面向用户的模型。语义模型提供一种"自然"的机制来说明数据库的设计，同时更准确地表示数据及数据间关系。

语义数据模型提供了强有力的抽象构造机制，如概括(Generalization)和聚合(Aggregation)。概括允许设计者将相似对象形成组，集中到一个更普及的组对象上，如从GRADUATE STUDENT 和 UNGRADUATE STUDENT 中可得到组对象 STUDENT。聚合允许设计者从对象的性质或属性中模型化出抽象实体，抽象实体中可包括异质部件，如一个聚合对象 ADRESS 由 STREET、CITY、STATE 和 ZIPCODE 组成。除概括和聚合外，还有联合(Association)和分类(Classification)等。

除抽象构造外，语义数据模型的另一重要特点是支持"派生数据"的概念。派生数据是指并不实际存于库中的、需要时可由库中数据及其之间的关系派生出来的数据。

语义数据模型主要包括：E-R 模型、RM/T 模型、TAXIS 模型、SDM 模型、函数模型、SAM 模型以及 SHM+模型等。

### 3．面向对象的数据模型

面向对象的概念起源于程序设计语言。对象是客观世界实体的抽象描述，由信息(数据)和对数据的操作组合而成；类是对多个相似对象共同特性的描述；消息是对象之间通信的手段，用来表示对象的操作；方法是对象接收到消息后应采取的动作序列的描述；实例是由一特定类描述的具体对象。对象具有封装特性，对外部只提供一个抽象接口而隐藏具体实现细节；类具有继承的特性。另外，面向对象数据模型还吸收了语义数据模型中概括和聚合的概念，以及传统数据库管理中持久性、二级存储管理、并发、数据恢复和查询语言的概念，这样就形成了新的面向对象的数据模型，如图9-4所示。

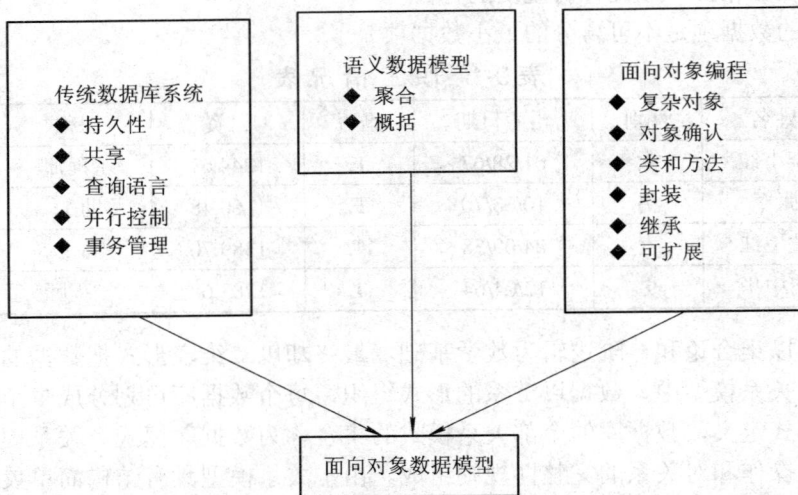

图 9-4　面向对象的数据模型

面向对象数据模型提供了表示复杂对象的能力。可在任意层次上嵌套各种类型构造符(数组、表、元组等)，同时可表示数据之间的各种特殊关系。

由以上分析可以看出，传统数据模型适于处理大量相似的简单数据，不适合处理复杂数据；语义数据模型试图从数据的内容和关系中获取更多的意义来增强对可操作消息的表示；面向对象模型充分吸收了面向对象技术及前两种数据模型的优点，被认为是描述多媒体信息的较理想的数据模型。

### 9.2.3 数据库系统的组成

数据库系统与图书馆系统十分相似。图书馆系统由书库、图书馆管理系统、图书馆管理员及用户组成。书库是有组织的图书的集合；图书馆管理系统十分复杂，简单地说，它包含管理图书馆的一套规则和工具以及借还图书的一套规则和工具；管理人员按规则维护书库；读者按规则查找、借还图书。

狭义地讲，数据库系统由数据库、数据库管理系统以及用户组成。

#### 1. 数据库

数据库是存储在计算机系统内的有结构的数据集合。通俗地讲，这些数据是被数据库管理系统按一定的组织形式存放在各个数据库文件中的。也就是说，数据库是由很多数据库文件以及若干辅助操作文件组成的。存放在数据库中的数据可以被所有合法用户使用。

#### 2. 数据库管理系统

数据库管理系统是数据库系统中对数据进行管理的软件，它是在操作系统支持下进行工作的。该软件十分庞大复杂，通俗地讲，它是为用户管理数据所提供的一整套命令。利用这些命令，用户可以建立数据库文件及各种辅助操作文件，可以定义数据，并对数据进行各种操作，如增删、更新、查找、统计、输出等。总之，一切操作都是通过数据库管理系统进行的。

#### 3. 用户

用户利用数据库管理系统提供的命令访问数据库，进行各种操作。

广义地说，数据库系统是由计算机硬件、操作系统、数据库管理系统以及在它支持下建立起来的数据库、应用程序、用户和维护人员组成的一个整体。

# 9.3 数据库设计

## 9.3.1 数据库设计过程

数据库是数据库应用系统的重要组成部分。一个单位(企、事业)的 MIS 系统绝大多数是由在 DBMS 支持下建立的数据库构成的。数据库的设计、建立是在 MIS 建立过程中完成的，所以数据库的设计过程要密切结合整个 MIS 的开发过程。

根据用户需求研制一个数据库结构的过程称为数据库设计。数据库设计的过程可以归纳如下：

(1) 调查用户需求，特别是对数据及处理的要求及描述。

(2) 设计数据库的概念模型。

(3) 数据库的逻辑设计、优化设计。

(4) 数据库的物理设计。

(5) 物理数据库的建立、试运行、评价。

(6) 数据库的使用与维护。

数据库设计过程可分为若干阶段或若干步骤，如图 9-5 所示。

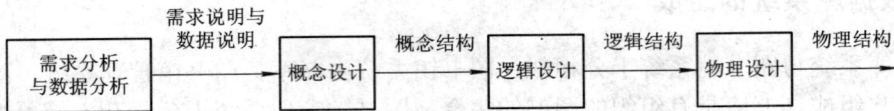

图 9-5　数据库设计步骤

在数据库设计过程中，需求分析与数据分析是整个设计过程中最困难的一步，也是最重要的一步，它的主要任务是从所有数据库用户那里收集信息内容和处理要求。需求分析既要保证企业组织的信息流观点的一致性，同时，也要保证用户目标的一致性。概念设计是通过对用户信息需求的综合归纳，形成一个不依赖于 DBMS 的信息结构的设计，概念设计结果得到的是数据库概念结构或称概念模型。逻辑设计得到的数据库结构是 DBMS 可以处理的数据模型，通常用数据定义语言表示，我们把它称为数据库逻辑结构。逻辑设计与概念设计不同，概念设计仅仅是对客观世界的描述，与实现无关，而逻辑设计却与实现有关，依赖于实现的基础 DBMS。物理设计是选择物理数据库结构，得到一个完整的、可实现的数据库结构。

下面我们将详细讨论数据库设计中的重要步骤。

## 9.3.2　用户需求分析

为了设计出满足要求的数据库，必须先进行用户要求调查、描述与分析，这是数据库设计过程的第一步，是基础工作。从数据库的设计目标讲，要满足用户的数据要求和数据处理要求，就必须向用户调查，并对用户要求进行描述与分析。对开发设计人员来说，事先并不知道用户的这些要求，即要开发的 MIS 应"做什么"，它是由用户提供的，开发设计人员应该全面、细致地了解这些，这是由用户的现实世界进入计算机世界的必经之路。

而且，由于数据库是用数据模型来模拟现实世界的信息类型和信息间的联系的，因此，为了更好地模拟现实世界，必须全面地了解用户的要求，同时还要熟悉 MIS 系统的工作环境(OS、DBMS 和硬件资源等)。

数据库设计的另一个目标是数据库有好的性能，主要的是存取操作的效率高。为达到此目标也必须全面了解用户的要求，并且很好地结合 MIS 系统的工作环境，设计好数据库，同时还要开发好应用系统。

### 1．用户要求描述与分析的内容

对用户要求的了解是多方面的，通过与用户单位各层次的领导和业务管理人员交谈，可以了解、收集用户单位各部门的组织机构，各部门的职责、业务联系、业务流程，各部门和各种业务活动和业务管理人员对数据的需求以及对数据处理的要求等。这一阶段的工作量大，很繁琐，开发人员应和业务人员互相沟通，最后写出用户要求说明书。

对用户要求的描述与分析可采用结构分析方法自上而下逐层地描述与分析。可以画出用户单位的组织机构图、业务流程图、数据流程图(DFD 图)。在 DFD 图中表示出数据流、数据存储要求、处理的逻辑表示、对数据的立即存取要求等。然后再详细地分析与表示数据流、数据存储结构、对数据的立即存取要求，列出数据项，表示出数据项间关系，编制数据字典，说明对数据项和数据项关系的操作。对数据库设计来说，数据字典着重描述数据以及对数据的操作。

**2．用户要求描述与分析的例子**

1) 业务流程图

参看第 7 章。

2) 数据流程图(DFD)

对一个单位来说，可以自上而下逐层地画出数据流程图(DFD)。图 9-6 所示是某单位人事管理的数据流程图。

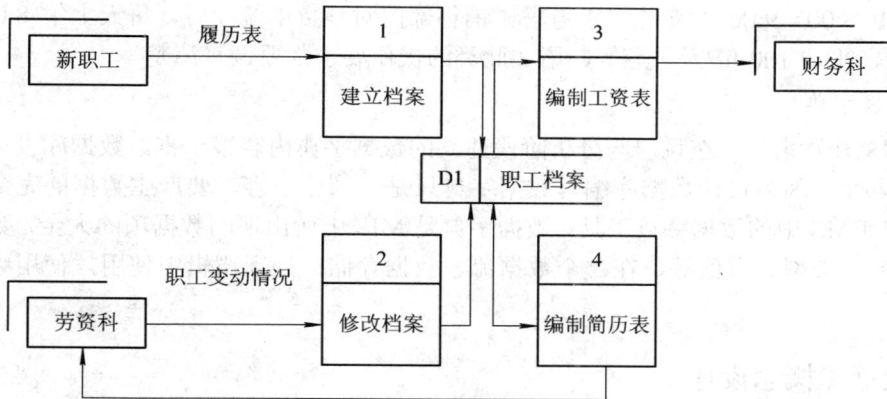

图 9-6　某单位人事管理的数据流程图

3) 数据流

数据流是在系统内沿一定路径传输的数据，它可以是简单的数据，也可以是有结构的复杂数据。比如在人事管理 DFD(图 9-6)中，可以有五个数据流流入 "职工档案" 这个数据存储中，它们的数据结构分别如下：

➢ 新职工(1-D1)，包括职工号、姓名、性别、民族、出生日期、住址、文化程度、工资、职称、部门及历史情况等。

➢ 调离通知(2-D1)，包括职工号、姓名等。

➢ 住址变动(2-D1)，包括职工号、姓名、新住址等。

➢ 职称变动(2-D1)，包括职工号、姓名、新职称等。

➢ 工资变动(2-D1)，包括职工号、姓名、新工资、新工资起始日期等。

从"职工档案"中流出的数据流可以有两个：

➢ 工资情况(D1-3)，包括职工号、姓名、工资等。

➢ 职工历史(D1-4)，包括职工号、姓名、现在文化程度、参加工作日期、工作单位变动历史、职称变动历史、工资变动历史等。

4) 数据存储

图 9-6 中的数据存储为职工档案，其编号为 D1。在具体问题中，数据存储可能有多个，可以编不同的号码以示区别。数据存储可以有复杂的数据结构，比如职工档案的数据结构可以比新职工的结构还复杂，或者取相同结构。

5) 数据项间的联系

比如在职工号、姓名、工资、承担的项目代号、项目完成日期、项目负责人等数据项间是有联系的，应该把数据项间的联系也表示出来。

6) 对数据操作的要求

比如每天早上一上班，就要知道公司前一天的销售情况，每到月底就要编制生产统计报表、财务报表、工资报表、原材料消耗报表等，这些都是定期的，是可以调查清楚的。

这些数据存取要求是可以预先估计的。

对数据的更新频率也要查清，对有的系统(如旅馆客房管理，飞机订票系统)，数据要求是最新的，应该实时处理。但有的公司要求早上 9:00 能提供前一天的生产情况就可以了，对当日早上 8:00～9:00 的变化可不考虑。销售部门对订货单统计时，每天上午 8:00～9:00 约有 50 份，平均 100 份/天，等等，诸如此类的操作要求都要调查清楚。

7) 数据字典

对 MIS 开发来说，在调研与分析阶段建立的数据字典内容很丰富。数据库设计只是侧重在数据方面，因为设计数据库编写数据字典只是一部分内容，要产生数据的完全定义，可以利用 DBMS 中的数据字典工具。数据字典是 MIS 中所出现的数据项的大全，数据项的名称、别名、类型、取值等，在哪个数据流、数据存储、处理逻辑中使用，使用频率都应记录进去。

### 9.3.3　数据库概念设计

#### 1. 数据概念模型

数据概念模型是对现实世界的一次抽象与模拟，是在用户要求描述与分析的基础上进行的，是以用户能理解的形式表示信息。数据概念模型独立于数据库逻辑结构，也独立于具体的计算机系统和 DBMS，可以转换到任何计算机系统和 DBMS 系统。

实体—联系模型也称 E-R 模型(Entity-Relationship Model)，或称 E-R 方法，是 P.S.Chen 于 1976 年提出的，是常用的数据概念模型，在描述现实世界和数据库设计中广泛应用，是一种语义模型。

E-R 模型用到实体、属性、联系等概念，它与前面提到的三种数据模型(层次、网状、关系)不同，E-R 模型只描述客观世界，不涉及实现，不依赖 DBMS。因此，可用 E-R 模型作为描述现实世界的工具，在此基础上转换为数据模型。

1) 实体与属性

实体(Entity)是单位中所关心的客体(事物)，是信息管理的对象，如单位、职工、项目、学生、教师等。

　　属性(Attributes)是实体(客体)的特征，如职工的编号、姓名、年龄等。一个实体总是通过其属性来描述的。

　　实体与属性的关系可用图直观地表示，在图中，实体用方框表示，属性用椭圆表示。例如，职工这一实体和它的属性的表示如图 9-7 所示。

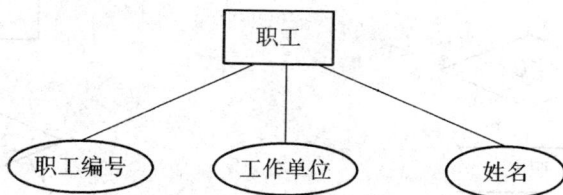

图 9-7　实体与属性的图形表示

### 2) 实体间联系

　　因为现实世界中客体是彼此联系的，所以在信息世界中实体间是有联系的。比如，职工和单位两个实体之间有联系，职工在单位中工作，属于该单位；而单位又必定有职工。可用菱形表示两实体间的联系。

　　实体间的联系有三种：1:1、1:m 和 m:n。

　　如单位和领导者两实体间的联系是 1:1 型的；单位与职工间的联系是 1:m 型的；职工和承担的项目间的联系是 m:n 型的，即一个职工可以承担多个项目，而一个项目可有多个职工参加，如图 9-8 所示。

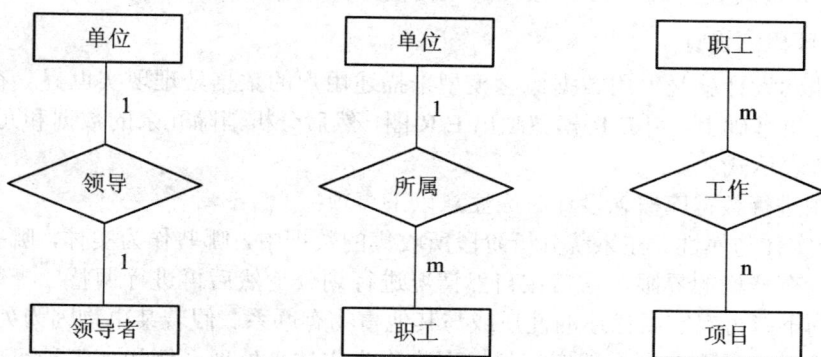

图 9-8　实体间的联系

### 3) E-R 图

　　使用 E-R 方法的核心是划分实体和属性，并确定实体间的联系。例如，职工与单位的E-R 图如图 9-9 所示。在 E-R 图中，有实体及其属性，并且实体间可有联系，联系用菱形表示。在一个 E-R 图中可有多个实体，它们之间有联系，比如，工程项目(PROJ)、零件(PART)与供应商(SUPP)之间是多对多的联系，某供应商向若干工程项目供应若干零件，而每个工程项目所用的每种零件可由不同的供应商提供，每种零件可由若干供应商提供。它们之间的 E-R 图用图 9-10 表示。

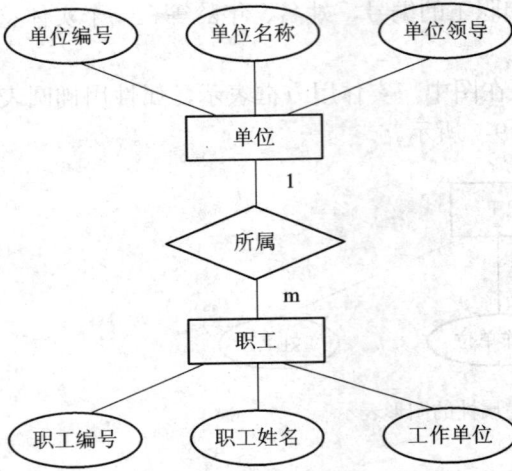

图 9-9 职工与单位的 E-R 图

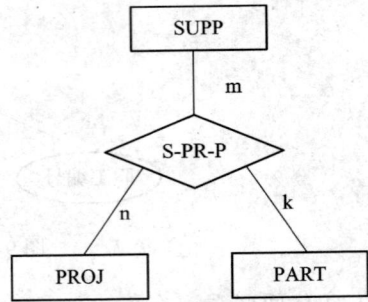

图 9-10 多个实体间联系的 E-R 图

在实际应用中，使用 E-R 方法的步骤是：

(1) 确定实体类型。

(2) 确定联系类型。

(3) 画出表示一个单位的 E-R 图模式。

(4) 确定属性。

(5) 将 E-R 图优化。

(6) 将 E-R 图转化为 DBMS 可接受的数据模型，即三大数据模型之一。

## 2. 数据库概念设计

数据库概念设计就是使用数据概念模型来描述用户的数据处理现实世界。在用户需求调研和系统分析基础上，用 E-R 模型画出 E-R 图，然后分析消除冗余的数据和冗余的联系，给出函数依赖表达式。

用 E-R 图进行数据库概念设计时应注意以下事项：

(1) 区分实体与属性。在系统分析阶段所收集的数据中，哪些作为实体，哪些作为实体的属性，这没有严格的界限，常常按自然情况进行划分，然后再进行调整。一般来说，作为属性的事物不能再有需要描述的性质或与其他事物有联系。假若某事物因为处理的需要，要与其他事物发生联系，那么就应该将该事物作为实体来处理。例如，工种可以作为职工的属性，但发放劳保用品与工种有关，就可以把工种作为实体，劳保用品也作为实体。因为职工与工种，工种与劳保用品之间有联系。

(2) 在画 E-R 图时，先画局部的 E-R 图，然后将各部分图汇总，形成总的 E-R 图。

(3) 对 E-R 图进行综合分析，去掉冗余的数据。

(4) 去掉冗余的联系。这是比较复杂的，首先把图中的实体符号化，然后对每一个联系都形成一个函数依赖表达式，表达式的左部为与该联系有关的实体，右部为描述该联系性质的属性，若无属性则记为空。可以用求函数依赖集的最小覆盖算法进行极小化处理，求出最小覆盖，以后的工作可在数据库逻辑设计阶段进行。

### 9.3.4  数据库逻辑设计

概念设计是独立于 DBMS 的，而逻辑设计与 DBMS 有关，受到所支持的数据模型的约束。

**1. 逻辑设计的过程**

数据库的逻辑设计是在数据库概念设计基础上进行的，主要是把概念结构转换为某个 DBMS 所支持的数据模型上的结构表示，我们把它称为逻辑模式。数据库逻辑设计过程可用图 9-11 表示。

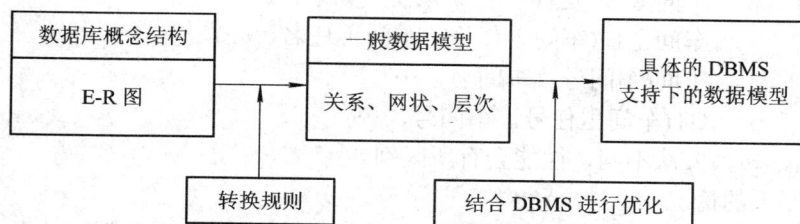

图 9-11　数据库逻辑设计过程

**2. E-R 图向数据模型的转换**

逻辑设计过程就是把概念结构转换为逻辑结构的过程。现在，我们是用 E-R 图来表示概念结构的，而逻辑结构在不同的 DBMS 中的表示形式不同，因此，所谓转换工作，就是把表示概念结构的 E-R 图转换为层次模型的逻辑结构，或网状模型的逻辑结构，或关系模型的逻辑结构。

这三种转换工作可以按一定规则进行，得到相应的逻辑结构，然后再针对具体 DBMS 作适当的修改。这里主要介绍向关系数据模型的转换。

关系模型的逻辑结构为一组关系模式，因而从概念结构到关系模型逻辑结构的转换，就是从 E-R 图转换为关系模式。实体和属性的转换比较容易，一个实体对应一个关系模式，实体的属性就是关系的属性。下面着重讨论联系的转换。

1) 两个实体型之间联系的转换

◆　1:n 联系的情况

例如，教研室与教员之间存在着 1:n 联系，转换时，只要在"教员"关系中增加一个(组)属性项就能反映 1:n 联系，该属性项是"教研室"关系的码属性，如，教研室号。这样，"教员"关系模式可表示为：

教员(教员号，教研室号，姓名，性别，年龄，…)

◆　1:1 联系的情况

例如，"车间主任"与"车间"存在着 1:1 联系，转换时，只要在"车间主任"的关系中增加"车间"关系的码作为属性项；而在"车间"的关系中增加"车间主任"关系的码作为属性项即可。这样，这两个关系模式可以有如下形式：

车间主任(车间主任号，车间号，车间主任名，…)

车间(车间号，车间主任号，车间名，…)

当然，可以有另外的转换方法：即只在一个关系中增加另一关系的码作为属性，这样，这两个关系模式可以有如下形式：

车间主任(车间主任号，车间号，车间主任名，…)

车间(车间号，车间名，…)

或为另一种形式：

车间主任(车间主任号，车间主任名，…)

车间(车间号，车间主任号，车间名，…)

还可以有别的转换方法，如引进一个新的关系模式，如称为 GT，它只包含两个属性项："车间主任号"和"车间号"。这样，有关系模式如下：

车间主任(车间主任号，车间主任名，…)

车间(车间号，车间名，…)

GT(车间主任号，车间号，…)

可以看出，转换方法不同，性能会有所区别。

◆ n:m 联系的情况

例如，"学生"与"课程"之间存在着 n:m 联系，转换时，引入新的关系"选课"。这样，转换后所得到的关系模式如下：

学生(学生号，学生名，…)

课程(课程号，课程名，…)

选课(学生号，课程号，成绩)

2) 一个实体型内联系的转换

◆ 1:n 联系的情况

例如，在"学生"内部存在着 1:n 的领导与被领导的联系，学生中的班长领导班内的学生。这样，在转换时，只要在"学生"关系中增加一个属性项"班长学生号"就能反映这种 1:n 联系。转换后得到的关系模式如下：

学生(学生号，班长学生号，学生名，…)

◆ n:m 联系的情况

例如，在"零件"内部存在着 n:m 的构成联系，转换时，需引入新的关系，如称它为"构成"关系，它包括属性项"零件号 1 "(主零件)和"零件号 2 "(子零件)，还可以包括附加的属性项"数量"(构成该主零件所用该子零件的数量)。这样，转换后得到的关系模式如下：

零件(零件号，零件名，…)

构成(零件号 1，零件号 2，数量)

◆ 1:1 联系的情况

例如，"职工"内存在着 1:1 的配偶联系，转换时，只要在"职工"关系中增加一个属性项"配偶职工号"，就可反映这种 1:1 联系。这样，关系模式就变成如下形式：

职工(职工号，配偶职工号，职工名，…)

当然，也可以用另一种方法来转换，即引进新的关系，它的属性项包括"职工号"和"配偶职工号"。这样，转换后得到的关系模式如下：

　　　　职工(职工号，职工名，…)
　　　　配偶(职工号，配偶职工号)

3) 多元联系和多重联系的转换

◆　多元联系的情况

例如，"供应者 S"、"零件 P"和"工程 J"之间存在着三元联系，转换时，需要引入新的关系，如称它为 SPJ，关系 SPJ 包含 S、P、J 的码属性以及附加属性"数量 QTY"。这样，转换后得到的关系模式如下：

　　　　S(S#，Sname，…)
　　　　P(P#，Pname，…)
　　　　J(J#，Jname，…)
　　　　SPJ(S#，P#，J#，QTY)

◆　对于多重联系的情况

转换时，一重一重地考虑，其转换规则与单重联系的情况相同。当然，在逻辑设计时应考虑规范化问题，这一点我们将在下面做详细讨论。

**3．关系数据规范化方法**

由 E.F.Codd 于 1972 年开始提出，以后又有了很大发展的关系数据库规范化理论是数据库设计的一种理论指南。规范化理论研究的是关系模式中各属性之间的依赖关系及其对关系模式性能的影响，探讨"好"的关系模式应该具备的性质，以及达到"好"的关系模式的设计算法，即关系模式的"优化"问题。规范化理论给我们提供判断关系模式优劣的理论标准，帮助我们预测可能出现的问题，提供了自动产生各种模式的算法工具，因此是设计人员的有力工具，也使数据库设计工作有了严格的理论基础。

关系规范化理论也称数据库模式设计理论，它主要遵循两个原则，即关系的等价替代和数据最小冗余。通过关系规范化使数据模式设计得既稳定又灵活。所谓稳定，是指数据模式不随存储硬件的更新或存储方式的改变而改变。所谓灵活，是指数据结构允许方便地调整、扩充。如增加新的数据项，增加新的应用等，而不影响原来的程序。显然，不是什么样的数据结构都能做到这一点。例如，我们看一个"不好"的关系模式，设有"供应者"关系模式 SUPPlier(Sname，saddress，Item，Price)，其中各属性分别表示供应者名、供应者地址、货物名称、货物售价。一个供应者供应一种货物则对应到关系中的一个记录。

关系模式 SUPPlier 有如下问题：

(1) 数据冗余。一个供应者每供应一种货物，他的地址就要重复一次。

(2) 更新异常(不一致的危险)。由于数据冗余，有可能我们在一个记录中更改了某供应者的地址，而没有更改另一个记录中同一供应者的地址，于是同一供应者有了两个不同的地址，与实际情况不符。

(3) 插入异常。如果某供应者没有供应任何货物，则我们无法登录它的名称和地址。事实上，Sname 和 Item 构成关系模式 Supplier 的一个码，码值的一部分为空的记录是不能插入到关系中的。

(4) 删除异常。如果一个供应者供应的所有货物都被删除，则将丢失该供应者的名称和地址。由上述的问题可知，必须采取适当的办法来处理数据存储的逻辑结构，尽可能地简化数据存储的数据结构，以提高数据的可修改性、完整性和一致性。

下面我们就深入地讨论关系的第一规范化形式、第二规范化形式和第三规范化形式。

1) 第一规范化形式(First Normal Form，1NF)

如果关系的每个属性都是不可分割的数据项，则称这个关系是 1NF 的。

现在让我们来分析一个不规范的表，见图 9-12。这个关系不是规范的，因为它有重复组出现，因此是一个"不平坦"的数据结构。关系 TEAF 包括了教师的两类信息：一类是有关教师的固定信息，如 T#(教师编号)、TNAME(教师姓名)、TAGE(教师年龄)和 TSALARY(教师工资)；另一类则是教师的变动信息，如 TCOURSE(教师教课情况)，它包括三个数据项，分别为 DATE(讲课日期)、CNAME(课程名称)和 CNUM(课程时数)。这两类信息集中在一个表中必然出现许多冗余的数据，而且教课情况的数据项没有必要放在教师的基本情况中，这会引起重复组出现，应把它们去掉。于是将其分解成两个"平坦"的数据结构，如图 9-13 中的两个关系 TEAJ(教师基本情况)和 TEAC(教师教课情况)。

TEAF

| T# | TNAME | TAGE | TCOURSE | | | TSALARY |
|----|-------|------|------|--------|------|---------|
| | | | DATE | CNAME | CNUM | |
| T1 | ZHOU | 40 | 87.3 | PASCAL | 60 | 780 |
| T1 | ZHOU | 40 | 88.3 | DATABASE | 70 | 780 |
| T1 | ZHOU | 40 | 88.9 | FORTRAN | 50 | 780 |
| T1 | ZHOU | 40 | 89.3 | CNAME | 60 | 780 |
| T2 | LIU | 35 | 89.3 | FORTRAN | 50 | 690 |
| T3 | MENG | 50 | 89.3 | CNAME | 70 | 850 |
| T3 | MENG | 50 | 89.9 | FORTRAN | 45 | 850 |
| T4 | WANG | 47 | 89.9 | DATABASE | 70 | 720 |
| T4 | WANG | 47 | 90.3 | PASCAL | 50 | 720 |

图 9-12　不规范的关系 TEAF

TEAJ

| T# | TNAME | TAGE | TSALARY |
|----|-------|------|---------|
| T1 | ZHOU | 40 | 780 |
| T2 | LIU | 35 | 690 |
| T3 | MENG | 50 | 850 |
| T4 | WANG | 47 | 720 |

TEAC

| T# | DATE | CNAME | CNUM |
|----|------|-------|------|
| T1 | 87.3 | PASCAL | 60 |
| T1 | 88.3 | DATABASE | 70 |
| T1 | 88.9 | FORTRAN | 50 |
| T1 | 89.3 | CNAME | 60 |
| T2 | 89.3 | FORTRAN | 50 |
| T3 | 89.3 | CNAME | 70 |
| T3 | 89.9 | FORTRAN | 45 |
| T4 | 89.9 | DATABASE | 70 |
| T4 | 90.3 | PASCAL | 50 |

图 9-13　第一范式关系 TEAJ 和 TEAC

关系 TEAJ 的主关键字是 T#，而关系 TEAC 的主关键字则由 T# 和 CNAME 共同组成的。

2) 第二规范化形式(Second Normal Form，2NF)

在介绍第二范式的定义之前，先引入函数依赖的概念。

如果在一个数据结构，也就是在关系 R 中，数据项 B 的取值依赖于数据项 A 的取值，我们就称 B 函数 依赖于 A，换句话说，就是 A 决定 B。

下面从关系的概念上给出函数依赖定义。

◆　函数依赖

R 作为一个关系，　A 和 B 是 R 中的两个属性，对于 A 的每一个值，必然有一个唯一的 B 值与之对应，则称关系 R 的属性 B 函数依赖于属性 A ，用 A→B 表示。通常可以理解为 A 决定 B，或 B 由 A 决定。

我们以图 9-13 中的关系 TEAJ 为例，说明函数依赖关系。属性 $T^\#$(教师编号)是关系中的关键字，它唯一地标识着关系的每个记录，其他属性 TNAME、TAGE、TSALARY 是由 $T^\#$ 决定的，即如果已知教师编号，就可以唯一地查得教师姓名、教师年龄和教师工资，该三个属性依赖于教师编号。

◆　完全函数依赖

R 为一个关系，A 是它中的一个主关键字，B 是 R 中的一个属性，若有 A→B，则对 A 的任何一个真子集 A'($A' \subset A$, $A' \neq A$)都有 $A' \longrightarrow B$，则称 B 完全函数依赖于 A，记为 $A \xrightarrow{f} B'$，若有 $A' \longrightarrow B$，则称 B 部分依赖于 A，记为 $A \xrightarrow{p} B$。

下面我们以图 9-14 所示的关系 SCT 为例，说明函数的完全依赖。

SCT

| $S^\#$ | $C^\#$ | GRADE | TNAME | TAGE | OFFICE |
|---|---|---|---|---|---|
| S1 | C1 | 95 | ZHOU | 40 | OF2 |
| S1 | C3 | 90 | LIU | 35 | OF2 |
| S1 | C3 | 84 | LIU | 35 | OF2 |
| S1 | C4 | 82 | WANG | 47 | OF3 |
| S2 | C1 | 79 | ZHOU | 40 | OF2 |
| S3 | C1 | 76 | ZHOU | 40 | OF2 |
| S3 | C2 | 88 | LIU | 35 | OF2 |
| S3 | C4 | 90 | WANG | 47 | OF3 |
| S4 | C1 | 92 | ZHOU | 40 | OF2 |
| S4 | C2 | 83 | LIU | 35 | OF2 |
| S5 | C1 | 77 | ZHOU | 40 | OF2 |
| S5 | C4 | 87 | WANG | 47 | OF3 |

图 9-14　非 2NF 的关系 SCT

在此关系 SCT 中，关键字为 $S^\#$(学生号)和 $C^\#$(课程号)，这是一个复合关键字。

这两个属性的取值唯一地确定了 GRADE(学生成绩)，因为不同学生读不同课程时都将获取一个学习成绩，我们称"学生成绩"完全函数依赖于学生编号和课程编号。而课程号 $C^\#$ 则可以唯一地标识教师姓名、教师年龄和教师所在办公室，这三个属性对于 $S^\#$ 和 $C^\#$ 这个复合关键字来说都是部分函数依赖的。

◆　第二范式定义

如果关系 R 是 1NF 的，并且关系的非主属性都完全函数依赖于 R 的每一个候选关键字，则称关系 R 为 2NF。

当一个关系的键是一个复合关键字时，可能出现一个非关键字段函数依赖于关键字子集的事实，因而使关系中包含有非主属性部分依赖于候选关键字，导致 2NF 遭到破坏。

关系 SCT 是 1NF 的，但不是 2NF 的。因为 $S^\#$ 和 $C^\#$ 是关系 SCT 的复合关键字(候选关键字)，TNAME 是关系 SCT 的非主属性，且有 $C^\# \rightarrow$ TNAME，即，SCT 的非主属性部分依赖于复合关键字($S^\#$ 和 $C^\#$)，这不满足 2NF 的定义。

不满足 2NF 的定义会出现什么问题呢？从关系 SCT 可以看出：在某一教师担任课之前

不能在 SCT 中登记其姓名、年龄和办公室号(TAGE 和 OFFICE)，如 TNAME 为 MENG 的没有登记(该教师没任课)；当某教师不再上某班课程时，其姓名、年龄和所在办公室信息也被删除；关系中存在大量冗余数据，如教师的名字、年龄和办公室都随该教师上一门课而重复记载一次，这在修改时很繁琐，并容易引起数据的不一致性。

因此，应把 SCT 转换成第二规范化形式，方法是：对于关键字由若干个数据项组成的数据结构，必须确保所有的非关键字属性完全函数依赖于复合关键字，必要时把它分解成若干个都属于 2NF 的关系，而每一个关系中的非关键字属性都完全函数依赖于复合关键字。例如，SCT 可分解成两个关系，它们分别为 SC($S^{\#}$, $C^{\#}$, GRADE)和 CTO($C^{\#}$, TNAME, TAGE, OFFICE)，如图 9-15 所示。

SC

| $S^{\#}$ | $C^{\#}$ | GRADE |
|------|------|-------|
| S1 | C1 | 95 |
| S1 | C3 | 90 |
| S1 | C3 | 84 |
| S1 | C4 | 82 |
| S2 | C1 | 79 |
| S3 | C1 | 76 |
| S3 | C2 | 88 |
| S3 | C4 | 90 |
| S4 | C1 | 92 |
| S4 | C2 | 83 |
| S5 | C1 | 77 |
| S5 | C4 | 87 |

CTO

| $C^{\#}$ | TNAME | TAGE | OFFICE |
|------|-------|------|--------|
| C1 | ZHOU | 40 | OF2 |
| C2 | LIU | 35 | OF2 |
| C3 | LIU | 35 | OF2 |
| C4 | WANG | 47 | OF3 |

图 9-15　第二范式的关系 SC 和 CTO

3) 第三规范化形式(Third Normal Form，3NF)

在引进第三范式定义之前，先介绍传递函数依赖的概念。

◆ 函数传递依赖

关系 R 中的三个属性 A、B、C，若 A→B，B→C，则称 C 对 A 是函数传递依赖的，也可以说，C 传递函数依赖于 A。

用一般数据结构的术语来叙述就可以说：假设 A、B、C 分别是同一个数据结构中的三个数据项，如果 B 函数依赖于 A，而 C 又函数依赖于 B，那么 C 也函数依赖于 A，我们称 C 函数传递依赖于 A。这种情况说明，关系 R 中存在着函数传递依赖关系。

现在让我们来分析图 9-15 中的 CTO 关系，其中，TAGE 是由 TNAME 决定的，而 TNAME 又由 $C^{\#}$(课程)决定，所以，TAGE 是传递依赖于 $C^{\#}$ 的，因为教师的年龄是由教师的名字所决定的，而不能直接由课程决定。同样，OFFICE 也是传递依赖于 $C^{\#}$ 的。

◆ 第三范式定义

若关系是 2NF 的，且没有任何 R 的非主要属性传递依赖于 R 的任何一个候选关键字，则称关系 R 是 3NF 的。

在 3NF 中，每个非主属性既不部分函数依赖于候选关键字，也不传递依赖于候选关键字。如果出现传递依赖就会造成关系的属性间不是互相独立的，即在某教师担任某门课程之前无法登记他的年龄等，此时没有主关键字值，如 MENG 的情况。解决的办法是对关系 CTO 进一步分解，关系 CTO 变成 CT(C#，TNAME)和 TO(TNAME，TAGE，OFFICE)，具体内容如图 9-16 所示。

CT

| C# | TNAME |
|----|-------|
| C1 | ZHOU |
| C2 | LIU |
| C3 | LIU |
| C4 | WANG |

TO

| TNAME | TAGE | OFFICE |
|-------|------|--------|
| LIU | 35 | OF2 |
| WANG | 47 | OF3 |
| ZHOU | 40 | OF2 |
| MENG | 31 | OF3 |

图 9-16　3NF 的关系 CT 和 TO

小结一下前面三个范式的定义过程，可以说，把一个非规范化的数据结构转换成第三规范化形式的数据结构，一般要经过如图 9-17 所示的步骤。

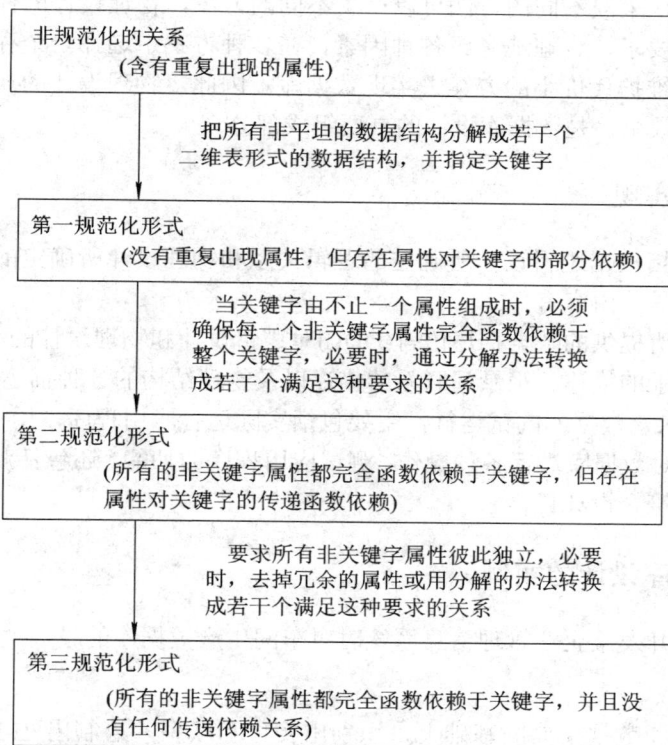

```
┌─────────────────────────────────┐
│ 非规范化的关系                   │
│    (含有重复出现的属性)          │
└─────────────────────────────────┘
        │   把所有非平坦的数据结构分解成若干个
        │   二维表形式的数据结构，并指定关键字
        ▼
┌─────────────────────────────────┐
│ 第一规范化形式                   │
│    (没有重复出现属性，但存在属性对关键字的部分依赖) │
└─────────────────────────────────┘
        │   当关键字由不止一个属性组成时，必须
        │   确保每一个非关键字属性完全函数依赖于
        │   整个关键字，必要时，通过分解办法转换
        │   成若干个满足这种要求的关系
        ▼
┌─────────────────────────────────┐
│ 第二规范化形式                   │
│    (所有的非关键字属性都完全函数依赖于关键字，但存在属性对关键字的传递函数依赖) │
└─────────────────────────────────┘
        │   要求所有非关键字属性彼此独立，必要
        │   时，去掉冗余的属性或用分解的办法转换
        │   成若干个满足这种要求的关系
        ▼
┌─────────────────────────────────┐
│ 第三规范化形式                   │
│    (所有的非关键字属性都完全函数依赖于关键字，并且没有任何传递依赖关系) │
└─────────────────────────────────┘
```

图 9-17　从非规范化的关系到规范化的关系

由上面的讨论可知，数据库设计的规范化规则是为了防止修改数据引起的异常问题和数据的不相容性，同时，一般情况下，第三范式的关系所占用的存储空间会比非规范的关系所占用的存储空间少。

## 9.3.5　数据库的物理设计

对于给定的数据模型，选取一个最适合于应用环境的物理结构的过程，称为数据库的物理设计。数据库的物理结构主要是指数据库在物理设备上的存储结构和存取方法，它显然依赖于具体的计算机。

物理设计的主要内容包括：

(1) 确定数据的存储结构。在所提供的各种存储结构中选取合适的结构，即在保证数据逻辑结构的前提下，选择合适的结构加以实现。

(2) 选择和确定存取路径。即为了满足多个用户的不同应用要求，确定对数据存储应建立哪些存取路径。例如，是否要建立次关键字以及以什么数据项作为次关键字，建立单码索引还是多码索引，对涉及不同文件的数据查询是否要建立数据链，等等。

(3) 确定数据的存储介质。根据数据的不同应用情况，确定数据存放在磁带上还是光盘上、磁盘上，硬磁盘上还是软磁盘上。

(4) 确定存储分配的有关参数。许多 DBMS 提供了一些存储分配的参数供物理设计时选用，如数据块长度、缓冲区大小和个数等。

对于上述问题，采取不同的方法可以产生不同的方案，物理设计的任务就是根据数据库全部用户的应用要求，合理地考虑各种因素，在多种方案中选择一个存储空间的利用率高、存取速度快和维护代价小的方案去实现数据库。因此，物理设计的质量将直接影响数据库的性能和应用效果，是数据库设计的重要组成部分。

### 9.3.6　数据库的实现

数据库实现是指根据逻辑设计所确定的逻辑关系和物理设计所确定的物理结构，来具体地实现数据库，具体内容有：

(1) 用 DBMS 所提供的数据描述语言(DDL)对逻辑设计和物理设计的结果进行描述，包括数据的描述、记录的描述、记录间联系的描述以及物理结构的各种描述。

(2) 数据的输入、数据库的试运行，主要包括实际运行应用程序，用 DBMS 提供的数据操纵语言(DML)对数据库进行各种操作，测试应用程序的功能。还包括测量系统的各种性能指标，分析是否符合设计目标。

### 9.3.7　一个数据库设计的实例

下面将介绍在开发某企业管理信息系统时对车间生产数据库的设计。

#### 1. E-R 图

在车间 DFD 和数据字典的基础上，识别出实体和联系，绘制出 E-R 图，如图 9-18 所示。

图中，有 8 个实体(班、工人、日期、机组、及格标准、产品、设备、辅料)、9 个联系(隶属、出勤、日计划、生产、开工、消耗、消耗定额、及格、使用)，这就是车间生产方面的企业模式。

由 E-R 图转换出关系型 DBMS 下的 17 个关系(表文件)。显然，它们都是基础表，其数据都是由用户直接输入的，全系统的所有数据及各种输出都来源于它们。

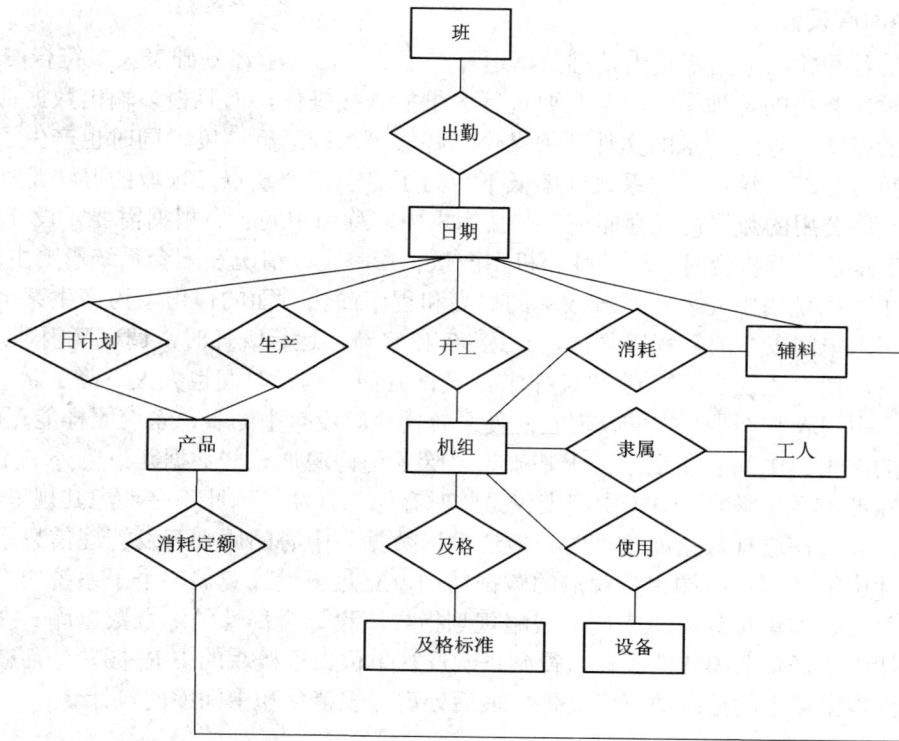

图 9-18　车间生产的 E-R 图

## 2．范式检查

经分析，班、工人、日期、机组、及格标准、产品、隶属、出勤、日计划、生产、开工、消耗、消耗定额、及格、使用等关系均满足 3NF，但关系设备、辅料只满足 1NF。

对设备、辅料两个关系的规范化，既要力图保持数据模式库完善，又要考虑提高数据库系统效率、简化程序，这就要求设计者进行全盘考虑、适当折中，采取较优的策略。

设备(序号，名称，编号，型号，规格，单位，设计能力，实际能力，…)的候选关键字由一组属性组成：名称、编号和型号。而属性规格、单位、设计能力是部分依赖于候选关键字的，即函数依赖于候选关键字中的一个属性型号，因而不满足 2NF。只要把设备分割成两个关系，如设备(序号，名称，编号，型号，实际能力，…)和设备型号(型号，规格，单位，设计能力)，则上述的两个新关系，即设备、设备型号就既满足 2NF，也满足 3NF 了。考虑到分割前的关系设备在系统中使用频度低，与别的关系联系少，因此为了简化系统，就不分割了。

辅料(辅料名，规格，单位，计量单位)的候选关键字是辅料名和规格，存在着部分函数依赖，即计量单位仅依赖于辅料名。分割成两个关系即可：(辅料名、规格、单价)、(辅料名、计量单位)，这就满足 2NF 和 3NF。但考虑到两个关系都太小，徒然增加管理的工作，且原来的关系也是一个较小的关系，尽管有部分函数依赖存在，但带来的问题尚在可控制范围内，因此不分割。此外，考虑到系统运行时搜寻数据的方便，为这个关系增加一个属性，即搜寻过否，于是关系辅料变为(辅料名，规格，单价，计量单位，搜寻过否)，满足 1NF。

### 3. 中间库设计

系统的各种输出数据都是由基础数据运算产生的，由于上述基础表大多符合 3NF，因而要产生输出数据的各种模式，常常要进行大量的联接操作，而且很多输出数据都要用到一些相同的模式，导致大量的文件开关操作，降低了系统运行速度，同时也产生了大量重复编程，重复运算，这都导致系统效率低下。为了克服这个缺点，采取的办法是把由基础表产生的一些公用的数据模式存储在一些公用表中，称为中间表。根据需要，设计 6 个中间表：班产量、班开机台时、班消耗、机型产量、影响生产情况和配套系统影响生产情况。下面的例子可以说明中间表对系统效率的提高和程序简化方面的作用。为产生某个生产日报表，在引入中间表之前，程序复杂，长达 90 K 字节，运行既耗时，调试又困难；引入 6 个中间表后，使上述程序压缩到 20 K 字节，调试方便，运行时间也大大下降了。

当然，中间表并不是必须的，但它能使系统优化。没有中间表，系统照样能正确工作，产生预期的结果。中间表完全来源于基础表，除了稍许增加一些数据冗余度外，不会为数据的一致性带来不利影响。由于中间表仅是临时存储的性质，因此不必考虑其规范化问题。

总之，我们在进行数据库设计时，应遵循以数据为中心的原则开发管理信息系统，在数据库设计中摒弃那种终端用户观点的数据结构，立足于设计覆盖整个子系统的主题数据库，并尽可能在本单位计算机应用的战略规划指导下设计全局性的综合数据库。在数据库的具体设计中作好企业模式的设计，得到正确反映单位数据概貌的 E-R 图，进而获得能很好满足单位数据需求的基础数据库文件，最后处理好规范化和中间库的设计。

## 9.4  关系型数据库及 SQL 语言简介

### 9.4.1  关系数据库模型

关系模型是目前最重要的一种逻辑数据模型，关系数据库采用关系模型作为数据的组织方式。

1970 年，美国 IBM 公司 San Jose 研究室的研究员 E.F.Codd 首次提出了数据库的关系模型，开创了数据库关系方法和关系数据理论的研究，为目前数据库技术奠定了理论基础。由于 E.F.Codd 的杰出工作，他于 1981 年获得 ACM 图灵奖。

#### 1. 关系模型的数据结构

表 9-2 是一张我们在工作中经常见到的一类表格，表名为"旅客信息表"，信息或数据按行列进行组织：一行数据信息描述了一个旅客，每列有一个列名，相同列的数据有相同的数据类型，一列描述了旅客的一个特征。

**表 9-2  旅客信息表——关系模型的数据结构**

| 身份证号 | 姓名 | 性别 | 工作单位 | 职务 | 职称 | 贵宾 |
|---|---|---|---|---|---|---|
| 610401490101001 | 王国庆 | 男 | 北方电子公司 | 处长 | 工程师 | B |
| 001101620310001 | 杨思成 | 男 | 恒达贸易公司 | | 技术员 | C |

在用户观点下，关系模型中的数据结构就是一张由行列构成的二维表格，可由以下术语描述：

(1) 关系(relation)或表(table)：关系模型中数据的逻辑结构是一张二维表，它由行和列组成。

(2) 元组(Tuple)或记录(Record)或行(Row)：表中的一行。

(3) 属性(Attrribute)或列(Column)：表中的一列。

(4) 码(键 Key)或候选码(候选键 CandidateKey)：如果关系的某一属性或属性组能唯一地标识一个元组(记录)，而其任何真子集无此性质，则称这个属性或属性组为该关系的码(键)或候选码(候选键)，如旅客信息表中的"身份证号码"。

(5) 主键或主码：若一个关系有多个候选码，则选定其中一个为主键或主码。

(6) 域(Domain)：属性的取值范围。

(7) 关系模型：对关系或表的描述，一般表示为

关系名(属性 1，属性 2，…，属性 n)

键的诸属性称为主属性。一般在构成主键的诸属性下加下划线，以表示它们是构成主键的属性。

在关系模型中，实体集以及实体集间的联系都是用关系来表示的。我们实例中的一些表可表示如下：

(1) 旅客(身份证号码，姓名，性别，工作单位，职务，职称，贵宾)。

(2) 入住记录(身份证号码，入住时间，离店时间，房号，包房，预收金额，优惠级别，房金结账，消费结账，总账)

(3) 房型价目(房型，价目，可住人数)。

(4) 客房信息(房号，房型，入住人数)。

(5) 消费项目分类(项目代码，项目名称，项目内容)。

(6) 消费累帐(身份证号码，入住时间，项目代码，费用)。

(7) 安全黑名单(身份证号码)。

关系模型要求关系必须是规范化的，即要求关系必须满足一定的规范条件。这些规范条件中最基本的一条就是，关系的每一个分量必须是一个不可分的数据项。也就是说，不允许表中有表，即列不能再分解。

关系数据库中关系或表的性质如下：

(1) 列是同质的，即每一列是同一类型的数据，取自同一个值域。

(2) 每一列称为属性，要给予不同的属性名。

(3) 列的顺序无所谓，即列的次序可以任意交换。

(4) 任意两个元祖(记录)不能完全相同。

(5) 行的顺序无所谓，即行的次序可以任意交换。

(6) 每一分量必须是不可分的数据项。

**2. 关系模型的数据操作**

关系模型中的数据操作是集合操作，操作对象和操作结果都是关系(二维表)，即若干元组或记录的集合。另一方面，关系模型把存取路径向用户隐蔽起来，用户只要指出"干什

么"或"找什么"而不必详细说明"怎么干"或"怎么找",从而大大地提高了数据的独立性,提高了用户的工作效率。

关系模型的数据操作主要包括两大类,一类是数据的查询;另一类是数据的插入、删除和修改。

查询用来对数据库中的一个表或一组表进行检索,检索的结果仍然是表,即关系数据库要求所有的查询结构都以表的格式返回,从而查询结果作为表仍可参与其他的数据操作。

查询的基本操作可分为如下三类。

1) 选择操作(Select Operation)

如果在实例宾馆管理数据库中,要查找闽南大学的旅客,就要使用关系的选择操作。

选择操作:从一个表中选出所有满足给定条件的记录(行),选出的记录构成一个新表,其关系模式与原表相同。

执行时,逐条扫描指定表中的记录,验证当前记录的属性值是否满足选择条件,当且仅当逻辑表达式为 true 时,将该记录放在结果表中。

例如,工作单位=闽南大学(旅客),表示从表"旅客"中选择出其属性"工作单位"为"闽南大学"的旅客记录。

2) 投影操作(Project Operation)

一个表所提供的对象属性有许多,有时关心的只是其中的部分属性,如对于"旅客"表,在应用中有时只要看到旅客的姓名和工作单位,并不关心诸如身份证号码等属性。这时就要使用关系的投影操作。

投影操作:从给定表的属性集中选择若干属性构成新表的属性,而给定表的记录在这些属性上的值保持不变。新表的属性集是原表的真子集。

由于属性集{属性 1,属性 2,…,属性 n}中不一定包含原表的键,因此经投影后,很可能出现重复的记录,违背了关系的性质。投影操作可以消除重复记录,构成新的表,所以新表的记录数将小于等于原表的记录数。

若投影的属性集中含有键,则新表记录数与原表的记录数相同。

例如,查看"旅客"表中两列"姓名"与"工作单位"的信息就是属于投影操作。

3) 自然链接操作(Natural Join)

关系数据库系统当然也具有数据库系统数据冗余度小的特征,这个特性使得数据库中表的表示方式更为简洁。但要使得从数据库中提取的数据表达更为清晰的信息,就必须通过表间的联系来实现。例如,宾馆管理数据中,虽然表"入住记录"能够提供某人在该宾馆的入住历史记录,可以通过旅客的身份证号码进行查询,但是关于旅客,只有身份证号,使人很难知道该顾客的详细情况,而人们希望看到有某人的姓名与工作单位的信息,然而姓名与工作单位不在"入住记录"表中,在"旅客"表中。因为同一个人在这两个表中的身份证号码是一致的,这时就要使用关系的自然链接操作。

自然链接操作:A 为表 R、表 S 属性集的交集,即 A 是由 R、S 中相同属性构成的集合,表 R 中除 A 外的属性集合记为 B,表 S 中除 A 外的属性集合记为 C,则表 R 的关系模式可以记为 R(A,B),表 S 的关系模式可以记为 S(A,C),B 与 C 的交集为空集。R 与 S 自然链接操作的结果是这样的一个表,其关系模式为 R∞S,其中的记录由 R、S 中在 A 上取相同属性值的记录链接而成。

例如，从"旅客∞入住记录"中选择身份证号码为 350104197812280015 的入住记录，可以用 SQL 语句表示为

　　　SELECT 姓名，入住时间，离店时间
　　　FROM 旅客，入住记录
　　　WHERE 旅客. 身份证号码=入住记录. 身份证号码　AND 旅客. 身份证号码="350104197812280015"

### 3. 关系模型的完整性约束

完整性(Integrity)指保证数据的正确性、有效性和相容性的措施。关系的完整性约束条件包括四大类：域完整性、实体完整性、参照(引用)完整性和用户定义的完整性约束。其中，域完整性、实体完整性和参照完整性是关系模型必须满足的完整性约束条件，关系型 DBMS 应该自动支持这三个完整性约束。

#### 1) 域完整性约束(Domain Integrity Consraint)

根据关系模型的定义，关系中不同记录在同一属性上的值是同一类型的数据，也就是说，取自相同的域，一旦定义了某一属性的取值域类型与范围，在数据库系统的运行中，就不允许不在域中的值进入同一列(属性)。

#### 2) 实体完整性约束(Entity Integrity Constraint)

在关系数据库中，一个表通常对应现实世界的一个实体集。例如，实例的"旅客"表对应宾馆接待的旅客集合。在这个集合中，旅客是可区别的，也就是说，现实世界中的实体是可区分的，它们应具有某种唯一性标识，即关系模型中的键。在"旅客"表中，用"身份证号码"作为唯一性标识的主键，那么每个记录的"身份证号码"不能没有值，否则就有可能出现完全相同的旅客信息，因此，键中的属性，即主属性不能取空值。所谓空值，就是"不知道"或"无意义"的值。如果主属性取空值，就说明存在某个不可标识的实体，即存在不可区分的实体，这与实体是可区分相矛盾。

**实体完整性**：若属性 A 是表的主属性，即它是构成键的一个属性，那么表中每个记录在属性 A 上都不能取空值。

例如，在表房型价目(房型，价目，可住人数)中，"房型"属性为主键，则在这个表记录中，"房型"不能取空值，而且每个记录的"房型"值互不相同。

实体完整性规则规定表中每个记录在所有主属性上都不能取空值。

例如，在表入住记录(身份证号码，入住时间，离店时间，房号，包房，预收金额，优惠级别，房金结账，消费结账，总账)中，"身份证号码"与"入住时间"为主键，则这个表中的每个记录在"身份证号码"和"入住时间"两个属性上都不能取空值。

#### 3) 参照完整性(Referential Integrity Constraint)

现实世界中的实体之间往往存在某种联系，在关系模型中，实体及实体间的联系都是用表来描述的，这样就自然存在着表与表间的数据引用。

例如，在表消费项目分类(项目代码，项目名称，项目内容)与消费累账(身份证号码，入住时间，项目代码，费用)中，用下划线标注的为主键。这两个关系之间存在着属性的引用，即表消费累账引用了表消费项目分类的主键"项目代码"。显然，表消费累账中"项目

代码"的值必须是表消费项目分类中确实存在的项目代码。也就是说，表消费累账中"项目代码"的取值需要参照表消费项目分类中"项目代码"的取值。同样，表消费累账中"身份证号码"与"入住时间"的取值需要参照表"入住记录"中主键"身份证号码"与"入住时间"的取值。

从上面可以看出，一个表往往引用的是另一个表的主键值。

**外键**：如果 F 是表 R 的一个或一组属性，但 F 不是表 R 的键，如果 F 的值引用另一表 S 主键的值，则称 F 是表 R 的外键(Foreign Key)。

例如，在表入住记录(身份证号码，入住时间，离店时间，房号，包房，预收金额，优惠级别，房金结账，消费结账，总账)中，"身份证号码"是外键；"房号"因为引用表客房信息(房号，房型，入住人数)的主键"房号"的值，所以也是外键。

在表客房信息(房号，房型，入住人数)中，"房型"是外键。

在表消费累账(身份证号码，入住时间，项目代码，费用)中，"身份证号码"和"入住时间"是外键，"项目代码"也是外键。

参照完整性约束定义了外键与主键之间的引用规则。

**参照完整性**：属性(或属性组)F 是表 R 的外键，它引用表 S 的主键值，则 R 中每个记录在 F 上或者取空值(F 的每个属性值均为空值)，或者等于 S 中某个记录的主键值。

例如，在表客房信息(房号，房型，入住人数)中，每个房间的"房型"属性只能有两种情形：

① 空值，表示尚未给该房间定型(也许尚未装修或设备尚未配备)。

② 非空值，这时该值必须是表房型价目(房型，价目，可住人数)中某个"房型"的值，表示该房间不可能分配到一个不存在的房型。

4) 用户定义的完整性约束(User-defined Integrity Constraint)

任何关系数据库系统都应该支持实体完整性和参照完整性。除此之外，在实际应用中，往往还需要一些特殊的约束条件，如在宾馆管理实例中，旅客入住时，要求用户交纳一定数额的预付款，以保证宾馆的利益。一般要求每个旅客入住时，都交纳至少 200 元的预付款，在定义数据库时，就应该将这个要求告诉 DBMS，以使系统自动地验证这个条件。所以，用户定义的完整性是针对某一具体关系数据库的约束条件，它反映某一具体应用所涉及的数据必须满足的语义要求。

例如，某个属性必须取唯一值，某些属性值之间应满足一定的函数关系，某个属性的取值范围在 0～100 之间等。

关系数据库管理系统应提供定义和检验这类完整性的机制，以使用统一的、系统的方法处理这类约束，而不是由应用程序承担这一功能。

## 9.4.2　SQL 语言简介

SQL 的全称是结构化查询语言(Structured Query Language)，最早是 IBM 公司的 San Jose Research Laboratory 为其关系数据库管理系统 SYSTEM R 开发的一种查询语言。SQL 通常发音为"sequel"，所以如果听到用这个发音提到某种编程语言的话，指的就是 SQL，当然也可以用缩写字母称呼它。SQL 结构简洁，功能强大，简单易学，所以自从 IBM 公司 1981

年推出以来，得到广泛的应用。如今无论是像 Oracle、Sybase、Informix、SQL Server 这些大型的数据库管理系统，还是像 Visual FoxPro、PowerBuilder 这些微机上常用的数据库开发系统，都支持 SQL 作为查询语言。

### 1．SQL 的历史

在 20 世纪 70 年代初，E.F.Codd 首先提出了关系模型。20 世纪 70 年代中期，IBM 公司在研制 SYSTEM R 关系数据库管理系统中研制了 SQL，最早的 SQL 是在 1976 年 11 月的 IBM Journal R&D 上公布的。

1979 年，ORACLE 公司首先提供商用的 SQL，IBM 公司在 DB2 和 SQL/DS 数据库系统中也实现了 SQL。

1986 年 10 月，美国国家标准局 ANSI(American National Standard Institute)采用 SQL 作为关系数据库管理系统的标准语言，后被国际标准化组织 ISO(International Standardization Organization)采纳为国际标准。

1989 年，ANSI 在 ANSI X3.135—1989 报告中定义 SQL 作为关系数据库管理系统的标准语言，称为 ANSI SQL 89，该标准替代了 ANSI X3.135—1986 版本。SQL 89 标准同时为下列组织所采纳：

(1) 国际标准化组织(ISO)：ISO9075—1989 报告 "Database Language SQL With Integrity Enhancement"。

(2) 美国联邦政府：在 The Federal Information Processing Standard Publication(FIPS PUB)127 发布。

目前，所有主要的关系数据库管理系统都支持某些形式的 SQL，大部分数据库遵循 ANSI SQL89 标准。

### 2．SQL 的特点

SQL 之所以能够为用户和业界所接受，并成为国际标准，是因为它是一个综合的、功能极强又简捷易学的语言，它使全部用户，包括应用程序员、DBA 管理员和终端用户受益匪浅。

#### 1) 非过程化语言

SQL 是一个非过程化的语言，用 SQL 进行数据操作，只要提出"做什么"，而无须指明"怎么做"，因此无需了解存取路径及存取路径的选择，SQL 语句的操作过程就由系统自动完成。这不但大大减轻了用户的负担，而且有利于提高数据的独立性。

#### 2) 面向集合的操作方式

SQL 采用集合操作方式，不仅操作对象、查找结果可以是记录的集合，而且一次插入、删除、更新操作的对象也可以是记录的集合。SQL 允许用户在高层的数据结构上工作，SQL 语句接受集合作为输入，返回集合作为输出。SQL 的集合特性允许一条 SQL 语句的结果作为另一条 SQL 语句的输入。

#### 3) 一体化的语言

SQL 能完成定义关系模式、录入数据以建立数据库并提供查询、更新、维护、数据库重构、数据库安全性控制等一系列操作，SQL 集数据定义语言(Data Definition Language,

DDL)、数据查询语言(Data Query Language，DQL)、数据操纵语言(Data Manipulation Language，DML)和数据控制语言(Data Control Language，DCL)于一体. 可以实现数据库生命期中的全部活动。

4) 灵活的使用方式

SQL 既是自含式语言，又是嵌入式语言。作为自含式语言，它能够独立地用于联机交互的使用方式，用户可以在终端键盘上直接键入 SQL 命令，以对数据库进行操作；作为嵌入式语言，SQL 语句能够嵌入到高级语言程序中，供程序员设计程序时使用。在两种不同的使用方式下，SQL 的语法结构基本上是一致的。这种以统一的语法结构提供两种不同的使用方式的做法，为用户提供了极大的灵活性与方便性。

5) 语言简洁，易学易用

SQL 设计巧妙，语言十分简洁，完成核心功能只用少量的动词，这些动词易于理解，构成的语言接近英语口语，因此容易学习和使用。

### 3. 常用 SQL 语句及应用

SQL 语言是集 DDL 与 DML 为一体的结构化数据库语言，是国际标准化组织规定的关系数据库的国际标准语言。

在 SQL 中，称关系为表 TABLE，属性为列 COL，元组(记录)为行 ROW，下面分别从数据定义、数据查询、日常数据维护、汇总统计等方面详细介绍 SQL 语句。SQL 有许多版本，对于不同的关系型数据库系统，稍有差异，这里以桌面数据库系统 Visual FoxPro 和 SQL Server 为例进行介绍。

1) 数据定义语句

◆ 建立表文件

格式：

  CREATE　TABLE <表名> (<列定义>[，<列定义>…])

其中，列定义语法为：

  <列名><数据类型><空值指定>

数据类型主要有：

(1) 数字型：NUMBER(n，d)，n 为字长，d 为小数位。

(2) 字符型：CHAR(n)，n 为字符长。

(3) 日期型：DATE，为日-月-年。

空值指定主要有：

(1) NULL 或省略，表示该列可为空值。

(2) NOT NULL，表示该列不可为空值。

例如，有如下的 SQL 语句：

  CREATE　TABLE S(SNO NUMBER (7)

  NOT NULL，SN CHAR(8)，SA NUMBER(3))

◆ 撤销关系表

格式：

  DROP　TABLE <表名>

例如，删除刚才建立的表 S 的语句为

  DROP TABLE S

◆　修改表结构

修改表结构有多种情况：增加列、删除列、修改列名以及修改现有列的宽度、小数位及类型等。命令格式为

  ALTER TABLE <表名>

不同的情况加不同的子句实现：

(1) 修改现有列属性用 ALTER 子句，具体格式为

  ALTER TABLE <表名>　ALTER 列名 类型(宽度，小数位)

例如，ALTER TABLE S ALTER SNO CHAR(10)语句将字段 SNO 修改为 10 个宽度的字符型。

(2) 增加列用 ADD 子句，具体格式为

  ALTER TABLE <表名>　ADD 列名 类型(宽度，小数位)

例如，ALTER TABLE S ADD DH CHAR(8)语句增加了一列 DH，字符型，8 个宽度。

(3) 删除列用 DROP 子句，具体格式为

  ALTER TABLE <表名> DROP 列名

例如，ALTER TABLE S DROP　DH 语句删除了字段 DH。

◆　建立视图

视图是一种虚拟关系，用户可以通过建立视图命令从一个或多个关系中选择所需数据项构成一个新的关系。

格式：

  CREATE VIEW <视图名>

  AS SELECT 列名 1，列名 2，…，列名 N

  FROM <表名> WHERE <条件>

视图不以文件形式存在外存中，一旦建立就可以像其他关系一样操作。

例如，有学生表 S(SNO，SN)、课程表 C(CNO，CN，TNO)、教师表 T(TNO，TN，TD)、成绩表 SC(SNO，CNO，GR)，从 S、SC、C 中建立一个视图 STU_GRA(SNO，SN，CN，GR)的 SQL 命令如下：

  CREATE VIEW STU_GRA　AS

  SELECT S.SNO，S.SN，C.CN，SC.GR

  FROM S，SC，C

  WHERE S.SNO=SC.SNO AND SC.CNO=C.CNO

◆　撤销视图

格式：

  DROP VIEW <视图名>

例如，撤销视图 STU_GRA 的 SQL 命令如下：

  DROP VIEW STU_GRA

2) 数据查询语句

◆ 查询列

格式：

　　SELECT 列名 1，列名 2，…，列名 N　FROM　＜表名＞

例如，查找关系 S 中数据项 SNO、SN 的全部数据的 SQL 命令如下：

　　SELECT SNO，SN FROM S

◆ 查询行

格式：

　　SELECT * FROM　＜表名＞ WHERE ＜条件＞

例如，查找关系 SC 中满足 GR=90 的所有数据项信息的 SQL 语句如下：

　　SELECT　* FROM　SC　WHERE GR=90

◆ 排序

排序即对记录按某个关键字重新排序。

格式：

　　SELECT 列名 1，列名 2，…，列名 N

　　FROM　＜表名＞

　　WHERE ＜条件＞

　　ORDER　BY　＜关键字＞ [DESC]

例如，对关系 SC 查找数据项 SNO、CNO 和 GR，并按学号 SNO 升序排列的 SQL 语句如下：

　　SELECT SNO，CNO，GR FROM SC ORDER BY SNO

3) 数据维护语句

◆ 插入

插入即往表中插入记录。

格式：

　　INSERT INTO　＜表名＞(列名 1，列名 2，…，列名 n) Values(列名 1 值，列名 2 值，…，列名 n 值)

例如，往关系 S 中插入一条李文的记录的 SQL 语句如下：

　　Insert　into　s(SNO，CNO，SA)　Values(9721214，"李文"，22)

◆ 更新

更新即更新表中的记录内容。

格式：

　　UPDATE ＜表名＞ SET 列名=更新数据

　　WHERE　条件

例如，更新插入的李文记录的学号为 111111，SQL 语句如下：

　　UPDATE S SET SNO=111111 WHERE CNO="李文"

◆ 删除

删除即删除表中多余记录。

格式：

　　　DELETE FROM <表名>WHERE 条件

例如，删除插入的李文的记录，SQL 语句如下：

　　　DELETE FROM S WHERE CNO="李文"

4) 汇总统计语句

◆ 利用 COUNT 函数进行记录个数统计

格式：

　　　SELECT　COUNT(*) FROM TABLENAME

例如，有工资表 GZ(xm c(8)，gz n(5，1)，jj n(5，1))，计算该单位职工人数的 SQL 语句如下：

　　　SELECT　COUNT(*) FROM GZ

◆ 利用 MAX 函数进行表中某列最大值计算

格式：

　　　SELECT　MAX(COLUMN NAME) FROM TABLENAME

例如，有工资表 GZ(xm c(8)，gz n(5，1)，jj n(5，1))，计算最高工资的 SQL 语句如下：

　　　SELECT　MAX(GZ) FROM　GZ

◆ 利用 MIN 函数进行表中某列最小值计算

格式：

　　　SELECT　MIN(COLUMN NAME) FROM TABLENAME

例如，有工资表 GZ(xm c(8)，gz n(5，1)，jj n(5，1))，计算最低工资的 SQL 语句如下：

　　　SELECT　MIN(GZ) FROM　GZ

◆ 利用 SUM 函数进行表中某列值纵向汇总计算

格式：

　　　SELECT　SUM(COLUMN NAME) FROM　TABLENAME

例如，有工资表 GZ(xm c(8)，gz n(5，1)，jj n(5，1))，计算该单位工资和的 SQL 语句如下：

　　　SELECT　SUM(GZ) FROM GZ

◆ 利用 AVG 函数进行表中某列值纵向平均计算

格式：

　　　SELECT　AVG(COLUMN NAME) FROM TABLENAME

例如，有工资表 GZ(xm c(8)，gz n(5，1)，jj n(5，1))，计算该单位职工工资平均值的 SQL 语句如下：

　　　SELECT　AVG(GZ) FROM GZ

◆ 利用 GROUP BY 对表进行分类汇总

格式：

　　　SELECT　列名，函数说明表 FROM 表名 WHERE 条件 GROUP BY 分组列名 1，列名 2

例如，有工资表 GZ(xm c(8)，bm c (20)，gz n(5，1)，jj n(5，1))，按部门汇总人数、总

工资、最高和最低工资的 SQL 语句如下：

SELECT bm，COUNT(*)，SUM(gz)，MAX(gz)，MIN(gz) FROM　GZ GROUP BY bm

◆ 用 HAVING 对分组结果筛选输出

格式：SELECT 列名,函数说明表 FROM　表名 GROUP BY　分组列名 1,列名 2 HAVING <条件>

例如，对表 GZ，筛选出部门人数 100 以上的各部门人数，总工资、最高工资、最低工资等值的 SQL 语句如下：

SELECT BM，COUNT(*)，SUM(GZ)，MAX(GZ)，MIN(GZ) FROM　GZ GROUP BY BM HAVING COUNT(*)>100

◆ 利用 ORDER BY 命令对结果排序输出

格式：

SELECT　列名，函数说明表 FROM 表名 WHERE 条件 GROUP BY 分组列名 1，列名 2 ORDER BY 排序列名 1，列名 2

例如，有工资表 GZ(xm c(8)，bm　c (20)，gz n(5，1)，jj n(5，1))，按部门汇总人数、总工资、最高和最低工资，并按总工资额排序输出的 SQL 语句如下：

SELECT bm，COUNT(*)，SUM(GZ)，MAX(GZ)，MIN(GZ) FROM ZG GROUP BY bm ORDER BY SUM(GZ)

◆ 利用 SET 命令对表进行横向汇总

格式：

UPDATE　表名　SET　列名 1=表达式 1，列名 2=表达式 2 WHERE　条件

例如，有表 SP(bh c(10)，mc c(20)，xl n(3)，dj n(8，2)，je n(10，2))，已知销量和单价，计算销售额的 SQL 语句如下：

UPDATE SP SET je=xl*dj WHERE xl>0

# 9.5　数据库技术的新发展

计算机科学技术是当前各科技领域中发展最迅速、应用最广泛的技术之一，数据库又是计算机科学技术中发展最快、应用最广泛的重要分支之一，它已成为计算机信息系统和计算机应用系统的重要技术基础和支柱。

从数据库系统采用的数据模型来看，20 世纪 70 年代广为流行的是网状数据模型和层次数据模型。自 20 世纪 80 年代以来，占统治地位的是关系数据模型，这是因为关系模型具有严格的数学基础、概念清晰简单、非过程化程度高、数据独立性强，所以，20 世纪 80 年代推出的数据库管理系统都是支持关系模型的关系数据库管理系统。现在，人们把关系数据库、网状数据库和层次数据库统称为传统数据库系统，它们的数据模型称为传统数据模型，而与之相应的数据库技术叫做传统数据库技术。

传统数据库技术的确在很多应用领域发挥了巨大的作用，但随着科学技术的进步和数据库技术的发展，数据库应用领域不断扩大，已从传统的商务数据处理扩展到许多新的应用领域，如计算机辅助设计与辅助加工、计算机辅助软件工程、图像处理、超文本应用、

多媒体应用等，传统数据库系统很难满足在这些新应用领域中模拟复杂对象、模拟对象复杂行为的要求，表现出如下一些缺陷：

(1) 传统数据模型在表示和处理复杂实体(如工程对象)时显得过于简单，缺乏存储和处理各种复杂对象的能力。

(2) 传统数据库系统的数据模型是有限的，不能支持现代程序设计语言中常用的数据类型，不善于存储和检索长的无结构数据，如图像、语音及正文文档等。

(3) 传统数据库系统不支持抽象数据类型和用户自定义类型的扩展能力，对新的数据类型和操作的支持能力较弱。

(4) 传统数据库系统不能表示和管理数据库中的时间概念、对象和模式版本的变化信息，故不能支持版本管理、动态模式修改、大型复合配置，所以传统数据库系统不适于处理长期事务，而长期事务是现代交互式、协同式应用环境中必不可少的。

正是新应用需求的驱动和传统数据库技术的缺陷推动了数据库新技术的研究与发展。

下面我们将介绍数据库技术的新发展。

### 9.5.1　数据库系统结构的发展

#### 1. DBMS 进程结构的最新发展

1) 多线程 DBMS 进程结构

随着应用对大量连机事务处理(On-Line Tansaction Processing，OLTP)的需求，以进程为单位完成多个事务的并发执行暴露出许多的弱点，当用户数增多时，系统的性能明显下降。一种新的进程结构——多线程(Multi-thread)DBMS 进程结构能较好地解决多事务并发执行的问题。在单进程多线程结构的 DBMS 中，系统只创建一个 DBMS 进程，该进程可由多个线程组成，DBMS 的并发执行单位由进程改为线程(Thread)，线程之间的通信是通过消息(Message)和端口(Port)来实现的。消息通过端口传送给另一个线程，消息头含有消息种类及目的端口等信息，消息的传递可以是同步的，也可以是异步的。每增加一个用户只需增加一个线程，线程的转换只是简单的运行状态的改变，而不会引起进程空间的切换，减少了系统开销，使得事务处理的响应时间和系统的吞吐能力比在每用户一个进程的结构中有十分明显的改进，特别是在用户数大量增加时(如飞机订票系统、银行出纳系统等)，这种优点更为突出。这也正是为什么在多线程结构中用户数增至成百上千而系统性能(主要指事务响应时间)仍然很少下降的原因所在。

2) 虚拟服务器结构(Visual Server Architecture，VSA)

虚拟服务器结构是一种适用于对称多处理机配置的数据库结构。其基本思想是，在多处理机结构中，每一个指定的 CPU 上设置一个数据库引擎(Engine)作为一个服务器，这些服务器在功能上是完全相同的。通过它们的密切协同工作，成为一个逻辑服务器，处理外部的事务请求。每一个 Engine 有一个相应的进程，而这个进程具有多线程结构，于是这种数据库结构实际上是一种多进程多线程结构。每一个外部事件的请求都由某个运行于固定CPU 上的 Engine 所对应的进程中的一个线程来处理。由于 CPU 的对称性和每个 Engine 功能的一致性，事务由哪个线程来处理其结果是完全一样的，因而使多 CPU 的并行处理能力得到充分发挥，使系统的吞吐量大大增加，而响应时间却相对缩短。

### 2．DBMS 系统结构的最新发展

1）网络环境下数据库的客户机/服务器结构

在典型的客户机/服务器(Client/Server)结构中，数据库系统的界面和表现逻辑放在客户机上处理，而数据的修改、分类、检索、安全性确认、事务恢复和对共享数据的访问管理全部放在服务器上执行。客户机直接面向用户，接收并处理任务，并将任务中需要由服务器完成的部分通过网络请求服务器执行，服务器处理后将处理结果又通过网络传回给客户。这样一来，事务逻辑所涉及到的安全性、数据完整性和逻辑完整性都可以集中在服务器上统一由系统解决，形成分布式处理，而不是让访问该数据的每个应用程序自己解决，从而有利于提高性能和完善控制，并减少应用程序开发和维护的开销。

具有客户机/服务器结构的数据库系统虽然在处理上是分布的，但是数据却是集中的。因此，客户机/服务器系统实际上是在微机局域网环境下，合理划分任务，进行分布式数据处理的一种应用系统结构，是解决微机大量使用而又无力承担所有处理任务这一矛盾的一种合理方案。

2）物理上分布、逻辑上分布的分布式数据库结构

这种分布式数据库结构的特点是结点自治(Site Autonomy)和没有全局数据模式(Global Data Schema)。每个结点所看到的数据模式仅仅限于该结点所用到的数据。它一般由两部分组成：一是本结点的数据模式；二是供本结点共享的其他结点上的有关的数据模式。结点间的数据共享由双边协商确定。如果有关新的结点要加入系统，它开始时可先用本结点的数据，然后与有关结点协商，共享其他结点的有关数据；本结点的数据同样可被其他结点共享。这种扩展完全是渐进的，不会影响原有系统的运行。由于每一个结点所看到的数据模式是不一样的，就好像系统中有多个逻辑数据库，因而在逻辑上，这种数据库结构也是分布式的。由于无全局数据模式，因此一个结点的数据模式的修改，甚至一个结点的加入或撤离，仅仅影响有关的结点。一个结点在给数据对象命名时，只要求在本结点的数据模式内唯一，无需考虑与其他无关数据对象的重名问题。每个结点好像拥有一个满足自己需要的集中式数据库一样，而不受制于全局数据模式，结点具有很高的自治性。这种分布式数据库系统又称"联邦式数据库系统(Federated Distributed Database System)"。联邦式数据库结构有利于数据库的集成、扩展和重新配置，尽管目前还不如集中式数据库成熟，但却具有很好的研究价值和应用前途。

## 9.5.2　并行数据库技术

数据库的并行处理(Parallel Processing)是提高数据库系统对事务快速响应能力的有效手段。从硬件上讲，并行处理是设置若干个能同时工作的部件和设备，如 CPU 部件与外设并行、多个外设并行、多个 CPU 并行等。从软件上讲，并行处理是设置若干个可以同时运行的单位(如线程)，这些并行单位可以完成相同或不同的数据处理功能。

目前，并行计算机的体系结构主要有以下几大类：

(1) 紧耦合全对称多处理器(Symmetric Multi Processing，SMP)系统：所有的 CPU 共享内存与磁盘。

(2) 松耦合群集机系统：所有 CPU 共享磁盘。

(3) 大规模并行处理系统(Massively Parallel Processing，MPP)：所有 CPU 均有自己的内存与磁盘。

此外还有混合结构，常见的是 SMP 群集机系统(SMP Cluster)，即 MPR 系统的每个结点不是一个单一的处理器，而是一个 SMP 系统。

相应地，并行数据库系统的体系结构也主要有以下三种：

(1) 共享内存(Shared -Memory)结构。

(2) 共享磁盘(Shared-Disk)结构。

(3) 无共享资源(Shared-Nothing)结构。

并行数据库技术包括了对数据库的分区管理和并行查询。它通过将一个数据库任务分割成多个子任务的方法由多个处理机协同完成这个任务，从而极大地提高了事务处理能力，并且通过数据分区可以实现数据的并行操作。进程结构的最新发展为数据库的并行处理奠定了基础。多线程技术和虚拟服务器技术是并行数据库技术实现中采用的重要技术。一个理想的并行数据库系统应能充分利用硬件平台的并行性，采用多进程多线程的数据库结构，提供不同粒度的并行性：不同用户事务间的并行性；同一事务内不同查询间的并行性；同一查询内不同操作间的并行性和同一操作内的并行性。

并行数据库系统以高性能、高可用性和高扩充性为目标，充分利用多处理器平台的并行能力，通过多种并行性，在连机事务处理与决策支持应用两种典型环境中提供快速的响应时间和较高的事务吞吐量。

### 9.5.3　分布式数据库与联邦数据库技术

#### 1．分布式数据库系统

随着数据存储的分布性需求日益广泛，对分布式数据的管理和访问就成为数据库技术必须解决的问题。分布式数据库系统正是为解决上述问题而设计的。

一个分布式数据库系统由一个逻辑数据库组成，这个逻辑数据库的数据存储在一个或多个结点的物理数据库上。分布式数据库系统在系统结构上的真正含义是指物理上分布、逻辑上集中的分布式数据库结构。数据在物理上分布后，由系统统一管理，使用户感觉不到数据的分布，用户看到的似乎不是一个分布式数据库，而是一个数据模式为全局数据模式的集中式数据库。分布式数据库有利于改善性能，具有可扩充性好、可用性好以及具有自治性等优点，目前主要应用于证券交易和银行清算系统中。

分布式数据库系统仍存在不足：由于数据库系统的应用通常是逐步发展的，最初是建立各种孤立的数据库，而管理这些数据库的计算机系统和 DBMS 包括数据模型很可能是不同的，也就是异构的。当应用需要转向分布式数据处理时，抛弃原有的系统重新建立显然是不合理的，这就需要解决异构数据库的集成问题。这在技术上有一定的复杂性，而且目前还很难用一个通用的 DBMS 来解决这样的问题。人们希望一种新的数据库技术——联邦数据库系统来解决这一问题。此外，分布式数据库系统虽然有利于改善性能，但如果数据库设计不好，数据分布不合理，远距离访问过多，特别是当分布连接操作过多时，都会降低系统的性能。

### 2．联邦数据库系统(FDBS)

所谓联邦数据库系统，是指一个彼此协作却又相互独立的单元数据库(CDBS)的集合，它将单元数据库系统按不同程度进行集成。对该系统提供整体控制和协同操作的软件称为联邦数据库管理系统(FDBMS)。一个单元数据库可以加入若干个联邦系统，每个单元数据库系统的 DBMS 可以是集中的，也可以是分布的，或者是另外一个 FDBMS。

联邦数据库系统的主要特征是，一个 FDBS 在继续本地操作的同时可以参加联邦系统的活动。单元 DBMS 的集成可以由联邦系统的用户来管理，也可以由联邦系统的管理员和单元 DBMS 的管理员共同管理，整体系统集成的程度取决于联邦系统用户的要求以及加入联邦系统并共享联邦系统数据库的单元 DBMS 的管理员的要求。包含多种数据库系统的 FDBS 其特征还体现在分布、异构和独立三个方面。

目前较流行的支持联邦数据库的产品主要有：

(1) Ingres 公司的 Ingres 系统，允许用户访问分布数据库。

(2) Data Integration 公司的 Mermaid 系统，主要解决异构环境(硬件、OS、DBMS 等)下数据存取和集成的操作问题。

(3) Sybase 公司的 Sybase 系统，解决任何数据库和应用程序集成到异构环境中的客户机/服务器(C/S)模式应用问题，支持分布式操作，基于关系模式，其基本查询语言是 SQL。

## 9.5.4　面向对象数据库技术

面向对象数据库(Object Oriented DataBase，OODB)系统是数据库技术与 OO 技术相结合的产物。

### 1．面向对象数据库系统的特征

至今，关于面向对象数据库系统尚未形成一个统一的标准，但数据库界对面向对象数据库系统应具备的基本特性已形成了一致的观点，认为一个较理想的面向对象数据库系统应具备如下特征：

(1) 它必须是一个数据库管理系统，应具有数据库管理系统的基本功能，主要包括永久性、存储管理、并发控制、故障恢复、交互式查询等。

(2) 它必须是一个面向对象的系统，支持面向对象的数据模型，应支持复杂对象，具有运用各种构造机制从简单对象组成复杂对象的能力，复杂对象构造能力加强了对客观现实世界的模拟能力，且方法自然、易理解；具有对象标识、封装性、继承性和可扩充性等优良特性。

### 2．面向对象数据库产品种类

目前，面向对象数据库产品基本上遵循以下三种发展风格。

1) 基于面向对象程序设计语言的面向对象数据库系统

这种数据库是面向对象程序设计语言的一种扩充，著名的系统有 ONTOS、ORION 等，它们均是 C++的扩充，熟悉 C++的人均能很方便地掌握并使用这类系统。

2) 基于传统关系数据库及 SQL 的面向对象数据库系统

这种系统是传统关系数据库的一种面向对象的扩充，著名的系统有 UNISQL、O2 等，它们均具有传统数据库的基本功能，采用类似于 SQL 的语言，用户能很容易地掌握并使用。

3) 在目前流行的关系数据库管理系统上加以扩充

一些著名计算机公司或数据库公司为使其关系数据库产品平稳地向面向对象数据库过渡，并回避两种产品并行存在造成的不协调，在流行的关系数据库产品基础上扩充面向对象成分，从而形成一种面向对象数据库产品。例如，HP 公司在其关系数据库产品 ALLBASE 上进行扩充，形成了一种面向对象数据库产品 Open-object DB。其他公司，如 Oracle、Sybase、Ingres、Infoxmix 公司等也进行了这方面的工作。

## 9.5.5　多媒体数据库系统

通常把能够管理数值、文字、表格、图形、图像、声音等多种媒体的数据库称为多媒体数据库(MDBMS)。近年来，大容量光盘、高速 CPU、高速数字信号处理器以及宽带网络等硬件技术的发展为多媒体技术的应用奠定了基础。对多媒体数据库的管理主要有以下几种方式：一是基于关系模型，加以扩充，使之支持多媒体数据类型；二是基于多媒体模型来实现对多媒体信息的描述及操纵；三是基于超文本模型。

### 1．多媒体数据库具有的功能

多媒体数据库应支持以下特殊功能：

(1) 支持图形、图像、动画、声音、动态视频、文本等多媒体字段类型及用户定义的特殊类型。

(2) 支持定长数据和非定长数据的集成管理。

(3) 支持复杂实体的表示和处理，要求有表示和处理实体间复杂关系的能力，有保证实体完整性和一致性的机制。

(4) 支持同一实体的多种表现形式。

(5) 具有良好的用户界面。

(6) 支持多媒体的特殊查询及良好的处理接口。

(7) 支持分布式环境。

### 2．多媒体数据库系统的关键技术

多媒体数据库系统有如下一些关键技术：

(1) 数据模型技术，如 OO 数据模型、语义数据模型等。

(2) 数据的存储管理与压缩/解压缩技术。

(3) 多媒体信息的统一技术。

(4) 多媒体信息的再现及良好的用户界面技术。

(5) 多媒体信息的检索与查询及其他处理技术。

(6) 分布式环境与并行处理技术。

## 9.5.6　模糊数据库与演绎数据库技术

### 1．模糊数据库

传统的数据库仅允许对精确的数据进行存储和处理，而客观世界中有许多事物是不精确的。模糊数据库的研究和实践就是为了解决模糊数据的表达和处理问题，使得数据库描述的模型能更自然、更贴切地反映客观世界。国际上对模糊数据库的研究主要是从 20 世纪 80 年代初开始的，旨在克服传统数据库难以表达和处理模糊信息的弱点，进而扩展数据库的功能，开拓更新、更广的应用领域。近 30 年来，大量的研究工作集中在模糊关系数据库方面，即对关系数据库进行模糊扩展，如模糊数据表达、模糊查询、模糊数据库设计等。近年来，也有许多工作是对关系模型之外的其他数据库模型进行模糊扩展，如模糊 E-R，模糊 OO 数据库等。模糊数据库技术在管理信息系统、专家系统、决策支持系统群体工作环境系统中占有重要的位置。

### 2．演绎数据库

关系和关系代数可用一介谓词逻辑表示。一介谓词逻辑比较早地用于定理证明和逻辑程序设计语言，后来慢慢才发展为一种数据模型提出来，这就是所谓的基于逻辑的数据模型。从 20 世纪 70 年代末到 20 世纪 80 年代初，人们还停留在这种数据模型的理论研究上；20 世纪 80 年代中以后，出现了一批以基于逻辑的数据模型为基础的 DBMS 原型，这就是演绎 DBMS。谓词所表示的关系有两种：一种实际存储在数据库中，称为外延数据库关系；另一种只有定义，而其元组并不存储在数据库中，在需要时可以导出，称为内涵数据库关系。通过内涵数据库关系，可以在数据库中按需要定义各种导出关系，这是数据库中非常有用的功能。从逻辑上看，数据库是一组谓词实例的集合，可以称之为事实；查询和内涵数据库关系都可以用逻辑程序中的规则表示。事实加上规则就构成了一个逻辑数据库。

## 9.5.7　数据仓库、数据挖掘与数据库的连机分析处理技术

快速、准确、高效地收集和分析信息是企业提高决策水平和增强企业竞争力的重要手段。企业数据就像埋藏在深山里的金矿，如果不能供企业决策人员使用，就不能充分发挥其应有的价值。建立以数据仓库(Data Warehouse)技术为基础、以数据库的连机分析处理(Online Analytical Processing)技术和数据挖掘(Data Mining)技术为实现手段的决策支持系统是解决上述问题的一种有效、可行的体系化解决方案。

数据仓库是利用计算机和数据库技术的最新进展，把整个企业的数据，无论其地理位置、格式和通信要求统统集成在一起，并能把当前使用的业务信息分离出来，保证关键任务的连机事务处理(OLTP)应用的安全性和完整性，同时可以访问各种各样的数据库。数据仓库不是单一的产品，而是由软、硬件技术组成的环境，它把各种数据库集成为一个统一的数据仓库，并且把各种数据转换成面向主题的格式，能从异构的数据源中定期抽取、转换和集成所需要的数据，以便于最终用户访问并能从历史的角度进行分析，最后作出战略决策。

数据挖掘是从大型数据库或数据仓库中发现并提取隐藏在其中的信息的一种新技术，目的是帮助决策者寻找数据间潜在的关联，发现被忽略的要素，而这些信息对预测趋势和决策行为也许是十分有用的。数据挖掘技术涉及数据库、人工智能、机器学习和统计分析等多种技术。

数据挖掘技术能从数据仓库中自动分析数据，进行归纳性推理，从中发掘出潜在的模式，或产生联想，建立新的业务模型，帮助决策者调整市场策略，作出正确的决策。数据

挖掘表明，知识就隐藏在日常积累下来的大量数据之中，而仅靠复杂的算法和推理并不能发现知识，数据才是知识的真正源泉。数据挖掘为人工智能的发展指出了一条新的发展道路。数据库的连机分析处理技术是以超大规模数据库或数据仓库为基础对数据进行多维化和预综合分析，构建面向分析的多维数据模型，再使用多维分析方法从多个不同角度对多维数据进行分析、比较，找出它们之间的内在联系。OLAP 使分析活动从方法驱动转向了数据驱动，分析方法和数据结构实现了分离。数据仓库、OLAP 和数据挖掘是三种独立的信息处理技术。数据仓库用于数据的存储和组织；OLAP 集中于数据的分析；数据挖掘则致力于知识的自动发现。它们可以分别应用到信息系统的设计和实现中，以提高相应部分的处理能力。

# 9.6　MIS 中 DBMS 用户选择方案

目前，世界上出现了种类繁多的数据库产品，如何为某个特定应用选择一个最合适的DBMS 却没有一个十分简单明了的法则，必须结合自身特定的需求及有关 DBMS 的特点和功能综合考虑。在选择数据库管理系统软件时，通常可以从以下几个方面进行分析考虑。

## 9.6.1　DBMS 软件选择

虽然目前存在很多数据库模型，但关系数据库管理系统 RDBMS 仍牢牢统治着客户机/服务器世界。关系数据库的成功在于关系模型虽然非常简单，但能解决绝大多数领域的问题。但是在某些应用领域，新出现的面向对象的 DBMS(OODBMS)和多维 DBMS 发展很快。

目前，7 个主要的 DBMS 垄断了关系数据库管理系统市场，它们分别是：

(1) Oracle 公司的 Oracle Server。

(2) Sybase 公司的 Sybase SQL Server。

(3) Informix 公司的 Informix-Online Dynamic Server。

(4) IBM 公司的 DB/2 系列。

(5) 计算机联盟公司的 Ca-Openingres。

(6) Microsoft 公司的 Microsoft SQL Server。

(7) Borland 公司的 Interbase。

## 9.6.2　软、硬件平台

从很多方面看，DBMS 运行平台决定了数据库服务器的总体性能。除了硬件外，DBMS还依赖操作系统的功能，高效地提供硬盘、缓存和网络服务。因此，为 DBMS 选择合适的平台和选择 DBMS 一样重要。当历史上基于 X86、RISC 和 SPARC 的服务器占据了市场的主要份额时，操作系统一般为 Windows NT 和 UNIX。UNIX 有很多版本适合于不同的处理器，而且能够提供真正的抢先的多任务和多线程服务，具有优异的 I/O 性能、内存管理和任务管理性能，但是管理 UNIX 操作系统比较复杂。尽管 UNIX 操作系统曾经是主要的选择，但是目前 Windows XP 已经一统天下，它不仅能够提供 UNIX 的绝大多数功能，而且人机界面友好、易于管理。

### 9.6.3　管理客户连接

DBMS 服务器建立一个客户连接需要很多内存和 CPU 资源，因此受有限资源的限制，只能处理有限的客户连接。例如，如果 DBMS 服务器建立一个客户连接需要 5%的资源，则它最多只能同时建立 20 个客户连接。当然，每个客户连接需要多少资源取决于客户实际在干什么。

DBMS 一般以三种方式处理客户连接：每个客户单独一个进程、多线程或综合以上两种方式。

第一种方法为每个客户连接单独产生一个进程，这样，20 个客户连接就需要执行 20 个单独的进程。采用这种方法的 DBMS 有 DB/2、Oracle Version6、Informix 等。

第二种方法是将所有用户连接和数据库服务器程序都以线程的方式在同一地址空间内运行。采用这种方法的 DBMS 有 Sybase System11 和 Microsoft SQL Server。

还有一些 DBMS 综合以上两种方法的优点，它使用多线程的网络监听。例如，程序建立初始的客户连接，将客户请求交给称为调度员的进程处理。

### 9.6.4　并行查询处理

大多数硬件和服务器操作系统平台都支持多处理器并行处理。并行查询处理有两种不同的方法：一是由操作系统自动将数据库查询操作分到各个处理器(但内存共享)；二是由DBMS 分配数据库查询操作(什么都不共享)。

### 9.6.5　数据库管理和监视工具

DBMS 一般都捆绑有数据库管理和监视工具。利用数据库管理工具能够备份和恢复数据库，进行用户管理、安全管理和性能调整。利用数据库监视工具能够观察 DBMS 运行的各个方面，包括高速缓存器、硬盘、处理器等的使用情况等。

### 9.6.6　安全性

我们一般要求 DBMS 提供数据库、表、列(即字段)级的安全措施，有时候甚至是行一级的安全措施，来确保只有授权的用户才能查看或更新数据。虽然绝大多数 DBMS 都提供了数据库或表最基本的安全措施一级的安全措施，但它们一般都不能彻底防止非法入侵，需要开发人员在数据库自身的安全措施之外采取更严密的防范措施。

目前市场上有一些安全版本的 DBMS ，但也必须付出一定的代价：这些 DBMS 一般价格较贵，附加了许多安全处理，运行性能稍差一些。

### 9.6.7　SQL 标准

在选择一种 DBMS 之前有必要了解 SQL 标准。目前有许多个 SQL 标准，如 SQL89、

SQL92、SQL3 等。SQL89 是其中最老的一个标准，现在一般不再使用，而是参照 SQL92。同前者相比，SQL92 为 DBMS 增添了许多新功能，如支持 SQL 代理、支持客户/服务器连接、为高级编程语言提供嵌入的 SQL 功能、动态查询、支持高级的数据类型等。

### 9.6.8　对现有操作平台的支持

选择合适的硬件平台可以有效地发挥 DBMS 的总体性能，而若是为已存在的平台上购置 DBMS，则应该选择最适宜本平台的 DBMS。

### 9.6.9　企业自身能力

在选择数据库产品的同时，也应当考虑自身的情况，如财力、人力等。例如，企业花巨资购置一套功能强大的 Oracle Server，可由于缺乏人才技术，只能发挥其极小的一部分功能，这就造成了一种极大的浪费。如果仅是现今已发挥出的小部分功能也能满足企业现在和将来一段时间的需求，就应考虑购置诸如 Visual Foxpro、Access 之类的小型 DBMS。

# 思 考 与 练 习 题

1. 什么是数据库系统？什么是数据库？数据库系统的设计与文件系统的设计有哪些相同点和不同点？
2. 什么是关系型数据库系统？它与其他数据库系统的联系与区别怎样？
3. 数据库设计的范式有哪些？为什么要设计这些范式？
4. 什么是主键？为什么要设计主键？
5. 谈谈你对数据挖掘的理解。
6. 何为 SQL 语言？它的作用是什么？

# 第 10 章　信息系统分析与建设的新发展

当前，信息系统已成为推动新经济发展的重要力量。一方面，随着信息系统应用的深入，系统规模日趋庞大，对信息系统建设的效率和质量提出了更高的要求；另一方面，信息技术飞速发展，给信息系统分析和建设建立了越来越高的基础平台，信息系统分析与建设得到快速发展，信息系统的深入应用和发展反过来也促进了信息系统理论与技术的发展。目前，商务环境的变化、Internet 的发展等要求信息系统不断更新，对计算的分布性和安全性的要求比以往更为突出。本章在简要阐述信息系统分析与建设的发展趋势的基础上，简单介绍 Internet 环境下的信息系统发展、软件构件和分布式构件对象标准、面向对象方法的软件开发技术 UML 以及软件能力成熟度模型 CMM、信息系统安全规划设计等，以便读者了解信息系统分析与建设的理论与技术发展状况，更好地利用信息技术新环境和软件开发新方法，为信息系统建设服务。

## 10.1　信息系统分析与建设的发展趋势

信息系统的建设方法与环境密切相关。信息系统面临着变化、分布的环境，要求系统能随环境变化快速调整，不断适应业务变化和扩展的需要。随着信息和知识资源愈来愈成为企业最重要的战略资源，对信息和知识资源的开发利用正成为信息系统建设的重要目标。同时，随着信息系统的广泛应用，信息系统与供应链、电子商务等系统的结合日益紧密，信息系统集成也成为信息系统的重要目标。为适应信息系统应用环境变化的需要，信息系统分析与建设呈现崭新的视角，正沿以下方向发展。

### 1. 从系统建设转向信息资源建设

信息系统的应用对提高业务运作和管理效率具有重要意义。由于信息系统建设环境的复杂多变，以往的信息系统建设大多把重点放在系统建设的过程上面。随着信息技术的发展和信息系统应用的深入，人们在实践中发现，企业信息资源和知识的管理与利用是企业宝贵的资源，信息系统的应用不仅是流程的自动化和优化，更重要的在于通过对信息资源的管理，更充分地利用信息和知识资源，更好地实现企业目标。信息资源的建设是信息系统建设的重要方面。信息资源建设通过信息资源和信息技术的规划与管理，实现按需应用信息技术的目标，更好地为企业战略服务。

### 2. 从系统建设转向 IT Governance(IT 治理)

信息系统建设投资巨大，技术上的先进性、系统的多样性和管理的复杂性往往导致系统成功率很低，投资回报率不高。而企业的发展对信息系统的依赖日益增强，如何在控制投入的同时获得信息系统效果的最大化，是信息化发展到一定程度后企业面临的重要问题。IT 治理是企业追求 IT 效益的重要管理思想。根据国际信息系统审计和控制协会下的 IT 治理研究所的定义，IT 治理是一个由关系和过程所组成的机制，用于指导和控制企业，通过平衡信息技术与过程的风险、增加价值来确保实现企业的目标。通过这种机制和架构，IT 的决策、实施、服务、监督等流程，IT 的各类资源和信息与企业战略和目标紧密关联。同时，把在 IT 各个方面的最佳实践从公司战略的角度加以有机的融合，从而使企业实现 IT 价值最大化，并能够抓住 IT 赋予的机遇和竞争优势。

### 3．从应用技术转向以人为本，考虑最终用户

信息系统是个社会技术系统，人既是系统的使用者，也是系统的重要组成部分，单纯从技术角度考虑并不能实现系统应用的目标。在信息系统建设中，人获取、共享和应用信息的渠道方式，人在接受或提供信息时的心理感受等，对信息系统的应用尤其重要。运用信息技术管理信息首先必须着眼于信息应用。由于信息的歧义性，组织内存在着诸多阻碍信息共享的因素，要使 IT 系统有效运转，就需要对企业内部的信息文化做出相应调整。目前，系统的建设正转向以人为本，考虑最终用户的需要：一方面通过软件自动化，实现用户计算(User Computing)，向着用户自己开发、维护系统的方向发展，使用户在信息共享中获得成就感；另一方面，通过人机界面的研究，采用信息导航、知识发现等手段，使得最终用户能够方便地利用信息系统获得所需的信息，完成自己的任务，实现信息化的目的。

### 4．从单一系统转向分布式系统

信息系统的应用已经突破了单个实体企业的范围，在分布式企业集团、电子商务、电子政务、供应链管理等领域的应用正使信息系统从有限的地理范围转向更广泛的企业联合和企业间信息系统对接。一个企业或组织在地理上是分布的，就存在着跨组织的协作和集成，包括基于供应链管理的协作和电子商务等，信息系统也必须采用分布式的开放体系结构。在分布式系统应用中，Internet 是一个典型的应用环境，由此影响到信息系统的开发、应用和运行方式，如基于 Internet 的系统结构、信息交换的标准、信息安全等。

### 5．从信息管理转向知识管理

在知识经济时代，知识已经成为企业的最重要的战略资源，是企业获得成功的重要因素。创造知识、获取知识、管理知识和重用知识将成为企业最重要的发展战略和日常管理工作的核心问题。为此，信息系统软件不光需要管理和利用信息，还应该成为企业知识管理的工具，提供促进企业创造知识的环境，帮助企业快速获取知识，支持隐性知识向显性知识的转化，以及提供有效手段管理企业知识，提高企业的知识重用水平。信息系统建设从信息管理转向知识管理，对信息系统的智能化提出了更高的要求，要求广泛采用机器学习和其他智能方法发现知识，信息系统开发中也需要充分利用有关企业知识，建立企业模型，实现面向模型的分析与建设。

## 10.2　Internet 环境下信息系统的发展

在经济全球化和信息化条件下，Internet 是信息系统应用的基本环境。在 Internet 环境

下，如何建立可维护、可扩展的站点，开发高效率、高伸缩性的应用程序，实现跨平台、跨 Internet 的应用集成，是摆在信息系统开发者面前的任务。本节简单介绍 Internet 环境下的信息系统体系结构和应用服务。

## 10.2.1　Internet 环境下的信息系统体系结构

信息系统体系结构经历了基于宿主机的计算模式、文件服务器计算模式、客户机/服务器计算模式、浏览器/服务器计算模式以及多层网络计算模式。这里简单介绍网络环境下的客户机/服务器计算模式、浏览器/服务器计算模式以及多层网络计算模式。

### 1．客户机/服务器计算模式

客户机/服务器计算模式定义了前台客户端计算机与后台服务器相连，以实现数据和应用的共享，并利用前台客户端计算机的处理能力将数据和应用分布到多个处理机上。这种模式被用于工作组和部门的资源共享。

客户机/服务器系统有三个主要部件：数据库服务器、客户机应用程序和网络通信软件。其中，数据库服务器的主要任务集中在数据库安全性控制、数据库访问并发控制、数据库前端的客户机应用程序的全局数据完整性规则、数据库的备份与恢复等；客户机应用程序的主要任务是提供用户与数据库交互的界面、向数据库服务器提交用户请求并接收来自数据库服务器的信息、利用客户端应用程序对存在于客户端的数据执行应用逻辑要求；网络通信软件的主要作用是完成数据库服务器和客户机应用程序之间的数据传输。

在客户机/服务器应用中，客户端应用程序是针对一个特定的小数据集(如某个表的数据行)进行操作的，而不像文件服务器那样针对整个文件进行操作；它对某一条记录进行封锁，而不对整个文件进行封锁，因此保证了系统的并发性，并使网络上传输的数据量减少到最小，从而改善了系统的性能。

客户机/服务器应用模式的不足之处是对客户端设备要求较高，同时系统的升级维护不方便。系统升级维护时，必须升级维护所有的客户端。另外，客户机/服务器结构所采用的软件产品大都缺乏开放的标准，一般不能跨平台运行，当把客户机/服务器结构的软件应用于广域网时就会暴露出更大的不足。

### 2．浏览器/服务器计算模式

现代企业网络以 Web 为中心，采用 TCP/IP、HTTP 为传输协议，客户端通过浏览器访问 Web 以及与 Web 相连的后台数据库，所以称为浏览器/服务器(Browser/Server，B/S)模式。B/S 模式改善了客户机/服务器应用的不足，客户端只需安装通用浏览器，所有的处理都由后台服务器进行处理，处理结果按照规范的标准格式传到客户端显示。

B/S 模式由浏览器、Web 服务器、应用服务器、数据库服务器等层次组成。浏览器安装在客户端，是用户操作的界面。Web 服务器提供对客户请求的响应，将请求传给应用服务器。应用服务器完成对响应的处理，通过内部通道实现对数据库服务器的数据存取，并将处理结果传给 Web 服务器。

B/S 模式突破了传统的文件共享模式，具有很高的信息共享度，其优势在于使用简单、易于维护和升级、保护企业投资、信息共享度高、扩展性好、广域网支持和安全性好。

### 3. 多层网络计算模式

随着企业规模的日益扩大，应用程序复杂度不断提高，浏览器/服务器结构也日益暴露出一些不足，主要是存在信息并发处理能力和安全策略问题。多层网络计算模式对这些问题提供了很好的解决方案。

目前流行的三层网络计算模式可表示为

三层网络计算模式=浏览器+Web 服务器+多数据库服务器+动态计算

在三层模式中，Web 服务器既作为一个浏览服务器，又作为一个应用服务器，在这个中间服务器中可以将整个应用逻辑驻留其上，而只有表示层存在于客户机上，这种结构被称为"瘦客户机"，无论是应用的 HTML 页还是 Java Applet 都是运行时刻动态下载的，只需随机地增加中间层的服务(应用服务器)，就可以满足系统扩充时的需要，因此，可以用较少的资源建立起具有较强伸缩性的系统。这正是网络计算模式带来的重大改进。

## 10.2.2　Web Services 技术及应用

Internet 的核心技术是 Web 技术，应用 Web 技术构建 Intranet 和 Extranet 日益成为企业信息化的潮流。Web Services(Web 服务)是随着 Microsoft.Net Framewwork 推出的新技术。Web Services 是建立交互操作分布式应用程序的新平台。Web Services 平台是一套标准，定义了应用程序如何在 Web 上实现互操作性。基于 Web Services 的信息系统开发将成为未来信息系统分析设计的一个新的发展方向。

### 1. Web Services 的思想和内容

Web Services 一般基于 XML，构成 XML Web 服务。XML Web 服务(XML Web Services)是下一代分布式系统的核心技术之一。XML Web 服务的一般定义是，通过标准的 Web 协议(多数情况下使用简单对象访问协议 SOAP)提供的一种分布式软件服务，它使用 Web 服务描述语言(WSDL)文件进行说明，并按照统一描述、发现和集成(UDDI)规范进行注册。Web Services 优化了基于组件的开发和 Web 的结合。

Web Services 的一个主要思想是把应用程序在一组网络服务的基础上进行组合，在 Web 中分布并集成应用程序。与先把应用程序逻辑分布再进行网络集成的概念不同，在 Web 服务中，如果两个等同的服务器使用统一的标准和方法在网络上发布自己，一个应用程序就可以根据价格或者性能等方面的需求标准从两个彼此竞争的服务中进行选择。此外，Web 服务允许在机器间复制一些服务，因而可以通过把有用的服务复制到本地储存库来提高允许运行在特定计算机(群)上的应用程序的性能。

Web Services 包括三个层次的内容：基本通信格式、服务描述和服务实现。

在服务实现上采用简单对象访问协议(SOAP)。SOAP 是 XML 的实施工具，它提供了一套公共规则集。该规则集说明了如何表示并扩展数据和命令，规定了通信双方的应用程序需要遵守的一套通信规则。

在服务描述上采用 Web 服务描述语言(WSDL)。WSDL 是一种 XML 语法，开发人员和开发工具可以使用它来表述 Web 的具体功能。双方应用程序在得到了如何表示数据类型和命令的规则后，需要对所接收的特定数据和命令进行有效的描述。

在最高层，还需要制定一套如何定位服务描述的规则，即在默认情况下，用户或工具能在什么地方找到服务的功能描述。依据 UDDI(统一描述、发现和集成)规格说明中提供的规则集，用户或开发工具可以自动找到服务的描述。

通过这三层功能，开发人员容易找到 Web 服务，将它设计成一个对象后集成到应用程序中，从而构建出一个具有丰富功能的基本结构。这样得到的应用程序便能与 Web 服务进行反向通信。

### 2. Web Services 体系结构

Web Services 体系结构是面向对象分析与设计(OOAD) 的逻辑演化，同时也是组件化信息系统解决方案的逻辑演化。这两种方式在复杂的大型系统中都经受住了考验。Web Services 具有与面向对象系统一样的封装、消息传递、动态绑定、服务描述和查询等基本概念。此外，Web Services 另一个基本概念是：一切都是服务。这些服务分布在 API 中供网络中其他服务使用，并且封装了实现细节。面向服务的体系结构(Service Oriented Architecture)如图 10-1 所示。

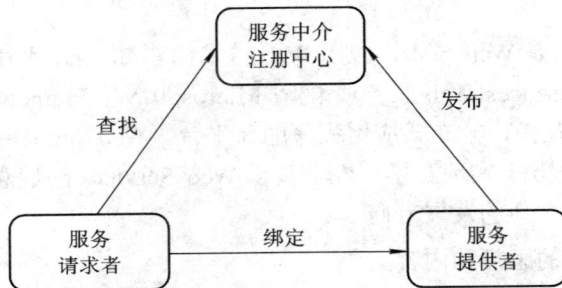

图 10-1　面向服务的体系结构(SOA)

这一体系结构共有三种角色：

(1) 服务提供者：发布自己的服务，并且响应对其服务发出的调用请求。

(2) 服务中介注册中心：注册已经发布的服务提供者，对其分类，并提供搜索服务。

(3) 服务请求者：利用服务中介查找所需的服务，然后使用该服务。

面向服务的体系结构中的构件必须承担上述一种或多种角色。这些角色使用三种操作，完成相互作用：

(1) 发布操作：使服务提供者能向服务中介注册自己的功能及访问接口。

(2) 查找操作：使服务请求者能通过服务中介查找特定种类的服务。

(3) 绑定操作：使服务请求者能够具体使用服务提供者提供的服务。

这三个操作中，发布操作使用 UDDI 技术，查找操作使用 UDDI 和 WSDL 组合技术，绑定操作使用 WSDL 和 SOAP 等技术。在三个操作中，绑定操作是最重要的，它包含了对服务的实际调用，也是最容易发生互操作性问题的地方。服务提供者和服务请求者通过对 SOAP 规范的全力支持，实现了无缝互操作性。

### 3. Web Services 的特点和应用

从外部使用者的角度而言，Web Services 是一种部署在 Web 上的对象/组件，它具备完好的封装性、松散耦合、使用协约的规范性、使用标准协议规范等特征。

Web Services 在应用程序跨平台和跨网络进行通信的时候非常有用，适用于应用程序集成、 B2B 集成、代码和数据重用以及通过 Web 进行客户端和服务器间通信的场合。

Web Services 通常是易于并入应用程序的信息源，如天气预报、股票价格、体育成绩等，一般可以通过构建一系列的应用程序来收集并分析所关心的信息，并以各种方式提供这些信息。采用 XML Web 服务的方式，可以把现有应用程序构造成功能更完善的应用程序。例如，在基于 XML Web 服务的采购应用程序中，利用 XML Web 服务构造可以自动获取不同供应商的价格信息的模块，使用户可以选择供应商，提交订单，然后跟踪货物的运输，直至收到货物。相应的供应商应用程序除了在 Web 上提供服务外，还可以使用 XML Web 服务检查客户的信用、收取货款，并与货运公司办理货运手续。

在基于 XML Web 服务的信息系统设计开发中，首先必须将系统功能按角色进行划分和设计，再应用面向对象分析和设计思想，将有关系统的功能构建成组件，根据它们提供的服务进行分布式构造。

# 10.3　软件构件和分布式构件对象标准

软件构件相当于工业流水线生产上的"标准件"。1968 年，软件构件与"软件组装生产线"思想在国际 NATO 软件工程会议上被提出来。从那以后，采用构件技术实现软件复用，采用"搭积木"的方式生产软件，成为软件业长期的梦想。构件的最大特点是可以不断复用，从而显著降低成本，缩减开发周期。然而，由于技术水平限制，在很长一段时间内，构件技术只是作为一种思想存在，直到 CORBA、J2EE 和 COM/DCOM(现在的.NET)出现，中间件兴起以后，构件技术才逐渐走向现实。本节简单介绍软件构件和分布式构件对象的三大标准。

## 10.3.1　软件复用和软件构件

### 1．软件复用

软件复用(Reuse)就是将已有的软件成分用于构造新的软件系统。可以被复用的软件成分一般称为可复用构件，无论对可复用构件原封不动地使用还是做适当的修改后再使用，只要是用来构造新软件，则都可称为复用。软件复用不仅仅是对程序的复用，它还包括对软件生产过程中任何活动所产生的制成品的复用，如项目计划、可行性报告、需求定义、分析模型、设计模型、详细说明、源程序、测试用例等。如果是在一个系统中多次使用一个相同的软件成分，则不称为复用，而称为共享；对一个软件进行修改，使它运行于新的软、硬件平台也不称为复用，而称为软件移值。

目前及近期的未来最有可能产生显著效益的复用是对软件生命周期中一些主要开发阶段的软件制品的复用。按抽象程度的高低，可以划分为代码复用、设计复用、分析复用、测试信息复用等四个复用级别。

软件复用可以提高生产率、减少维护代价、提高互操作性、支持快速原型、减少培训开销等。软件复用的技术基本上分为三类：库函数、面向对象技术和构件。

## 2．构件及其实现技术

构件(Component)是可复用的软件组成成份，可被用来构造其他软件。它可以是被封装的对象类、类树、功能模块、软件框架(Framwork)、软件构架(或体系结构(Architectureal))、文档、分析件、设计模式(Pattern)等。构件分为构件类和构件实例，通过给出构件类的参数，生成实例，通过实例的组装和控制来构造相应的应用软件。

构件具有可独立配置、严格封装、接口规范、没有个体特有的属性等特点。构件不像 OO 技术那样强调对个体的抽象，而是侧重于复杂系统中组成部分的协调关系，强调实体在环境中的存在形式，形成一个专门的技术领域。构件实现一般采用中间件与构架技术。

中间件是位于操作系统和应用软件之间的通用服务，它的主要作用是用来屏蔽网络硬件平台的差异性和操作系统与网络协议的异构性，使应用软件能够比较平滑地运行于不同平台上。中间件从本质上是对分布式应用的抽象，因而抛开了与应用相关的业务逻辑的细节，保留了典型的分布交互模式的关键特征。经过抽象，将纷繁复杂的分布式系统经过提炼和必要的隔离后，以统一的层面形式呈现给应用。

构架是一种抽象的模型，其功能是将系统资源与应用构件隔离，这是保证构件可重用甚至"即插即用"的基础。这与中间件的意图是一致的。构架不是具体软件，而是一种抽象的模型，但模型中应当定义一些可操作的成份，如标准协议。

中间件与构架实际是从两种不同的角度看待软件的中间层次，可以说，中间件是构架或构件模型的具体实现，是构件软件存在的基础。中间件促进了软件构件化，中间件和构架都实现了构件向应用的集成。

## 10.3.2　三大主流分布式软件构件对象标准

大型软件组织机构(如 OMG)和软件公司(例如 Sun、Microsoft)都推出了支持构件技术的软件平台，如 OMG 的 CORBA、SUN 的 J2EE 和 Microsoft DNA 2000。它们都是支持服务器端构件技术开发的平台，但都有其各自的特点，分别阐述如下。

### 1．CORBA

CORBA(Common Object Request Broker Architecture)分布计算技术是 OMG 组织基于众多开放系统平台厂商提交的分布对象互操作内容制定的公共对象请求代理体系规范。

CORBA 分布计算技术是由绝大多数分布计算平台厂商所支持和遵循的系统规范技术，具有模型完整、先进，独立于系统平台和开发语言，被支持程度广泛等特点，已逐渐成为分布计算技术的标准。CORBA 标准主要分为三个层次：对象请求代理、公共对象服务和公共设施。最底层是对象请求代理(ORB)，规定了分布对象的定义(接口)和语言映射，实现对象间的通信和互操作，是分布对象系统中的"软总线"；在 ORB 之上定义了很多公共服务，可以提供诸如并发服务、名字服务、事务(交易)服务、安全服务等各种各样的服务；最上层的公共设施则定义了组件框架，提供可直接为业务对象使用的服务，规定业务对象有效协作所需的协定规则。目前，CORBA 兼容的分布计算产品层出不穷，其中有中间件厂商推出的 ORB 产品，如 BEAM3、IBM Component Broker；有分布对象厂商推出的产品，如 IONAObix 和 OOCObacus 等。

CORBA 被设计和架构为服务于用不同程序语言书写、运行于不同平台上的对象系统。

CORBA 依赖 ORB 中间件在服务器和客户之间进行通信。ORB 扮演一个透明地连接远程对象的对象。每个 CORBA 对象提供一界面，并且有一系列的方法与之相联。ORB 负责为请求发现相应的实现，并且把请求传递给 CORBA 服务器。ORB 为客户提供透明服务，客户永远都不需要知道远程对象的位置以及用何种语言实现。

CORBA 基于对象管理体系结构(Object Management Architecture，OMA)。OMA 为构建分布式应用定义了非常广泛的服务。OMA 服务划分为三层(如图 10-2 所示)，分别称为 CORBA Services、CORBA Facilities 和 Application Objects。当应用程序需访问这些服务时，就需要 ORB 通信框架。这些服务在 OMA 中实际上是不同种类的对象的定义，并且为了支持分布式应用，定义了很广泛的功能。

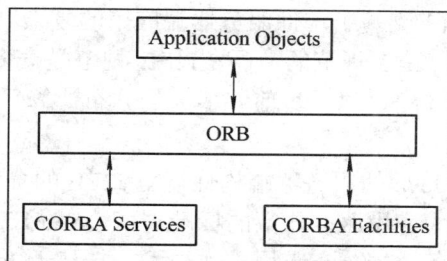

图 10-2  OMA 服务

CORBA Services(CORBA 服务)是开发分布式应用所必需的模块。这些服务提供异步事件管理，对事务、持续、并发、名字、关系和生存周期进行管理。

CORBA Facilities(CORBA 工具)对于开发分布式应用不是必须的，但是在某些情况下是有用的。这些工具提供信息管理、系统管理、任务管理和用户界面。

Application Objects(应用对象)主要为某一类应用或一个特定的应用提供服务。它们可以是基本服务、公共支持工具或特定应用服务。

CORBA 界面和数据类型是用 OMG 界面定义语言(IDL)定义的。每个界面方法也是用 OMG IDL 定义的。IDL 是 CORBA 体系结构的关键部分，它为 CORBA 和特定程序设计语言的数据类型之间提供映射。IDL 也允许对原有代码实行封装。IDL 是一个面向对象的界面定义语言，具有和 C++相类似的语法。由于所有的界面都是通过 IDL 定义的，CORBA 规范允许客户和对象用不同的程序设计语言书写，彼此的细节都是透明的。CORBA 在不同对象请求代理之间使用 IIOP(Internet Inter-ORB Protocol)进行通信,使用 TCP 作为网络通信协议。

CORBA 组件包括 ORB 核心、ORB 界面、IDL 存根、DII(Dynamic Invocation Interface，动态调用界面)，对象适配器，IDL 骨架、DSI(Dynamic Skeleton Interface，动态骨架界面)等。CORBA 运行结构(ORB 核心)是由特定开发商决定的，不是由 CORBA 定义的。不管怎样，ORB 界面是一个标准的功能界面，是由所有的 CORBA 兼容 ORB 提供的。IDL 处理器为每个界面产生存根。这就屏蔽了低层次的通信，提供了较高层次的对象类型的特定 API。DII 是相对于 IDL 存根的另一种方法，它为运行时构建请求提供了一个通用的方法。对象适配器为把可选的对象技术集成进 OMA 提供支持。IDL 骨架类似于 IDL 存根，但是，它们是工作于服务器端的(对象实现)。对象适配器发送请求给 IDL 骨架，然后 IDL 骨架调用合适的对象实现中的方法。

## 2. J2EE

为了推动基于 Java 的服务器端应用开发，Sun 公司在 1999 年底推出了 Java2 技术及相关的 J2EE 规范。J2EE 的目标是：提供与平台无关的、可移植的、支持并发访问和安全的、完全基于 Java 的开发服务器端中间件的标准。

J2EE 给出了完整的基于 Java 语言开发面向企业分布应用规范。其中，在分布式互操作协议上，J2EE 同时支持 RMI 和 IIOP，而在服务器端分布式应用的构造形式则包括了 Java Servlet、JSP(Java Server Page)、EJB 等多种形式，以支持不同的业务需求，而且 Java 应用程序具有"Write once，run anywhere"的特性，使得 J2EE 技术在分布计算领域得到了快速发展。

J2EE 简化了构件可伸缩的、基于构件服务器端应用的复杂度。J2EE 是一个规范，不同的厂家可以实现自己的符合 J2EE 规范的产品。J2EE 规范是众多厂家参与制定的，它不为 Sun 所独有，而且其支持跨平台的开发，目前许多大的分布计算平台厂商都公开支持与 J2EE 的兼容技术。

EJB 是 Sun 推出的基于 Java 的服务器端构件规范 J2EE 的一部分，自从 J2EE 推出之后，得到了广泛的应用，已经成为应用服务器端的标准技术。Sun EJB 技术是在 Java Bean 本地构件基础上发展出的面向服务器端分布应用构件技术。它基于 Java 语言，提供了基于 Java 二进制字节代码的重用方式。EJB 给出了系统的服务器端分布构件规范，这包括了构件、构件容器的接口规范以及构件打包、构件配置等标准规范内容。EJB 技术的推出使得用 Java 基于构件方法开发服务器端分布式应用成为可能。

从企业应用多层结构的角度看，EJB 是业务逻辑层的中间件技术，与 JavaBeans 不同，它提供了事务处理的能力，自从三层结构提出以后，中间层，即业务逻辑层成为处理事务的核心，它从数据存储层分离，取代了存储层的大部分地位。

从分布式计算的角度看，EJB 像 CORBA 一样，提供了对象之间的通信手段，这是分布式技术的基础。

从 Internet 技术应用的角度看，EJB 和 Servlet、JSP 一起成为新一代应用服务器的技术标准，EJB 中的 Bean 可以分为会话 Bean 和实体 Bean，前者维护会话，后者处理事务。现在，Servlet 负责与客户端通信，访问 EJB，并把结果通过 JSP 产生页面，传回客户端。

J2EE 的优点是，服务器市场的主流还是大型机和 UNIX 平台，这意味着以 Java 开发构件能够做到"Write once，run anywhere"，开发的应用可以配置到包括 Windows 平台在内的任何服务器端环境中去。

## 3. Microsoft DNA 2000 和 .NET

Microsoft DNA 2000 是 Microsoft 在推出 Windows 2000 系列操作系统平台基础上，扩展了分布计算模型以及改造 Back Office 系列服务器端分布计算产品后发布的新的分布计算体系结构和规范。

在服务器端，DNA 2000 提供了 ASP、COM、Cluster 等应用支持。目前，DNA2000 在技术结构上有着巨大的优越性。一方面，由于 Microsoft 是操作系统平台厂商，因此 DNA 2000 技术得到了底层操作系统平台的强大支持；另一方面，由于 Microsoft 的操作系统平台应用广泛，支持该系统平台的应用开发厂商数目众多，因此在实际应用中，DNA 2000 得到了众多应用开发商的采用和支持。

　　DNA 使得开发可以基于 Microsoft 平台的服务器构件应用。其中，数据库事务服务、异步通信服务和安全服务等都由底层的分布对象系统提供。以 Microsoft 为首的 DCOM/COM/COM+阵营，从 DDE、OLE 到 ActiveX 等提供了中间件开发的基础，如 VC、VB、Delphi 等都支持 DCOM 及包括 OLE DB 在内的新的数据库存取技术。随着 Windows 2000 的发布，Microsoft 的 DCOM/COM/COM+技术在 DNA2000 分布计算结构基础上，展现了一个全新的分布构件应用模型。

　　COM(Common Object Model)有时被称为公共对象模型，微软官方则称之为组件对象模型(Component Object Model)。DCOM 用于分布式计算，是微软开发设计的，作为对 COM 的一个扩展。COM/DCOM 的前身 OLE(Object Linking and Embedding，对象链接和嵌入)用于在微软的 WIN 3.1 操作系统中链接文档。开发 COM 是为了在一个单一的地址空间中动态地集成组件。COM 为在一个单一的应用程序中复杂客户二元组件的动态使用提供支持。组件交互是基于 OLE2 界面和协议的。虽然 COM 使用 OLE2 界面和协议，但我们也必须知道，COM 不是 OLE。DCOM 是 COM 的扩展，支持基于网络的交互，允许通过网络进行进程处理。

　　COM 允许客户调用服务，服务是由 COM 兼容的组件通过定义一个二元兼容规范和实现过程来提供的。COM 兼容组件(COM 对象)提供了一系列的界面，允许客户通过这些界面来调用相关的对象，如图 10-3 所示。

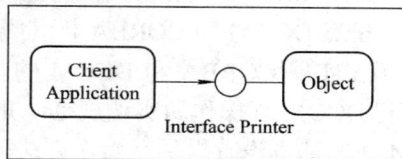

图 10-3　COM 客户调用服务

　　COM 定义了客户和对象之间的二元结构，并且作为用不同程序语言书写的组件之间的相互操作的基础，只要该语言的编译器支持微软的二元结构。

　　COM 对象可以具有复杂的界面，但是每一个类必须具有它自己唯一的类标识符(CLSID)，并且它的界面必须具有全球唯一的标识符(GUID)，以避免名字冲突。对象和界面是通过使用微软的 IDL(界面定义语言)来定义的。COM 体系结构不允许轻易地对界面做修改，这种方法有助于防止潜在的版本不兼容性。COM 开发者为了给对象提供新的功能，必须努力为对象创建新的界面。COM 对象是在服务器内运行的，服务器为客户访问 COM 对象提供了三种方法：

　　(1) 在服务器中处理(In-process Server)：客户和服务器在相同的内存处理进程中运行，并且通过使用功能调用的方法彼此通信。

　　(2) 本地对象代理(Local Object Proxy)：允许客户使用内部进程通信方法访问服务器，而服务器运行于同一物理机器的一个不同的进程中。这种内部进程通信方法也称为瘦远程过程调用。

　　(3) 远程代理对象(Remote Proxy Object)：允许客户访问在另外机器上运行的远程服务器。客户和服务器的通信使用分布式计算环境 RPC。远程对象支持这种方法，被称为 DCOM 服务器。

.NET 是 Windows DNA 的继续和扩展。在操作系统及后台的服务器方面，Windows 2000 演化为 Windows .NET，DNA Server 演化为.NET Enterprise Server。在开发工具方面，Visual Studio 6 演化为 Visual Studio .NET。

.NET 增加了许多新特性。.NET 是微软的 XML Web 服务平台，XML Web 服务允许应用程序通过 Internet 进行通信和共享数据，而不管所采用的是哪种操作系统、设备和编程语言。.NET 平台提供在创建 XML Web 服务并将这些服务集成在一起时所需要的支持。

### 4．三种分布式构件平台的比较分析

这三种平台由于其形成的历史背景和商业背景有所不同，因而各自有自己的侧重和特点，其实在它们之间也有很大的相通性和互补性。例如， EJB 提供了一个概念清晰、结构紧凑的分布计算模型和构件互操作的方法，为构件应用开发提供了相当的灵活性，但由于它还处于发展初期，因此其形态很难界定。CORBA CCM 是一种集成技术，而不是编程技术，它提供了对各种功能模块进行构件化处理并将它们捆绑在一起的粘合剂。EJB 和 CORBA 在很大的程度上是可以看做互补的。由于两者的结合适应了 Web 应用的发展要求，许多厂商都非常重视促进 EJB 和 CORBA 技术的结合，将来 RMI 可能建立在 IIOP 之上。CORBA 不只是对象请求代理 ORB，也是一个非常完整的分布式对象平台。CORBA 可以扩展 EJB 在网络、语言、组件边界、操作系统中的各种应用。目前，许多平台都能实现 EJB 构件和 CORBA 构件的互操作。同 EJB 和 CORBA 相互之间方便的互操作性相比，DCOM 和 CORBA 之间的互操作性要相对复杂些，虽然 DCOM 和 CORBA 极其类似。DCOM 的接口指针大体相当于 CORBA 的对象引用。为了实现 CORBA 和 DCOM 的互操作，OMG 在 CORBA3.0 的规范中加入了有关 CORBA 和 DCOM 互操作的实现规范，并提供了接口方法。因为商业利益的原因，在 EJB 和 DCOM 之间基本没有提供互操作方法。

# 10.4　统一建模语言 UML

UML(Unified Modeling Language)伙伴组织于 1996 年由 Rational 公司创立。1997 年 11 月被对象管理组织(OMG)采纳。UML 是多种方法相互借鉴、相互融合、趋于一致、走向标准化的产物。UML 这样的统一建模语言为软件开发商及其用户带来诸多便利，代表了面向对象方法的软件开发技术的发展方向。

## 10.4.1　UML 概述

公认的面向对象建模语言出现于 20 世纪 70 年代中期。从 1989 年到 1994 年，其数量从不到十种增加到了五十多种，其中最引人注目的是 Booch 1993、OOSE 和 OMT-2 等。面对众多的功能相似、各有特色的建模语言，由于用户没有能力区别不同语言之间的差别，因此客观上要求建立统一建模语言。

1994 年 10 月，Grady Booch 和 Jim Rumbaugh 开始致力于这一工作。他们首先将 Booch 1993 和 OMT-2 统一起来，并于 1995 年 10 月发布了第一个公开版本，称之为统一方法 UM 0.8(Unified Method)。1995 年秋，OOSE 的创始人 Ivar Jacobson 加盟到这一工作。经过 Booch、Rumbaugh 和 Jacobson 三人的共同努力，于 1996 年 6 月和 10 月分别发布了两个新的版本，

即 UML 0.9 和 UML 0.91，并将 UM 重新命名为 UML(Unified Modeling Language)。1996 年，一些机构将 UML 作为其商业策略已日趋明显。UML 的开发者得到了来自公众的正面反应，并倡议成立了 UML 成员协会，以完善、加强和促进 UML 的定义工作。当时的成员有 DEC、HP、I-Logix、 Itellicorp、 IBM、ICON Computing、MCI Systemhouse、Microsoft、Oracle、Rational Software、TI 以及 Unisys。这一机构对 UML 1.0(1997 年 1 月)及 UML 1.1(1997 年 11 月 17 日)的定义和发布起了重要的促进作用。面向对象技术和 UML 的发展历程可用图 10-4 来表示。其中，标准建模语言的出现是其重要的成果。

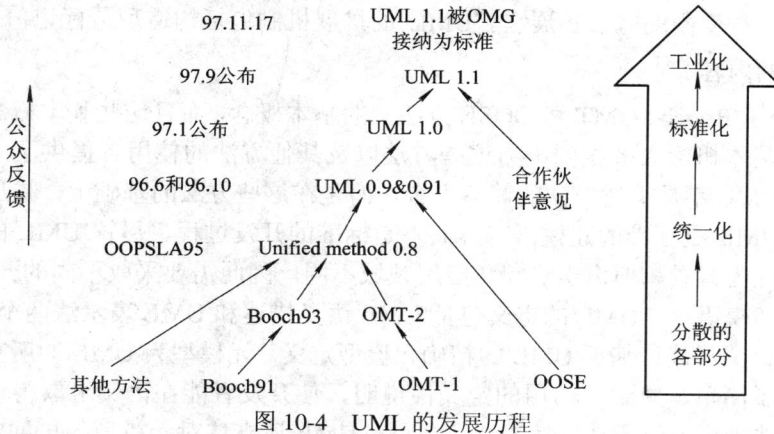

图 10-4　UML 的发展历程

## 10.4.2　UML 的概念模型和内容

### 1．UML 的概念模型

UML 有三个组成要素：UML 的基本构造块、支配这些构造块如何放在一起的规则和一些运用于整个 UML 的机制。

1) 基本构造块

UML 中有三种基本构造块，分别是事物、关系和图。

事物分结构事物(包括类、接口、协作、用况、主动类、构件和结点)、行为事物(包括交互和状态机)、分组事物(包)和注释事物(注解)。

UML 中有四种关系，分别是依赖、关联、泛化和实现关系。

UML 中有五类视图，共九种图形，在后面将做简要阐述。

2) 运用构造块的规则

UML 用于描述事物的语义规则，分别是：为事物、关系和图命名；给一个名字以特定含义的语境，即范围；怎样使用或看见名字，即可见性；事物如何正确、一致地相互联系，即完整性；运行或模拟动态模型的含义是什么，即执行。另外，UML 还允许在一定的阶段隐藏模型的某些元素、遗漏某些元素以及不保证模型的完整性，但模型逐步地要达到完整和一致。

3) 机制

有四种在整个语言中一致应用的机制，使得该语言变得较为简单。这四种机制是详细说明、修饰、通用划分和扩展机制。

　　UML 不只是一种图形语言，实际上，在它的图形表示法的每部分背后都有一个详细说明，提供了对构造块的语法和语义的文字叙述。UML 表示法中的每一个元素都有一个基本符号，这些图形符号对元素的最重要的方面提供了可视化表示，对元素的描述还包含其他细节。例如，一个类是否是抽象类，或它的属性和操作是否可见。要把这样的修饰细节加到基本符号上。　在对面向对象的系统建模中，至少有两种通用的划分世界的方法：对类和对象的划分；对接口和实现的划分。UML 中的构造块几乎都存在着这样的两分法。UML 是开放的，可用一种受限的方法扩展它。UML 的扩展机制包括构造型、标记值和约束。

　　**2．UML 的内容**

　　UML 融合了 Booch、OMT 和 OOSE 方法中的基本概念，而且这些基本概念与其他面向对象技术中的基本概念大多相同，为这些方法以及其他方法的使用者提供了一种简单一致的建模语言。UML 不是上述方法的简单汇合，而是在这些方法的基础上，扩展了现有方法的应用范围。UML 是标准的建模语言，而不是标准的开发过程。尽管 UML 的应用必然以系统的开发过程为背景，但由于组织和应用领域不同，因此需要采取不同的开发过程。

　　作为一种建模语言，UML 的定义包括 UML 语义描述和 UML 表示法两个部分。

　　(1) UML 语义描述：基于 UML 的精确元模型定义。元模型为 UML 的所有元素在语法和语义上提供了简单、一致、通用的定义性说明，使开发者能在语义上取得一致，消除了因人而异的最佳表达方法所造成的影响。此外，UML 还支持对元模型的扩展定义。

　　(2) UML 表示法：定义 UML 符号的表示法，为开发者或开发工具使用这些图形符号和文本语法及为系统建模提供了标准。这些图形符号和文字所表达的是应用级的模型，在语义上它是 UML 元模型的实例。

　　标准建模语言 UML 的重要内容可以由下列五类图(共九种图形)来定义。

　　1) 用例图

　　用例图为第一类视图，它从用户角度描述系统功能，并指出各功能的操作者。

　　2) 静态图

　　静态图(Static Diagram)为第二类视图，包括类图、对象图和包图。其中，类图描述系统中类的静态结构，不仅定义系统中的类，表示类之间的联系，如关联、依赖、聚合等，也包括类的内部结构(类的属性和操作)。类图描述的是一种静态关系，在系统的整个生命周期都是有效的。对象图是类图的实例，几乎使用与类图完全相同的标识。它们的不同点在于对象图显示类的多个对象实例，而不是实际的类。一个对象图是类图的一个实例。由于对象存在生命周期，因此对象图只能在系统某一时间段存在。包图由包或类组成，表示包与包之间的关系，它描述系统的分层结构。

　　3) 行为图

　　行为图(Behavior Diagram)为第三类视图，描述系统的动态模型和组成对象间的交互关系，包括状态图和活动图。其中，状态图描述类的对象所有可能的状态以及事件发生时状态的转移条件。通常，状态图是对类图的补充。　在实用上并不需要为所有的类画状态图，仅为那些有多个状态，其行为受外界环境的影响并且发生改变的类画状态图。活动图描述满足用例要求所要进行的活动以及活动间的约束关系，有利于识别并行活动。

4) 交互图

交互图(Interactive Diagram)为第四类视图，描述对象间的交互关系，包括顺序图和合作图。其中，顺序图显示对象之间的动态合作关系，它强调对象之间消息发送的顺序，同时显示对象之间的交互；合作图描述对象间的协作关系，合作图跟顺序图相似，显示对象间的动态合作关系。除显示信息交换外，合作图还显示对象以及它们之间的关系。 如果强调时间和顺序，则使用顺序图；如果强调上下级关系，则选择合作图。这两种图合称为交互图。

5) 实现图

实现图(Implementation Diagram)为第五类视图，包括构件图和配置图。其中，构件图描述代码部件的物理结构及各部件之间的依赖关系。 一个部件可能是一个资源代码部件、一个二进制部件或一个可执行部件，它包含逻辑类或实现类的有关信息。部件图有助于分析和理解部件之间的相互影响程度。配置图定义系统中软、硬件的物理体系结构，它可以显示实际的计算机和设备(用结点表示)以及它们之间的连接关系，也可显示连接的类型及部件之间的依赖性。在结点内部，放置可执行部件和对象以显示结点跟可执行软件单元的对应关系。

从应用的角度看，当采用面向对象技术设计系统时，首先是描述需求；其次根据需求建立系统的静态模型，以构造系统的结构；第三步是描述系统的行为。其中，在第一步与第二步中所建立的模型都是静态的，包括用例图、类图(包含包)、对象图、组件图和配置图等五个图形，是标准建模语言 UML 的静态建模机制；第三步中所建立的模型或者可以执行，或者表示执行时的时序状态或交互关系，包括状态图、活动图、顺序图和合作图等四个图形，是标准建模语言 UML 的动态建模机制。因此，标准建模语言 UML 的主要内容也可以归纳为静态建模机制和动态建模机制两大类。

# 10.5　软件能力成熟度模型 CMM

一个企业的软件能力包括软件开发过程的控制和管理能力，它决定了其开发软件的质量和效率。 软件能力成熟度模型 CMM(Capability Maturity Model for software)正是这样一个指南，它以几十年产品质量概念和软件工业的经验及教训为基础，为企业软件能力不断走向成熟提供了有效的步骤和框架。

## 10.5.1　CMM 概述

CMM 的基本思想是基于已有 60 多年历史的产品质量原理。Philip Crosby 将质量原理转变为能力成熟度框架，他在著作《Quality is Free》中提出了"质量管理成熟度网络"。1984年，美国国防部为降低采购风险，委托卡耐基·梅隆大学软件工程研究院(SEI)制定了软件过程改进、评估模型，也称为 SEI SW-CMM。1986 年，Watts Humphrey 将此成熟框架带到了 SEI，并增加了成熟度等级的概念，后来又将这些原理应用于软件开发，发展成为软件过程能力成熟度框架，形成了当前软件产业界正在使用的 CMM 框架。该模型于 1991 年正式推出，迅速得到广大软件企业及其顾客的认可。在 1987 年 SEI 推出 SW-CMM 框架后，于 1991 年推出 CMM 1.0 版；1993 年，SEI 正式发表了能力成熟度模型；2002 年，正式发布了软件集成能力成熟度模型(CMMISM)。

目前，SEI 研制和保有的能力成熟度模型有：

(1) 软件集成能力成熟度模型 CMMISM(CMM Integration SM)。

(2) 软件能力成熟度模型 SW-CMM(Capability Maturity Model for software)。

(3) 人力能力成熟度模型 P-CMM(People Capability Maturity Model)。

(4) 软件采办能力成熟度模型 SA-CMM(Software Acquisition Capability Maturity Model)。

(5) 系统工程能力成熟度模型 SE-CMM(Systems Engineering Capability Maturity Model)。

(6) 一体化生产研制能力成熟度模型 IPD-CMM(Integrated Product Development Capability Maturity Model)。

CMM 的核心是把软件开发视为一个过程，并根据这一原则对软件开发和维护进行过程监控和研究，以使其更加科学化和标准化。

CMMI 则在 CMM 的基础上，更加强调软件和方案的生命周期，从需求分析、系统架构就开始，一直到系统后期维护才结束，涵盖系统工程、产品集成、过程管理、软件编写等多个方面。CMMI 与 CMM 的不同在于，CMMI 可以解决现有不同 CMM 模型的重复性、复杂性，并减少由此引起的成本，缩短改进过程，它的涉及面更广，专业领域覆盖软件工程、系统工程、集成产品开发和系统采购。

## 10.5.2　CMM 的模型与内容

### 1．CMM 的模型

SW-CMM 为软件企业的过程能力提供了一个阶梯式的进化框架，阶梯共有五级。第一级实际上是一个起点，任何准备按 CMM 体系进化的企业都自然处于这个起点上，并通过这个起点向第二级迈进。除第一级外，每一级都设定了一组目标，如果达到了这组目标，则表明达到了这个成熟级别，可以向下一个级别迈进。

CMM 的五级能力成熟度模型如图 10-5 所示。

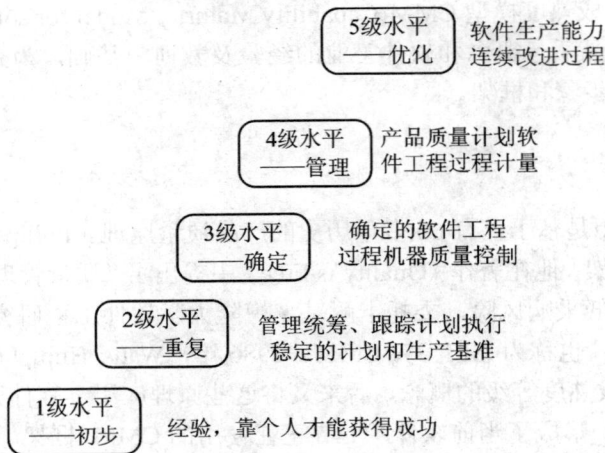

```
    ┌──────────┐  软件生产能力
    │ 5级水平   │  连续改进过程
    │ ——优化    │
    └──────────┘

   ┌──────────┐  产品质量计划软
   │ 4级水平   │  件工程过程计量
   │ ——管理    │
   └──────────┘

  ┌──────────┐  确定的软件工程
  │ 3级水平   │  过程机器质量控制
  │ ——确定    │
  └──────────┘

 ┌──────────┐  管理统筹、跟踪计划执行
 │ 2级水平   │  稳定的计划和生产基准
 │ ——重复    │
 └──────────┘

┌──────────┐  经验，靠个人才能获得成功
│ 1级水平   │
│ ——初步    │
└──────────┘
```

图 10-5　CMM 的五级能力成熟度模型

### 2. CMM 的内容

CMM 体系不主张跨越级别的进化，因为从第二级起，每一个低的级别实现均是高的级别实现的基础。

#### 1) 初始级

初始级的软件过程是未加定义的随意过程，项目的执行是随意的，甚至是混乱的。也许，有些企业制订了一些软件工程规范，但若这些规范未能覆盖基本的关键过程要求，且执行没有政策、资源等方面的保证，那么它仍然被视为初始级。它主要指经验和个人行为。

#### 2) 可重复级

根据多年的经验和教训，人们总结出软件开发的首要问题不是技术问题而是管理问题。因此，第二级的焦点集中在软件管理过程上。一个可管理的过程是一个可重复的过程，一个可重复的过程能逐渐进化和成熟。第二级的管理过程包括了需求管理、项目管理、质量管理、配置管理和子合同管理五个方面。其中，项目管理分为计划过程和跟踪与监控过程两个过程。通过实施这些过程，从管理角度可以看到一个按计划执行的，且阶段可控的软件开发过程。

(1) 需求管理——软件项目的开发必须以客户的需求为指向，需求管理目的在于使开发方和客户一起，对客户本身的真实需求有统一认识和评价。

(2) 软件项目计划——必须事先拟定合乎规范的开发计划及其他相关计划。

(3) 软件项目跟踪与监控——防范项目实施过程中所产生的计划偏离问题，使对项目的进展充分了解并控制。

(4) 软件子合同管理——建立规范化的软件分包管理制度，以保证软件质量、进度的一致性。

(5) 软件质量保证——通过对开发过程的监控和评测，以保证软件质量。

(6) 软件配置管理——保证项目开发生命周期中设备、文档和程序模块的完整性。

#### 3) 确定级

在第二级仅定义了管理的基本过程，而没有定义执行的步骤标准。在第三级则要求制订企业范围的工程化标准，而且无论是管理还是工程开发都需要一套文档化的标准，并将这些标准集成到企业软件开发标准过程中去。所有开发的项目需根据这个标准过程，剪裁出与项目适宜的过程，并执行这些过程。过程的剪裁不是随意的，在使用前需经过企业有关人员的批准。它主要是指仔细观察、整体协调、软件生产工程、集成软件管理、训练规划、组织过程确定、组织过程中心点等。

① 组织过程焦点——在整个组织过程内树立标准的过程，并将其列为组织工作重点。

② 组织过程制订。

③ 培训计划。

④ 集成软件管理——调整企业的标准软件过程，并将软件工程和管理集成为一个确定的项目过程。

⑤ 软件产品工程——关于软件项目的技术层面的目标在此确定。

⑥ 组际协调。

⑦ 同行复审。

### 4) 管理级

第四级的管理是量化的管理。所有过程需建立相应的度量方式，所有产品的质量(包括工作产品和提交给用户的产品)需有明确的度量指标。这些度量应是详尽的，且可用于理解和控制软件过程和产品。量化控制将使软件开发真正变成为一种工业生产活动。

### 5) 优化级

第五级的目标是达到一个持续改善的境界。所谓持续改善，是指可根据过程执行的反馈信息来改善下一步的执行过程，即优化执行步骤。它主要是指过程变化管理、技术变化管理、缺点预防等。

(1) 过程变化管理——在定量管理基础上坚持全企业范围的、持续性的软件过程改进。

(2) 技术变化管理——依据最新技术发展，对软件系统进行优化与改良。

(3) 缺陷预防——通过有效机制，识别软件缺陷并分析缺陷来源，从而防止错误再现，减少软件错误发生率。

如果一个企业达到了这一级，那么表明该企业能够根据实际的项目性质、技术等因素，不断调整软件生产过程以求达到最佳。

### 3. 结构

除第一级外，SW-CMM 的每一级是按完全相同的结构构成的。每一级包含了实现这一级目标的若干关键过程域(Key Process Area，KPA)，每一个 KPA 都确定了一组目标。若这组目标在每一个项目都能实现，则说明企业满足了该 KPA 的要求。若满足了一个级别的所有 KPA 要求，则表明达到了这个级别所要求的能力。

每个 KPA 进一步包含若干关键实施活动(KP)，无论哪个 KPA，它们的实施活动都统一按五个公共属性进行组织，即每一个 KPA 都包含五类 KP。

### 1) 实施保证

实施保证是企业为了建立和实施相应 KPA 所必须采取的活动，这些活动主要包括制订企业范围的政策和高层管理的责任。

### 2) 实施能力

实施能力是企业实施 KPA 的前提条件。企业必须采取措施，在满足了这些条件后，才有可能执行 KPA 的执行活动。实施能力一般包括资源保证、人员培训等内容。

### 3) 执行活动

执行活动描述了执行 KPA 所需求的必要角色和步骤。在五个公共属性中，执行活动是唯一与项目执行相关的属性，其余四个属性则涉及企业 CMM 能力基础设施的建立。执行活动一般包括计划、执行的任务、任务执行的跟踪等。

### 4) 度量分析

度量分析描述了过程的度量和度量分析要求。典型的度量和度量分析的要求是确定执行活动的状态和执行活动的有效性。

### 5) 实施验证

实施验证是验证执行活动是否与所建立的过程一致。实施验证涉及到管理方面的评审和审计以及质量保证活动。

在实施 CMM 时,可以根据企业软件过程存在问题的不同程度确定实现 KPA 的次序,然后按所确定次序逐步建立、实施相应过程。在执行某一个 KPA 时,对其目标组也可采用逐步满足的方式。过程进化和逐步走向成熟是 CMM 体系的宗旨。

### 10.5.3　CMM 的实施过程

企业实施 CMM 的步骤如下:
(1) 提高思想认识,了解必要性和迫切性。
(2) 确定合理的目标。
(3) 进行 CMM 培训和咨询工作。
(4) 成立工作组。
(5) 制订和完善软件过程。
(6) 内部评审。
(7) 初期评估。
(8) 正式评估。
(9) 根据评估的结果改进软件过程。

CMM 评估是为了评价当前的水平,找出问题所在,指导如何改进和了解软件承包商的软件能力。目前,针对 CMM 开发出许多的评估方法,其中公认的评估方法有两个:一是用于内部过程改进的 CMM 评估,称为 CBA-IPI;二是用于选择和监控承包方的 CMM 评估,称为 SCE 方法。这两种方法基于不同的目的,但评估的结果应一致。评估包括三个阶段:准备阶段、现场阶段和报告阶段。

CMM 的精髓是"持续改进",系统开发效率和质量是一个复杂的系统工程问题,必须以超前的视野预见过程实施中可能遇到的要素(包括特定的设计、作业方式以及与之相关联的成本要素),并借助先期规范、制约等各种手段进行预期调整,同时结合相应的效果计量和评估方法,确保实际过程以预期的低成本运作。着眼于软件过程的 CMM 模型是持续改进的表现,模型中蕴涵的思想就是防止项目失败的思想,也就是"持续改进"。

## 10.6　信息系统安全规划设计

随着信息系统的应用环境日趋复杂和开放,信息系统安全越来越成为信息系统分析和设计的重要因素。通过安全规划设计,从整体上考虑信息系统的安全需求,实现信息系统的安全,是信息系统建设的重要内容。

### 10.6.1　信息安全概述

系统安全包括两方面含义:一是信息安全;二是网络安全。具体来说,信息安全指的是信息的保密性、完整性和可用性;网络安全主要从通信网络层面考虑,指的是信息的传输和网络的运行能够得到安全保障,内部和外部的非法攻击能得到有效的防范和遏制。

信息系统安全概括地讲,就是根据保护目标的要求和环境的状况,信息网络和信息系统的硬件、软件、机器、数据需要受到可靠的保护，通信、访问等操作要得到有效保障和合理控制，不因偶然的或者恶意攻击等原因而遭受到破坏、更改、泄漏，系统连续可靠正常运行，网络服务不被中断。信息安全的保障涉及网络上信息的保密性、完整性、可用性、真实性和可控性等相关技术和理论，涉及到安全体系的建设，安全风险的评估、控制、管理、策略指定、制度落实、监督审计、持续改进等方面的工作。

信息安全与一般的安全范畴有许多不同，信息安全有其特殊性。首先，信息安全不是绝对的，所谓的安全是相对比较而言的；其次，信息安全是一个过程，是前进的方向，不是静止不变的，只有将该过程针对保护目标资源不断地应用于网络及其支撑体系，才可能提高系统的安全性；第三，在信息系统安全中，人始终是一个重要的角色，由于人的动机、素质、品德、责任、心情等因素，在管理、操作、攻击等方面有不同表现，可能造成信息系统的安全问题；第四，信息系统安全是一个不断对付攻击的循环过程，攻击和防御是循环中交替的矛盾性角色，防御攻击的技术、策略和管理并不是一劳永逸的，需要不断更新以适应新的发展需求；第五，信息系统安全是需要定期进行风险评估的，风险存在和规避风险都是不断变化的。

信息系统安全涉及的内容有技术方面的问题，更重要的是有管理方面的问题，两方面相互补充，缺一不可。技术方面主要侧重于防范、记录、诊断、审计、分析、追溯各种攻击，管理方面侧重于相应于技术实现采取的人员、流程管理和规章制度。

信息系统安全涉及到以下各方面的内容。

### 1) 系统运行的安全

系统运行的安全主要侧重于保证信息处理和通信传输系统的安全。其安全要求是保证系统正常运行，避免因为系统的崩溃和损坏而对系统存储、处理和传输的信息造成破坏和损失；避免物理的不安全导致运行的不正常或瘫痪；避免由于电磁泄露而产生信息泄漏，干扰他人或受他人干扰。

### 2) 访问权限和系统信息资源保护

访问权限和系统信息资源保护是对网络中的各种软、硬件资源(主机、硬盘、文件、数据库、子网等)进行访问控制，防止未授权的用户进行非法访问。访问权限控制技术包括口令设置、身份识别、路由设置、端口控制等。系统信息资源保护包括身份认证、用户口令鉴别、用户存取权限控制、数据库存取权限控制、安全审计、计算机病毒防治、数据保密、数据备份、灾难恢复等。

### 3) 信息内容安全

信息内容安全侧重于信息内容的保密性、真实性和完整性，避免攻击者利用系统的漏洞进行窃听、冒充、修改、诈骗等有损合法用户的行为。信息内容安全还包括信息传播产生后果的安全、信息过滤等，防止和控制非法、有害的信息进行传播后的后果。

### 4) 作业和交易的安全

作业和交易的安全指网络中的两个实体之间的信息交流不被非法窃取、篡改和冒充，保证信息在通信过程中的真实性、完整性、保密性和不可否认性。作业和交易安全的技术包括数据加密、身份认证、数字签名等，其核心是加密技术的应用。

5) 人员和规章制度安全保障

重大的信息安全事故通常来自组织的内部，所以对于人员的管理以及确定信息系统安全的基本方针和相应的规章管理制度，是信息系统安全不可缺少的一个部分。在人员角色、流程、职责、考察、审计、聘任、解聘、辞职、培训、责任分散等方面，应建立可操作的管理安全防范体系。

6) 安全体系整体的防范和应急反应功能

安全体系整体的防范和应急反应功能指对于信息系统涉及到的安全问题，建立系统的防范体系，对可能出现的安全威胁和破坏进行预演，对出现的灾难、意外的破坏能够及时地恢复。

## 10.6.2　信息安全规划设计

为了保证信息系统的安全应用，应从以下几个方面进行规划。

1) 人员安全管理

任何系统都是由人来控制的，除了对重要岗位的工作人员要进行审查之外，在制度建立过程中要坚持受权最小化、受权分散化、授权规范化原则。只授予操作人员为完成本职工作必须的最小授权，包括对数据文件的访问、计算机和外设的使用等。对于关键的任务，必须在功能上进行划分，由多人来共同承担，保证没有任何个人具有完成任务的全部授权或信息。建立起申请、建立、发出和关闭用户授权的严格制度以及管理和监督用户操作责任的机制。

2) 用户标识与认证

用户标识与认证是一种用于防止非授权用户进入系统的常规技术措施。用户标识用于用户向信息系统表明自己的身份，应该具有唯一性。系统必须根据安全策略，维护所有用户标识。认证用于验证用户向系统表明身份的有效性，通常有三种方法：用户个人所掌握的秘密信息(如口令字、电子签名密钥、个人标识号 PIN 等)、用户所拥有的物品(如磁卡、IC 卡等)、用户的生理特征(如声音、动态手写输入的特征模式、指纹等)。信息系统可以组合使用几种方法。

3) 物理与环境保护

物理与环境保护指在重要区域限制人员的进出；保证公用设施安全，即使系统在不间断地提供服务的前提下，硬件不受损害。

4) 数据完整性与有效性控制

数据完整性与有效性控制要保证数据不被更改和破坏。需要规划的内容包括：系统的备份和恢复措施；计算机病毒的防范与检测制度；是否要采取对数据文件统计数据记录数等方法定期进行校验；是否要实时监控系统日志文件，记录与系统可用性相关的问题，如系统的主动攻击、处理速度下降和异常停机等。

5) 逻辑访问控制

逻辑访问控制是基于系统的安全机制，确定某人或某个进程对于特定系统资源访问的授权。根据授予用户能够完成指定任务的最小特权的原则，设定用户的角色和最小特权的范围；对访问控制表建立定期审核制度，及时取消用户为完成指定任务已不再需要的特权；对重要任务进行划分，避免个人具有进行非法活动所必须的全部授权；限制用户对于操作系统，应用系统资源进行与本职工作无关的访问；如果应用系统使用了加密技术，要对加密方法、加密产品的来源、密钥的管理等问题专门评估；由于信息系统要连接到因特网，因此要分析是否使用了另外的硬件或技术对网络进行安全保护，要对路由器、安全网关、防火墙等的配置和端口的保护措施等进行评估。

6) 审计与跟踪

审计与跟踪系统用于维护一个或多个系统运行的日志记录文件及记录系统应用、维护活动的记录文件，是进行系统安全控制的重要手段。用户活动记录应支持事后对发生的事件进行调查，包括分析事件的原因、时间、相关的维护标识、引发事件的程序或命令等；应对日志记录文件进行专门的保护，对于联机访问日志记录文件要作严格控制；审计与跟踪系统的管理措施，确定是否需要设立安全管理员(而不是系统管理员)来承担这一任务。

### 10.6.3 信息安全技术

1) 网络加密技术

网络信息加密的目的是保护网内的数据、文件、口令和控制信息，保护网上传输的数据。网络加密常用的方法有链路加密、端点加密和结点加密三种。链路加密的目的是保护网路结点之间的链路信息安全；端点加密是对源端用户到目的端用户的数据提供加密保护；结点加密是对源结点到目的结点之间的传输链路提供加密保护。

2) 防火墙技术

在内、外部网络之间，设置防火墙(包括分组过滤和应用代理)实现内、外网的隔离与访问控制是保护内部网络安全的主要措施之一。防火墙可以表示为：

防火墙＝过滤器＋安全策略＋网关

防火墙可以监控进出网络的数据信息，从而仅让安全、核准的数据信息进入，同时又抵制对内部网络构成威胁的数据进入任务。通常，防火墙服务的主要目的是：限制他人进入内部网络、过滤掉不安全服务和非法用户、限定访问的特殊站点等。防火墙的主要技术类型包括网络级数据包过滤器和应用级代理服务器。

另外，还可以考虑采用内外网隔离、网络安全域的隔离技术等措施。

3) 网络地址转换技术

网络地址转换技术也称为地址共享器或地址映射器，设计的初衷是为了解决网络 IP 地址不足的问题，现在多用于网络安全。内部主机向外部主机连接时，使用同一个 IP 地址，相反地，外部主机要向内部主机连接时，必须通过网关映射到内部主机上。它使外部网络看不到内部网络，从而隐藏内部网络，达到保密的目的，使系统的安全性提高，并且节约外部 IP 地址。

4) 操作系统安全内核技术

除了传统的网络安全技术以外，在操作系统层次上也应该考虑相关的信息安全问题。操作系统平台的安全措施包括：采用安全性较高的操作系统、对操作系统进行安全配置、利用安全扫描系统检查操作系统的漏洞等。

### 5) 身份验证技术

身份验证是用户向系统出示自己身份证明的过程；身份识别是系统查核用户身份证明的过程。这两个过程是判明和确认通信双方真实身份的两个重要环节。拨号上网、主机登录、远程访问等都涉及到身份验证技术的应用。口令认证、数字证书认证是比较常用的身份验证方式。身份验证的载体可以存储在诸如 USBKey、IC 卡等介质上，还可以配备生物活体的身份验证。

### 6) 反病毒技术

计算机病毒具有不可估量的威胁性和破坏力，如果不重视信息系统防病毒，可能给社会造成灾难性的后果，因此计算机病毒的防范也是信息系统安全技术中重要的一环。信息系统反病毒技术包括预防病毒、检测病毒和消除病毒三种技术。

### 7) 信息系统安全检测技术

信息系统的安全取决于信息系统中最薄弱的环节，所以，应及时地发现信息系统中最薄弱的环节。检测信息系统中最薄弱环节的方法是定期对信息系统进行安全性分析，及时发现并修正存在的漏洞和弱点。信息系统安全检测工具通常是一个信息系统安全性评估分析软件，其功能是用实践性的方法扫描和分析信息系统，检查和报告系统中存在的弱点和漏洞，建议补救措施和安全策略，达到增强信息系统安全性的目的。

### 8) 安全审计与监控技术

审计是记录用户使用信息系统进行所有活动的过程，它是提高安全性的重要工具，不仅能够识别谁访问了系统，还能指出系统正被怎样使用。对于确定是否有信息系统攻击的情况，审计信息对于确定问题和攻击源很重要。同时，系统事件的记录能够更迅速和全面地识别问题，且它是后面阶段事故处理的重要依据，为网络犯罪行为及泄密行为提供取证基础。另外，通过对安全事件的不断收集与积累并且加以分析，有选择性地对其中的某些站点或用户进行审计跟踪，以便对发现或可能产生的破坏性行为提供有力的证据。

### 9) 信息系统备份技术

备份的目的在于：当系统运行出现故障时，尽可能地全盘恢复计算机系统运行所需的数据和系统信息。根据系统安全需求可选择的备份机制有：场地内高速度、大容量自动的数据存储、备份与恢复；场地外的数据存储、备份与恢复；系统设备的备份。备份不仅在信息系统硬件故障或人为失误时起到保护作用，也在入侵者非授权访问或对信息系统攻击及破坏数据完整性时起到保护作用，同时也是系统灾难恢复的前提之一。

## 思 考 与 练 习 题

1. 谈谈你对信息系统分析与建设发展趋势的理解。
2. 在 Internet 环境下，信息系统体系结构模式有哪几种？选择一种熟悉的模式详细分析。
3. 面向服务的体系结构是如何的？试画出结构图，并解释结构组成。
4. 什么是软件能力成熟度模型 CMM？它的主要内容包括什么？

# 第 11 章　案例：房地产产籍与产权交易
# 　　　　　管理信息系统

## 11.1　概　　述

　　房地产管理部门是房屋管理的政府职能部门，其业务涉及国家、集体、个人各个方面的利益。在传统的手工管理方式下，数据量大、数据繁杂，特别是房屋产籍产权的多次转移变更导致历史记录复杂，处理工作量大，查询困难。本案例所介绍的房地产产籍与产权交易管理信息系统是一个在局域网环境下的计算机管理信息系统，其功能主要包括房屋权属管理、房屋交易业务办理、代收房屋交易登记的各项税费、发放代表房屋权属的产权证、其他项权证等业务过程。

　　本章具体介绍了该房产产籍与产权交易管理信息系统的系统分析、设计过程以及设计中的一些具体考虑。该系统已经在十余个地(市、县)的房地产管理部门得到具体应用。通过开发应用本系统，产生了明显的效果：

　　(1) 打印出的权证(产权证、共有产权证、他项权证)统一、规范。

　　(2) 有利于房屋档案的管理，方便公众查阅。

　　(3) 有利于房屋信息的统计、分析。

　　(4) 有利于房屋交易中的各种税费的征收。

　　(5) 提高了办事效率。

## 11.2　系统需求分析

### 11.2.1　房地产管理部门的主要职能和业务流程

　　房地产管理部门有如下几个主要职能：

　　(1) 受理房屋交易、转让、抵押，并进行核实、勘测，最后出证(产权证、其他项权证)。

　　(2) 代理国家管理公房租赁、房屋拆迁、在建工程抵押、预售商品房管理。

　　(3) 提供房屋档案的查询、修正、统计、分析、注销等的管理。

　　(4) 房屋价值的评估。

　　(5) 代理国家计算并收取税费。

通过对其业务的分析归纳，可以将其业务分为两大部分：交易业务的办理、房屋档案的管理及特殊的业务受理。主要办的业务有：商品房购销登记、办理房屋产权(交易、转让或新办证)登记、办理房屋抵押登记、公房信息的管理、调查核实档案资料、房屋价值的评估、房屋图纸的绘制、出证(产权证、其他项权证、租赁证)、发证档案整理归档、房屋交易情况的统计、档案查阅、档案管理、产权(查封、冻结、挂失管理)等。

　　房屋交易业务主要是办理产权证和办理抵押其他项权证，这是房地产部门的首要任务。办理产权证就是对新建房屋(包括商品房登记)和房屋转让买卖进行登记，并进行审查核实、绘制房屋图纸、评估房屋价值、计算税费、收费等工作，再打印产权证和共有权证，最后发证归档，完成交易。办理抵押就是登记抵押信息，进行审查核实、评估房屋价值、计算税费、收费等工作，再打印其他项权证，最后发证归档，完成交易。办理产权证和办理抵押的业务过程请参见图 11-1 所示的流程图。

　　房屋档案的管理业务包括提供档案的查阅，交易量、件数的统计，档案的修正，交易情况的分析，查封冻结的管理等。

　　特殊的业务受理是指如公房档案租金管理、房屋拆迁管理、商品房预售登记、合同备案管理、电话咨询、信息查询发布等。

　　房地产管理部门通常划分为产权、监理、公房办、拆迁办、档案室、评估所、测量处等下属部门。

　　根据房地产管理部门的业务特点，并综合传统部门划分方式，整个业务的受理可以采用流水线办理交易和按部门分片管理相结合的思想，采取让数据信息集中化管理、应用程序按功能模块化和操作人员定岗定责各负其责的原则进行业务的办理。因此，整个系统划分为两大组成部分：交易业务的办理，采用流水线形式；房屋档案的管理及特殊的业务，采用独立的模块化形式。

## 11.2.2　房地产管理业务流程详细分析

　　房屋交易业务流程图如图 11-1 所示。下面对每个业务流程的功能进行详细分析。

### 1. 收件登记

　　凡属于交易与办证登记的，登记处统一收件，用户提交资料进行办理。

　　(1) 首先查询产权合法性，看是否被封存、挂失、吊销或正在受理之中，如果属于这些情形，收件窗口予以退件。产权的合法性查询还包括共有权人信息的显示，若有共有权人，收件时必须收取共有权人的相关资料后方可进入转让或抵押。

　　(2) 根据登记性质，清点收取证件并登记要件基本信息(受让方、房屋坐落、产权所有人、产权所有单位等)，并自动生成受理号。

　　(3) 经计算机核实所收证件是否齐备，打印处收件收据或应补证件内容、名称清单(收件收据号与受理号一致)，或者退件。

　　(4) 对收件情况进行记录、分类、统计。

　　(5) 资料提交交易审查部门，签收记录。

　　初审录入完成后，经办人签字并提交复审。

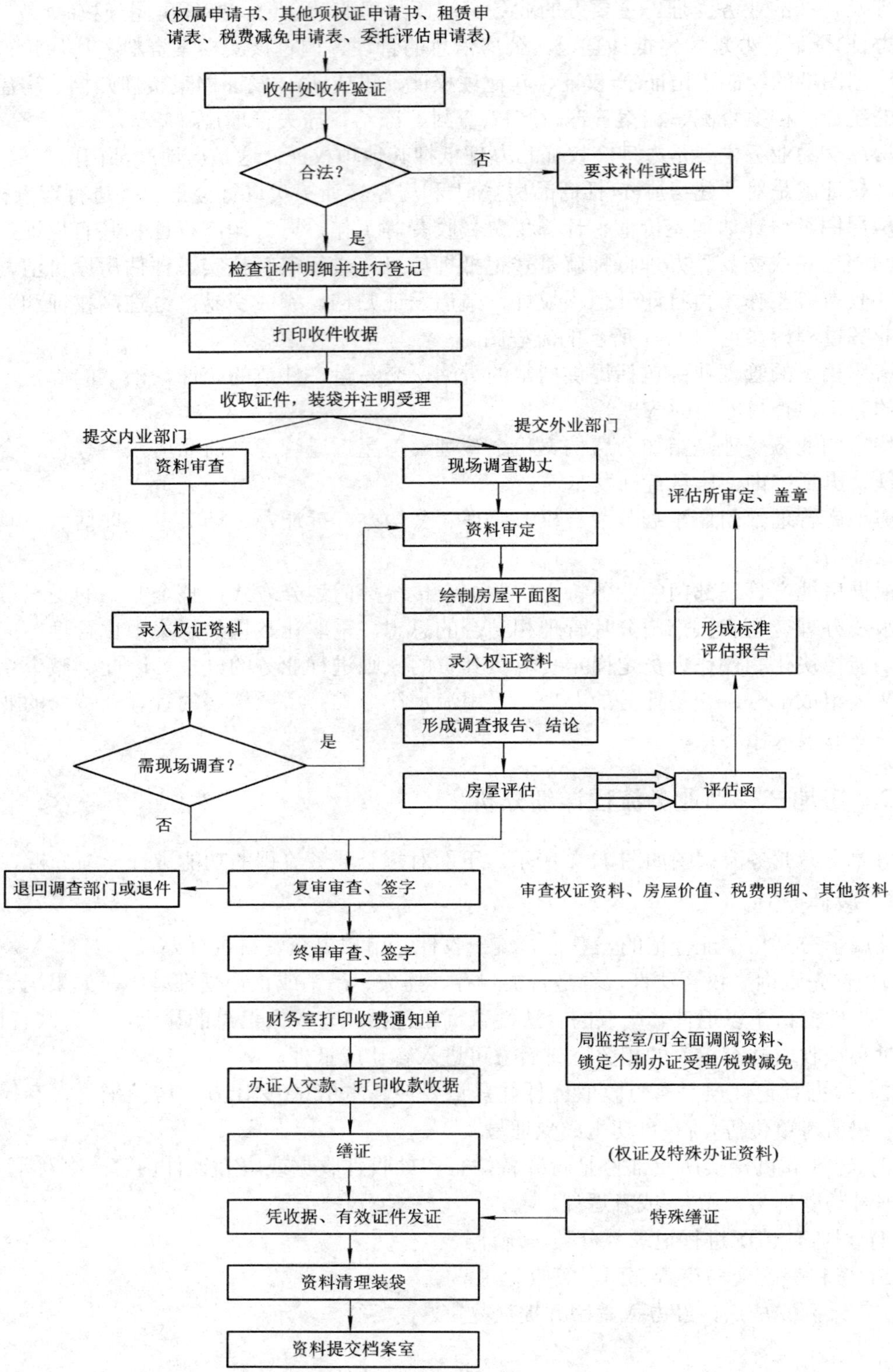

(权属申请书、其他项权证申请书、租赁申
请表、税费减免申请表、委托评估申请表)

图 11-1　房屋交易业务流程图

**2．资料审核录入**

(1) 若需到现场调查，派员到现场勘查。

(2) 详细审核各项资料。

(3) 录入权证资料。

(4) 形成调查报告、调查结论及备注说明。

在调查审核的过程中，可能需要绘制房屋平面图及对房屋价值进行评估。房屋平面图根据测绘图进行绘制，要求打印在产权证上；房屋评估只需录入评估涉及的相关参数，系统自动生成评估报告(按建设部规范)或简易评估函。

**3．复审**

(1) 复审人从计算机上审阅提交的全部权证资料、要件、调查报告、评估结果、评估技术报告等。

(2) 审阅税费与税额明细。

(3) 如果异议，录入或注明其原因，退回上一个环节(调查审核)。如果调查通过，则在计算机与资料上签字同意通过。

(4) 资料提交到产权终审。

**4．终审**

(1) 查询受理各交易业务的资料情况以及所在的受理环节；统计收件数量、分类情况。

(2) 有异议的交易锁定(锁定后，各业务环节的处理将中断，并有提示)，待解锁后方可继续处理。

(3) 对申请税费减免的交易办证，可直接录入减免数据并进行签字记录。

(4) 审定提交的所有权证资料，若无异议可签字。终审通过的资料提交收费处。

**5．计费**

(1) 终审签字后，本宗交易应收取的税费应在交易收费处生成(由房屋评估价与交易性质确定)。

(2) 收费处打印交费明细清单。

**6．收费**

(1) 办证人根据交费清单的金额交款，交款后打印收费收据交申办人。

(2) 若涉及税费减免的情况，办证人可持主管领导的减免签字到收费处，收费处按实收金额进行收费，或根据领导认可的减免金额输出交费清单，收费并进行相关记录。

(3) 收费后将计算机档案提交到缮证室。

**7．缮证**

(1) 缮证室根据资料的受理号调出并核对缮证的证件内容。如果内容有误，则将资料退回复审部门进行修正后再提交回来；如果核对无误，根据登记性质打印相应的权证证件。

(2) 权证证件制作完毕后自动记录与统计，并将已制权证证件加盖公章后连同资料一道交发证窗口工作人员。

(3) 特殊情况的缮证(如换证、急件等)则通过特殊缮证方式缮证室直接录入权证资料，然后打印权证证件，完成缮证。

### 8. 发证

(1) 领证人凭交款收据、收件收据、有效身份证到发证窗口领取证件。

(2) 领证人签收，在计算机中登记完毕后，资料提交到档案室。

### 9. 归档

(1) 档案室对资料进行立卷归档。

(2) 定义并录入档案保管号。

(3) 对计算机档案进行归档并打印归档清单，交易完毕。

### 10. 档案的查阅

查阅档案的所有信息，包括基本信息、办证过程信息、抵押查封信息以及关联档案(原产权信息、下手产权)信息等。

查询采用模糊查询，可以按产权证号、产权人及房屋地址、办证时间查阅。

### 11. 档案的统计

按登记类别、产别、行业、房屋结构、用途等进行指定时间范围内的档案统计。

### 12. 档案的修正

房屋交易完成，形成档案信息后，若此时发现档案有误：一种情况是产权证存在错误，则重新发证；另一种情况是错误信息在产权证上看不出来，此时就只有直接修改计算机档案。计算机档案修改后，应保留修改的过程(时间、修改人)及修改前的内容以备查。

### 13. 历史档案的建立

使用本系统之前，手工方式填制的产权证房屋信息必须录入计算机。因为这部分档案不再出证，所以不能使用前面的流水线方式进入系统，而必须直接录入档案。

### 14. 房屋信息分析

(1) 市场价格统计/分析，按平均房价、地段、面积、套型等，加上时间参数可得到与时间相关的价格变化指数或曲线。

(2) 房屋分布情况统计分析，包括已售房屋的总面积(平方米)与分布、房屋的比例情况(套型、结构、用途等)等。

(3) 其他分析与统计，即对房地产价格进行深层次的分析，如价格控制图、频数分布图、房指数等。

### 15. 报警管理

对法院查封、银行请求冻结、产权人申请挂失等产权异常的处理，可以根据需要设置对抵押交易等的限制；也可以根据法院、产权人的申请解除限制。

### 16. 档案管理

(1) 提供对已形成产籍档案的保管号进行修改及档案位置(柜号、盒号)的输入功能。

(2) 提供对产籍档案的借阅进行管理的功能，包括借阅登记、归还借出及借阅情况的查阅。

### 17. 公房租赁管理

公房租赁管理包括公房的建档、租售登记、租金管理及动态情况变化管理、查询及统计报表等管理。

### 18. 商品房预售管理

商品房预售管理包括开发商申请预售许可证的收件等级、审核、交费与发证，开发商预售许可证发放情况的查询与统计。

### 19. 合同管理

合同管理即按建设部的要求进行商品房预售标准合同备案登记、查询、统计及办证后注销。同时，供办证时进行查询检验。

### 20. 房屋拆迁管理

(1) 对拆迁单位进行资格管理，审批、办理《房屋拆迁资格证书》。

(2) 针对每个具体拆迁项目，依法审批、核发《房屋拆迁许可证》或《房屋代办拆迁许可证》。

(3) 统一到收费窗口收费。

(4) 通过调查核实，确定项目中被拆迁物的所有权人，对该类对象进行封户处理。

(5) 对没有产权证的房屋及其附属物进行核实录入。

(6) 针对所有权人的补偿具体情况；针对使用权人的各自安置具体情况。

(7) 上述各种工作结果的查询、统计。

### 21. 电话咨询

电话查阅办证的速度，例如当天是否能领证、政策法规、办证税费情况的查询。

### 22. 信息查询发布

输入房源信息(买房、卖房、出租、求租)，即可通过显示大屏幕、电视或显示器将具体信息发布出来。

## 11.2.3 房地产管理业务功能模块分配及主要数据流图

各个部门功能模块的分配及使用情况如表 11-1 所示。

**表 11-1 各个部门功能模块的分配及使用情况**

| 功能模块 | 涉及部门 | 功能模块 | 涉及部门 |
|---|---|---|---|
| 收件登记 | 交易所(收件处) | 信息分析 | 交易所、监理所 |
| | 监理所(收件处) | 产籍修正 | 档案室 |
| 资料录入 | 交易所、监理所、评估所、测绘所 | 历史档案建立 | 档案室 |
| 复审 | 复审处(分管领导) | 产权管理 | 档案室或收件处 |
| 终审 | 终审处(主管领导) | 档案管理 | 档案室 |
| 计费 | 收费处 | 公房租赁管理 | 公房管理处 |
| 收费 | 收费处 | 商品房预售管理 | 监理所 |
| 缮证 | 缮证室 | 合同备案管理 | 监理所 |
| 发证 | 发证处 | 房屋拆迁管理 | 拆迁办 |
| 归档 | 档案室 | 电话咨询 | 交易所 |
| 档案查询 | 交易所、监理所、档案室 | 信息查询发布 | 交易所 |
| 档案统计 | 档案室或交易所、监理所 | | |

通过对问题的分析得到系统的主要数据流简图，如图 11-2 所示。

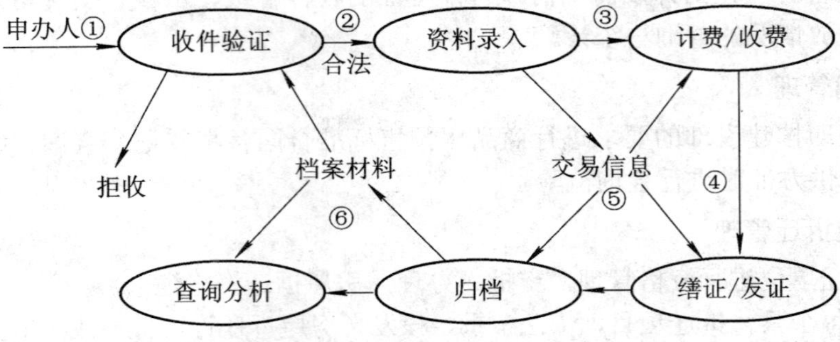

图 11-2　主要数据流简图

其基本过程为：

(1) 接受申办人提供的申办资料并检查资料是否完备。

(2) 若资料完备，则从系统档案库审核该申请是否合法，如为被抵押、查封、冻结房屋，则不能再办理任何交易。只有条件具备的时候才能办理并打印收件清单；若存在问题，则退回拒绝处理。

(3) 根据所办理的相应权证，录入档案信息。

(4) 所有信息输入完毕并审核无误后，将资料交计费/收费处，自动计收有关费用。

(5) 系统登记后提交到缮证/发证处由缮证人员打印权证并交申办人。

(6) 随后将档案资料归类整理并进行归档操作，整个交易完成。

# 11.3　系 统 设 计

## 11.3.1　系统设计策略

### 1. 采用客户机/服务器技术

系统采用客户机/服务器中心数据库管理方式，将交易过程、产籍档案、查封冻结等信息都存放在服务器端，客户机端采用功能模块化结构，按办理流程和任务将系统分割为若干个独立的功能模块程序，每个功能模块完成一个独立的事物，如收件验证客户端就只受理客户的收件操作。

### 2. 充分利用 SQL 的功能和性能

Microsoft SQL Server 具有客户机/服务器体系结构，能够满足大规模分布式计算环境的需要。利用 SQL Enterprise Manager 企业级管理器可以有效地完成系统的配置工作。SQL Server 还具有隐含的并发控制能力、丰富的编程接口工具、多线程体系结构、高性能的套件集成功能等特点。利用 SQL Server 的这些特点，可以为数据库建立合适的索引，制订严格的数据完整性设计规则，为系统的安全管理制订完善的备份策略等。

### 3．采用面向对象的开发方法

在设计中，如何正确分析房地产行业各个实体对象成为开发设计的重点。在面向对象的分析方法和设计方法的基础上，还要选择适当的前台开发工具，并注重界面风格的一致性和可操作性的设计。

### 4．面向交易流程的功能模块开发方法

根据房地产业务处理过程化的特点，同时结合不同房管部门对标准流程处理的共同需求，采取面向交易流程的功能模块开发方法。这样给不同规模、不同需求的房管部门在系统的安装过程中提供了极大的灵活性，大大地提高了系统的自适应性；同时还减少了后期维护的工作量。

## 11.3.2　数据结构和数据字典

本系统涉及的核心数据为交易流程中的登记申办产权和抵押的数据，归档后形成产籍档案的产权数据、抵押数据以及查封档案信息数据。通过对系统流程及系统操作流程的分析可得到其数据关系。

### 1．系统数据关系

从数据结构和相互关系的角度来看，有如图 11-3 所示的系统数据关系。

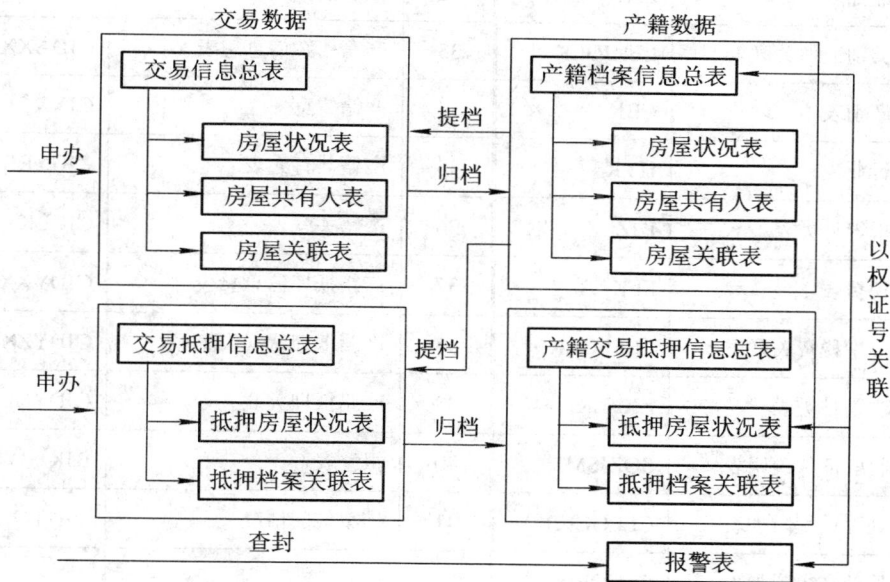

图 11-3　系统数据关系

### 2．数据字典

根据图 11-3 所示的系统数据关系，可以得到系统的主要数据信息表，如表 11-2 所示。

表 11-2　系统主要数据表

| 序号 | 数据表名称 | 表简称 | 序号 | 数据表名称 | 表简称 |
|---|---|---|---|---|---|
| 1 | 权限口令 | QXKLK | 22 | 详细处理过程附加表 | XXCLGCFJK |
| 2 | 部门 | BMK | 23 | 处理税费附加表 | CLSFFJK |
| 3 | 部门权限表 | BMQXK | 24 | 日志表 | RZK |
| 4 | 管理员表 | GLYK | 25 | 受理号表 | SLHK |
| 5 | 区县表 | QXK | 26 | 交易信息总表 | JYXXZK |
| 6 | 街道表 | JDK | 27 | 交易房屋状况表 | JYFWZKK |
| 7 | 房屋结构表 | FWJGK | 28 | 交易共有人表 | JYGYRK |
| 8 | 房屋用途表 | FWYTK | 29 | 交易关联表 | JYGLK |
| 9 | 登记类别表 | DJLBK | 30 | 交易抵押信息总表 | JYDYXXZK |
| 10 | 详细类别表 | XXLBK | 31 | 交易抵押状况表 | JYDYZKK |
| 11 | 证件表 | ZJK | 32 | 交易抵押关联表 | JYDYGLK |
| 12 | 类别证件关联表 | LBZJGLK | 33 | 产籍档案信息总表 | CJDAXXZK |
| 13 | 产别表 | CBK | 34 | 产籍信息 | CJXX |
| 14 | 行业表 | HYK | 35 | 产籍共有人表 | CJGYRK |
| 15 | 报警种类表 | BJZLK | 36 | 产籍关联表 | CJGLK |
| 16 | 税费表 | SFK | 37 | 产籍抵押信息总表 | CJDYXXZK |
| 17 | 类别税费关联表 | LBSFGLK | 38 | 产籍抵押状况表 | CJDYZKK |
| 18 | 注销种类表 | ZXZLK | 39 | 产籍抵押关联表 | CJDYGLK |
| 19 | 收取证件说明表 | SQZJSMK | 40 | 报警表 | BJK |
| 20 | 处理过程附加表 | CLLGCFJK | 41 | 档案借阅情况表 | DAJYQKK |
| 21 | 处理产权附加表 | CLCQFJK | | | |

限于篇幅，下面仅仅给出关键数据表的定义，以方便读者了解系统的构成关系。

1）交易信息总表

交易业务的处理是本系统的核心处理业务之一。交易信息总表(如表 11-3 所示)保存了产权交易业务的基本信息及业务控制信息。

### 表 11-3　交易信息总表

| 字段 | 字段类型 | 字段名称 | 字段 | 字段类型 | 字段名称 |
|------|----------|----------|------|----------|----------|
| SLH | Int Not Null | 受理号 | ZHJZ | Float | 综合价值 |
| SBSH | Varchar(20) | 申报书号 | XYJZ | Float | 协议价值 |
| JYXH | TinyInt | 交易序号 | DCBG | Text | 调查报告 |
| DJLBH | TinyInt | 登记类别号 | CSMJ | Float | 初审面积 |
| XXDJLBH | TinyInt | 详细登记类别号 | FSMJ | Float | 复审面积 |
| XXDJLBBC | TinyInt | 详细登记类别补充 | ZSMJ | Float | 终审面积 |
| ZH | Varchar(10) | 字号 | XYMJ | Float | 现有面积 |
| CQZH | Varchar(20) | 产权证号 | SYMJ | Float | 剩余面积 |
| QZYSH | Varchar(30) | 权证印刷号 | ZXLX | TinyInt | 注销类型 |
| QZDAH | Varchar(30) | 权证档案号 | ZXRQ | DateTime | 注销日期 |
| CQRXM | Varchar(50) | 产权人姓名 | ZXRBH | Varchar(10) | 注销人编号 |
| CQRID | Varchar(20) | 身份证号 | ZXYY | Varchar(40) | 注销原因 |
| CQRLXDH | Varchar(30) | 产权人联系电话 | SJRQ | DateTime | 收件日期 |
| QXXH | TinyInt | 区县序号 | NYRQ | DateTime | 内业日期 |
| JDXH | SmallInt | 街道序号 | WYRQ | DateTime | 外业日期 |
| ZLBCXX | Varchar(50) | 坐落补充信息 | FSRQ | DateTime | 复审日期 |
| LPMC | Varchar(50) | 楼盘名称 | ZSRQ | DateTime | 终审日期 |
| CBXH | TinyInt | 产别序号 | JFRQ | DateTime | 计费日期 |
| HYXH | TinyInt | 行业序号 | SFRQ | DateTime | 收费日期 |
| JCND | Varchar(30) | 建成年代 | SZRQ | DateTime | 缮证日期 |
| QH | Varchar(20) | 丘号 | FZRQ | DateTime | 发证日期 |
| DCBG | Text | 调查报告 | GDRQ | DateTime | 归档日期 |
| FWLX | TinyInt | 房屋类型 | SJRBH | Varchar(10) | 收件人编号 |
| DJQZ | Varchar(40) | 房屋东界 | NYRBH | Varchar(10) | 内业人编号 |
| NJQZ | Varchar(40) | 房屋南界 | WYRBH | Varchar(10) | 外业人编号 |
| SJQZ | Varchar(40) | 房屋西界 | FSRBH | Varchar(10) | 复审人编号 |
| BJQZ | Varchar(40) | 房屋北界 | ZSRBH | Varchar(10) | 终审人编号 |
| TDZH | Varchar(50) | 土地字号 | JFRBH | Varchar(10) | 计费人编号 |
| TDMJ | Float | 土地面积 | SFRBH | Float | 收费人编号 |
| QSXZ | Varchar(20) | 权属性质 | SZRBH | Varchar(10) | 缮证人编号 |
| QSNX | DateTime | 起始年限 | FZRBH | Varchar(10) | 发证人编号 |
| ZZNX | DateTime | 终止年限 | GDRBH | Varchar(10) | 归档人编号 |
| SBJZ | Float | 申报价值 | JJKBZ | Bit | 局监控标志 |
| PGJZ | Float | 评估价值 | JJKYY | Varchar(40) | 局监控原因 |
| CLBZ | TinyInt | 处理标志 | TSSZ | TinyInt | 是否特殊缮证 |
| CLGC | Varchar(90) | 处理过程 | TZBH | Varchar(20) | 图纸编号 |

2) 交易房屋状况表

交易房屋状况表(如表 11-4 所示)保存每一产权档案的详细房屋状况。其与交易信息总表为一对多的关系。如,同地址的多套房屋申办一个产权证,这样,房屋状况中就存在多条信息。

表 11-4　交易房屋状况表

| 字段 | 字段类型 | 字段名称 | 字段 | 字段类型 | 字段名称 |
| --- | --- | --- | --- | --- | --- |
| SLH | Int | 受理号 | ZCS | Varchar(10) | 总层数 |
| SBSH | Varchar(20) | 申报书号 | SZCS | Varchar(10) | 所在层数 |
| CQZH | Varchar(20) | 产权证号 | JZMJ | Float | 建筑面积 |
| DH | Varchar(10) | 栋号 | JGXH | TinyInt | 结构序号 |
| FH | Varchar(10) | 房号 | YTXH | TinyInt | 用途序号 |

3) 交易共有人表

交易共有人表(如表 11-5 所示)存放该产权档案的共有人信息。

表 11-5　交易共有人表

| 字段 | 字段类型 | 字段名称 | 字段 | 字段类型 | 字段名称 |
| --- | --- | --- | --- | --- | --- |
| SLH | Int | 受理号 | ZCS | Varchar(10) | 总层数 |
| SBSH | Varchar(20) | 申报书号 | SZCS | Varchar(10) | 所在层数 |
| CQZH | Varchar(20) | 产权证号 | JZMJ | Float | 建筑面积 |
| DH | Varchar(10) | 栋号 | JGXH | TinyInt | 结构序号 |
| FH | Varchar(10) | 房号 | YTXH | TinyInt | 用途序号 |

4) 交易关联表

交易关联表(如表 11-6 所示)保存档案的上、下手档案的关联关系,即对某房屋由谁初始登记、卖给谁、从谁那儿买卖等信息进行记录。

表 11-6　交 易 关 联 表

| 字段 | 字段类型 | 字段名称 | 字段 | 字段类型 | 字段名称 |
| --- | --- | --- | --- | --- | --- |
| SLH | Int | 受理号 | SSCQZH | Varchar(20) | 上手产权证号 |
| SBSH | Varchar(20) | 申报书号 | CLMJ | Float | 处理面积 |
| CQZH | Varchar(20) | 产权证号 | | | |

5) 交易抵押状况表

交易抵押状况表(如表 11-7 所示)存放的是抵押的房屋信息,它通过产权证号与产籍档案关联。

表 11-7　交易抵押状况表

| 字段 | 字段类型 | 字段名称 | 字段 | 字段类型 | 字段名称 |
| --- | --- | --- | --- | --- | --- |
| SLH | Int | 受理号 | DH | Varchar(10) | 栋号 |
| SBSH | Varchar(20) | 申报书号 | FH | Varchar(10) | 房号 |
| TXQZH | Varchar(20) | 其他项权证号 | TXFW | Float | 抵押面积 |
| CQZH | Varchar(20) | 产权证号 | DYSM | Text | 抵押说明 |

6) 交易抵押关联表

交易抵押关联表(如表 11-8 所示)存放抵押的产权证关联信息。

**表 11-8　交易抵押关联表**

| 字段 | 字段类型 | 字段名称 | 字段 | 字段类型 | 字段名称 |
|------|----------|----------|------|----------|----------|
| SLH | Int | 受理号 | TXQZH | Varchar(20) | 其他项权证号 |
| SBSH | Varchar(20) | 申报书号 | CLMJ | Float | 处理面积 |
| CQZH | Varchar(20) | 产权证号 | | | |

7) 产籍档案的产权信息和抵押信息数据表

其与交易的数据库的定义及表大致相同，区别只在于为方便档案管理而增加的字段信息，在这里就不再一一列出了。

8) 报警表

报警表(如表 11-9 所示)用于对非正常档案的信息的存储，如对法院查封、银行请求冻结、产权人申请挂失等产权异常的处理等。

**表 11-9　报　警　表**

| 字段 | 字段类型 | 字段名称 | 字段 | 字段类型 | 字段名称 |
|------|----------|----------|------|----------|----------|
| BJXH | Int Not Null | 报警序号 | QXXH | TinyInt | 区县序号 |
| BJLX | TinyInt | 报警类型 | JDXH | SmallInt | 街道序号 |
| SDRQ | DateTime | 设定日期 | ZLBCXX | Varchar(50) | 坐落补充信息 |
| SDYY | Varchar(200) | 设定原因 | JCRQ | DateTime | 解除日期 |
| SDWJ | Varchar(100) | 设定文件 | JCYY | Varchar(200) | 解除原因 |
| CQZH | Varchar(20) | 产权证号 | JCWJ | Varchar(100) | 解除文件 |
| CQR | Varchar(50) | 产权人 | | | |

## 11.3.3　主要功能模块详细设计

通过需求分析可以知道，本系统的核心为一局域网络系统，所有的业务按照流程划为若干个功能模块，整个系统由若干子系统组成。下面重点讨论主要功能模块的实现流程。

**1. 收件登记**

所有办证业务，无论是新建、转让、买卖、继承，还是抵押、典当，都统一在本模块进行收件登记。收件登记的第一关就是验证，检查涉及房屋及产权证的合法性，如是否被抵押、被查封、被买卖或是否正在办理过程中等，保证办证的合法性。对不合法的办证业务应不予受理。其二是查验所收证件是否齐全，办理资料是否完整。验证过程实际上就是提供服务器中心数据库中的数据，查证是否合法的过程。由于每一项业务最终都形成了计算机档案，如抵押、查封、开始办理、产权证有效性等，因此计算机一查便知，而且准确快速，同时减少了人为的失误。

对于查验证件，事先可以将各项登记所需证件信息输入到计算机中，收件时在计算机中进行核实。只有所有证件齐备，才能继续办理。查验过程的同时，还记录了验收的证件，方便日后的查阅。

收件登记办理的流程如图 11-4 所示。

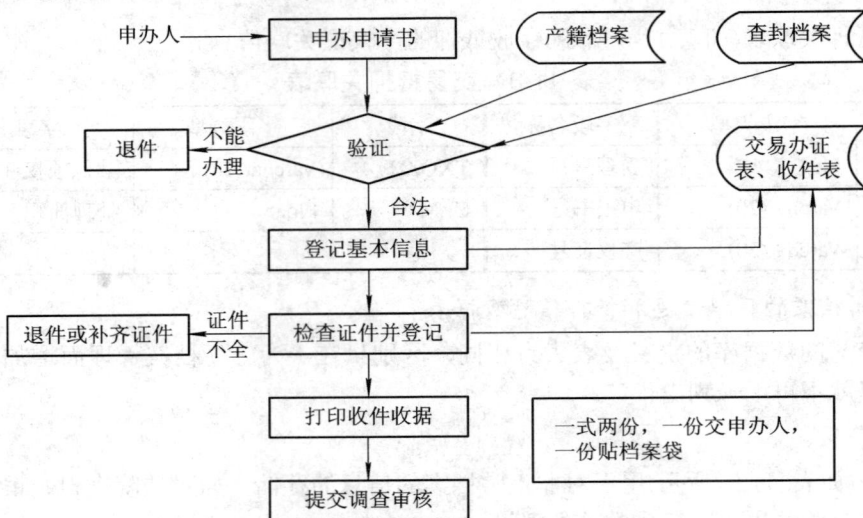

图 11-4　收件登记流程图

说明：

(1) 验证时，可输入产权人名称或地址进行验证，也可输入产权证号进行验证。但为了提高办理证件的准确性，规定有产权证的房屋，最后必须以产权证验证，以便系统自动建立档案之间的关联。

(2) 要登记的基本信息有登记类别、产权人名称、房屋坐落信息等。

(3) 验收的资料根据登记类别进行分别提示。

(4) 打印的收件收据一式两份，一份交办证人，一份贴档案袋。

**2．调查审核、评估、绘制图纸**

调查审核、评估、绘制图纸是办理交易业务中最为复杂的部分。人工介入环节较多。首先调查资料，确定是否进行现场勘测。若需要现场勘测，则相关人员先进行现场勘测，获取房屋的所有必要信息，包括房屋基本信息、房屋图纸、房屋评估的信息等；若不需要现场勘测，则直接审查房屋信息是否齐备，如房屋基本信息、房屋图纸、房屋评估的信息等。然后通过房屋图纸系统绘制平面图，通过评估系统报告及房屋评估；再输入权证的其他资料；最后将档案提交到复审。

1) 调查审核

调查审核办理流程如图 11-5 所示。

说明：

(1) 调查审核是通过档案袋上收件登记产生的受理号来析取该业务信息并进行继续处理的。

(2) 首先应绘制房屋图纸和进行房屋评估，再录入档案信息。这里要求输入档案的所有信息。

(3) 办理产权与办理抵押(他项权证)的输入信息不同，应采用不同的界面。

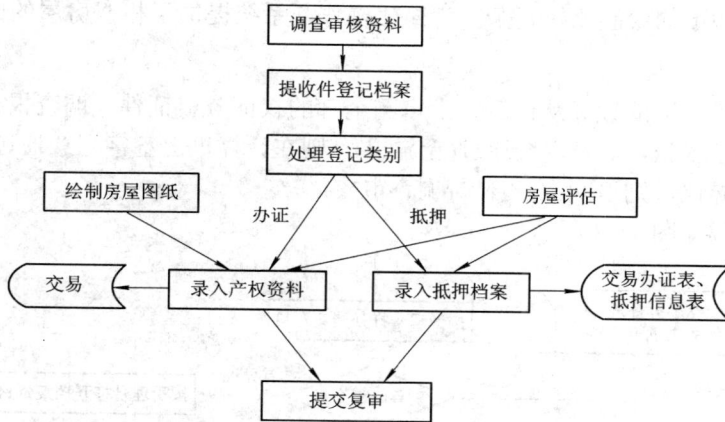

图 11-5　调查审核流程图

2) 评估

评估系统实现流程如图 11-6 所示。

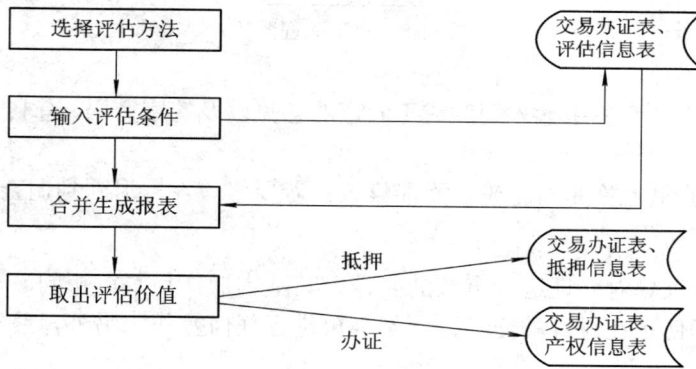

图 11-6　评估系统流程图

(1) 评估系统的评估方法设置了常用的方法，如成本法、市场比较法等。

(2) 评估报告自动生成。

(3) 评估系统的结果包含评估报告和评估价值。评估报告入档案袋，评估价值登记到系统中。

3) **房屋图纸绘制**

房屋图纸由勘测处的勘测人员进行绘制。房屋图纸绘制流程如图 11-7 所示。

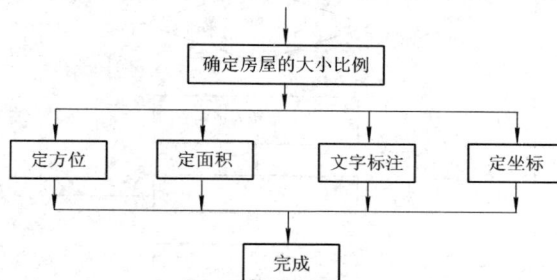

图 11-7　房屋图纸绘制流程图

说明：房屋图纸的绘制比较复杂，为简化操作，系统提供了相似房屋的图纸共享功能。

### 3．复审

复审是指分管办证的领导从计算机上审阅全部的权证资料证件、调查报告、房屋图纸、评估结果及评估技术报告。若审查通过(无异议)，则在计算机上签字同意通过，并将档案提交到终审；若有异议，则退回上一环节(调查审核)。

复审操作流程如图 11-8 所示。

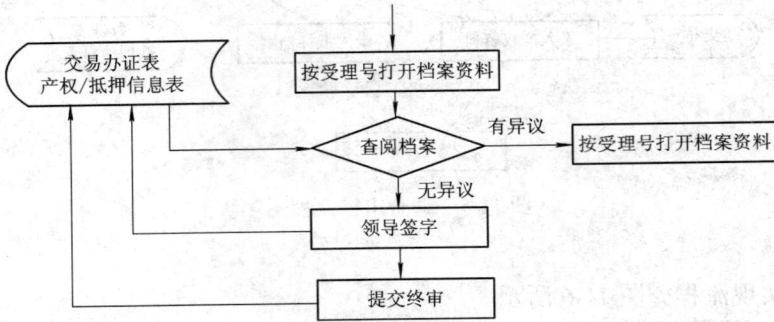

图 11-8　复审流程图

说明：

(1) 签字是指在计算机中输入同意或不同意的意见以及签字密码，有利于保证档案的正确有效性。

(2) 复审只能查阅档案是否正确，不能修改；若要修改，需退回到调查审核环节进行。

### 4．终审

终审是指主管领导对办证进行审核的操作，其基本操作与复审相同。与复审的区别在于终审可以锁定任何正在进行的交易，而不准再进行任何操作。另外，终审时还可以进行减免办证税费的处理。

终审操作流程如图 11-9 所示。

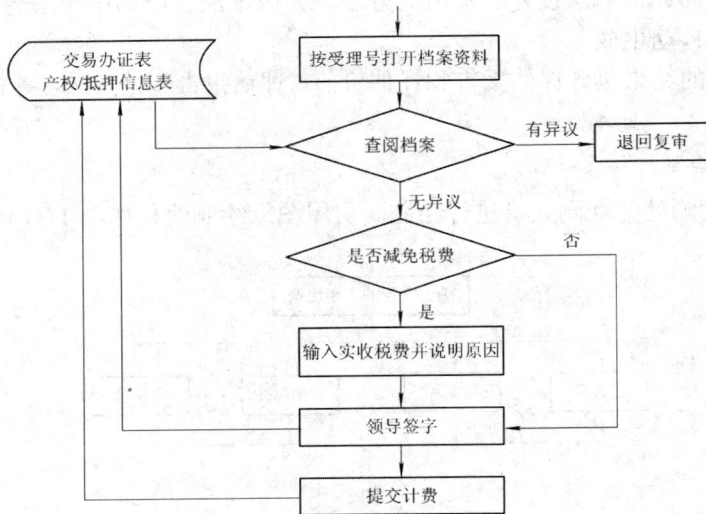

图 11-9　终审流程图

说明：

(1) 档案的锁定是指主管领导可以限制任何一件交易业务的办理，不管它现在到哪一步流程。具体是通过一独立的模块程序(局监控系统程序)来实现的。

(2) 关于税费的减免，主管领导可以直接在计算机中修改，也可以出证明由计费处修改。

(3) 终审与复审可以根据当地的实际情况省去其中之一。

### 5．计费

终审签字后，本宗交易应收取的税费可以通过房屋评估价与交易性质确定，计费处自动计算，并显示出交易税费的明细。若需要修改交易实收税费，则直接修改税费，然后打印出缴费清单；若不需要修改交易税费，则直接打印出缴费清单，将其交给申办人。

计费操作流程如图 11-10 所示。

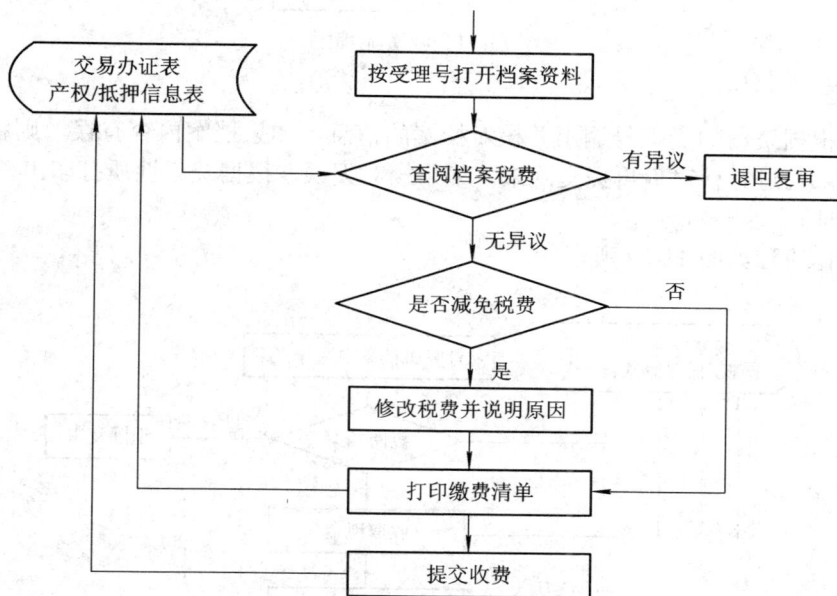

图 11-10　计费流程图

说明：

(1) 计费处修改税费必须有主管领导的批文。

(2) 计费处发现档案有误，有可能是税费计算机错误，也有可能是其他信息错误。不管是什么类型的错误，都可以退件。

### 6．收费

收费处根据计费处打印出的缴费清单，收取现金并打印完税清单；然后将档案提交到缮证室。

收费操作流程如图 11-11 所示。

说明：收费栏有应收栏和实收栏两栏，因为存在特殊的减免情况，应收和实收可能不同，收费应按实收栏收取。

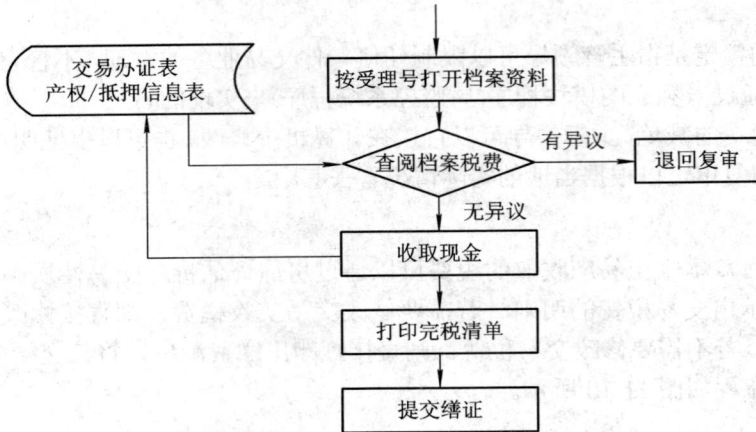

图 11-11　收费流程图

### 7．缮证

缮证处根据资料的受理号调出并核对档案的信息，如果档案内容有误，则将该档案资料退回复审部门进行核对后再提交回来；如果核对无误，根据登记性质打印出权证(产权证或其他项权证)。

缮证操作流程如图 11-12 所示。

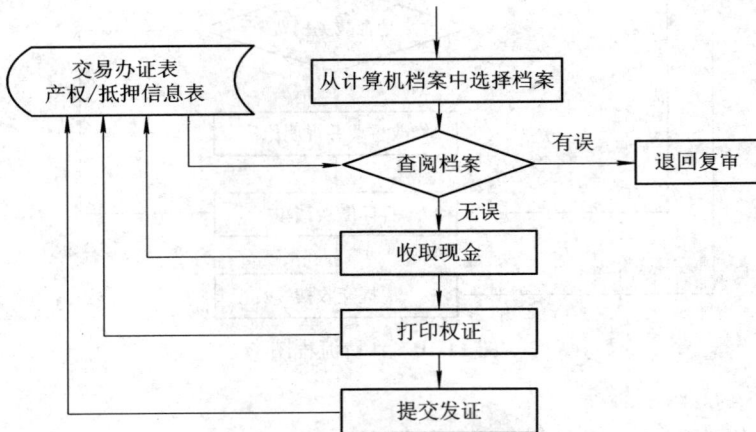

图 11-12　缮证流程图

说明：

(1) 权证打印采用套打方式，即将权证资料直接打印在国家颁发的标准证书上。

(2) 办证因以一份申报书出一个权证，故不能按受理号来选择档案，而应以受理号和申报书同时确定一个权证。

(3) 对于某些特殊情况，如换证、分所已经审核的资料等，不必从收件登记开始办理，可以通过一个特殊的入口直接输入档案资料，然后立即出证。这种方式比较特殊，系统中设置了一个专门模块来实现这种情况下资料的录入和缮证。

### 8．发证

发证即办证人凭交款收据、收件收据、有效的身份证到发证窗口领证。发证人打印证件存根，办证人签字，发证人在确认办证人领证后单击确认，最后完成发证。

发证操作流程如图 11-13 所示。

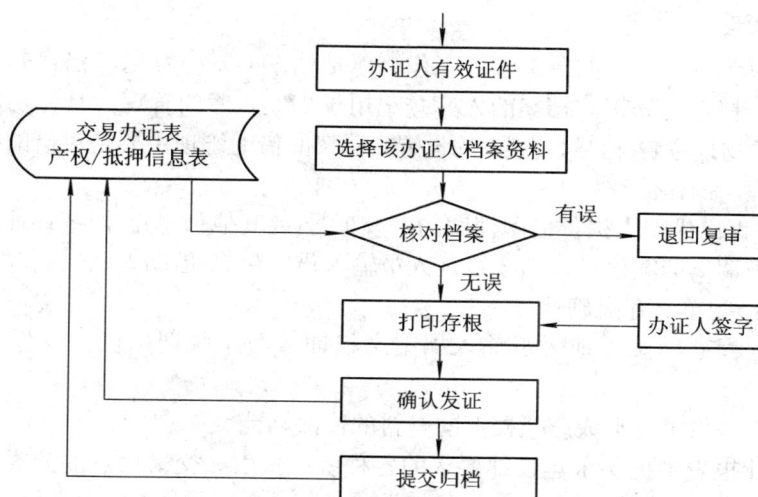

图 11-13　发证流程图

说明：发证时可以同时选择多个权证档案；可以同时提交多个档案。

### 9. 归档

归档是指发证完毕，将办证资料交档案室。档案室首先立卷归档，检查资料是否齐备，打印信息是否正确，若有误，则可以退回缮证室进行处理；若无误，则进行归档。

归档操作流程如图 11-14 所示。

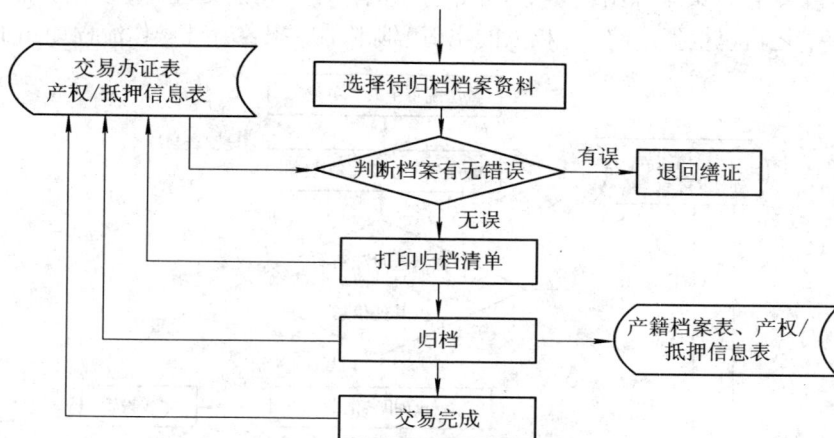

图 11-14　归档流程图

说明：

(1) 办证档案一旦归档，将不能再退件。

(2) 归档操作将数据从交易办证表写到产籍档案表。

### 10. 档案查阅

产籍查阅提供了产籍档案信息(包括抵押信息)的查阅功能，除可以查阅该档案的基本信息之外，还可以查阅档案办理时的相关信息(如办理人、日期等)、关联产权的信息(变更情况)以及档案的当前状态信息(是否被注销、抵押、查封等)。

## 11．档案管理

档案管理包含产籍档案的日常管理工作，包括档案的入库登记、档案的借阅管理、档案的统计报表、档案的修正。档案的入库登记用于档案入库的管理，具体功能是档案保管号的修改，档案物理位置(柜号、盒号)的设置。档案的借阅管理主要是对借阅档案的过程使用计算机来管理，操作流程如下：

(1) 借阅过程：借阅人提供借阅档案的产权证号(或其他信息)，档案管理人员输入档案产权证号，系统调出档案信息，档案管理人员输入借阅信息(借阅人、借阅时间、借阅情况说明等)，打印借阅单，存盘确认。

(2) 归还过程：档案管理人员输入档案产权证号，系统调出档案及借阅信息，单击"归还"。

档案的修正提供了对形成产籍档案的资料的修改功能。

档案的统计报表中提供了建设部要求的各种统计报表、交易信息的分类统计功能，还有档案清单的查询打印功能。

## 12．建立档案

对于未使用本系统前手工出证的档案，要登记到计算机系统，此时使用本模块进行登记。

建立档案，录入的房屋信息并不写入交易办证表，而是直接写入产籍档案表。操作与特殊缮证基本相同。

## 13．报警管理(产权管理)

对法院查封、银行请求冻结、产权人申请挂失等产权异常的处理，可以根据需要设置抵押交易的限制等，还可以根据法院、产权人的申请解除限制。报警管理操作流程如图 11-15 所示。

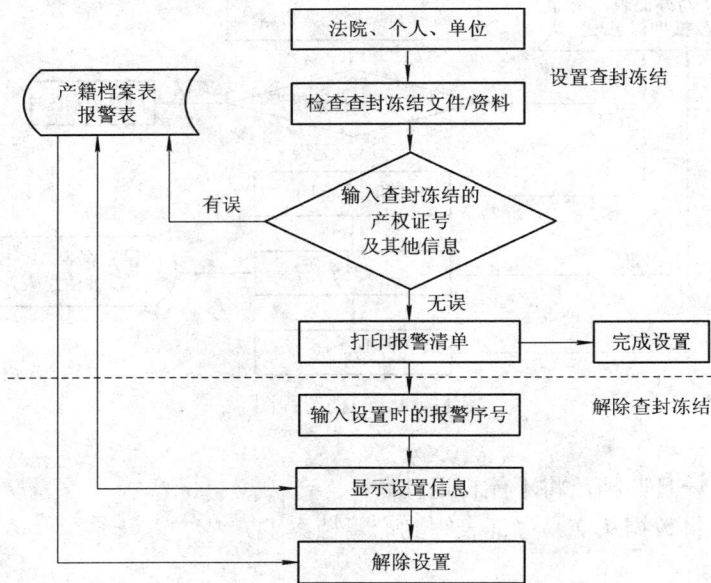

图 11-15　报警管理流程图

### 14．电话咨询

电话咨询是房地产管理部门向广大人民群众提供的一种便民服务业务。任何人都可以通过电话咨询房产方面的政策法规，可以通过电话查询办证流程以及办证的进度、领证的时间等。

## 11.3.4　网络结构

本系统作为局域网网络系统软件模块系统，在实施过程中，流程的定义、模块的选取与使用单位的具体情况紧密相关。

图 11-16 给出了一般情况下使用单位的网络设计结构图。

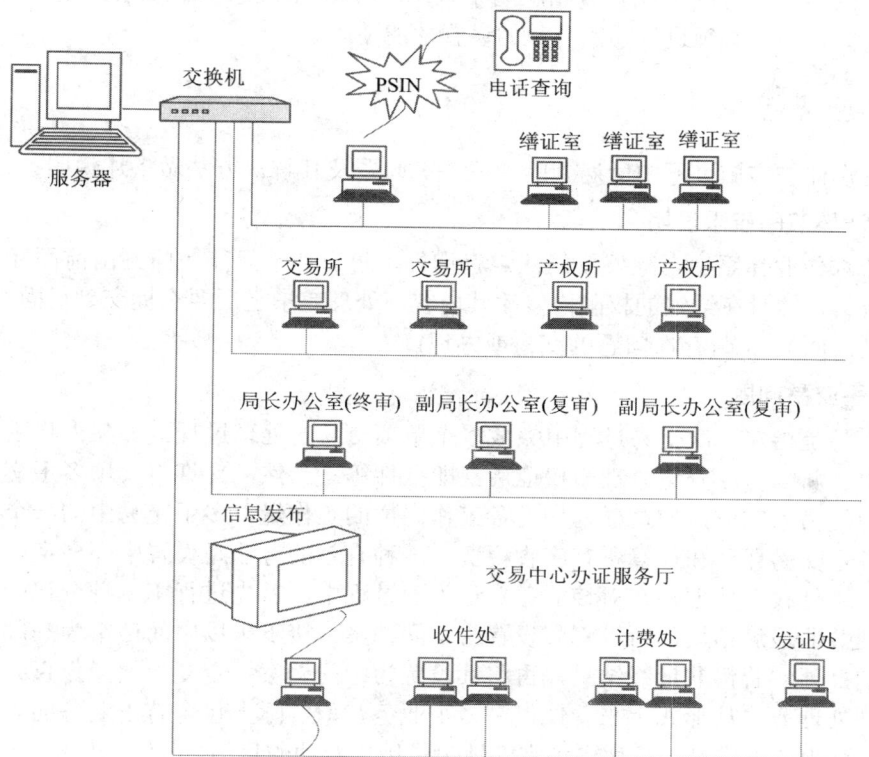

图 11-16　网络设计结构图

# 11.4　系统实施及维护

## 11.4.1　实施策略

本系统针对各地产管理部门或房地产交易中心实施，但由于各地的情况差异相当大，因此在实施前，首先应确认其业务流程、部门设置、人员配置，然后确定系统模块的组成，最后按步骤进行系统设置、安装调试及培训。

### 1．明确业务流程

虽然我国对房地产交易及权属登记有明确的规定，但实际操作过程可以有一定的变化。如先缮证还是先收费、权证号的定义、部门的业务分工等，不同的单位可能存在差异。所以，首先应确定业务流程。

### 2．确定部门设置、人员配置及设计方案

部门设置的差别、部门分工的不同以及人员的不同配置都将影响系统整体流程及系统网络的设置，因此必须明确相关问题，合理分配业务量及网络设计和安装方法。

### 3．安装系统模块并初始化系统

应根据网络及业务的分配安装相应的子系统，并做系统使用前的初始化操作。该软件系统针对性比较强，必须进行初始参数的设置才能使用。

## 11.4.2　实施特色

对系统设计与实施过程中所遇到的一些关键问题及其解决方法做下述说明。

### 1．办证环节的权限说明

整个流水作业体系中，除授权的法定查询外，每个环节只能访问到由前面环节提交的数据信息资料，并且在给定的权限内修改其内容，处理完毕之后要么提交到后面一个环节，要么退回到前面的环节(存在问题的交易或办理)。

### 2．多手交易问题

多手交易是指在一次交易过程中完成多个单项交易的处理过程。如某人将刚继承的房屋立即卖出，新购房屋登记办理产权证后立即抵押等。当然，允许将一项多手交易转换成若干个单向交易来完成，但这样增加了各工作岗位的工作量。多手交易中的一个主要问题是要记录各个交易环节和计算所有应收税费。一种有效的方法是设置中间档案。具体实现方法是首先进行收件受理，在对该业务登记处理过程中，首先进行第一种登记的办理，因为该次办理并非最后结果，所以将其设置为中间档案；接下来以中间档案为基础，进行第二种登记的办理，若仍非最终结果，再将其设置为中间档案；重复上面操作直到最终处理完毕。这种处理方式从形式上来看仅仅是一个业务，但实际上包含若干业务的处理。这种处理方式既减少了工作量，又达到了完整地记录历史变动的目的。

### 3．多产权的抵押

在抵押情形下，能有效地一次性处理多个产权证，同时处理集中向一家银行贷款的登记、受理情况。在特殊情形下，也可以处理一个产权证分别向多家银行贷款的情形。

### 4．计算机签字

计算机上的签字可以采用汉王笔手写方式，也可以采用输入签字密码的方式。

### 5．自动计费

由于登记类别、用途、产别等的不同，税费种类及计算方法也存在差异。具体实现时，税费的计算借助于档案登记并结合税费的计算标准进行处理。根据税费本身特点和计算特点，将登记类别按税费特点划分成三级，即登记类别、详细登记类别和详细登记类别补充。

建设部对房地产的总登记类别和详细登记类别的分类有一个参考标准。总登记类别共划分为 6 种，每一种又包含若干种详细类别。由于详细类别中不同地区、不同项目的税费计算方法又各不相同，因此在详细登记类别下再增加一级登记类别——详细登记类别补充。详细类别中若存在不同收费情况，就将其划分为若干子项，纳入到详细登记类别补充级次中。

三级树形结构中的每个结点具体包含下述项目：

(1) 税费值率：该项税费的金额或税率。

(2) 计费方法：该项税费是以金额表示还是以税率表示。

(3) 计费方向：该项税费该向谁收取。

(4) 房屋用途：该项税费计的是何种房屋(住宅/非住宅)类型。

(5) 计费基数：以何种价作为计费基数。

(6) 房屋产别：何种产别(公产/私产)的税费。

### 6. 计算机出证

产权证是房屋的有效凭证。准确、规范、统一是产权证的最基本要求。传统的人为填写方法既不规范，也不统一，还容易被修改，使权证管理产生了不少问题。

通过交易流程模块处理，所有房屋权属信息都逐一进入了计算机。在这里，可按照权证格式采用套打方式出证，既规范、统一、标准，又不易修改。

计算机出证解决了许多人为无法避免的问题。

### 7. 房屋档案存储的设计

原始档案经过交易流程，相关的数据都进入计算机。在经过多个环节的校对后，计算机中的信息与原始档案保持了一致。再通过对原始档案入库的整理登记，达到了计算机档案与原始档案的一一对应。通过系统分析，系统业务主要是围绕房屋档案的信息来处理的，所以设计时以房屋档案为核心库，其他相关信息均为该库建立关联，达到既完整准确地保存数据信息，又便于模块设计的目的，系统的信息关联图如图 11-17 所示。可以看到系统设计是以房屋档案信息为核心，其他信息都是通过产权证号来与房屋档案表信息建立关联的，这样有利于房屋档案的审核、资料的统一。此外，为了便于交易信息和档案信息的独立管理，将交易信息表和档案资料信息表独立设置，即系统存在两套结构详尽的数据表，一套用于档案信息的处理，一套用于交易过程，它们之间既相互独立又彼此联系。

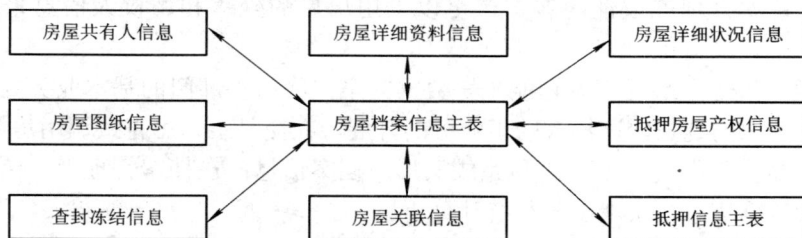

图 11-17　信息关联图

### 8. 档案查阅的处理

通过前面交易环节的处理，最终形成了两套完全一致的档案资料，一套是原始资料，一套是计算机档案资料。资料查阅除必须要原始资料外，都可以在计算机上查阅。借助计算机的强大处理信息的功能，现有房屋档案信息量基本可以不计时间、准确快速地得到处理。这样，不但在交易业务时，计算机可以自动查阅并获取档案信息，而且也可以根据人为的需要获取档案信息，因为所有信息在办理时都进入计算机，所以还可以完整地打印房屋档案信息。

此外，只要计算机中档案的相应位置注明原始档案的位置，对原始档案的查找也不是一件困难的事情。

### 9．准确、完整的统计

对于交易信息及房屋信息的统计是必要且必须的。但人为进行统计，往往无法统计出准确的结果。通常为了一个近似的统计结果，也需要花费大量的人力、物力才能做到。

采用网络，利用计算机进行交易业务的办理时，所有信息，包括房屋档案信息、税费信息、交易情况信息等都进入计算机中，对于统计业务量、税费收取量、房屋交易量、各种权证的发放量等可直接通过计算机统计得到。

### 10．实现交易信息的分析

通过服务器中心数据库中已有的数据，可以进行大量的分析，如房屋分布状况、成交量、成交价的分析，进而还可以得到地区房屋价格情况分析图等。对于房地产开发商及国家来说，这些都是相当重要的决定因素。

### 11．限制分发房屋产权的交易

法院查封的房屋产权、已办理抵押的房屋产权、有争议的房屋产权、产权证被遗失的房屋产权等都不能进行交易，这样才能保护合法人的利益。房管部门可以根据权利方的申请，设置相应房屋档案禁止交易。由于档案管理和交易流程的统一，档案管理方面一旦进行了设置，计算机会自动禁止交易。在交易过程中，为防止抵押房屋再交易、重复抵押等非法交易的发生，采取了如下的一些措施：

(1) 每次交易都有完整的记录，并以产权证号唯一标识。使用产权证号能够有效防止产权的非法交易。

(2) 采用房屋面积来控制某些交易。在房屋交易过程中，尽可能记录房屋面积的变化状况，如首次办证面积、转让面积、剩余面积、抵押面积等。利用剩余面积可以判断多次抵押是否合理。

(3) 对于首次办理产权证的客户，可以采用房屋的坐落和产权人信息来进行合法性控制。

综上所述，借助网络的基本功能——数据共享，将房管部门的基本业务处理集中到一起，达到后台数据的统一，这样有助于业务的开展。在交易上，可直接调用房屋档案信息，判断合法性，减少数据的输入，交易完成又形成档案信息；在档案管理上，借用交易过程中录入的大量数据信息，实现了各种统计分析。

# 参 考 文 献

[1]    Min，E. H. Suh，S. Y. Kim．An Integrated Approach toward Strategic Information Systems Planning[J]．Journal of Strategic Information Systems，1999. (8)：373-394.

[2]    Salmcla H，Spil T A M．Dynamic and Emergent Information Systerns Strategy Formulation and Implementation[J]．International Journal of Information Management，2002. 22：441-460.

[3]    张玲玲，林健，李军．企业信息化中 IS / IT 战略管理研究剖析[J]．科研管理，2002. (3)：25-31.

[4]    Lee Gwo Guang，Bat Rong Ji．Organizational Mechanisms for Successful IS / IT Stmtegic Planning in the Digital Era[J]．Management Decision，2003. 41：32-42.

[5]    刘兰娟．信息系统分析与设计．北京：电子工业出版社，2002.

[6]    Whitt．系统分析与设计方法. 5 版．北京：高等教育出版社，2001.

[7]    左美云．信息系统开发与管理教程．北京：清华大学出版社，2001.

[8]    张国锋．管理信息系统．北京：机械工业出版社，2000.

[9]    张维明．信息系统工程．北京：电子工业出版社，2003.

[10]   黄梯云．管理信息系统．北京：高等教育出版社，2000.

[11]   罗超理．管理信息系统原理与应用．北京：清华大学出版社，2002.

[12]   陈晓红．信息系统教程．北京：清华大学出版社，2002.

[13]   甘仞初．信息系统分析与设计．北京：高等教育出版社，2003.

[14]   刘鲁编．管理信息系统．北京：北京航空航天大学出版社，1995.

[15]   赖宗兴．信息系统的规划与开发方法．北京：北京消防科学研究所，2003.

[16]   刘兰娟．信息系统分析与设计．北京：电子工业出版社，2003.

[17]   王旗林．应用信息技术重组企业流程．华中理工大学现代化管理研究所，2002.

[18]   刘宝坤．基于C/S结构的油品营销管理信息系统——在NET通信系统中的应用.天津大学电气自动化与能源工程学院，1995.

[19]   任国栋．基于工作流图的办公自动化系统及其实现．计算机应用，1995.

[20]   张秀梅．中国信息产业的发展道路．中山医科大学图书馆，1995.

[21]   李中学．基于领域构件的开发平台设计与实现．计算机应用，1996.

[22]   张卓，吴建．管理信息系统早期失效分析与对策研究．军事系统工程，2002.

[23]   汪沁．统计信息系统的面向对象建模．浙江万里学院学报，1996.

[24]   吴彦春．面向对象原型法在 MIS 开发中的应用研究．武汉工业大学信息工程学院微机发展，1996.

[25]   柯捷．面向对象的可视化原型开发方法．桂林航天工业高等专科学校学报，1996.

[26]   蒋欣．面向对象的分析概述．西北工业大学学报，1994

[27]   郑向伟．面向对象分析方法的目标探析．山东师范大学计算机科学系系计算机研究与发展，1994.

[28]   邱大钧．客户/服务器体系结构．山东通信技术，1995.

[29] 汪沁. 统计信息系统的面向对象建模. 浙江万里学院学报，1995.

[30] 杨丰萍. 统一建模语言 UML 及其支持工具. 华东交通大学学报，1994.

[31] 徐世伟，邵传毅.《管理信息系统》教学中的困惑与与对策. 财经科学，2002.（7）：400-401.

[32] 常晋叉，苏进方."管理信息系统"课程教学改革与实践. 常熟高专学报，2003.（6）：71-72.

[33] 沈炜. ERP 沙盘模拟实验在"管理信息系统"课程教学中的运用. 中国管理信息化，2007. 10(2)：78-79.

[34] 姜方挑. 管理信息系统教学研究与探讨. 南京农专学报，2003. 19(4)：93-94.

[35] 休·考特尼，等. 不确定性管理——不确定条件下的战略[M]. 北京：中国人民大学出版社，哈佛商学院出版社，2001.

[36] 王一强. 动态环境下企业战略信息系统研究[D]. 内蒙古大学硕士学位论文，2004.

[37] 孙强. BPR 和基于 BPR 的信息系统战略规划 [N]. 上海金融报，2003.9(6).

[38] 杨青，黄丽华. 企业规划与信息系统规划战略一致性实证研究[J]. 管理科学学报，2003. 6(4)：43-53.

[39] 张学军，蔡晓兵. 再论信息系统战略规划方法的分类及组合策略[J]. 情报杂志，2005. 8(10)：31-33.

[40] 唐晓波. 管理信息系统[M]. 北京：科学出版社，2005.

[41] 才华. 企业信息系统规划及其柔性研究[D]. 河北工业大学信息管理系，2004.

[42] 刘伟，王学义，冀亚林. 企业信息系统规划与建设研究[J]. 现代管理科学，2005. 6(7)：94-95.

# 欢迎选购西安电子科技大学出版社教材类图书

| | | | |
|---|---:|---|---:|
| 现代控制理论基础(舒欣梅) | 14.00 | 数控加工与编程(第二版)(高职)(詹华西) | 23.00 |
| 过程控制系统及工程(杨为民) | 25.00 | 数控加工工艺学(任同) | 29.00 |
| 控制系统仿真(党宏社) | 21.00 | 数控加工工艺(高职)(赵长旭) | 24.00 |
| 模糊控制技术(席爱民) | 24.00 | 数控加工工艺课程设计指导书(赵长旭) | 12.00 |
| 工程电动力学(修订版)(王一平)(研究生) | 32.00 | 数控加工编程与操作(高职)(刘虹) | 15.00 |
| 工程力学(张光伟) | 21.00 | 数控机床与编程(高职)(饶军) | 24.00 |
| 工程力学(皮智谋)(高职) | 12.00 | 数控机床电气控制(高职)(姚勇刚) | 21.00 |
| 理论力学(张功学) | 26.00 | 数控应用专业英语(高职)(黄海) | 17.00 |
| 材料力学(张功学) | 27.00 | 机床电器与 PLC(高职)(李伟) | 14.00 |
| 材料成型工艺基础(刘建华) | 25.00 | 电机及拖动基础(高职)(孟宪芳) | 17.00 |
| 工程材料及应用(汪传生) | 31.00 | 电机与电气控制(高职)(冉文) | 23.00 |
| 工程材料与应用(戈晓岚) | 19.00 | 电机原理与维修(高职)(解建军) | 20.00 |
| 工程实践训练(周桂莲) | 16.00 | 供配电技术(高职)(杨洋) | 25.00 |
| 工程实践训练基础(周桂莲) | 18.00 | 金属切削与机床(高职)(聂建武) | 22.00 |
| 工程制图(含习题集)(高职)(白福民) | 33.00 | 模具制造技术(高职)(刘航) | 24.00 |
| 工程制图(含习题集)(周明贵) | 36.00 | 模具设计(高职)(曾霞文) | 18.00 |
| 工程图学简明教程(含习题集)(尉朝闻) | 28.00 | 冷冲压模具设计(高职)(刘庚武) | 21.00 |
| 现代设计方法(李思益) | 21.00 | 塑料成型模具设计(高职)(单小根) | 37.00 |
| 液压与气压传动(刘军营) | 34.00 | 液压传动技术(高职)(简引霞) | 23.00 |
| 先进制造技术(高职)(孙燕华) | 16.00 | 发动机构造与维修(高职)(王正键) | 29.00 |
| 机械原理多媒体教学系统(资料)(书配盘) | 120.00 | 机动车辆保险与理赔实务(高职) | 23.00 |
| 机械工程科技英语(程安宁) | 15.00 | 汽车典型电控系统结构与维修(李美娟) | 31.00 |
| 机械设计基础(郑甲红) | 27.00 | 汽车机械基础(高职)(娄万军) | 29.00 |
| 机械设计基础(岳大鑫) | 33.00 | 汽车底盘结构与维修(高职)(张红伟) | 28.00 |
| 机械设计(王宁侠) | 36.00 | 汽车车身电气设备系统及附属电气设备(高职) | 23.00 |
| 机械设计基础(张京辉)(高职) | 24.00 | 汽车单片机与车载网络技术(于万海) | 20.00 |
| 机械基础(安美玲)(高职) | 20.00 | 汽车故障诊断技术(高职)(王秀贞) | 19.00 |
| 机械 CAD/CAM(葛友华) | 20.00 | 汽车营销技术(高职)(孙华宪) | 15.00 |
| 机械 CAD/CAM(欧长劲) | 21.00 | 汽车使用性能与检测技术(高职)(郭彬) | 22.00 |
| 机械 CAD/CAM 上机指导及练习教程(欧) | 20.00 | 汽车电工电子技术(高职)(黄建华) | 22.00 |
| 画法几何与机械制图(叶琳) | 35.00 | 汽车电气设备与维修(高职)(李春明) | 25.00 |
| 《画法几何与机械制图》习题集(邱龙辉) | 22.00 | 汽车使用与技术管理(高职)(边伟) | 25.00 |
| 机械制图(含习题集)(高职)(孙建东) | 29.00 | 汽车空调(高职)(李祥峰) | 16.00 |
| 机械设备制造技术(高职)(柳青松) | 33.00 | 汽车概论(高职)(邓书涛) | 20.00 |
| 机械制造基础(高职)(郑广花) | 21.00 | 现代汽车典型电控系统结构原理与故障诊断 | 25.00 |

欢迎来函索取本社书目和教材介绍!　通信地址：西安市太白南路 2 号　西安电子科技大学出版社发行部
邮政编码：710071　邮购业务电话：(029)88201467　传真电话：(029)88213675。